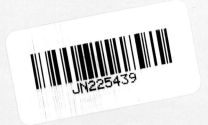

［葬儀］［火葬場（炉）］［墳墓］
市場規模・需要量マーケティングデータ集

執筆者／横田 睦　公益社団法人全日本墓園協会 主任研究員

目次
CONTENTS

【葬儀】【火葬場（炉）】【墳墓】
市場規模・需要量マーケティングデータ集

第1章

墓地の需要予測と計画

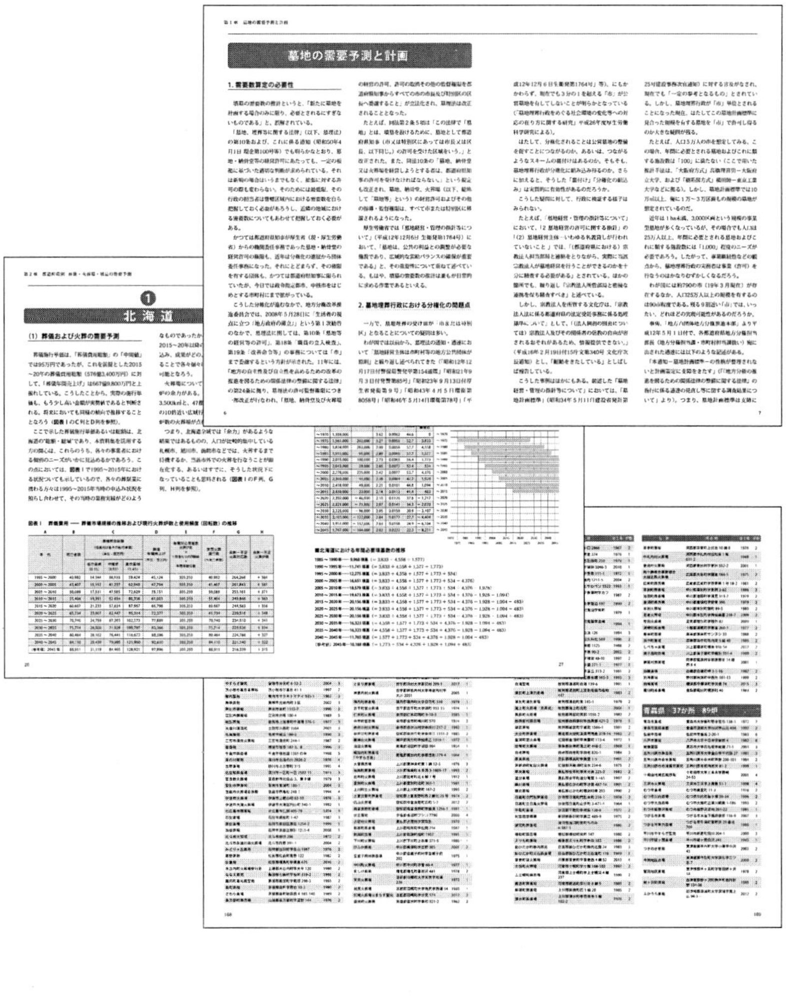

第2章

都道府県別
葬儀・火葬場・墳墓の需要予測 — 15

47都道府県別の需要予測

第3章

全国実動火葬場一覧（都道府県別） — 167

第1章

墓地の需要予測と計画

墓地の需要予測と計画

1. 需要数算定の必要性

墳墓の需要数の推計というと、「新たに墓地を計画する場合のみに限り、必要とされるにすぎないものである」と、誤解されている。

「墓地、埋葬等に関する法律」（以下、墓埋法）の第10条および、これに係る通知（昭和50年4月1日 環企第100号等）でも明らかなとおり、墓地・納骨堂等の経営許可にあたっても、一定の根拠に基づいた適切な判断が求められている。それは新規の場合はいうまでもなく、拡張に対する許可の際も変わらない。そのためには最低限、その行政の担当者は管轄区域内における需要数を自ら把握しておく必要があろうし、近隣の地域における需要数についてもあわせて把握しておく必要がある。

かつては都道府県知事が厚生省（現・厚生労働省）からの機関委任事務であった墓地・納骨堂の経営許可の権限も、近年は分権化の進展から団体委任事務になった。それにとどまらず、その権限を有する団体も、かつては都道府県知事に限られていたが、今日では政令指定都市、中核市をはじめとする市町村にまで拡がっている。

こうした分権化が進むなかで、地方分権改革推進委員会では、2008年５月28日に「生活者の視点に立つ『地方政府の確立』」という第１次勧告のなかで、墓埋法に関しては、第10条「墓地等の経営等の許可」、第18条「職員の立入検査」、第19条「改善命令等」の事務については「市」まで委譲するという方針が示された。11年には、「地方の自主性及び自立性を高めるための改革の推進を図るための関係法律の整備に関する法律」の第24条に拠り、墓埋法の許可監督権限につき一部改正が行なわれ、「墓地、納骨堂及び火葬場の経営の許可、許可の取消その他の監督権限を都道府県知事からすべての市の市長及び特別区の区長へ委譲すること」が立法化され、墓埋法は改正されることとなった。

たとえば、同法第２条５項は「この法律で「墓地」とは、墳墓を設けるために、墓地として都道府県知事（市又は特別区にあっては市長又は区長、以下同じ。）の許可を受けた区域をいう。」と改正された。また、同法10条の「墓地、納骨堂又は火葬場を経営しようとする者は、都道府県知事の許可を受けなければならない。」という規定も改正され、墓地、納骨堂、火葬場（以下、総称して「墓地等」という）の経営許可およびその他の指導・監督権限は、すべて市または特別区に移譲されるようになった。

厚生労働省では「墓地経営・管理の指針等について」（平成12年12月6日 生衛発第1764号）において、「墓地は、公共の利益との調整が必要な施設であり、広域的な需給バランスの確保が重要である」と、その重要性について重ねて述べている。もはや、墳墓の需要数の推計は誰もが日常的に求める作業であるといえる。

2. 墓地埋葬行政における分権化の問題点

一方で、墓地埋葬の受け皿が「市または特別区」となることについての疑問は多い。

わが国では以前から、墓埋法の通知・通達において「墓地経営主体は市町村等の地方公共団体が原則」と繰り返し述べられてきた（「昭和12年12月17日付警保局警発甲第154通牒」「昭和21年9月３日付発警第85号」「昭和23年９月13日付厚生省発衛第９号」「昭和43年４月５日環衛第8058号」「昭和46年５月14日環衛第78号」「平成12年12月６日生衛発第1764号」等）。にもかかわらず、現在でも３分の１を超える「市」が公営墓地を有してしないことが明らかとなっている（「墓地埋葬行政をめぐる社会環境の変化等への対応の在り方に関する研究」平成26年度厚生労働科学研究による）。

はたして、分権化されることは公営墓地の整備を促すことにつながるのか。あるいは、つながるようなスキームの裏付けはあるのか。そもそも、墓地埋葬行政が分権化に組み込み得るのか。さらに加えると、そうした「裏付け」「分権化の組込み」は実質的に有効性があるのだろうか。

こうした疑問に対して、行政に検証する様子はみられない。

たとえば、「墓地経営・管理の指針等について」において、「2 墓地経営の許可に関する指針」の「(2) 墓地経営主体―いわゆる名義貸しが行われていないこと 」では、「(都道府県における) 宗教法人担当部局と連絡をとりながら、実際に当該宗教法人が墓地経営を行うことができるのかを十分に精査する必要がある」とされている。ほかの箇所でも、繰り返し「宗教法人所管部局と密接な連携を保ち精査すべき」と述べている。

しかし、宗教法人を所管する文化庁は、「宗教法人法に係る都道府県の法定受託事務に係る処理基準について」として、「(法人個別の照会については) 宗教法人及びその関係者の信教の自由が害されるおそれがあるため、情報提供できない。」（平成16年２月19日付15庁文第340号 文化庁次長通知）とし、「齟齬をきたしている」としばしば報告している。

こうした事例はほかにもある。前述した「墓地経営・管理の指針等について」においては、「墓地計画標準」（昭和34年５月11日建設省発計第25号建設事務次官通知）に対する言及がなされ、現在でも「一定の参考となるもの」とされている。しかし、墓地埋葬行政が「市」単位とされることになった現在、はたしてこの墓地計画標準に見合った規模を有する墓地を「市」で許可し得るのか大きな疑問が残る。

たとえば、人口５万人の市を想定してみる。この場合、年間に必要とされる墓地およびこれに類する施設数は「100」に満たない（ここで用いた推計手法は、「大阪府方式」高橋理喜男－大阪府立大学、および「樹系図方式」横田睦－東京工業大学などに拠る）。しかし、墓地計画標準では10万㎡以上、優に１万～３万区画もの規模の墓地が想定されているのだ。

近年は１ha未満、3,000区画という規模の事業型墓地が多くなっているが、その場合でも人口は25万人以上、年間に必要とされる墓地およびこれに類する施設数には「1,000」程度のニーズが必要であろう。したがって、事業継続性などの観点から、墓地埋葬行政の実務者は事業（許可）を行なうのはかなりむずかしくなるだろう。

わが国には約790の市（19年３月現在）が存在するなか、人口25万人以上の規模を有するのは90市程度である。残る９割近い「市」では、いったい、どれほどの実現可能性があるのだろうか。

事実、「地方六団体地方分権推進本部」より平成12年５月１日付で、各都道府県地方分権担当部長（地方分権担当課・市町村担当課扱い）宛に出された通達には以下のような記述がある。

「本通知－墓地計画標準－の性格が整理されないと計画策定に支障をきたす」（「『地方分権の推進を図るための関係法律の整備に関する法律』の施行に係る通達の見直し等に関する調査結果について」より）。つまり、墓地計画標準は支障になっているのである。

しかし、公営墓地もなく、あったとしてもほぼ満杯。さりとて民営の事業型墓地が適切に許可されず、既存の寺院境内墓地の拡張などしか許可されない現状が今後も続くようであれば、既存寺院の檀信徒ではない住民、あるいはそうした関係を望まない住民は、新たに墳墓（墓地）を求めることができなくなる。つまり、そう遠くない将来において墓埋法が目的とする「国民の宗教的感情」を実現、履行し得ない墓地埋葬行政がまかり通りかねないことが懸念されるのだ。

そうならないよう、現実的な対応方法を考えてみる。

まず、既存の個人墓地、共同墓地など一定規模を有するものなどに対して、行政がその管理・運用に積極的に関与し、これら墓地内の整備や拡張をすることで実質的な公営墓地として機能させる方法。次に、既存の寺院など宗教法人がその敷地内に墓地を建墓する、あるいはすでにある墓地を拡張する際、宗旨・宗派を問わず、当該法人に帰属しなくても墓地使用者となり得る人を一定の割合で設け、墓地開発や拡張の許可条件とする、という２つの方法が考えられる。

こうした行政による“指導”は、宗教法人側からは「信教の自由」を阻害するものとして衝突が生じることは十分に予測できるが、近年の境内墓地と墓地使用者、使用権をめぐる争いに係る判決では、宗教法人側の宗教的自由や権利より、むしろ墓地使用者や使用権に重きを置く傾向がみられる（「福岡高裁判昭59・6・18判タ535・218」「東京地判平２・７・18判タ756・217」「東京高判平８・10・30判時1586・76」「宇都宮地判平24・２・15判タ1369・208」等）。

＊

墓埋法の地方分権化については、概ね「市」「特別区」などへ移管するに至った現在、分権化された墓地埋葬行政が実質的に有効となるよう「裏付け」「分権化に際しての組込み」に関する対策を講じることが求められている。ある意味、「分権化に抗う、分権化を乗り越えた広域行政化」である。今後、より適切な墓地埋葬行政となるよう、常にその見直しを行なうことが求められているのは明らかであるといえよう。

3. 墳墓需要数算定方式の種類

これまで提案されてきたさまざまな推計方式のうち、主だった10通りについて、その概要と方式をまとめると以下のとおりになる。なお、ここでは墓地・霊園・墓所・墓石といった言葉を統一性なく用いているが、各々の報告における言葉の使い方に準拠していたためである。

＊

①大阪府土木部「墓地現況調査報告書－大阪府北部地区」

大阪府立大学の高橋理喜男講師（当時）らが行なったもの。

関西の主だったいくつかの市における人口、公営墓地の造成状況およびこれに対する申入れ状況を検討し、人口１万人当たりの年間墳墓需要総数を20～30と設定する。これによって「人口増加に伴う新規墓所需要量」の推計を行ない、さらに「市街地墓所の移転による墓所需要量」を付け加えている。

②大阪府土木部「墓地現況調査報告書（2）－大阪府東部地区」

大阪府土木部が大阪府立大学の高橋理喜男講師（当時）に委託してまとめられた「墓地現況調査

報告書（2）－大阪府東部地区」において採用された方式。

詳細については、第４項「算定方式の実際」で解説している「大阪府方式」を参照のこと。

③東京都公園緑地部「東京都における墓地需要量の推定」

改葬に伴う必要数の算定方式。東京都公園緑地部霊園課「東京都における墓地需要量の推定」において採用された方式。

②の「大阪府方式」より得られる必要数は、火葬遺骨保持者のみの値であると考え、既存霊園の供給実績から、火葬遺骨保持者に対する改葬遺骨保持者の比率を設定することで、改葬に伴う必要数を推計し、総必要墳墓数を推定するものである。

④西武鉄道「霊園調査報告書」（PAPK AND CEMETERY）

千葉大学の田畑貞寿教授（当時）とTAM地域環境研究所の合同研究により開発された集計方法。一般にPAC方式と呼ばれている。

東京都内を中心に20歳以上の男女および、すでに墳墓を有する男女を対象としたアンケート調査を実施。このうち、「墓地所有者」「墓地購入率」を居住年数と世帯主年齢の関数とみて、これを統計学的に処理し、世帯主年齢階層別係数を算出する。さらに、国勢調査の入居時期別人口から算出した年齢階層別居住年数を基礎に、世帯主年齢階層別世帯数を推定するものである。

⑤都市計画協会「公営墓地需要方式」

東京都公園緑地部から委託を受けた都市計画協会がまとめた推計方法。

⑥大阪市衛生部「泉南メモリアルパーク基本計画」

大阪市が泉南メモリアルパーク（大阪府阪南市）を計画するにあたって採用した算定方法。人口・世帯の動態、既設墓地への申込み状況、公営墓地の依存度より算定を試みたものである。

⑦全日本墓園協会「墓地需要の算定の開発に関する研究」

1978年度厚生科学研究「墓地需要の算定方式の開発に関する研究」において用いられた方式。東京教育大学（現・筑波大学）の森岡清美名誉教授（当時）により提案された。第４項「算定方式の実際」の「森岡方式」を参照のこと。

⑧【参考】全日本墓園協会「墓所の需要算定と需要予測」

全日本墓園協会が全国需要数の推計を行なう際に用いた方式。

大阪府方式を基本として、地域性を加味し、係数値の再設定を行なって推計した。具体的には、定着志向係数を地方は５～10％高くし、東京都は10～15％低めに見積もる。また、墳墓需要率は地方では10～15％低めにし、東京都では10％程度高めに、傍系世帯率は地方では５～10％低く、東京都では10％高めに見積もることで推計を行なう。

⑨社会工学システム研究所「住民意識からの墓地需要予測」

住民意識を考慮した予測モデルである。

通常、墳墓が必要とされるのは、傍系世帯によるものが一般的だが、直系世帯でも改葬などにより必要とされる状況も考えられる。また、傍系世帯であっても、すでに墳墓を有している場合も当然考えられるが、こうした傍系世帯は単に墓所・墓石を所有しているにすぎないと考え、現時点での墳墓使用者としての必要墳墓数には含めない。実際には、死亡者が発生することで墓所の所有者から実際の需要に転じていくとし、30年間で漸減するものとしている。

⑩東京工業大学・青木研究室「樹系図方式」

東京工業大学建築学科の青木研究室で研究された方法。大阪府方式と森岡方式、各々で得られる値の差が著しいことに着目し、アンケートに対する回答の組合せから墳墓取得に至る状況について細密な検討を行なった。

＊

なお、このほかにもさまざまな推計方法の提案や推計結果をまとめた報告書があるが、紙幅の都合で割愛する。

以上、10通りの需要予測・算定方式のさわりを紹介してみたが、具体的な墓地計画にあたっては第２項における「墓地埋葬行政における分権化の問題点」を考慮した、より慎重な作業と算定結果の評価を行なわなければならないことは当然である。しかも、それらは各々の計画の実情に即して、詳しく検討されるべきものであって、ここで一括して述べることはできない。

4. 算定方式の実際

(1) 大阪府方式と森岡方式の考え方

第２項で述べたように、厚生労働省では「墓地経営・管理の指針等について」（平成12.12.６生衛発第1764号）において、「墓地は、公共の利益との調整が必要な施設であり、広域的な需給バランスの確保が重要である」と、その重要性を重ねて述べている。もはや、墳墓の需要数の推計は、誰もが日常的に求められる作業になったといえる。

したがって本項では、以下の２点を目的として書き進めていく。

①日常の業務のなかで墓地に関わる実務担当者が、大がかりな調査等を行なう手間を省き、ごく基礎的なデータのみから墳墓の需要数の“目安“の値を把握できるようになること。

②他者が行なった需要の算定を理解し、その妥当性についてある程度の判断が下せるようになること。

以上の観点から、本項では「大阪府方式」と「森岡方式」の２つの推計方式を併用する。採用した理由は以下のとおりである。

大阪府方式と森岡方式は、どちらも国勢調査の公表数字（人口、世帯、世帯員数等）に基づいて墳墓の必要数を求める推計方法である。大阪府方式で求める推計値は死亡者が発生することが前提になっている。

一方の森岡方式で求める必要推計値の考え方は、「世帯数が増加すると、その増加した世帯は“墳墓”などの焼骨を収める施設を必要とする」ことを前提としたもので、「増加した世帯はすべて当該市に住み続ける」という考えに起因している。そのため、従来の人口や世帯、世帯員数等の構造・関係から求めると、これまでは森岡方式による推計値は大阪府方式の値よりかなり大きなものとなってきた。しかし、将来のいずれかの年の国勢調査の推計数字を基に計算すると、それ以降、森岡方式による推計値が大阪府方式と変わらぬほぼ同じ値になり、やがては逆転する（大阪府方式が上回る）、という状況が生じるようになる。この現象は、人口や世帯、世帯員数の減少・収縮という家族形態の変化が、推計値に顕在化したものであると捉えることができる。

(2) 大阪府方式

大阪府方式は、大阪府土木部が大阪府立大学の高橋理喜男講師（当時）に委託した「墓地現況調査報告書（2）－大阪府東部地区」で採用されたものである。

※１「（墳）墓地取得希望率」「（墳）墓地取得志向数」などと呼称されることもある。
※２ アンケートの結果、「あなたはお墓を守る立場にありますか」という質問に「いいえ」と回答した割合。出生順位別出生率を用いている場合もある。

需要量算定は、現在の居住地域への定住性（定着志向係数）を基準とし、墳墓の所有状況と将来の墳墓等の取得意志（墳墓需要率※1）、さらに核家族化の進展と１家族が１墓所を必要とするという考え方を考慮して、分家してゆく割合（傍系世帯率※2）を用いた手法である。

具体的には、

①計画地、供給対象地に居住する世帯の意識調査を実施。
②（アンケートの回答等による）定住意志の有無、過去の定着時期から「定着志向係数」を算出。
③墳墓購入希望の有無から「墳墓需要率」を算出。
④「傍系世帯率」を推算。
⑤墳墓需要率と傍系世帯率によるものを、第１式と第２式の２つの式から予測。さらに、第３式からi年における墳墓需要数を導き出す。
⑥なお、式における使用変数の意味するところは以下のとおり。

〔Qi；i年における墳墓需要数〕
〔Hi；i年における世帯数〕
〔S；定着志向係数〕
〔P；墳墓需要率〕
〔R；傍系世帯率〕
〔mi；i年における死亡発生世帯率〕

⑦以下に、式から導かれる需要予測を示す。

$Qip = Hi \times S \times P \times mi$
………第１式（墳墓需要率によるもの）

$Qir = Hi \times S \times R \times mi$
………第２式（傍系世帯率によるもの）

$Qi = (Qip + Qir) / 2$
………第３式（i年における墳墓需要数）

ただし、１世帯で１年間に２人以上の死亡者が出ることはないものとして、i年の死亡者数をYiとすると、$mi = Yi / Hi$となることから、

$Qip = Hi \times S \times P \times Yi / Hi$………第１式
$Qir = Hi \times S \times R \times Yi / Hi$………第２式

となってHiは消去される。これを第３式に代入すると、

図表１　既住算定と本算定使用の係数値比較

年　代	[参考]	①	②	③	④	⑤	⑥	⑦	⑧	⑨	⑩
定着志向係数	70.9	75.0	62.0	88.6	62.0	73.3	67.6	79.0	−	64.2	81.3
傍系世帯率（%）	32.8	25.0	14.7	19.9	22.5	21.0	12.3	33.0	24.9	28.0	31.7
墳墓需要率（%）	28.9	35.0	−	23.7	36.7	27.0	35.4	31.0	12.0	15.6	16.8

※上記各数値はいずれも％

[参考] 大阪府土木部「墓地現況調査報告書－大阪府北部地区」（1965年）
①福岡市生活衛生課「福岡市墓地・納骨堂アンケート調査」（2010年）
②横須賀市公園建設課「横須賀市民における墓地意識調査」（2011年）
③新潟市「墓地に関する市民意識調査」（2012年）
④さいたま市生活衛生課「さいたま市墓地に関する市民意識調査」（2014年）
⑤さいたま市生活衛生課「廿日市市民墓地意識調査」（2014年）
⑥富田林市衛生課「富田林市民の墓地に関するアンケート調査（2015年）
⑦「京都府京田辺市民の墓地に関する意識調査」（2015年）
⑧「栃木県下野市の墓地に関するアンケート調査」（2015年）
⑨「兵庫県三田市の墓地に関するアンケート調査」（2016年）
⑩「岐阜県K市の墓地に関するアンケート調査」（2016年）

[補足] このほか、第２章23ページの図表「過去における意識調査結果（例）」も参考とされたい。

Qi＝Ｓ×Yi×（Ｐ＋Ｒ）／２

となる。

通常の算定では、定着志向係数、墳墓需要率はアンケートによって定められるべき値である。しかし、ここでは既住報告書で得られた値を援用することとする。

最近、まとめられた主な報告書①〜⑩と、その係数値は**図表１**のとおりである。

さて、以上の報告書の値から、ここでは定着志向係数（S）は70％、墳墓需要率（P）は30％、傍系世帯率（R）は40％になると仮定してみる。

あとは、その年の死亡者数（Yi）さえわかれば、その年の年間墳墓需要数を求めることができるわけである。

以下に、算定の対象として、地方自治法第８条の定める「市」の要件の１つが「人口５万人以上を有すること」とあるので、人口５万人程度の“Ａ市”を事例として考える。Ａ市における基礎的統計指標は**図表２**のとおりとする。

ここでＡ市における死亡者数については、**図表３**のような値が得られている。

ここでは平均をとって、年間の死亡者数（Yi）は251人と考えることとする。このとき、求めるべき墳墓需要数（Qi）は

∴Qi＝Ｓ×Yi×（Ｐ＋Ｒ）／２

＝0.70×251×（0.30＋0.40）／２

＝61

以上の算定から、このＡ市の場合、今後しばらくの間、ほぼ60基程度の需要が見込まれるという結論が得られる。ここで、基礎におくデータを１年ごとではなく５年ごと、10年ごとに間を空けて刻んでいけば、（精度としては若干下がるものの）長期的な需要数の推移を見通すことができる。

ちなみに、過去発生した死亡者数に対して生じていたと仮定される墳墓需要数は、**図表４**のとおりである。

特に、Ａ市において、すでに墓地が運営されているような場合、ここで得られた各年の需要と過去の申込みの状況との比較（算定値60基前後のうち、どのくらいの申込みがあったのか）によって、将来についても、墳墓需要の見通しさえ立てば、市営墓地への申込み者数がどの程度の値となるか、経験則的に得ることができる。

（3）森岡方式

次に森岡方式について紹介しておきたい。

この方式は、全日本墓園協会によってまとめられた「墓地需要の算定方式の開発に関する研究」において、東京教育大学（現・筑波大学）の森岡清美名誉教授（当時）により採用されたもの。

図表２　A市における基礎的統計資料

年　代	2012年	2013年	2014年	2015年	2016年	平均
人口総数（単位100人）	534	528	501	564	549	535
世帯総数（単位100世帯）	178	172	160	181	179	174
世帯員数（人／世帯）	3.00	3.07	3.13	3.12	3.07	3.07
死亡率（%）	0.46	0.44	0.49	0.48	0.48	0.47
死亡者総数	246	232	245	271	264	251

※小数点以下の端数の取扱いで、値が異なる場合もある

図表３　A市における死亡者数

	2012年	2013年	2014年	2015年	2016年	平均
死亡者数	246	232	245	271	264	251

図表４　A市における墳墓需要数

	2012年	2013年	2014年	2015年	2016年	平均
死亡者数	246	232	245	271	264	251
墳墓需要数	60	57	60	66	65	61

※3 中核市とは、日本の地方公共団体のうち、地方自治法第252条の22第１項に定める政令による指定を受けた市。日本の大都市制度の１つである。現在の指定要件は「法定人口が20万人以上」となっている。

既存世帯はすでに墓地をもっていると仮定し、潜在的墓地需要となるのは新しく成立した世帯に限られるものと考えている。定着志向係数は度外視されている。

ここで算定の対象として、新たに中核市※3である“Ｂ市”を想定し、その基礎的統計指標を**図表５**のとおり仮定してみる。

仮定された値を前提として具体的に推計すると、

①推計1975～80年

1975～80年の親族世帯増加数は、

（37,451世帯－30,184世帯＝）7,267世帯であったとすると、1975～80年に成立した親族世帯がすべて墳墓を取得する期間は、

［1／（1980年の１世帯当たりの員数）×（1980年の死亡率）］

1／（4.63×0.00636）＝33.96年

となり、ほぼ34年後の2014年までと思われる。

また、この間の年間平均需要は、

（7,267世帯÷33.96年≒）214墳墓となる。

以下、同じ要領で推計できる。

②推計1980～85年

1980～85年の親族世帯増加数は、

（55,812世帯－37,451世帯＝）18,361世帯

図表５　Ｂ市における世帯数、世帯員数、死亡率（国勢調査に拠る）

年	世帯数	増加数	世帯員数（人／世帯）	死亡率（%）
1975	30,184	－	4.90	－
1980	37,451	7,267	4.63	0.636
1985	55,812	18,361	3.89	0.522
1990	76,234	20,422	3.53	0.494
1995	98,278	22,044	3.35	0.401
2000	108,625	10,347	3.25	0.432
2005	117,901	9,276	4.09	0.694
2010	137,971	20,070	4.08	0.701

※2015年の国勢調査について市別の結果は発表されていないため、ここでは2010年どまりとした

1980～85年に成立した親族世帯がすべて墳墓を取得する期間は、

1／（3.89×0.00522）＝49.24年

となり、ほぼ49年後の2034年までと思われる。

また、この間の年間平均需要は、

（18,361世帯÷49.24年≒）373墳墓となる。

③推計1985～90年

1985～90年の親族世帯増加数は、

（76,234世帯－55,812世帯＝）20,422世帯

1985～90年に成立した親族世帯がすべて墳墓を取得する期間は、

1／（3.53×0.00494）＝57.35年

となり、ほぼ57年後の2047年までと思われる。

また、この間の年間平均需要は、

（20,422世帯÷57.35年≒）356墳墓となる。

④推計1990～95年

1990～95年の親族世帯増加数は、

（98,278世帯－76,234世帯＝）22,044世帯

1990～95年に成立した親族世帯がすべて墳墓を取得する期間は、

1／（3.35×0.00401）＝74.44年

となり、ほぼ74年後の2069年までと思われる。

また、この間の年間平均需要は、

（22,042世帯÷74.44年≒）296墳墓となる。

⑤推計1995～2000年

1995～2000年の親族世帯増加数は、

（108,625世帯－98,278世帯＝）10,347世帯

1995～2000年に成立した親族世帯がすべて墳墓を取得するまでの期間は、

1／（3.25×0.00432）＝71.23年

となり、ほぼ71年後の2071年までと思われる。

また、この間の年間平均需要は、

（10,347世帯÷71.23年≒）145墳墓となる。

⑥推計2000～05年

2000〜05年の親族世帯増加数は、
（117,901世帯−108,625世帯＝）9,276世帯

2000〜05年に成立した親族世帯がすべて墳墓を取得するまでの期間は、

1／（4.09×0.00694）＝35.23年

となり、ほぼ35年後の2040年までと思われる。

また、この間の年間平均需要は、
（9,276世帯÷35.23年≒）263墳墓となる。

⑦推計2005〜10年

2005〜10年の親族世帯増加数は、
（137,971世帯−117,901世帯＝）20,070世帯

2005〜10年に成立した親族世帯がすべて墳墓を取得するまでの期間は、

1／（4.08×0.00701）＝34.96年

となり、ほぼ35年後の2045年までと思われる。

また、この間の年間平均需要は、
（20,070世帯÷34.96年≒）574墳墓となる。

以上の算定結果を図式化すると、**図表６**のようにまとめることができる。

図表６　増加世帯数に依る推計数

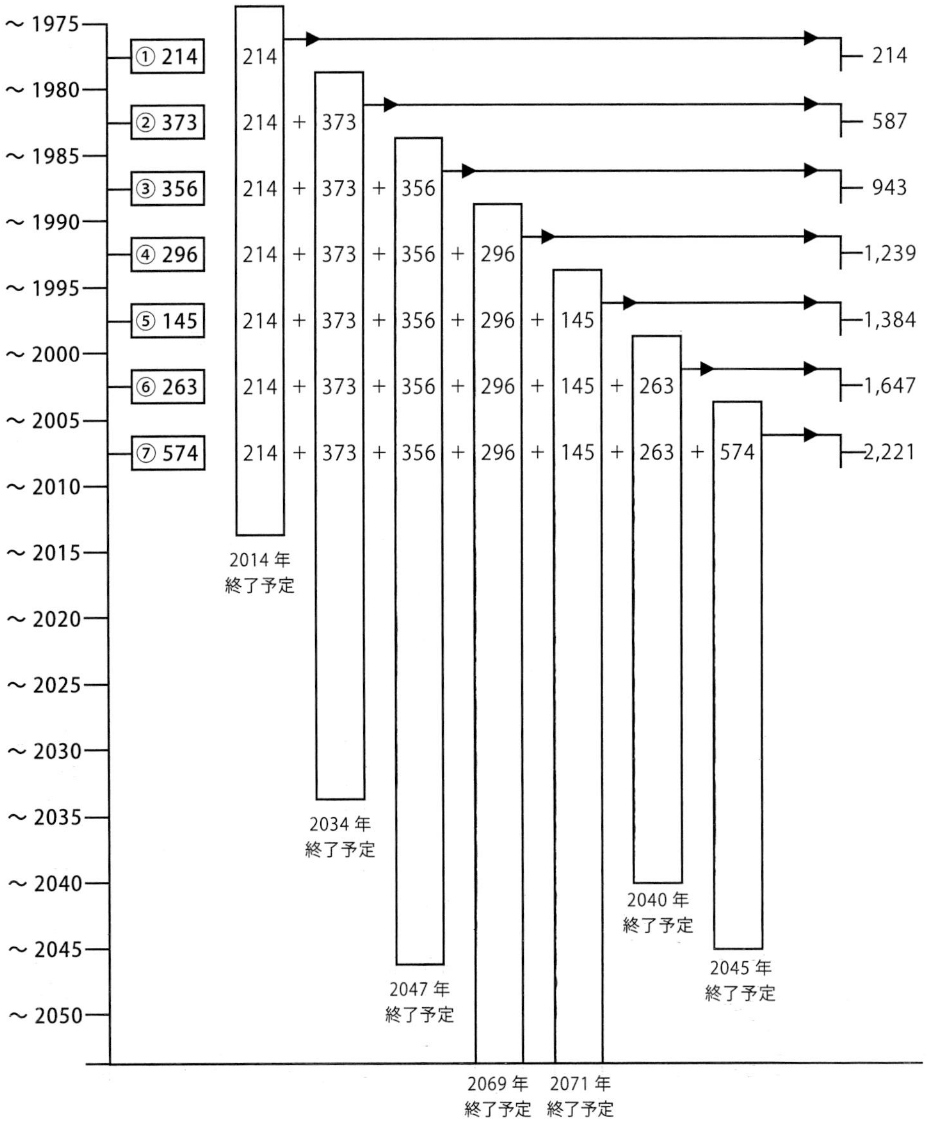

第2章

都道府県別
葬儀・火葬場・墳墓の需要予測

都道府県別　葬儀・火葬場・墳墓の需要予測

1. 本章における需要予測の読み方

本章の第１項から第４項は「凡例」の位置づけとし、26ページから都道府県別に需要予測した「葬儀費用－葬儀市場規模の推移および現行火葬炉数と使用頻度（回転数）の推移」「墳墓等必要数の推移――森岡方式に拠る」「墳墓等必要数の推移――大阪府方式に拠る推計と森岡方式との比較」からなる３つの表（各**図表Ⅰ～Ⅲ**）について説明する。

ここから、「死亡者数」「葬儀市場規模」「火葬炉の使用頻度」「墳墓等の必要数」の４つの推移を掲げ、これからの葬祭事業を、死亡者から、葬儀、火葬、墳墓等の取得に至るまで広く展望したものである。ちなみに、第３章では全国の火葬場のうち、実質的に稼動しているものについて都道府県別にまとめているので、資料として活用していただきたい。

さて、３つの表はいずれも５年刻みに数字を挙げているが、これは本推計作業のベースが国勢調査実績に拠っているためである。ここで掲げている５年刻みの数字は、５年間の総和・合計ではなく、当該５年間における毎年当たり、単年の数字であることに注意していただきたい。

加えて、本推計作業では単に将来推計値を掲げるだけにとどまらず、1995年以降の過去の値（数値実績値）も挙げた。これは、本資料集の活用者が各々の業務において、95年以降の過去の値時において、どのような成果・業績があったのかを投影することで、将来推計で示した値（数値）をベースに、各々の業務において「どのように」あるいは「どのぐらい」、「どういった」推移をしていくのか、その把握を促す手がかりとして表に現したものである。

以下においては、各表について解説する。これにより、本資料集の活用者が各々の業務エリアと

図表Ⅰ　葬儀費用 ―― 葬儀市場規模の推移および現行火葬炉数と使用頻度（回転数）の推移

A	B	C			D	E	F	G	H
年　代	死亡者数	葬儀費用総額（括弧内は各々の施行単価）（単位：百万円）			葬儀年間売上げ（単位：百万円）	年間対応可能数 火葬炉数 × 1日当たりの回転数 × 年間稼動日数	実質火葬施行数（≒死亡者数）	余剰－不足火葬対応数	余剰－不足火葬炉数
		低位最頻（0.50）	中間値（0.95）	高位最頻（1.55）					
1995～2000	80,063	40,031	76,060	124,097	72,964	127,187	80,063	47,124	＋69
2000～2005	83,849	41,924	79,656	129,965	76,414	127,187	83,849	43,338	＋63
2005～2010	95,585	47,792	90,805	148,157	87,109	127,187	95,585	31,602	＋46
2010～2015	104,238	52,119	99,026	161,568	94,995	127,187	104,238	22,949	＋33
2015～2020	111,673	55,836	106,089	173,093	101,771	127,187	111,673	15,514	＋23
2020～2025	122,223	61,111	116,112	189,446	111,386	127,187	122,223	4,963	＋7
2025～2030	130,152	65,076	123,644	201,736	118,611	127,187	130,152	－2,964	－4
2030～2035	136,053	68,026	129,250	210,882	123,989	127,187	136,053	－8,865	－13
2035～2040	142,675	71,337	135,541	221,147	130,024	127,187	142,675	－15,488	－23
2040～2045	148,597	74,298	141,167	230,325	135,421	127,187	148,597	－21,409	－31
（参考値）2045年	155,120	77,559	147,363	240,435	141,365	127,187	155,119	－27,932	－41

している市町村単位に独自の推計作業を行ない得るようにした。また、あるいは本資料集で掲げている推計値についても、独自に見直すことが可能となるよう、データの出典、推計に際しての手法やパラメータ（変数）について具体的に示した。

ちなみに、ここでの解説に用いた**図表Ⅰ～Ⅲ**の３つの表は、各都道府県の結果から、各々の特徴が顕著に現れているものを個別に抜き出して掲げている。したがって死亡者数など各々の表では異なった値となっている。

2. 図表Ⅰの見方

①A列について

A列の「年代」は、いずれも５年刻みに数字を挙げているが、これは本推計作業のベースが国勢調査実績に拠っているためである。この５年刻みの数字は、５年間の総和・合計でなく、当該５年間における、毎年当たりの単年の数字であることは注意していただきたい。加えて、過去1995年以降の過去の値（数値ー実績値）を示している理由についてはすでに述べたとおりである。将来推計値を読み解くうえでの補助線として活用していただきたい。

②B列について

B列の「死亡者数」は、2015年時の国勢調査をベースとして人口問題研究所が18年に公表した都道府県別の将来の死亡者数、死亡率、生残率等の推計値から求めた。

③C列について

C列の「葬儀費用総額」は、一般社団法人日本消費者協会による「第11回『葬儀についてのアンケート調査』報告書（17年1月）」における、「葬儀一式費用」の結果を基に回答数の最も多かったものを「中間値」として、その中間値より安価な葬儀費用を回答したもののうち、最も多い回答数を「低位最頻」値（費用）、中間値より高額な葬儀費用の回答がなされたもののうち、最も多い回答数を「高位最頻」値（費用）として示した。

（　）内の数字は、それら低位最頻値、中間値、高位最頻値の具体的な値で、単位は百万円である。たとえば、ここに掲げた**図表Ⅰ**の**C**列、低位最頻値で示した（0.50）は50万円。中間値の「0.95」は95万円。高位最頻値の（1.55）は155万円となる。

これら低位最頻、中間値、高位最頻を基に、B列の死亡者数を掛け合わせた。すなわち、C列の低位最頻の列で示された葬儀費用総額は、当該都道府県における死亡者すべてが**低位最頻値で葬儀が行なわれたという想定での**葬儀費用総額であり、つまりは当該都道府県の葬儀市場規模を示している。中間値、高位最頻についても、各々の葬儀費用総額の想定に対する当該都道府県の葬儀市場規模となっている。

■「第11回『葬儀についてのアンケート調査』報告書（2017年1月）」回答者ブロック

地　区	都道府県名	有効回答数
北海道	北海道	130
東北	青森・岩手・秋田・宮城・山形・福島	78
関東A	茨城・栃木・群馬・千葉	170
関東B	埼玉・東京・神奈川	544
中部A	新潟・富山・石川・福井	254
中部B	山梨・長野・岐阜・静岡・愛知	187
近畿	三重・滋賀・京都・大阪・兵庫 奈良・和歌山	216
中国	鳥取・島根・岡山・広島・山口	58
四国	徳島・香川・愛媛・高知	74
九州	福岡・佐賀・長崎・熊本・大分 宮崎・鹿児島	99
無回答		65
合　計		1,875

ただし、日本消費者協会による調査は、わが国47都道府県を大きく10のブロックに分けて集計した広域的な調査結果であるので、同じブロック内の都府県であっても大きな差異が生じていることは十分に想定され得るであろう。このことは、D列の「葬儀年間売上げ」は、経済産業省が公表した「平成29（2017）年特定サービス産業実態調査（葬儀費用－確報）」の値と比較するコメントで調整した。

④D列について

D列の「葬儀年間売上げ」は、経済産業省が公表した「平成29（2017）年特定サービス産業実態調査（葬儀費用－確報）」を掲げた。

先のC列で得られた葬儀市場規模と比較すれば、施行件数としての最頻値（C列）に対し、実際の葬儀について、その施行単価は「安価な葬儀に傾いている傾向にあるのか、高額な葬儀に傾いている傾向にあるのか」、当該都道府県別における傾向を見立てるうえでの補助線になる。

ちなみに、この葬儀年間売上げを、B列の死亡者数で割ると、平均葬儀費が算出されるが、その平均値と、C列の葬儀費用総額で回答が最も多かった最頻値である中間値とは必ずしも一致するものではない。詳しくは、「平均値と最頻値の違い」をネット検索するなどして、ご確認いただきたい。

⑤E列について

E列の「年間対応可能数火葬炉数」等における「年間対応可能数火葬炉数」とは、**第３章「全国実動火葬場一覧」**において、各都道府県別に表記した火葬場における火葬炉の合計数（総炉数）である。

この総炉数が１日に対応しうる数（「火葬処理可能数」＝「１炉当たりの回転数」）は特定非営利法人日本環境斎苑協会の報告や、インターネット上で把握可能な「火葬場の新規計画」にて想定されているものを参考に、１日当たり2.5回転（１炉当たり2.5体の火葬対応が可能）とした。「年間稼動日数」も、回転数の設定と同様に、日本環境斎苑協会の報告やインターネット上の火葬場の新規計画にて想定されているものを参考に、275日稼動するものとして設定している。

これら３つを掛け合わせて得られた数値が、すなわち、**当該都道府県における火葬処理最大値**となる。ただし、ここでは炉のメンテナンスに伴う使用の休止等までの想定はしていないので（想定に対する推計値として反映することがむずかしいと判断）、実際の対応（火葬）可能数は掲出値より少なくなると見込んだほうが現実的であろう。

⑥F列について

F列の「実質火葬施行数」は、わが国における火葬率はほぼ100％なので、B列における死亡者数を、そのまま実質火葬施行数と見做している。

⑦G列について

G列の「余剰－不足火葬対応数」は、E列（年間対応可能数火葬炉数）の値から、F列（実質火葬施行数）を引いた差分。「E列＞F列」であれば、当該都道府県においては火葬対応に余力があることとなり、「E列＝F列」あるいは「E列＜F列」であれば、火葬能力が死亡者数に追いつかないことになる。火葬場については、18年時の調査を基本としたが、その新設がむずかしいことから、この火葬炉数については将来においても大きく変動しないと考えても妥当であろう。

この不足火葬対応数は、待機先となる「霊安室（保冷室）」機能・施設を拡充、あるいは火葬場を設けていない市町村は、行政が担うべき対応（「墓地、埋葬等に関する法律」に拠る）がなされていないがゆえ、葬儀施行者に負担を強いていることから、近隣都府県等の遠隔地で火葬を行なうための費用（搬送用の霊柩車費用、当該地での火葬料は地元住民でない場合、相当額の費用が設定されていることは広く知られていよう）については、葬儀施行者の負担に対する助成制度を早急に構築することが求められている状況を示している。

⑧H列について

H列の「余剰－不足火葬炉数」は、「G列で得られた値より具体的にいくつの火葬炉が余っているのか、不足しているのか」、それらの状況について具体的に火葬炉数に換算して示したもの。E列における作業を逆算したものである。

図表Ⅰでは、不足が顕在化するのは25年以降となっているが、E列で述べたとおり、ここでは炉のメンテナンスに伴う使用の休止等までは想定していないので、実際の対応（火葬）可能数は少なくなる。したがって、火葬場、火葬炉により、一律な判断をすることはできないが、仮定として、火葬場の炉の４分の１はメンテナンスで稼動できないという想定をすると、すでに10年以降から火葬炉不足下にあると考えることができる。

3. 図表Ⅱの見方

図表Ⅱに掲げた「森岡方式」の推計手法については、第１章「墓地の需要予測と計画」で解説した第４項「算定方式の実際」も参照されたい。

①A列について

A列の「年代」では、いずれも５年刻みに数字を挙げているが、これは本推計作業のベースが国勢調査実績に拠っているためである。この５年刻みの数字は、５年間の総和・合計でなく、当該５年間における毎年当たりの単年の数字であることに注意していただきたい。加えて、過去1995年以降の過去の値（数値－実績値）を示している理由については、すでに述べたとおりである。将来推計値を読み解くうえでの補助線として活用していただきたい。

②B列について

B列の「世帯数」は、2015年時の国勢調査をベースとして人口問題研究所が18年に公表した都道府県別の将来の世帯数を示した。

③C列について

C列の「増加世帯数」は、前列の５年間時における「世帯数」に対して、次列の５年間時における世帯数を引いた値。A列の見方でもすでに述べたとおり、ここで得た増加世帯数は、当該５年間における毎年当たりの単年の数字であることに注意していただきたい。なお、減少している場合は「－」（マイナス）表記をしているので、正しくは「世帯数の変動」を示したものである。

④D列について

D列の「世帯員数」は１世帯当たりの家族、つまり同居人の数である。2015年時の国勢調査をベースに、人口問題研究所が18年に公表した都道府県別の将来の世帯員数の推計を示した。

⑤E列について

E列の「死亡率」は、2015年時の国勢調査をベースに、人口問題研究所が18年に公表した都道府県別の将来の死亡率の推計を示した。

⑥F列について

F列の「需要発現期間」は、森岡方式では墳墓等の必要数の推計の基本を「増加した世帯においては『お墓』等を有していない」という前提に拠っている。お墓等を有していない増加世帯が、それら墳墓等を必要とする契機となるのは、世帯をともにしている家族（同居人）が死亡した場合であろうと仮定している。

たとえば、「～1975年においては、世帯員数が3.62人であるのに対して、（1人当たり）死亡率は0.94%。であるとするなら、1年間当たり1世帯で死亡者が発生するのは増加世帯のうち約3.4%。この死亡率は変化なく推移するとして、増加世帯すべてに死亡者が発生する（≒墳墓等が必要となる）のは、1／0.034≒29.4年（間）となる。

⑦G列について

G列の「単年度当たりの需要数」は、**図表Ⅱ**における**F**列の「～1975年の推計を踏襲するなら、**C**列で現した（1年間当たり）「増加世帯数」は

図表Ⅱ　墳墓等必要数の推移 ―― 森岡方式に拠る

A	B	C	D	E	F	G
年代	世帯数	増加世帯数	世帯員数	死亡率	需要発現期間	単年度当たりの需要数
～1970	196,000		3.83	0.0101	25.9	0
～1975	206,000	10,000	3.62	0.0094	29.4	340
～1980	226,000	20,000	3.42	0.0091	32.1	623
～1985	232,000	6,000	3.36	0.0083	35.9	167
～1990	235,000	3,000	3.26	0.0091	33.7	89
～1995	242,000	7,000	3.07	0.0100	32.6	215
～2000	257,000	15,000	2.90	0.0102	33.8	444
～2005	259,000	2,000	2.86	0.0116	30.1	66
～2010	261,000	2,000	2.66	0.0128	29.4	68
～2015	264,000	3,000	2.58	0.0139	27.9	108
～2020	250,000	－14,000	2.53	0.0151	26.2	－534
～2025	240,000	－10,000	2.50	0.0164	24.4	－410
～2030	229,000	－11,000	2.47	0.0178	22.7	－485
～2035	218,000	－11,000	2.44	0.0193	21.2	－519
～2040	206,000	－12,000	2.41	0.0210	19.8	－606
～2045	192,000	－14,000	2.38	0.0228	18.4	－761

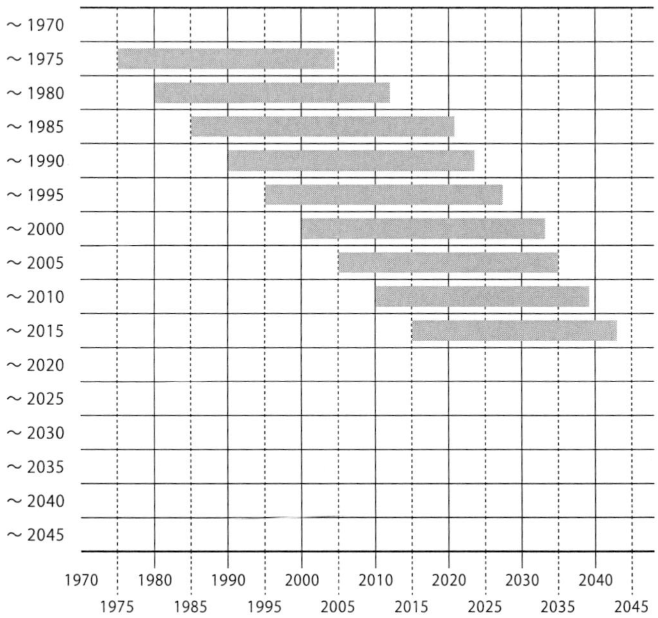

■本都道府県における年間必要墳墓数の推移（例）

1985～1990年……1,130墳墓（＝340＋623＋167）
1990～1995年……1,219墳墓（＝340＋623＋167＋89）
1995～2000年……1,434墳墓（＝340＋623＋167＋89＋215）
2000～2005年……1,878墳墓（＝340＋623＋167＋89＋215＋444）
2005～2010年……1,604墳墓（＝623＋167＋89＋215＋444＋66）
2010～2015年……1,672墳墓（＝623＋167＋89＋215＋444＋66＋68）
2015～2020年……1,157墳墓（＝167＋89＋215＋444＋66＋68＋108）
2020～2025年……1,157墳墓（＝167＋89＋215＋444＋66＋68＋108）
2025～2030年……　901墳墓（＝215＋444＋66＋68＋108）
2030～2035年……　686墳墓（＝444＋66＋68＋108）
2035～2040年……　242墳墓（＝66＋68＋108）
2040～2045年……　108墳墓
（参考値）**2045年……　0墳墓**

10,000世帯。これらが転居等はしないという仮定をする。この増加世帯数は29.4年間という歳月をかけて、これら世帯すべてに死亡者が発生する（≒墳墓等が必要となる）ことから、1年間（単年度）当たりの需要数は10,000／29.4≒340（世帯≒墳墓等）となる。

現在、あるいは将来の墳墓等の必要数は、こうした作業を繰り返し、累積させて得られることとなる。たとえば、**図表II・F**列を敷衍するなら、2015～20年の5年間において、毎年発生することが推定される必要墳墓等の数は、1980～2015年の間に増加した世帯からなる必要墳墓等の数の総和となる（**図表II**「本都道府県における年間必要墳墓数の推移（例）を参照)。ちなみに、1970～80年までに増加した世帯からなる必要墳墓等は、2015～20年時には「すでに取得され終わっている」ことになり、その推計対象から外れることとなる。

これらについては、**図表II**の右に配置したグラフを参照されたい。また、個別の5年間隔刻みの需要数（必要とされる墳墓等の数）は、**図表II**とグラフの下に、その推計値総和を求める作業過程を、「本都道府県における年間必要墳墓数の推移（例）」として明示している。

なお、森岡方式は世帯数の変動を前提として、墳墓等必要数の推計する必要であることから、C列の増加世帯数において世帯数が減少すると、この推計需要数の値も「－」（マイナス）となる。が、これは新たな墳墓等の需要数が生じなくなることであって、直ちに既存の墳墓等の減少をすることを意味するものではないので、この森岡方式の推計においては「0」（ゼロ）と扱っている。

4. 図表IIIの見方

図表IIIに掲げた「大阪府方式」の推計手法については、「森岡方式」同様、第1章「墓地の需要予測と計画」で解説した第4項「算定方式の実際」も参照されたい。

①A列について

A列の「年代」では、いずれも5年刻みに数字を挙げているが、これは本推計作業のベースが国

図表III　墳墓等必要数の推移 ── 大阪府方式に拠る推計と森岡方式との比較

A	B	C	D	E	F	G	H	I	J
年　代	人口	死亡率	死亡者数	傍系世帯数	取得希望世帯数	墳墓需要数（大阪府方式）	墳墓需要数（森岡方式）	採用する推計結果	墳墓需要数（大阪・森岡調整値）
1995～2000	1,556,000	0.0094	14,626	3,291	2,194	**2,743**	3,318	大阪府	**2,743**
2000～2005	1,528,000	0.0100	15,126	3,403	2,269	**2,836**	4,264	大阪府	**2,836**
2005～2010	1,493,000	0.0112	16,721	3,762	2,508	**3,135**	4,462	大阪府	**3,135**
2010～2015	1,451,000	0.0123	17,646	3,970	2,647	**3,309**	4,665	大阪府	**3,309**
2015～2020	1,405,000	0.0131	18,211	4,097	2,732	**3,415**	3,667	大阪府	**3,415**
2020～2025	1,352,000	0.0140	18,928	4,259	2,839	**3,549**	3,667	大阪府	**3,549**
2025～2030	1,293,000	0.0149	19,265	4,335	2,890	3,613	**2,540**	森岡	**2,540**
2030～2035	1,230,000	0.0158	19,434	4,373	2,915	3,644	**2,050**	森岡	**2,050**
2035～2040	1,166,000	0.0169	19,705	4,434	2,956	3,695	**1,377**	森岡	**1,377**
2040～2045	1,100,000	0.0180	19,800	4,455	2,970	3,713	**431**	森岡	**431**
（参考値）2045年	1,036,000	0.0191	19,787	4,452	2,968	3,710	**30**	森岡	**30**

勢調査実績に拠っているためである。この５年刻みの数字は、５年間の総和・合計でなく、当該５年間における毎年当たりの単年の数字であることに注意していただきたい。加えて、過去1995年以降の過去の値（数値－実績値）を示している理由についてはすでに述べたとおりである。将来推計値を読み解くうえでの補助線として活用していただきたい。

②B列について

B列の「人口」は、2015年時の国勢調査をベースに、国立社会保障・人口問題研究所が18年に公表した都道府県別の将来人口を示した。

③C列について

C列の「死亡率」は、2015年時の国勢調査をベースに、人口問題研究所が18年に公表した都道府県別の将来死亡率の推計を示した。

④D列について

D列の「死亡者数」は、「B列×C列」で得た値である。

⑤E列について

E列の「傍系世帯数」は、アンケート・意識調査に拠って得られる定着係数（「あなたは今後もいまの処に住み続けたいと考えていますか」といった質問に対して、「はい」と回答した割合・％）と、傍系世帯率（「あなたはお墓を引き継ぐ立場にありますか」「あなたはお墓を守る立場にありますか」といった質問に対して、「いいえ」と回答した割合・％）の２つの割合（％）を死亡者数に乗じることで得られる値である。

現在、世帯員数が限られているので、死亡者数≒死亡者発生世帯数と仮定していることから、ここでの傍系世帯数とは、傍系世帯（「お墓を引き継ぐ立場にはない」≒「引き継ぎ、利用することができる『お墓』等がない」）がゆえの墳墓等の必要数である。

⑥F列について

F列の「取得希望世帯数」は、前述の定着係数と、取得希望率（「あなたはお墓を求めたいと考えていますか」「あなたはお墓の準備をしようとしていますか」といった質問に対して、「はい」と回答した割合・％）の２つの割合（％）を死亡者数に乗じることで得られる値である。

現在、世帯員数が限られているので、死亡者数≒死亡者発生世帯数と仮定していることから、ここでの取得希望世帯数とは、取得希望世帯（お墓、ないしはこれに類する施設を求めることを検討している）がゆえの墳墓等の必要数である。

ここで、E列とF列に関して補足すると、「定着係数」「傍系世帯率」「取得希望率」については、「アンケート・意識調査に拠って得られる」と述べた。しかし、本資料集をまとめるにあたり、47都道府県別にアンケート・意識調査を行なうことはむずかしい。そこで、次ページに示した表「過去における意識調査結果（例）」から、これまで得られてきた値を振り返ってみたい。

⑦過去における意識調査結果について

大阪府方式が、高橋理喜男氏によって示されたのは1964～65年。これを起点に、これまで半世紀にわたり、さまざまな地方公共団体等で、この大阪府方式、ないしは類似の考えによる墳墓等の必要数を推計するために、アンケート・意識調査が行なわれてきた。その結果をまとめたのが次ページの表である。

確かに、地方あるいは調査年において、その結果は異なるものの、定着係数、傍系世帯率、取得希望率は、概ね一定の範囲内であることがうかがえる。

本資料集では、**定着係数は75%、傍系世帯率は30%、取得希望率は20%という値で固定化**し、こ

■過去における意識調査結果（例）

報告書名	定着係数	傍系世帯率	取得希望率
大阪府土木部「墓地現況調査報告書」（昭和 39 年）	70.9	32.8	28.9
神奈川県々民部県民課（昭和 58 年）	77.0	—	26.0
東京都情報連絡室（昭和 62 年）	—	36.6	19.3
東京都・（財）東京市政調査会（昭和 62 年）	63.9	45.2	16.4
神奈川県衛生部環境衛生課（昭和 63 年）	88.1	47.6	33.0
横浜市衛生局「横浜市墓地問題研究会報告書」（平成元年）	71.6	—	32.9
埼玉県々民部「埼玉県政世論調査報告書」（平成 2 年）	70.5	67.5	45.2
堺市衛生部「堺市墓地に関する市民意識調査報告書」（平成 2 年）	83.0	42.3	25.2
山形県企業局「公園墓地に関する需要調査報告書」（平成 4 年）	90.8	28.8	27.2
仙台市環境保全局「仙台市墓地問題懇談会報告書」（平成 4 年）	87.1	48.9	35.9
川崎市環境保全局「市営霊園のあり方に関する調査報告書」（平成 4 年）	66.2	47.8	43.5
愛知県衛生部「墓地問題等検討専門家会議報告書」（平成 5 年）	80.3	38.5	30.5
神戸市衛生局「神戸市墓地に関する市民意識調査」（平成 5 年）	82.6	37.2	55.0
神奈川県衛生局「墓地に関する県民意識調査報告書」（平成 6 年）	75.4	34.6	30.9
大牟田市建設局「市営墓地のこれからのあり方について」（平成 7 年）	75.9	23.9	21.5
佐倉市経済環境部「市営霊園についての市民意識調査」（平成 11 年）	96.4	53.6	37.4
さいたま市「市葬祭施設等調査報告書」（平成 14 年）	86.7	37.1	25.4
宝塚市「墓地に関する市民意識調査」（平成 15 年）	77.2	31.5	—
習志野市「墓地に関するアンケート」（平成 17 年）	69.9	28.6	26.3
東京都生活文化局「都政モニターアンケート〈東京都の霊園〉」（平成 17 年）	70.0	41.0	24.9
相模原市「墓地に関するアンケート」（平成 19 年）	70.3	49.0	32.7
静岡市「お墓」に関するアンケート（平成 20 年）	—	38.7	29.6
福岡市生活衛生課「福岡市墓地・納骨堂アンケート調査」（平成 22 年）	75.0	35.0	25.0
横須賀市公園建設課「横須賀市民における墓地意識調査」（平成 23 年）	62.0	—	14.7
（財）東京都市町村自治調査会（調査報告研究報告書）（平成 23 年）	92.7	34.6	22.1
新潟市「墓地に関する市民意識調査」（平成 24 年）	88.6	23.7	19.9
さいたま市生活衛生課「さいたま市墓地に関する市民意識調査」（平成 26 年）	62.0	36.7	22.5
廿日市市環境産業部「廿日市市民墓地意識調査」（平成 26 年）	73.0	27.0	21.0
富田林市衛生課「富田林市民の墓地に関するアンケート（平成 27 年）	67.6	35.4	12.3
京都府京田辺市「お墓に関する意識調査」（平成 27 年）	79.0	33.0	31.0
栃木県下野市「墓地に関するアンケート調査」（平成 27 年）	—	24.9	12.0
兵庫県三田市「お墓に関するアンケート調査」（平成 28 年）	64.2	28.0	15.6
大阪府 T 市「お墓に関するアンケート調査」（平成 28 年）	67.6	35.4	12.3
岐阜県 K 市「お墓に関するアンケート調査」（平成 28 年）	81.3	31.7	16.8
群馬県前橋市「前橋市・新たな墓地計画」（平成 30 年）	78.5	21.4	14.2
千葉県船橋市「船橋市墓地基本方針」（平成 30 年）	52.4	42.3	22.0

れをすべての都道府県の推計に用いた。したがって、本資料集の活用者はこれら係数、率の設定を自身の実感値に近づけ、これを変えることで、別途、新たな推計値を導き出すことも可能であろう。

その自身の実感値に近づける手がかりとして、過去における意識調査結果（例）を掲げた。

⑧G列について

G列の「墳墓需要数（大阪府方式）は、大阪府方式によって得られる墳墓等の必要数の推計値である。具体的には、F列の「取得希望世帯数」を墳墓等の必要数の推計値と見做すことに特段の説明を要しないであろう。ただし、これは相当適度に確定的な値である。

しかし、日常の生活でお墓なるものが意識される機会は極めて限られているのは十分に想定されうる。そうした日常生活にて、半ば唐突にアンケート・意識調査で「お墓は必要か」と尋ねられても、「不要」「わからない」と回答する人も少なくあるまい。とはいえ、そうした人であっても、実は自身が自覚していないだけであり、その世帯あるいはそれに等しい近親者が死亡した場合、その死亡した故人のために墳墓等を用意しなければならないことに気づかされる場面もあろう。

いわば、“潜在需要”も含めて推計を行なったのが、E列の「傍系世帯数」である。大阪府方式は、この「相当適度に確定的な値」であるF列の「取得希望世帯数」と、「回答者自身が自覚しない“潜在需要”」値の折衷値、具体的にはE列とF列の中間値をもって、大阪府方式の「墳墓（等）需要数」としている。

⑨H列について

H列の「墳墓需要数（森岡方式）」は、**図表Ⅱ**「墳墓等必要数の推移──森岡方式に拠る」で得られた推計値を再掲したものである。

⑩Ｉ列について

Ｉ列の「採用する推計結果」は、大阪府方式はこれまで相当程度の信頼性を受けて、これまでの墓地等の計画の立案に寄与してきた。しかし、同方式は死亡者の発生、死亡者数を前提として、その必要数の算出を行なっていることから、将来における墳墓等の必要数を把握する手法として、今後もその信頼を寄せてよいのかという疑問は残

［再掲］図表Ⅲ　墳墓等必要数の推移 ── 大阪府方式に拠る推計と森岡方式との比較

A	B	C	D	E	F	G	H	I	J
年　代	人口	死亡率	死亡者数	傍系世帯数	取得希望世帯数	墳墓需要数（大阪府方式）	墳墓需要数（森岡方式）	採用する推計結果	墳墓需要数（大阪・森岡調整値）
1995～2000	1,556,000	0.0094	14,626	3,291	2,194	**2,743**	3,318	大阪府	**2,743**
2000～2005	1,528,000	0.0100	15,126	3,403	2,269	**2,836**	4,264	大阪府	**2,836**
2005～2010	1,493,000	0.0112	16,721	3,762	2,508	**3,135**	4,462	大阪府	**3,135**
2010～2015	1,451,000	0.0123	17,646	3,970	2,647	**3,309**	4,665	大阪府	**3,309**
2015～2020	1,405,000	0.0131	18,211	4,097	2,732	**3,415**	3,667	大阪府	**3,415**
2020～2025	1,352,000	0.0140	18,928	4,259	2,839	**3,549**	3,667	大阪府	**3,549**
2025～2030	1,293,000	0.0149	19,265	4,335	2,890	3,613	**2,540**	森岡	**2,540**
2030～2035	1,230,000	0.0158	19,434	4,373	2,915	3,644	**2,050**	森岡	**2,050**
2035～2040	1,166,000	0.0169	19,705	4,434	2,956	3,695	**1,377**	森岡	**1,377**
2040～2045	1,100,000	0.0180	19,800	4,455	2,970	3,713	**431**	森岡	**431**
（参考値）2045 年	1,036,000	0.0191	19,787	4,452	2,968	3,710	**30**	森岡	**30**

る。つまり、死亡者数が増加すれば、際限なく墳墓等の必要数は増加していくこととなる。

これに対して、**図表Ⅱ**で求めた森岡方式においては、「過去において増加した世帯」を将来において取得する潜在的なニーズ層と捉え、それらが需要に転じてゆく過程を積み上げ、現在、あるいは将来における墳墓等の必要数を把握しようと試みる手法である。

これら手法からも明らかなとおり、本来（これまでは）、森岡方式は増加した世帯が他に転居、つまり流出することを想定しておらず、増加した世帯は“すべて”墳墓等を有していないことを前提としている。加えて、増加した世帯のうち、すでに墳墓等を有している場合もあるであろう。そうした場合、転入元の居住地がかなりの遠隔地で、転入先での生活が長期にわたって安定すれば、現住所となっている転入先において新たな墳墓等を求めることにもなると想定されるが、そうではない場合、そもそも有していた墳墓等を利用し続けることも十分に考えられよう。

こうしたことから、過去、これまでの推計においては、森岡方式で得られる推計値は、大阪府方式によって得られる推計値の２～３倍の値となっていた。

事実、**図表Ⅲ**「墳墓等必要数の推移──大阪府方式に拠る推計と森岡方式との比較」で示したものでも、1995～2015年にわたっては、森岡方式で得られる推計値は大阪府方式によって得られる推計値の1.5～2.0倍弱の値であった。

しかし、それ以降、2015～25年の10年間では両者の推計値はほぼ近接し、25年以降は“過剰”とされた森岡方式による推計値より、本来は実質反映値として捉えられていた大阪府方式で得られた値のほうが大きくなるという逆転状況を示している。

本資料集では、この逆転をもって、信頼すべき必要墳墓数の値は死亡者数を前提とした大阪府方式によって得られた値にあるのではなく、その死亡者、つまり亡くなった故人を追悼する世帯がある森岡方式による推計値を採用するほうが、より現実的であると考えた。

⑪ J列について

J列の「墳墓需要率（大阪・森岡調整値）」は、そうした比較・検討をしたうえで、本資料集で「必要墳墓等の推計値として妥当なものとして採用する値」を示した。

近年では「お墓に対する意識の多様化」「さまざまなお墓の選択がなされている」と指摘されており、お墓業界の現場からも、これまでのような既存のお墓へのニーズが希薄になっているという声が挙がっていることも、また事実である。すなわち、ここで最終的に得られたのは、墳墓（お墓）の他、樹木葬墓、合葬・合祀墓、散骨等を合算した「必要墳墓“等”の数」、いわば“総数”である。

特に合葬・合祀墓、散骨等が認知されはじめるようになるのは、「世帯員数」（**図表Ⅱ**の主に**D**列を参照）における２人世帯は世帯総数の過半数以上を占めた頃となる。この２人世帯が高齢化するにつれ、合葬・合祀墓、散骨、樹木葬（墓）へのニーズに対して、より傾斜を強めていく。いわば、「お墓」へのニーズが転換する分水嶺「値」であると本資料集では思料している。

次ページから、都道府県別　葬儀・火葬場・墳墓の需要予測を解説していきます

1 北海道

(1) 葬儀および火葬の需要予測

葬儀施行単価は、「葬儀費用総額」の「中間値」では95万円であったが、これを前提とした2015～20年の葬儀費用総額（576億3,400万円）に対して、「葬儀年間売上げ」は667億9,800万円と上振れしている。こうしたことから、実際の施行単価も、もう少し高い金額が実勢値であると判断される。将来においても同様の傾向で推移することとなろう（**図表Ⅰ**の**C**列と**D**列を参照）。

ここで示した葬儀施行単価あるいは総額は、北海道の“総額・総量”であり、本資料集を活用する方の関心は、これらのうち、各々の事業者における個別のニーズがいかに見込めるかであろう。この点においては、**図表Ⅰ**で1995～2015年における状況ついても示しているので、各々の葬祭業に携わる方々は1995～2015年当時の施行状況を照らし合わせて、その当時の業務実績がどのようなものであったのかを鑑みていただきたい。結果、2015～20年以降の年代の葬儀受注、実績がどのように推移するのか、読み替えることで各々個々における事業展望を図ることが可能となろう。

火葬場については、2018年現在でも優に348炉の余力がある。これは北海道の面積は約８万3,500k㎡と、47都道府県の平均面積約8,000k㎡の10倍近い広域行政圏であることから、少ない炉数の火葬場が点在しているためである。

つまり、北海道全域では「余力」があるような結果ではあるものの、人口が比較的集中している札幌市、旭川市、函館市などでは、火葬するまで待機するか、当該市外での火葬を行なうことが顕在化する、あるいはすでに、そうした状況になっていることも思料される（**図表Ⅰ**の**F**列、**G**列、**H**列を参照）。

図表Ⅰ　葬儀費用 ―― 葬儀市場規模の推移および現行火葬炉数と使用頻度（回転数）の推移

A	B	C			D	E	F	G	H
年　代	死亡者数	葬儀費用総額（括弧内は各々の施行単価）（単位：百万円）			葬儀年間売上げ（単位：百万円）	年間対応可能数 火葬炉数 × 1日当たりの回転数 × 年間稼動日数	実質火葬施行数（≒死亡者数）	余剰－不足 火葬対応数	余剰－不足 火葬炉数
		低位最頻（0.35）	中間値（0.95）	高位最頻（1.45）					
1995 ～ 2000	40,982	14,344	38,933	59,424	45,124	305,250	40,982	264,268	＋ 384
2000 ～ 2005	43,407	15,192	41,237	62,940	47,794	305,250	43,407	261,843	＋ 381
2005 ～ 2010	50,089	17,531	47,585	72,629	55,151	305,250	50,089	255,161	＋ 371
2010 ～ 2015	55,404	19,391	52,634	80,336	61,003	305,250	55,404	249,846	＋ 363
2015 ～ 2020	60,667	21,233	57,634	87,967	66,798	305,250	60,667	244,583	＋ 356
2020 ～ 2025	65,734	23,007	62,447	95,314	72,377	305,250	65,734	239,516	＋ 348
2025 ～ 2030	70,740	24,759	67,203	102,573	77,889	305,250	70,740	234,510	＋ 341
2030 ～ 2035	75,714	26,500	71,928	109,785	83,366	305,250	75,714	229,536	＋ 334
2035 ～ 2040	80,464	28,162	76,441	116,673	88,596	305,250	80,464	224,786	＋ 327
2040 ～ 2045	84,110	29,439	79,905	121,960	92,610	305,250	84,110	221,140	＋ 322
（参考値）2045 年	88,911	31,119	84,465	128,921	97,896	305,250	88,911	216,339	＋ 315

(2) 墳墓等の需要予測

「墳墓等に対するニーズ」は2015～20年以降、人口、世帯数ともに減少していることから、大阪府方式、すなわち死亡者数を前提とした推計値を、そのまま墳墓等に対するニーズとして見込むことはむずかしい（**図表Ⅲ**の主に**G**列、**I**列を参照）。

そこで世帯数、すなわち故人を墳墓等に収める人の存在を前提とした森岡方式で得られた値につ

図表Ⅱ　墳墓等必要数の推移 ── 森岡方式に拠る

A	B	C	D	E	F	G
年代	世帯数	増加世帯数	世帯員数	死亡率	需要発現期間	単年度当たりの需要数
～1970	1,359,000		3.62	0.0062	44.6	0
～1975	1,561,000	202,000	3.27	0.0058	52.7	3,833
～1980	1,824,000	263,000	2.99	0.0058	57.7	4,558
～1985	1,915,000	91,000	2.89	0.0060	57.7	1,577
～1990	2,015,000	100,000	2.73	0.0065	56.4	1,773
～1995	2,043,000	28,000	2.65	0.0072	52.4	534
～2000	2,278,000	235,000	2.42	0.0077	53.7	4,376
～2005	2,369,000	91,000	2.38	0.0089	47.2	1,928
～2010	2,418,000	49,000	2.21	0.0101	44.8	1,094
～2015	2,438,000	20,000	2.14	0.0113	41.4	483
～2020	2,392,000	－46,000	2.10	0.0126	37.8	－1,217
～2025	2,321,000	－71,000	2.07	0.0141	34.3	－2,070
～2030	2,225,000	－96,000	2.05	0.0158	30.9	－3,107
～2035	2,103,000	－122,000	2.04	0.0177	27.7	－4,404
～2040	1,951,000	－152,000	2.03	0.0198	24.9	－6,104
～2045	1,767,000	－184,000	2.02	0.0222	22.3	－8,251

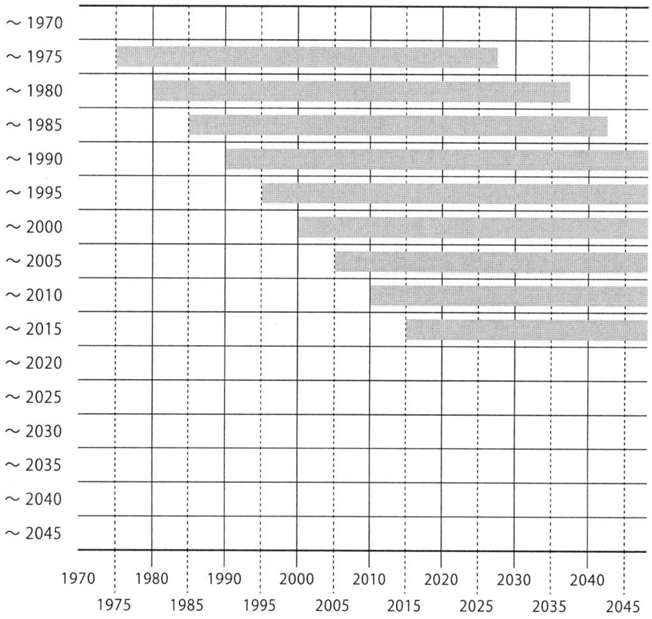

■北海道における年間必要墳墓数の推移

1985～1990年……9,968 墳墓（＝3,833＋4,558＋1,577）
1990～1995年……11,741 墳墓（＝3,833＋4,558＋1,577＋1,773）
1995～2000年……12,275 墳墓（＝3,833＋4,558＋1,577＋1,773＋534）
2000～2005年……16,651 墳墓（＝3,833＋4,558＋1,577＋1,773＋534＋4,376）
2005～2010年……18,579 墳墓（＝3,833＋4,558＋1,577＋1,773＋534＋4,376＋1,928）
2010～2015年……19,673 墳墓（＝3,833＋4,558＋1,577＋1,773＋534＋4,376＋1,928＋1,094）
2015～2020年……20,156 墳墓（＝3,833＋4,558＋1,577＋1,773＋534＋4,376＋1,928＋1,094＋483）
2020～2025年……20,156 墳墓（＝3,833＋4,558＋1,577＋1,773＋534＋4,376＋1,928＋1,094＋483）
2025～2030年……20,156 墳墓（＝3,833＋4,558＋1,577＋1,773＋534＋4,376＋1,928＋1,094＋483）
2030～2035年……16,323 墳墓（＝4,558＋1,577＋1,773＋534＋4,376＋1,928＋1,094＋483）
2035～2040年……16,323 墳墓（＝4,558＋1,577＋1,773＋534＋4,376＋1,928＋1,094＋483）
2040～2045年……11,765 墳墓（＝1,577＋1,773＋534＋4,376＋1,928＋1,094＋483）
（参考値）**2045年…10,188 墳墓**（＝1,773＋534＋4,376＋1,928＋1,094＋483）

いて注目する。その境界をここでは2040年以降としたが、大阪府、森岡双方の値を比較した場合、それより早い2030年頃から、そうした見立てがなされても妥当であろう（**図表Ⅱ**および**図表Ⅲ**の**G**列、**H**列、**I**列の2030〜35年以降の年代を参照）。

現実的には、この総量としての墳墓等に対するニーズのうち、各々の墓園などにおける個別のニーズが見込めるかだが、この点においては前述したとおり、表中で1995〜2015年についても示していることから、これに各々の墓園における1995〜2015年の申込み状況を照らし合わせて、将来の各々の墓園における申込みがどのように推移していくのか、読み替えていただきたい。

近年では「お墓に対する意識の多様化」「さまざまなお墓の選択がなされている」と指摘されており、お墓業界の現場からも、これまでのような既存のお墓へのニーズが希薄になっているという声が挙がっているのも、また事実である。すなわち、ここで最終的に得られたのは、墳墓（お墓）のほか、樹木葬（墓）、合葬・合祀墓、散骨等を合算した「必要墳墓“等”の数」、いわば“総数”を求めたものである。

特に合葬・合祀墓、散骨等が、わが国の社会に認知されはじめたのは、2000年以降のことである。このときの世帯員数（**図表Ⅱ**の主に**D**列を参照）は2.42人で、本章第４項⑪（25ページ）でも述べたように、２人世帯が世帯総数の過半数を超えた頃である。つまり、この２人世帯が高齢化するにつれ、合葬・合祀墓、散骨、樹木葬（墓）へのニーズに対して、より傾斜を強めていく、というケースが１つのモデル像として浮かび上がってくる。いわば、「お墓」へのニーズが転換する分水嶺「値」であると思料される。

図表Ⅲ　墳墓等必要数の推移 ── 大阪府方式に拠る推計と森岡方式との比較

A	B	C	D	E	F	G	H	I	J
年　代	人口	死亡率	死亡者数	傍系世帯数	取得希望世帯数	墳墓需要数（大阪府方式）	墳墓需要数（森岡方式）	採用する推計結果	墳墓需要数（大阪・森岡調整値）
1995～2000	5,692,000	0.0072	40,982	9,221	6,147	**7,684**	12,275	大阪府	**7,684**
2000～2005	5,683,000	0.0077	43,407	9,767	6,511	**8,139**	16,651	大阪府	**8,139**
2005～2010	5,628,000	0.0089	50,089	11,270	7,513	**9,392**	18,579	大阪府	**9,392**
2010～2015	5,506,000	0.0101	55,404	12,466	8,311	**10,389**	19,673	大阪府	**10,389**
2015～2020	5,382,000	0.0113	60,667	13,650	9,100	**11,375**	20,156	大阪府	**11,375**
2020～2025	5,217,000	0.0126	65,734	14,790	9,860	**12,325**	20,156	大阪府	**12,325**
2025～2030	5,017,000	0.0141	70,740	15,916	10,611	**13,264**	20,156	大阪府	**13,264**
2030～2035	4,792,000	0.0158	75,714	17,036	11,357	**14,197**	16,323	大阪府	**14,197**
2035～2040	4,546,000	0.0177	80,464	18,104	12,070	**15,087**	16,323	大阪府	**15,087**
2040～2045	4,248,000	0.0198	84,110	18,925	12,617	15,771	**11,765**	森岡	**11,765**
（参考値）2045年	4,005,000	0.0222	88,911	20,005	13,337	16,671	**10,188**	森岡	**10,188**

2 青森県

(1) 葬儀および火葬の需要予測

葬儀施行単価は、「葬儀費用総額」の「中間値」では60万円であったが、これを前提とした2015～20年の葬儀費用総額(102億8,900万円)に対して、「葬儀年間売上げ」は87億6,900万円と下振れしている。こうしたことから、実際の施行単価も、もう少し低い金額が実勢値だと判断される。将来も同様の傾向で推移することとなろう(**図表Ⅰ**の**C**列と**D**列を参照)。

青森県は中央部に奥羽山脈(八甲田山)が縦走、西側の津軽地方と東側の南部地方ではそれぞれ異なる歴史や気候、文化、風土をもつ点についても留意せねばならない。

ここで示した葬儀施行単価あるいは総額は、青森県の"総額・総量"であり、本資料集を活用する方の関心は、これらのうち、各々の事業者における個別のニーズがいかに見込めるかであろう。この点においては、**図表Ⅰ**で1995～2015年における状況についても示しているので、各々の事業者・団体が1995～2015年当時の施行状況を投影することで、将来推計で示した値(数値)をベースに、各々の業務では「どのように」あるいは「どのぐらい」「どういった」推移をしていくのか、その把握を促す手がかりとなるよう想定して提示した。

火葬場については、2018年現在でも64炉の「余力」がある。ただし、県人口の52%は青森市、八戸市、弘前市に比較的集中していることから、これらの市では火葬するまで待機するか、当該市外での火葬の実施を待機せざるを得ない状況が顕在化、あるいはすでにそうした状況になっていることが思料される。また、炉のメンテナンスに伴う使用の休止等についてまでは想定していないので、実際の対応(火葬)可能数は少なくなると見込んだほうが現実的であろう(**図表Ⅰ**の**F**列、**G**

図表Ⅰ 葬儀費用 —— 葬儀市場規模の推移および現行火葬炉数と使用頻度(回転数)の推移

A	B	C			D	E	F	G	H
年 代	死亡者数	葬儀費用総額(括弧内は各々の施行単価)(単位:百万円)			葬儀年間売上げ(単位:百万円)	年間対応可能数 火葬炉数×1日当たりの回転数×年間稼動日数	実質火葬施行数(≒死亡者数)	余剰－不足火葬対応数	余剰－不足火葬炉数
		低位最頻(0.25)	中間値(0.60)	高位最頻(1.45)					
1995～2000	12,597	3,149	7,558	18,266	6,442	61,188	12,597	48,591	＋71
2000～2005	13,147	3,287	7,888	19,063	6,723	61,188	13,147	48,041	＋70
2005～2010	14,945	3,736	8,967	21,670	7,642	61,188	14,945	46,243	＋67
2010～2015	16,030	4,008	9,618	23,244	8,197	61,188	16,030	45,158	＋66
2015～2020	17,148	4,287	10,289	24,865	8,769	61,188	17,148	44,040	＋64
2020～2025	18,169	4,542	10,902	26,345	9,291	61,188	18,169	43,018	＋63
2025～2030	18,975	4,744	11,385	27,513	9,703	61,188	18,975	42,213	＋61
2030～2035	19,798	4,950	11,879	28,708	10,124	61,188	19,798	41,389	＋60
2035～2040	20,476	5,119	12,286	29,691	10,471	61,188	20,476	40,711	＋59
2040～2045	20,998	5,249	12,599	30,447	10,738	61,188	20,998	40,190	＋58
(参考値)2045年	21259	5,315	12,756	30,826	10,871	61,188	21,259	39,928	＋58

列、H列を参照)。

(2) 墳墓等の需要予測

「墳墓等に対するニーズ」は2015～20年以降、人口、世帯数ともに減少していることから、大阪府方式、すなわち死亡者数を前提とした推計値を、そのまま墳墓等に対するニーズとして見込む

図表Ⅱ　墳墓等必要数の推移 —— 森岡方式に拠る

A	B	C	D	E	F	G
年代	世帯数	増加世帯数	世帯員数	死亡率	需要発現期間	単年度当たりの需要数
～1970	335,000		4.12	0.0068	35.7	0
～1975	375,000	40,000	3.80	0.0065	40.5	988
～1980	427,000	52,000	3.51	0.0066	43.2	1,204
～1985	442,000	15,000	3.38	0.0069	42.9	350
～1990	453,000	11,000	3.20	0.0073	42.8	257
～1995	462,000	9,000	3.02	0.0085	39.0	231
～2000	504,000	42,000	2.86	0.0089	39.3	1,069
～2005	509,000	5,000	2.82	0.0104	34.1	147
～2010	511,000	2,000	2.61	0.0117	32.7	61
～2015	509,000	－2,000	2.51	0.0131	30.4	－66
～2020	492,000	－17,000	2.44	0.0147	27.9	－609
～2025	472,000	－20,000	2.38	0.0164	25.6	－781
～2030	449,000	－23,000	2.34	0.0184	23.2	－991
～2035	423,000	－26,000	2.30	0.0206	21.1	－1,232
～2040	394,000	－29,000	2.26	0.0231	19.2	－1,510
～2045	362,000	－32,000	2.22	0.0258	17.5	－1,829

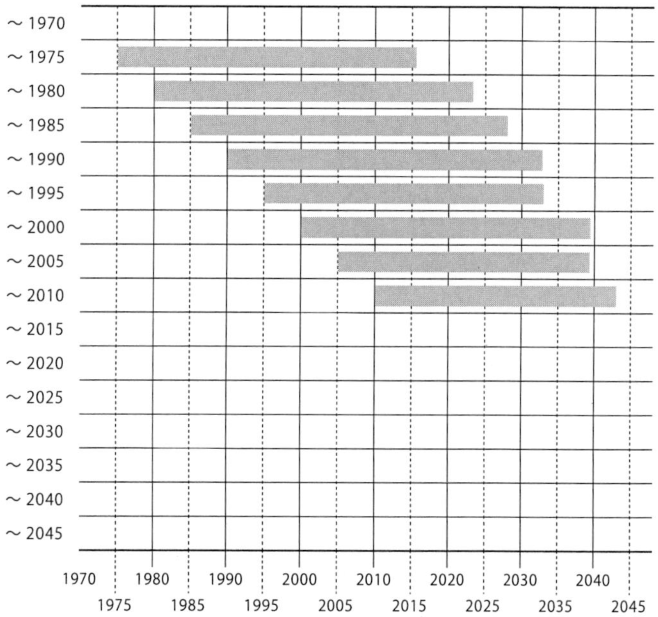

■青森県における年間必要墳墓数の推移

1985～1990年……2,542墳墓（＝988＋1,204＋350）
1990～1995年……2,799墳墓（＝988＋1,204＋350＋257）
1995～2000年……3,030墳墓（＝988＋1,204＋350＋257＋231）
2000～2005年……4,099墳墓（＝988＋1,204＋350＋257＋231＋1,069）
2005～2010年……4,246墳墓（＝988＋1,204＋350＋257＋231＋1,069＋147）
2010～2015年……4,307墳墓（＝988＋1,204＋350＋257＋231＋1,069＋147＋61）
2015～2020年……4,307墳墓（＝988＋1,204＋350＋257＋231＋1,069＋147＋61）
2020～2025年……3,319墳墓（＝1204＋350＋257＋231＋1,069＋147＋61）
2025～2030年……2,115墳墓（＝350＋257＋231＋1,069＋147＋61）
2030～2035年……1,765墳墓（＝257＋231＋1,069＋147＋61）
2035～2040年……1,277墳墓（＝1,069＋147＋61）
2040～2045年……61墳墓
（参考値）2045年…0墳墓

のはむずかしい（**図表Ⅲ**の**G**列、**I**列を参照）。

そこで世帯数、すなわち故人を墳墓等に収める人の存在を前提とした森岡方式で得られた値が注目される。その境界をここでは2020年以降としたが、大阪府、森岡双方の値を比較した場合、それより早い2015年頃から、そうした見立てがなされても妥当であろう（**図表Ⅱ**および**図表Ⅲ**の**G**列、**H**列、**I**列の2015〜20年以降の年代を参照）。

現実的には、この総量としての墳墓等に対するニーズのうち、各々の墓園などにおける個別のニーズがいかに見込めるかだが、この点においては前述したとおり、表中で1995〜2015年についても示していることから、これに各々の墓園における1995〜2015年の申込み状況を照らし合わせて、将来の墳墓等の申込みがどのように推移するのか、読み替えていただきたい。

近年では「お墓に対する意識の多様化」「さまざまなお墓の選択がなされている」と指摘されており、お墓業界の現場からも、これまでのような既存のお墓へのニーズが希薄になっているという声が挙がっているのも、また事実である。すなわち、ここで最終的に得られたのは、墳墓（お墓）のほか、樹木葬（墓）、合葬・合祀墓、散骨等を合算した「必要墳墓“等”の数」、いわば“総数”を求めたものである。

特に合葬・合祀墓、散骨等が認知されはじめるようになるのは、世帯員数（**図表Ⅱ**の主に**D**列を参照）の２人世帯が世帯総数の過半数を超えた頃である。つまり、この２人世帯が高齢化するにつれ、合葬・合祀墓、散骨、樹木葬（墓）へのニーズに対して、より傾斜を強めていく、という１つのモデル像がみえてくる。いわば、「お墓」へのニーズが転換する分水嶺「値」であると思料され、青森県の場合、2020年以降のこととなる。本章第４項⑩（24〜25ページ）でも述べたように、大阪府、森岡双方の値が逆転するのも、ちょうど同じ時期である。

図表Ⅲ　墳墓等必要数の推移 ── 大阪府方式に拠る推計と森岡方式との比較

A	B	C	D	E	F	G	H	I	J
年　代	人口	死亡率	死亡者数	傍系世帯数	取得希望世帯数	墳墓需要数（大阪府方式）	墳墓需要数（森岡方式）	採用する推計結果	墳墓需要数（大阪・森岡調整値）
1995～2000	1,482,000	0.0085	12,597	2,834	1,890	**2,362**	3,030	大阪府	**2,362**
2000～2005	1,476,000	0.0089	13,147	2,958	1,972	**2,465**	4,099	大阪府	**2,465**
2005～2010	1,437,000	0.0104	14,945	3,363	2,242	**2,803**	4,246	大阪府	**2,803**
2010～2015	1,373,000	0.0117	16,030	3,607	2,405	**3,006**	4,307	大阪府	**3,006**
2015～2020	1,308,000	0.0131	17,148	3,858	2,572	**3,215**	4,307	大阪府	**3,215**
2020～2025	1,236,000	0.0147	18,169	4,088	2,725	3,407	**3,319**	森岡	**3,319**
2025～2030	1,157,000	0.0164	18,975	4,269	2,846	3,558	**2,115**	森岡	**2,115**
2030～2035	1,076,000	0.0184	19,798	4,455	2,970	3,713	**1,765**	森岡	**1,765**
2035～2040	994,000	0.0206	20,476	4,607	3,071	3,839	**1,277**	森岡	**1,277**
2040～2045	909,000	0.0231	20,998	4,725	3,150	3,938	**61**	森岡	**61**
（参考値）2045年	824,000	0.0258	21,259	4,783	3,189	3,986	0	－	－

３ 岩手県

（1）葬儀および火葬の需要予測

葬儀施行単価は、「葬儀費用総額」の「中間値」では60万円であったが、これを前提とした2015～20年の葬儀費用総額（99億0,100万円）に対して、「葬儀年間売上げ」は136億6,600万円と上振れしている。よって、実際の施行単価も、もう少し高い金額が実勢値であると判断される。将来においても同様の傾向で推移すると思料される（**図表Ⅰ**の**Ｃ**列と**Ｄ**列を参照）。

幕藩体制下、現在の岩手県に当たる地域は伊達藩（仙台藩）の北部と南部藩の南東部で構成され、岩手県内で陸前に該当する地域は釜石以南の三陸地方のみである。南部（県北）地域は陸中に当たるという地域差も思料する必要がある。

ここで示した葬儀施行単価あるいは総額は、岩手県の“総額・総量”であり、本資料集を活用する方の関心は、これらのうち、各々の事業者における個別のニーズがいかに見込めるかであろう。この点においては、**図表Ⅰ**で1995～2015年についても示しており、これに各々の事業者・団体が1995～2015年における施行状況を投影、その結果を鑑みるならば、将来推計で示した値（数値）をベースに、各々の業務では「どのように」あるいは「どのぐらい」「どういった」推移をしていくのか、その把握を促す手がかりとなるよう想定して提示した。

火葬場については、2018年現在でも54炉の「余力」がある。ただし、岩手県の総面積（１万5,275k㎡）は北海道に次いで全国２位だが、可住地面積割合が24.3％と全国40位で、可住地面積では全国５位に下がる。可住地は大別して内陸部（人口100万人程度）と、沿岸部（30万人程度）の２つ。このうち、内陸部には東北新幹線・東北縦貫自動車道などのインフラが整っているが、その他の地域では未発達で、地域間移動は国

図表Ⅰ　葬儀費用 ── 葬儀市場規模の推移および現行火葬炉数と使用頻度（回転数）の推移

A	B	C			D	E	F	G	H
年　代	死亡者数	葬儀費用総額（括弧内は各々の施行単価）（単位：百万円）			葬儀年間売上げ（単位：百万円）	年間対応可能数 火葬炉数 × １日当たりの回転数 × 年間稼動日数	実質火葬施行数（≒死亡者数）	余剰－不足火葬対応数	余剰－不足火葬炉数
		低位最頻（0.25）	中間値（0.60）	高位最頻（1.45）					
1995～2000	12,070	3,018	7,242	17,502	9,996	53,625	12,070	41,555	＋60
2000～2005	12,517	3,129	7,510	18,150	10,366	53,625	12,517	41,108	＋60
2005～2010	14,681	3,670	8,809	21,287	12,158	53,625	14,681	38,944	＋57
2010～2015	15,756	3,939	9,454	22,846	13,048	53,625	15,756	37,869	＋55
2015～2020	16,502	4,126	9,901	23,928	13,666	53,625	16,502	37,123	＋54
2020～2025	17,136	4,284	10,282	24,847	14,191	53,625	17,136	36,489	＋53
2025～2030	17,662	4,416	10,597	25,610	14,627	53,625	17,662	35,963	＋52
2030～2035	17,909	4,477	10,745	25,968	14,831	53,625	17,909	35,716	＋52
2035～2040	18,316	4,579	10,990	26,558	15,168	53,625	18,316	35,309	＋51
2040～2045	18,489	4,622	11,094	26,810	15,312	53,625	18,489	35,136	＋51
（参考値）2045年	18,497	4,624	11,098	26,820	15,318	53,625	18,497	35,129	＋51

道や在来線レベルにとどまっている。したがって、これらの市では火葬施行まで待機せざるを得ない状況が顕在化するだけでなく、すでに火葬待ちが常態化していることが思料される（**図表Ｉ**のＦ列、Ｇ列、Ｈ列を参照）。

(2) 墳墓等の需要予測

「墳墓等に対するニーズ」は2015～20年以降、人口、世帯数ともに減少していることから、大阪府方式、すなわち死亡者数を前提とした推計値を、そのまま墳墓等に対するニーズとして見込むのはむずかしい（**図表Ⅲ**のＧ列、Ｉ列を参照）。

図表Ⅱ　墳墓等必要数の推移 ── 森岡方式に拠る

A	B	C	D	E	F	G
年代	世帯数	増加世帯数	世帯員数	死亡率	需要発現期間	単年度当たりの需要数
～1970	321,000		4.15	0.0077	31.3	0
～1975	352,000	31,000	3.83	0.0072	36.3	854
～1980	396,000	44,000	3.54	0.0070	40.4	1,089
～1985	412,000	16,000	3.42	0.0069	42.4	377
～1990	426,000	14,000	3.27	0.0077	39.7	353
～1995	441,000	15,000	3.09	0.0085	38.1	394
～2000	475,000	34,000	2.92	0.0089	38.5	883
～2005	479,000	4,000	2.89	0.0106	32.6	123
～2010	483,000	4,000	2.69	0.0119	31.2	128
～2015	489,000	6,000	2.60	0.0129	29.8	201
～2020	463,000	－ 26,000	2.53	0.0140	28.2	－ 922
～2025	446,000	－ 17,000	2.48	0.0152	26.5	－ 642
～2030	426,000	－ 20,000	2.44	0.0164	25.0	－ 800
～2035	405,000	－ 21,000	2.40	0.0178	23.4	－ 897
～2040	382,000	－ 23,000	2.36	0.0193	22.0	－ 1,045
～2045	357,000	－ 25,000	2.32	0.0209	20.6	－ 1,214

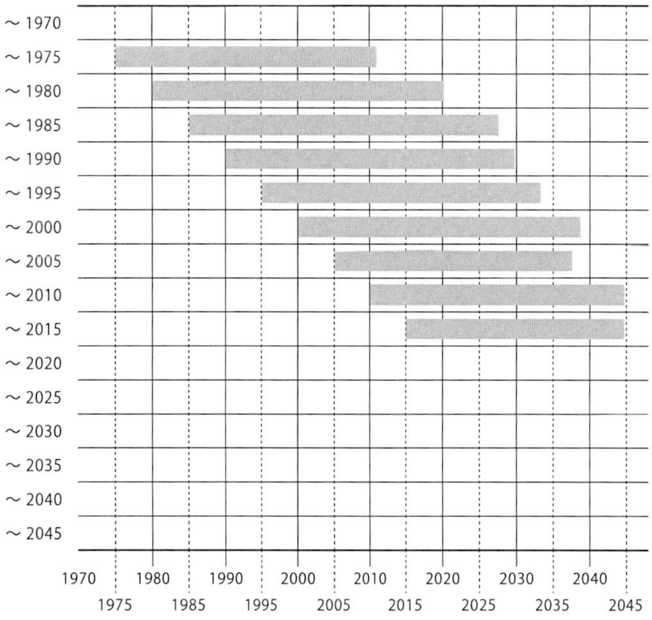

■岩手県における年間必要墳墓数の推移

1985～1990年……2,320墳墓（＝854＋1,089＋377）
1990～1995年……2,673墳墓（＝854＋1089＋377＋353）
1995～2000年……3,067墳墓（＝854＋1,089＋377＋353＋394）
2000～2005年……3,950墳墓（＝854＋1,089＋377＋353＋394＋883）
2005～2010年……4,073墳墓（＝854＋1,089＋377＋353＋394＋883＋123）
2010～2015年……4,201墳墓（＝854＋1,089＋377＋353＋394＋883＋123＋128）
2015～2020年……3,548墳墓（＝1,089＋377＋353＋394＋883＋123＋128＋201）
2020～2025年……3,548墳墓（＝1,089＋377＋353＋394＋883＋123＋128＋201）
2025～2030年……2,459墳墓（＝377＋353＋394＋883＋123＋128＋201）
2030～2035年……1,729墳墓（＝394＋883＋123＋128＋201）
2035～2040年……1,335墳墓（＝883＋123＋128＋201）
2040～2045年……329墳墓（＝128＋201）
（参考値）**2045年…0墳墓**

そこで世帯数、すなわち故人を墳墓等に収める人の存在を前提とした森岡方式で得られた値が注目される。その境界をここでは2025年以降としたが、大阪府、森岡双方の値を比較した場合、それより早い2015年頃から、そうした見立てがなされても妥当であろう（**図表Ⅱ**および**図表Ⅲ**の**G**列、**H**列、**I**列の2015〜20年以降の年代を参照)。

現実的には、この総量としての墳墓等に対するニーズのうち、各々の墓園などにおける個別のニーズがいかに見込めるかだが、この点においては、表中で1995〜2015年についても示していることから、これに各々の墓園における1995〜2015年の申込み状況を照らし合わせて、将来の墳墓等の申込みがどのように推移するのか、読み替えていただきたい。

近年では「お墓に対する意識の多様化」「さまざまなお墓の選択がなされている」と指摘されており、お墓業界の現場からも、これまでのような既存のお墓へのニーズが希薄になっているという声が挙がっているのも、また事実である。すなわち、ここで最終的に得られたのは、墳墓（お墓）のほか、樹木葬（墓）、合葬・合祀墓、散骨等を合算した「必要墳墓“等”の数」、いわば“総数”を求めたものである。

特に合葬・合祀墓、散骨等が認知されはじめるのは、世帯員数（**図表Ⅱ**の主に**D**列を参照）における２人世帯が世帯総数の過半数を超えた頃である。つまり、この２人世帯が高齢化するにつれ、合葬・合祀墓、散骨、樹木葬（墓）へのニーズに対して、より傾斜を強めていく、という１つのモデル像がみえてくる。その転換時期は岩手県の場合、2025年以降のこととなる。本章第４項⑩（24〜25ページ）でも述べたように、大阪府、森岡双方の値が逆転するのも、ちょうど同じ時期であり、この2025年は、いわば「お墓」へのニーズが転換する分水嶺「値」であると思料される。

図表Ⅲ　墳墓等必要数の推移 ── 大阪府方式に拠る推計と森岡方式との比較

A	B	C	D	E	F	G	H	I	J
年　代	人口	死亡率	死亡者数	傍系 世帯数	取得希望 世帯数	墳墓需要数 (大阪府方式)	墳墓需要数 (森岡方式)	採用する 推計結果	墳墓需要数 (大阪・森岡調整値)
1995〜2000	1,420,000	0.0085	12,070	2,716	1,811	**2,264**	3,067	大阪府	**2,264**
2000〜2005	1,416,000	0.0089	12,517	2,816	1,878	**2,347**	3,950	大阪府	**2,347**
2005〜2010	1,385,000	0.0106	14,681	3,303	2,202	**2,753**	4,073	大阪府	**2,753**
2010〜2015	1,330,000	0.0119	15,756	3,545	2,363	**2,954**	4,201	大阪府	**2,954**
2015〜2020	1,280,000	0.0129	16,502	3,713	2,475	**3,094**	3,548	大阪府	**3,094**
2020〜2025	1,224,000	0.0140	17,136	3,856	2,570	**3,213**	3,548	大阪府	**3,213**
2025〜2030	1,162,000	0.0152	17,662	3,974	2,649	3,312	**2,459**	森岡	**2,459**
2030〜2035	1,092,000	0.0164	17,909	4,029	2,686	3,358	**1,729**	森岡	**1,729**
2035〜2040	1,029,000	0.0178	18,316	4,121	2,747	3,434	**1,335**	森岡	**1,335**
2040〜2045	958,000	0.0193	18,489	4,160	2,773	3,467	**329**	森岡	**329**
（参考値）2045年	885,000	0.0209	18496.5	4162	2,774	3468	**0**	―	―

4 宮城県

(1) 葬儀および火葬の需要予測

葬儀施行単価は、「葬儀費用総額」の「中間値」では60万円であったが、これを前提とした2015〜20年の葬儀費用総額（138億4,200万円）に対して、「葬儀年間売上げ」は242億7,000万円と上振れしている。このことから、実際の施行単価はかなり高めであり、「高位最頻」値に近い金額（145万円）が実勢値であると判断される。将来も、同様の傾向で推移すると思料される（**図表Ⅰ**のC列とD列を参照）。

とりわけ宮城県は、仙台市が県民の47.1％が居住する「プライメイトシティ」（一極集中型であり影響力も大きい市のこと。地域における首位都市や首座都市ともいわれる）となっており、こうした地域差も思料する必要がある。

ここで示した葬儀施行単価あるいは総額は、宮城県の“総額・総量”であり、本資料集を活用する方の関心は、これらのうち、各々の事業者における個別のニーズがいかに見込めるかであろう。この点においては、**図表Ⅰ**で1995〜2015年についても示しており、これに各々の事業者・団体が1995〜2015年の施行状況を投影することで、将来推計で示した値（数値）をベースに、各々の業務では「どのように」あるいは「どのぐらい」「どういった」推移をしていくのか、その把握を促す手がかりとなるよう想定して提示した。

火葬場については、2018年現在でも55炉の「余力」がある。ただし、前述したとおり、宮城県には仙台市というプライメイトシティがあることから、地域偏在も思料する必要がある（**図表Ⅰ**のF列、G列、H列を参照）。

また、炉のメンテナンスに伴う使用の休止等についてまでは想定していないので、実際に対応（火葬）可能数は少なくなると見込んだほうが現実的であろう。

図表Ⅰ　葬儀費用 ── 葬儀市場規模の推移および現行火葬炉数と使用頻度（回転数）の推移

A	B	C			D	E	F	G	H
年　代	死亡者数	葬儀費用総額（括弧内は各々の施行単価）（単位：百万円）			葬儀年間売上げ（単位：百万円）	年間対応可能数 火葬炉数 × 1日当たりの回転数 × 年間稼動日数	実質火葬施行数（≒死亡者数）	余剰－不足 火葬対応数	余剰－不足 火葬炉数
		低位最頻（0.25）	中間値（0.60）	高位最頻（1.45）					
1995～2000	16,070	4,018	9,642	23,302	16,906	61,188	16,070	45,117	＋66
2000～2005	17,127	4,282	10,276	24,834	18,018	61,188	17,127	44,061	＋64
2005～2010	19,824	4,956	11,894	28,745	20,855	61,188	19,824	41,364	＋60
2010～2015	21,932	5,483	13,159	31,801	23,073	61,188	21,932	39,256	＋57
2015～2020	23,070	5,768	13,842	33,452	24,270	61,188	23,070	38,118	＋55
2020～2025	23,878	5,970	14,327	34,624	25,120	61,188	23,878	37,309	＋54
2025～2030	24,497	6,124	14,698	35,521	25,771	61,188	24,497	36,691	＋53
2030～2035	24,870	6,218	14,922	36,062	26,164	61,188	24,870	36,317	＋53
2035～2040	24,961	6,240	14,977	36,194	26,260	61,188	24,961	36,226	＋53
2040～2045	24,742	6,186	14,845	35,876	26,029	61,188	24,742	36,445	＋53
（参考値）2045年	24,422	6,105	14,653	35,411	25,692	61,188	24,422	36,766	＋53

(2) 墳墓等の需要予測

「墳墓等に対するニーズ」は2015〜20年以降、人口、世帯数ともに減少していることから、大阪府方式、すなわち死亡者数を前提とした推計値を、そのまま墳墓等に対するニーズとして見込むのはむずかしい（**図表Ⅲ**の**G**列、**I**列を参照)。

そこで世帯数、すなわち故人を墳墓等に収める人の存在を前提とした森岡方式で得られた値が注目される。ここではその境界を2045年以降とし

図表Ⅱ　墳墓等必要数の推移 —— 森岡方式に拠る

A	B	C	D	E	F	G
年代	世帯数	増加世帯数	世帯員数	死亡率	需要発現期間	単年度当たりの需要数
〜1970	429,000		4.15	0.0068	35.4	0
〜1975	506,000	77,000	3.74	0.0062	43.1	1,787
〜1980	597,000	91,000	3.44	0.0061	47.7	1,908
〜1985	639,000	42,000	3.36	0.0059	50.4	833
〜1990	692,000	53,000	3.20	0.0062	50.4	1,052
〜1995	744,000	52,000	3.04	0.0069	47.7	1,090
〜2000	832,000	88,000	2.80	0.0073	48.9	1,800
〜2005	859,000	27,000	2.75	0.0084	43.3	624
〜2010	900,000	41,000	2.56	0.0094	41.6	986
〜2015	943,000	43,000	2.48	0.0099	40.7	1,057
〜2020	916,000	− 27,000	2.43	0.0104	39.6	− 682
〜2025	907,000	− 9,000	2.38	0.0110	38.2	− 236
〜2030	891,000	− 16,000	2.35	0.0116	36.7	− 436
〜2035	868,000	− 23,000	2.32	0.0122	35.3	− 652
〜2040	835,000	− 33,000	2.29	0.0128	34.1	− 968
〜2045	790,000	− 45,000	2.26	0.0135	32.8	− 1,372

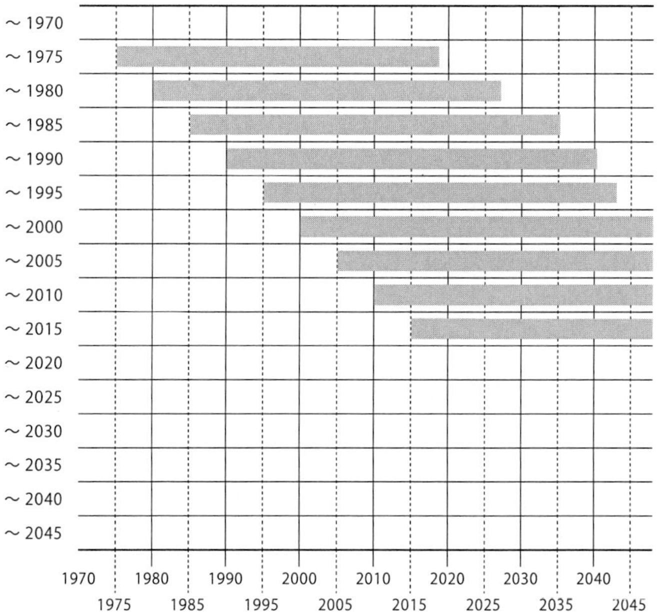

■宮城県における年間必要墳墓数の推移

1985〜1990年……4,528 墳墓（＝ 1,787 ＋ 1,908 ＋ 833）
1990〜1995年……5,580 墳墓（＝ 1,787 ＋ 1,908 ＋ 833 ＋ 1,052）
1995〜2000年……6,670 墳墓（＝ 1,787 ＋ 1,908 ＋ 833 ＋ 1,052 ＋ 1,090）
2000〜2005年……8,470 墳墓（＝ 1,787 ＋ 1,908 ＋ 833 ＋ 1,052 ＋ 1,090 ＋ 1,800）
2005〜2010年……9,094 墳墓（＝ 1,787 ＋ 1,908 ＋ 833 ＋ 1,052 ＋ 1,090 ＋ 1,800 ＋ 624）
2010〜2015年……10,080 墳墓（＝ 1,787 ＋ 1,908 ＋ 833 ＋ 1,052 ＋ 1,090 ＋ 1,800 ＋ 624 ＋ 986）
2015〜2020年……11,137 墳墓（＝ 1,787 ＋ 1,908 ＋ 833 ＋ 1,052 ＋ 1,090 ＋ 1,800 ＋ 624 ＋ 986 ＋ 1,057）
2020〜2025年……9,350 墳墓（＝ 1,908 ＋ 833 ＋ 1,052 ＋ 1,090 ＋ 1,800 ＋ 624 ＋ 986 ＋ 1,057）
2025〜2030年……9,350 墳墓（＝ 1,908 ＋ 833 ＋ 1,052 ＋ 1,090 ＋ 1,800 ＋ 624 ＋ 986 ＋ 1,057）
2030〜2035年……7,442 墳墓（＝ 833 ＋ 1,052 ＋ 1,090 ＋ 1,800 ＋ 624 ＋ 986 ＋ 1,057）
2035〜2040年……7,442 墳墓（＝ 833 ＋ 1,052 ＋ 1,090 ＋ 1,800 ＋ 624 ＋ 986 ＋ 1,057）
2040〜2045年……6,609 墳墓（＝ 1,052 ＋ 1,090 ＋ 1,800 ＋ 624 ＋ 986 ＋ 1,057）
（参考値）**2045年…4,467 墳墓**（＝ 1,800 ＋ 624 ＋ 986 ＋ 1,057）

た（**図表Ⅱ**および**図表Ⅲ**の**G**列、**H**列、**I**列の参考値2045年以降を参照）。

ニーズが顕在化するのが比較的先となるのは、仙台市がプライメイトシティの役割を担っていることで、東北地方にありながら大都市圏的な需要動向を示すからと推定される。

現実的には、この総量としての墳墓等に対するニーズのうち、各々の墓園などにおける個別のニーズがいかに見込めるかだが、この点においては、表中で1995～2015年についても示していることから、これに各々の墓園における1995～2015年の申込み状況を照らし合わせて、将来の墳墓等の申込みがどのように推移するのか、読み替えていただきたい。

近年では「お墓に対する意識の多様化」「さまざまなお墓の選択がなされている」と指摘されており、お墓業界の現場からも、これまでのような既存のお墓へのニーズが希薄になっているという声が挙がっているのも、また事実である。すなわち、ここで最終的に得られたのは、墳墓（お墓）のほか、樹木葬（墓）、合葬・合祀墓、散骨等を合算した「必要墳墓“等”の数」、いわば“総数”を求めたものである。

特に合葬・合祀墓、散骨等が認知されはじめるのは、世帯員数（**図表Ⅱ**の主に**D**列を参照）の２人世帯が世帯総数の過半数を超えた頃である。つまり、この２人世帯が高齢化するにつれ、合葬・合祀墓、散骨、樹木葬（墓）へのニーズに対して、より傾斜を強めていく、という１つのモデル像がみえてくる。いわば、「お墓」へのニーズが転換する分水嶺「値」であると思料され、宮城県の場合、2020年以降のこととなる。

ただし、本章第４項⑩（24～25ページ）でも述べたとおり、大阪府、森岡双方の値が逆転するのは、「2045年」になってからなので、２人世帯が世帯総数の過半数以上を占めるのは2020年ではあるものの、その２人世帯は高齢者世帯の比率が低いことから、2020年が前述の分水嶺「値」であると直ちに判断するのは早計だろう。

図表Ⅲ　墳墓等必要数の推移 ── 大阪府方式に拠る推計と森岡方式との比較

A	B	C	D	E	F	G	H	I	J
年　代	人口	死亡率	死亡者数	傍系世帯数	取得希望世帯数	墳墓需要数（大阪府方式）	墳墓需要数（森岡方式）	採用する推計結果	墳墓需要数（大阪・森岡調整値）
1995～2000	2,329,000	0.0069	16,070	3,616	2,411	**3,014**	6,670	大阪府	**3,014**
2000～2005	2,365,000	0.0073	17,127	3,854	2,569	**3,212**	8,470	大阪府	**3,212**
2005～2010	2,360,000	0.0084	19,824	4,460	2,974	**3,717**	9,094	大阪府	**3,717**
2010～2015	2,348,000	0.0094	21,932	4,935	3,290	**4,113**	10,080	大阪府	**4,113**
2015～2020	2,334,000	0.0099	23,070	5,191	3,461	**4,326**	11,137	大阪府	**4,326**
2020～2025	2,296,000	0.0104	23,878	5,373	3,582	**4,478**	9,350	大阪府	**4,478**
2025～2030	2,227,000	0.0110	24,497	5,512	3,675	**4,594**	9,350	大阪府	**4,594**
2030～2035	2,144,000	0.0116	24,870	5,596	3,731	**4,664**	7,442	大阪府	**4,664**
2035～2040	2,046,000	0.0122	24,961	5,616	3,744	**4,680**	7,442	大阪府	**4,680**
2040～2045	1,933,000	0.0128	24,742	5,567	3,711	**4,639**	6,609	大阪府	**4,639**
（参考値）2045年	1,809,000	0.0135	24,422	5,495	3,663	4,579	**4,467**	森岡	**4,467**

5
秋田県

(1) 葬儀および火葬の需要予測

葬儀施行単価は、「葬儀費用総額」の「中間値」では60万円であったが、これを前提とした2015～20年の葬儀費用総額（88億7,600万円）に対し、「葬儀年間売上げ」は103億0,600万円と上振れしている。したがって、施行単価の実勢値はより高いと判断される。将来も同様の傾向で推移すると思料されよう（**図表Ⅰ**の**C**列と**D**列を参照）。

秋田県は地域振興局の管轄地域により、８つの地域圏に区分され、これらはさらに「県北」「中央」「県南」エリアの３つに大別されている。特に、中央エリアに位置する秋田市は県庁所在地であり、同県の政治・経済・交通の中心都市。1997年、秋田新幹線「こまち」開業。秋田空港は国土交通省から「特定地方管理空港」（拠点空港のうち、地方公共団体が管理を行なっているもの）の指定を受けている。

そうした地勢の差・違いが、葬儀等にどのような影響を与えるのかを把握するには、以下のプロセスが重要となる。

ここで示した葬儀施行単価あるいは総額は、秋田県の“総額・総量”であり、本資料集を活用する方の関心は、これらのうち、各々の事業者における個別のニーズが見込めるかであろう。この点においては、**図表Ⅰ**で1995～2015年についても示しており、これに各々の事業者・団体が1995～2015年の施行状況を投影することで、将来推計で示した値（数値）をベースに、各々の業務では「どのように」あるいは「どのぐらい」「どういった」推移をしていくのか、その把握を促す手がかりとなるよう想定して提示した。

火葬場については、2018年現在でも43炉の「余力」がある。ただし、前述したとおり、秋田県には中央エリアに位置する県庁所在地・秋田市があることから、地域偏在も思料する必要がある

図表Ⅰ　葬儀費用 ── 葬儀市場規模の推移および現行火葬炉数と使用頻度（回転数）の推移

A	B	C			D	E	F	G	H
年　代	死亡者数	葬儀費用総額（括弧内は各々の施行単価）（単位：百万円）			葬儀年間売上げ（単位：百万円）	年間対応可能数 火葬炉数 × １日当たりの回転数 × 年間稼動日数	実質火葬施行数（≒死亡者数）	余剰－不足火葬対応数	余剰－不足火葬炉数
		低位最頻（0.25）	中間値（0.60）	高位最頻（1.45）					
1995～2000	10,805	2,701	6,483	15,667	7,527	44,688	10,805	33,883	＋49
2000～2005	12,026	3,007	7,216	17,438	8,378	44,688	12,026	32,662	＋48
2005～2010	13,064	3,266	7,839	18,943	9,101	44,688	13,064	31,623	＋46
2010～2015	14,288	3,572	8,573	20,718	9,954	44,688	14,288	30,400	＋44
2015～2020	14,794	3,699	8,876	21,451	10,306	44,688	14,794	29,894	＋43
2020～2025	15,200	3,800	9,120	22,041	10,589	44,688	15,200	29,487	＋43
2025～2030	15,488	3,872	9,293	22,457	10,789	44,688	15,488	29,200	＋42
2030～2035	15,629	3,907	9,377	22,662	10,888	44,688	15,629	29,059	＋42
2035～2040	15,698	3,925	9,419	22,763	10,936	44,688	15,698	28,989	＋42
2040～2045	15,614	3,903	9,368	22,640	10,877	44,688	15,614	29,074	＋42
（参考値）2045年	15,351	3,838	9,211	22,259	10,694	44,688	15,351	29,337	＋43

(図表ⅠのF列、G列、H列を参照)。

(2) 墳墓等の需要予測

「墳墓等に対するニーズ」は2015～20年以降、人口、世帯数ともに減少していることから、すなわち大阪府方式、死亡者数を前提とした推計値を、そのまま墳墓等に対するニーズとして見込むのはむずかしい(図表ⅢのG列、I列を参照)。

そこで世帯数、すなわち故人を墳墓等に収める人の存在を前提とした森岡方式で得られた値が注目される。その境界をここでは2015年以降としたが、大阪府、森岡双方の値を比較した場合、それより早い1995年頃から、そうした見立てがな

図表Ⅱ　墳墓等必要数の推移 ── 森岡方式に拠る

A	B	C	D	E	F	G
年代	世帯数	増加世帯数	世帯員数	死亡率	需要発現期間	単年度当たりの需要数
～1970	290,000		4.17	0.0077	31.1	0
～1975	313,000	23,000	3.85	0.0074	35.1	655
～1980	343,000	30,000	3.62	0.0074	37.3	804
～1985	350,000	7,000	3.53	0.0075	37.8	185
～1990	358,000	8,000	3.37	0.0082	36.2	221
～1995	371,000	13,000	3.14	0.0089	35.8	363
～2000	388,000	17,000	3.00	0.0101	33.0	515
～2005	391,000	3,000	2.93	0.0114	29.9	100
～2010	389,000	－2,000	2.71	0.0132	28.0	－71
～2015	387,000	－2,000	2.62	0.0145	26.3	－76
～2020	365,000	－22,000	2.55	0.0159	24.7	－891
～2025	346,000	－19,000	2.50	0.0175	22.9	－830
～2030	327,000	－19,000	2.45	0.0192	21.3	－892
～2035	306,000	－21,000	2.41	0.0211	19.7	－1,066
～2040	285,000	－21,000	2.37	0.0232	18.2	－1,154
～2045	262,000	－23,000	2.33	0.0255	16.8	－1,369

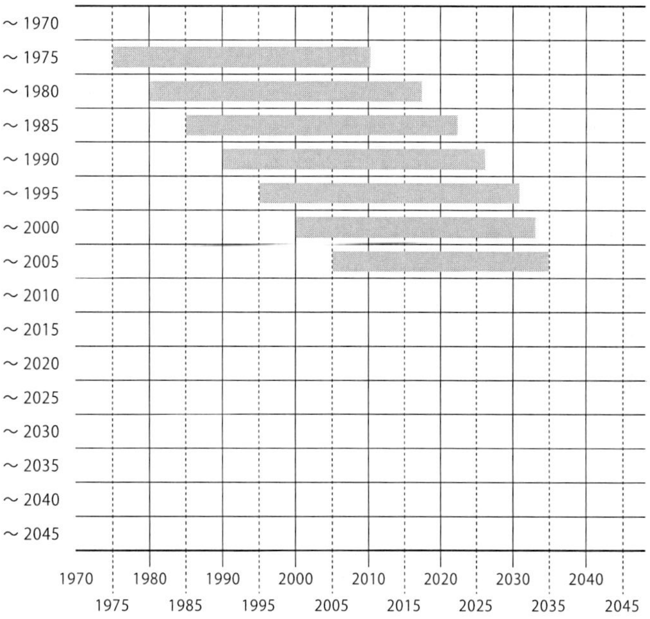

■秋田県における年間必要墳墓数の推移

1985～1990年……1,644 墳墓(＝655＋804＋185)
1990～1995年……1,865 墳墓(＝655＋804＋185＋221)
1995～2000年……12,228 墳墓(＝655＋804＋185＋221＋363)
2000～2005年……2,743 墳墓(＝655＋804＋185＋221＋363＋515)
2005～2010年……2,843 墳墓(＝655＋804＋185＋221＋363＋515＋100)
2010～2015年……2,843 墳墓(＝655＋804＋185＋221＋363＋515＋100)
2015～2020年……2,188 墳墓(＝804＋185＋221＋363＋515＋100)
2020～2025年……1,384 墳墓(＝185＋221＋363＋515＋100)
2025～2030年……1,199 墳墓(＝221＋363＋515＋100)
2030～2035年……978 墳墓(＝363＋515＋100)
2035～2040年……0 墳墓
2040～2045年……0 墳墓
(参考値) 2045年…0 墳墓

されても妥当であろう（**図表Ⅱ**および**図表Ⅲ**の**G**列、**H**列、**I**列の1995～2000年以降の年代を参照）。

現実的には、この総量としての墳墓等に対するニーズのうち、各々の墓園などにおける個別のニーズがいかに見込めるかだが、この点においては、表中で1995～2015年についても示していることから、これに各々の墓園における1995～2015年の申込み状況を照らし合わせて、将来の墳墓等の申込みがどのように推移するのか、読み替えていただきたい。前述したように、秋田県においては早い時期から需要動向の変動予兆が顕在化していたことからも、その読み替えは大きな意味をもつ。

近年では「お墓に対する意識の多様化」「さまざまなお墓の選択がなされている」と指摘されており、お墓業界の現場からも、これまでのような既存のお墓へのニーズが希薄になっているという声が挙がっているのも、また事実である。すなわち、ここで最終的に得られたのは、墳墓（お墓）のほか、樹木葬（墓）、合葬・合祀墓、散骨等を合算した「必要墳墓“等”の数」、いわば“総数”を求めたものである。

特に合葬・合祀墓、散骨等が認知されはじめるのは、世帯員数（**図表Ⅱ**の主に**D**列を参照）の２人世帯が世帯総数の過半数以上を占めた頃である。つまり、この２人世帯が高齢化するにつれ、合葬・合祀墓、散骨、樹木葬（墓）へのニーズに対してより傾斜を強めていく、という１つのモデル像がみえてくる。いわば、「お墓」へのニーズが転換する分水嶺「値」であると思料され、秋田県の場合、2030年以降のこととなる。

ただし、前述したとおり、秋田県は1995年という非常に早い時期から需要動向の変動予兆が顕在化してきており、2035年以降の森岡方式による需要数は「０（ゼロ）」となり、他方、大阪府方式では死亡者数の増加に伴い、半ば機械的に需要が増加していく。秋田県の場合、墳墓等の需要動向を見立てるには少し距離を置かざるを得ない。

図表Ⅲ　墳墓等必要数の推移 ── 大阪府方式に拠る推計と森岡方式との比較

A	B	C	D	E	F	G	H	I	J
年　代	人口	死亡率	死亡者数	傍系 世帯数	取得希望 世帯数	墳墓需要数 （大阪府方式）	墳墓需要数 （森岡方式）	採用する 推計結果	墳墓需要数 （大阪・森岡調整値）
1995～2000	1,214,000	0.0089	10,805	2,431	1,621	**2,026**	2,228	大阪府	**2,026**
2000～2005	1,189,000	0.0101	12,026	2,706	1,804	**2,255**	2,743	大阪府	**2,255**
2005～2010	1,146,000	0.0114	13,064	2,939	1,960	**2,450**	2,843	大阪府	**2,450**
2010～2015	1,086,000	0.0132	14,288	3,215	2,143	**2,679**	2,843	大阪府	**2,679**
2015～2020	1,023,000	0.0145	14,794	3,329	2,219	2,774	**2,188**	森岡	**2,188**
2020～2025	956,000	0.0159	15,200	3,420	2,280	2,850	**1,384**	森岡	**1,384**
2025～2030	885,000	0.0175	15,488	3,485	2,323	2,904	**1,199**	森岡	**1,199**
2030～2035	814,000	0.0192	15,629	3,516	2,344	2,930	**978**	森岡	**978**
2035～2040	744,000	0.0211	15,698	3,532	2,355	2,944	0	－	－
2040～2045	673,000	0.0232	15,614	3,513	2,342	2,928	0	－	－
（参考値）2045年	602,000	0.0255	15,351	3,454	2,303	2,879	0	－	－

6 山形県

(1) 葬儀および火葬の需要予測

葬儀施行単価は、「葬儀費用総額」の「中間値」では60万円であったが、これを前提とした2015～20年の葬儀費用総額（89億7,600万円）に対し、実際の「葬儀年間売上げ」は188億5,100万円と、かなり上振れしている。したがって、実際の施行単価はかなり高く、「高位最頻」値に近い金額（145万円）が実勢値であろうと判断される。将来も同様の傾向で推移すると思料されよう（**図表Ⅰ**の**C**列と**D**列を参照）。

山形県は東側一帯で宮城県との境に奥羽山脈、県西部に朝日連峰がそびえているように、県域の大半（85％）を山地が占め、総面積に対する森林の割合は75％、農業用地の割合は15％である。県中央部には最上川が流れ、県民の多くがこの流域に住んでいる。

ここで示した葬儀施行単価あるいは総額は、山形県の“総額・総量”であり、本資料集を活用する方の関心は、これらのうち、各々の事業者における個別のニーズが見込めるかであろう。この点においては、**図表Ⅰ**では1995～2015年についても示しており、これに各々の事業者・団体が1995～2015年の施行状況を投影することで、将来推計で示した値（数値）をベースに、各々の業務では「どのように」あるいは「どのぐらい」「どういった」推移をしていくのか、その把握を促す手がかりとなるよう想定して提示した。

火葬場については、2018年現在でも46炉の「余力」がある。ただし、前述したとおり、山形県は最上川の流域に県民の多くが居住している。とはいえ、地域的には村山・最上・置賜《おきたま》・庄内の4つのエリアに分かれることから、気候・文化などの面でも違いがあり、県の出先機関として各エリアごとに総合支庁が置かれている（「**図表Ⅰ**の**F**列、**G**列、**H**列を参照）。

図表Ⅰ　葬儀費用 ── 葬儀市場規模の推移および現行火葬炉数と使用頻度（回転数）の推移

A	B	C			D	E	F	G	H
年　代	死亡者数	葬儀費用総額（括弧内は各々の施行単価）（単位：百万円）			葬儀年間売上げ（単位：百万円）	年間対応可能数 火葬炉数×1日当たりの回転数×年間稼動日数	実質火葬施行数（≒死亡者数）	余剰－不足火葬対応数	余剰－不足火葬炉数
		低位最頻（0.25）	中間値（0.60）	高位最頻（1.45）					
1995～2000	11,313	2,828	6,788	16,404	14,255	46,750	11,313	35,437	＋52
2000～2005	11,842	2,961	7,105	17,171	14,922	46,750	11,842	34,908	＋51
2005～2010	13,254	3,314	7,953	19,219	16,702	46,750	13,254	33,496	＋49
2010～2015	14,084	3,521	8,450	20,422	17,747	46,750	14,084	32,666	＋48
2015～2020	14,960	3,740	8,976	21,692	18,851	46,750	14,960	31,790	＋46
2020～2025	15,866	3,966	9,519	23,005	19,992	46,750	15,866	30,884	＋45
2025～2030	16,662	4,166	9,997	24,160	20,996	46,750	16,662	30,088	＋44
2030～2035	17,417	4,354	10,450	25,255	21,948	46,750	17,417	29,333	＋43
2035～2040	18,119	4,530	10,872	26,273	22,832	46,750	18,119	28,631	＋42
2040～2045	18,598	4,650	11,159	26,967	23,435	46,750	18,598	28,152	＋41
（参考値）2045年	18,970	4,742	11,382	27,506	23,903	46,750	18,970	27,780	＋40

(2) 墳墓等の需要予測

「墳墓等に対するニーズ」を考えるうえでの背景として、2020年以降、人口、世帯数ともに減少していることから、大阪府方式、すなわち死亡者数を前提とした推計値を、そのまま墳墓等に対するニーズとして見込むのはむずかしい（**図表III**の**G**列、**I**列を参照）。

そこで世帯数、すなわち故人を墳墓等に収める人の存在を前提とした森岡方式で得られた値が注目される。その境界をここでは2015年以降としたが、大阪府、森岡双方の値を比較した場合、そ

図表II　墳墓等必要数の推移 ―― 森岡方式に拠る

A	B	C	D	E	F	G
年代	世帯数	増加世帯数	世帯員数	死亡率	需要発現期間	単年度当たりの需要数
～1970	278,000		4.30	0.0084	27.7	0
～1975	297,000	19,000	4.02	0.0079	31.5	603
～1980	323,000	26,000	3.83	0.0080	32.6	798
～1985	330,000	7,000	3.77	0.0078	34.0	206
～1990	341,000	11,000	3.65	0.0083	33.0	333
～1995	363,000	22,000	3.37	0.0090	33.0	667
～2000	376,000	13,000	3.25	0.0096	32.1	405
～2005	385,000	9,000	3.16	0.0109	29.0	310
～2010	388,000	3,000	2.94	0.0121	28.1	107
～2015	392,000	4,000	2.84	0.0134	26.3	152
～2020	374,000	－18,000	2.77	0.0148	24.4	－738
～2025	362,000	－12,000	2.71	0.0164	22.5	－533
～2030	348,000	－14,000	2.65	0.0182	20.7	－676
～2035	334,000	－14,000	2.59	0.0202	19.1	－733
～2040	319,000	－15,000	2.53	0.0223	17.7	－847
～2045	304,000	－15,000	2.47	0.0247	16.4	－915

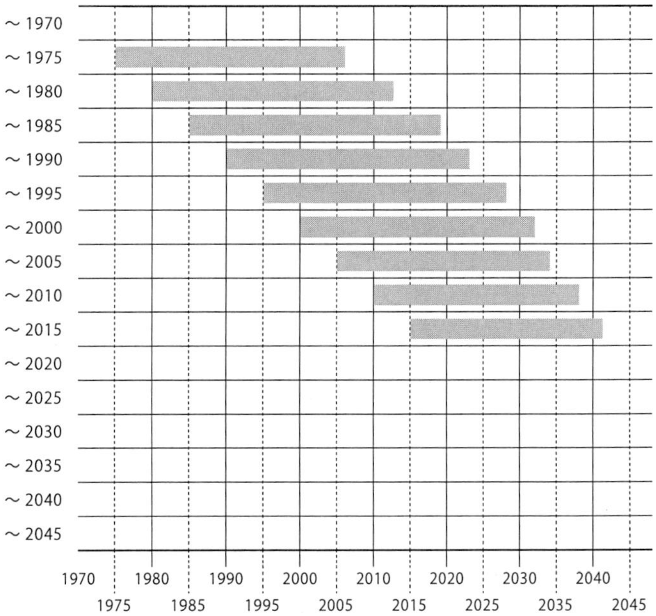

■山形県における年間必要墳墓数の推移

1985～1990年……1,607墳墓（＝603＋798＋206）
1990～1995年……1,940墳墓（＝603＋798＋206＋333）
1995～2000年……2,607墳墓（＝603＋798＋206＋333＋667）
2000～2005年……3,012墳墓（＝603＋798＋206＋333＋667＋405）
2005～2010年……3,322墳墓（＝603＋798＋206＋333＋667＋405＋310）
2010～2015年……2,826墳墓（＝798＋206＋333＋667＋405＋310＋107）
2015～2020年……2,180墳墓（＝206＋333＋667＋405＋310＋107＋152）
2020～2025年……1,974墳墓（＝333＋667＋405＋310＋107＋152）
2025～2030年……1,641墳墓（＝667＋405＋310＋107＋152）
2030～2035年……974墳墓（＝405＋310＋107＋152）
2035～2040年……259墳墓（＝107＋152）
2040～2045年……152墳墓
（参考値）**2045年…0墳墓**

れより早い2010年頃から、そうした見立てがなされても妥当であろう（**図表Ⅱ**および**図表Ⅲ**のG列、H列、I列の2010〜15年以降の年代を参照）。

現実的には、この総量としての墳墓等に対するニーズのうち、各々の墓園などにおける個別のニーズがいかに見込めるかだが、この点においては、表中で1995〜2015年についても示していることから、これに各々の墓園における1995〜2015年の申込み状況を照らし合わせて、将来の墳墓等の申込みがどのように推移するのか、読み替えていただきたい。前述したように、山形県においては早い時期から需要動向の変動予兆が顕在化していたことからも、その読み替えは大きな意味をもつ。

近年では「お墓に対する意識の多様化」「さまざまなお墓の選択がなされている」と指摘されており、お墓業界の現場からも、これまでのような既存のお墓へのニーズが希薄になっているという声が挙がっているのも、また事実である。すなわち、ここで最終的に得られたのは、墳墓（お墓）のほか、樹木葬（墓）、合葬・合祀墓、散骨等を合算した「必要墳墓“等”の数」、いわば“総数”を求めたものである。

特に合葬・合祀墓、散骨等が認知されはじめるのは、世帯員数（**図表Ⅱ**の主に**D**列を参照）の２人世帯が世帯総数の過半数以上を占めた頃である。つまり、この２人世帯が高齢化するにつれ、合葬・合祀墓、散骨、樹木葬（墓）へのニーズに対して、より傾斜を強めていく、という１つのモデル像がみえてくる。いわば、「お墓」へのニーズが転換する分水嶺「値」であると思料され、山形県の場合、2045年以降のこととなる。

しかしながら、そうした傾向の一方で、森岡方式による需要推計値においては2030年以降、需要数は急激に、極めて小さな値となり、他方、大阪府方式では死亡者数の増加に伴い、半ば機械的に需要が増加していくという傾向も認められる。ゆえに、山形県の場合、墳墓「等」の需要の動向を見立てるには、一定の距離を置くべきであろうと思料せざるを得ない。

図表Ⅲ　墳墓等必要数の推移 ―― 大阪府方式に拠る推計と森岡方式との比較

A	B	C	D	E	F	G	H	I	J
年　代	人口	死亡率	死亡者数	傍系世帯数	取得希望世帯数	墳墓需要数（大阪府方式）	墳墓需要数（森岡方式）	採用する推計結果	墳墓需要数（大阪・森岡調整値）
1995〜2000	1,257,000	0.0090	11,313	2,545	1,697	**2,121**	2,607	大阪府	**2,121**
2000〜2005	1,244,000	0.0096	11,842	2,664	1,776	**2,220**	3,012	大阪府	**2,220**
2005〜2010	1,216,000	0.0109	13,254	2,982	1,988	**2,485**	3,322	大阪府	**2,485**
2010〜2015	1,169,000	0.0121	14,084	3,169	2,113	**2,641**	2,826	大阪府	**2,641**
2015〜2020	1,124,000	0.0134	14,960	3,366	2,244	2,805	**2,180**	森岡	**2,180**
2020〜2025	1,072,000	0.0148	15,866	3,570	2,380	2,975	**1,974**	森岡	**1,974**
2025〜2030	1,016,000	0.0164	16,662	3,749	2,499	3,124	**1,641**	森岡	**1,641**
2030〜2035	957,000	0.0182	17,417	3,919	2,613	3,266	**974**	森岡	**974**
2035〜2040	897,000	0.0202	18,119	4,077	2,718	3,398	**259**	森岡	**259**
2040〜2045	834,000	0.0223	18,598	4,185	2,790	3,488	**152**	森岡	**152**
（参考値）2045年	768,000	0.0247	18,970	4,268	2,845	3,557	0	−	−

7 福島県

(1) 葬儀および火葬の需要予測

葬儀施行単価は、「葬儀費用総額」の「中間値」では60万円であった。これを前提とした2015～20年に推計される葬儀費用総額（145億2,300万円）に対して、実際の「葬儀年間売上げ」は442億6,200万円と、かなり上振れしている。したがって、実際の施行単価はかなり高く、「高位最頻」値の金額（145万円）が実勢値であろうと判断される。

そもそも、ここでの葬儀費用総額は「第11回『葬儀についてのアンケート調査』報告書（2017年１月）」に基づいたものであり（本章第２項③、17ページ）、福島県のほか、青森県、岩手県、秋田県、宮城県、山形県なども含めた東北エリアという広域値であって、他県と福島県では同じ東北地方の事情を大きく異にしているために、こうした結果になったと思料される。したがって、実際の施行単価は、高位最頻値よりもさらに高い金額が実勢値であろうと判断される。将来も同様の傾向と思料されよう（**図表Ⅰ**の**C**列と**D**列を参照）。

ここで示した葬儀施行単価あるいは総額は、福島県の“総額・総量”であり、本資料集を活用する方の関心は、これらのうち、各々の事業者における個別のニーズがいかに見込めるかであろう。この点においては、**図表Ⅰ**で1995～2015年についても示しており、これに各々の事業者・団体が1995～2015年の施行状況を投影することで、将来推計で示した値（数値）をベースに、各々の業務では「どのように」あるいは「どのぐらい」「どういった」推移をしていくのか、その把握を促す手がかりとなるよう想定して提示した。

火葬場については、2018年現在でも52炉の「余力」がある。将来の余力の変化を追うと、その値は減少してはいくものの、2045年においても122の余力があることから、安定的に推移すると思料される（**図表Ⅰ**の**F**列、**G**列、**H**列を参照）。

図表Ⅰ　葬儀費用 ―― 葬儀市場規模の推移および現行火葬炉数と使用頻度（回転数）の推移

A	B	C			D	E	F	G	H
年　代	死亡者数	葬儀費用総額（括弧内は各々の施行単価）（単位：百万円）			葬儀年間売上げ（単位：百万円）	年間対応可能数 火葬炉数 × 1日当たりの回転数 × 年間稼動日数	実質火葬施行数（≒死亡者数）	余剰－不足火葬対応数	余剰－不足火葬炉数
		低位最頻（0.25）	中間値（0.60）	高位最頻（1.45）					
1995～2000	17,712	4,428	10,627	25,683	32,389	59,813	17,712	42,100	＋61
2000～2005	18,642	4,661	11,185	27,031	34,089	59,813	18,642	41,171	＋60
2005～2010	21,119	5,280	12,671	30,623	38,619	59,813	21,119	38,693	＋56
2010～2015	22,747	5,687	13,648	32,983	41,596	59,813	22,747	37,066	＋54
2015～2020	24,205	6,051	14,523	35,097	44,262	59,813	24,205	35,608	＋52
2020～2025	26,140	6,535	15,684	37,904	47,801	59,813	26,140	33,672	＋49
2025～2030	27,728	6,932	16,637	40,206	50,704	59,813	27,728	32,085	＋47
2030～2035	29,430	7,358	17,658	42,674	53,817	59,813	29,430	30,383	＋44
2035～2040	31,140	7,785	18,684	45,153	56,944	59,813	31,140	28,672	＋42
2040～2045	32,513	8,128	19,508	47,144	59,454	59,813	32,513	27,300	＋40
（参考値）2045年	33,664	8,416	20,198	48,813	61,559	59,813	33,664	26,149	＋38

(2) 墳墓等の需要予測

「墳墓等に対するニーズ」は2015～20年以降、人口、世帯数ともに減少していることから、大阪府方式、すなわち死亡者数を前提とした推計値を、そのまま墳墓等に対するニーズとして見込むのはむずかしい（**図表Ⅲ**の**G**列、**I**列を参照）。

そこで世帯数、すなわち故人を墳墓等に収める人の存在を前提とした森岡方式で得られた値が注目される。その境界をここでは2025年以降としたが、大阪府、森岡双方の値を比較した場合、それより早い2020年頃から、そうした見立てをしても妥当であろう（**図表Ⅱ**および**図表Ⅲ**の**G**列、**H**列、**I**列の2020～25年以降の年代を参照）。

図表Ⅱ　墳墓等必要数の推移 ―― 森岡方式に拠る

A	B	C	D	E	F	G
年代	世帯数	増加世帯数	世帯員数	死亡率	需要発現期間	単年度当たりの需要数
～1970	448,000		4.24	0.0081	29.1	0
～1975	491,000	43,000	3.92	0.0075	34.0	1,265
～1980	549,000	58,000	3.67	0.0073	37.3	1,555
～1985	574,000	25,000	3.58	0.0073	38.3	653
～1990	604,000	30,000	3.44	0.0075	38.8	773
～1995	642,000	38,000	3.23	0.0083	37.3	1,019
～2000	686,000	44,000	3.05	0.0088	37.3	1,180
～2005	707,000	21,000	2.96	0.0101	33.4	629
～2010	719,000	12,000	2.76	0.0113	32.1	374
～2015	730,000	11,000	2.65	0.0127	29.7	370
～2020	711,000	－ 19,000	2.58	0.0143	27.1	－ 701
～2025	687,000	－ 24,000	2.53	0.0160	24.7	－ 972
～2030	660,000	－ 27,000	2.49	0.0180	22.3	－ 1,211
～2035	630,000	－ 30,000	2.45	0.0203	20.1	－ 1,493
～2040	596,000	－ 34,000	2.41	0.0228	18.2	－ 1,868
～2045	558,000	－ 38,000	2.37	0.0256	16.5	－ 2,303

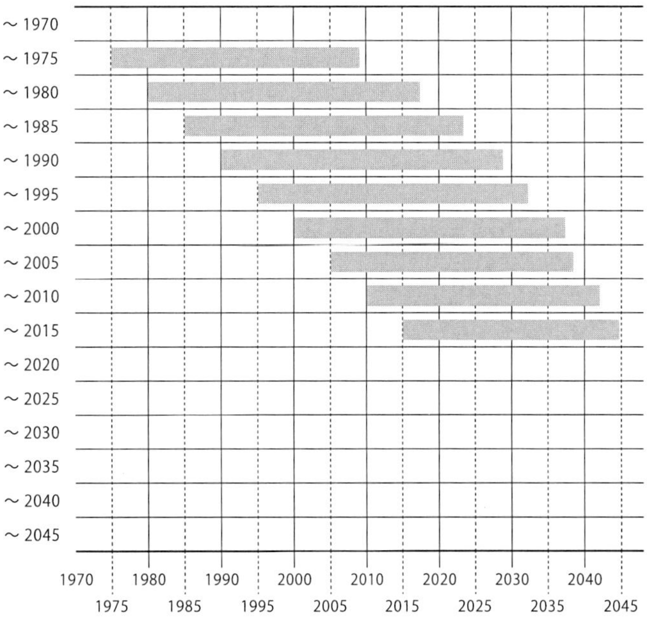

■福島県における年間必要墳墓数の推移

1985～1990年……3,473墳墓（＝1,265＋1,555＋653）
1990～1995年……4,246墳墓（＝1,265＋1,555＋653＋773）
1995～2000年……5,265墳墓（＝1,265＋1,555＋653＋773＋1,019）
2000～2005年……6,445墳墓（＝1,265＋1,555＋653＋773＋1,019＋1,180）
2005～2010年……7,074墳墓（＝1,265＋1,555＋653＋773＋1,019＋1,180＋629）
2010～2015年……6,183墳墓（＝1,555＋653＋773＋1,019＋1,180＋629＋374）
2015～2020年……6,553墳墓（＝1,555＋653＋773＋1,019＋1,180＋629＋374＋370）
2020～2025年……4,998墳墓（＝653＋773＋1,019＋1,180＋629＋374＋370）
2025～2030年……4,345墳墓（＝773＋1,019＋1,180＋629＋374＋370）
2030～2035年……3,572墳墓（＝1,019＋1,180＋629＋374＋370）
2035～2040年……2,553墳墓（＝1,180＋629＋374＋370）
2040～2045年……744墳墓（＝374＋370）
（参考値）**2045年…0墳墓**

現実的には、この総量としての墳墓等に対するニーズのうち、各々の墓園などにおける個別のニーズがいかに見込めるかだが、この点においては、表中で1995〜2015年についても示していることから、これに各々の墓園における1995〜2015年の申込み状況を照らし合わせて、将来の墳墓等の申込みがどのように推移するのか、読み替えていただきたい。前述したように、福島県においては早い時期から需要動向の変動予兆が顕在化していたことからも、その読み替えは大きな意味をもつ。

近年では「お墓に対する意識の多様化」「さまざまなお墓の選択がなされている」と指摘されており、お墓業界の現場からも、これまでのような既存のお墓へのニーズが希薄になっているという声が挙がっているのも、また事実である。すなわち、ここで最終的に得られたのは、墳墓（お墓）のほか、樹木葬（墓）、合葬・合祀墓、散骨等を合算した「必要墳墓“等”の数」、いわば“総数”を求めたものである。

特に合葬・合祀墓、散骨等が認知されはじめるのは、世帯員数（**図表Ⅱ**の主に**Ｄ**列を参照）の２人世帯が世帯総数の過半数を超えた頃である。つまり、この２人世帯が高齢化するにつれ、合葬・合祀墓、散骨、樹木葬（墓）へのニーズに対して、より傾斜を強めていく、という１つのモデル像がみえてくる。いわば、「お墓」へのニーズが転換する分水嶺「値」であると思料され、福島県の場合、2030年以降のこととなる。

ただし、前述したとおり、福島県は2020年という早い時期から需要動向の変動予兆が顕在化しており、2040年以降の森岡方式による需要数は極めて小さくなる変化をみせる。他方、大阪府方式では死亡者数の増加に伴い、半ば機械的に需要が増加していく。福島県の場合、墳墓等の需要動向を見立てるには、こうした動向を包括的に捉えることが求められると思料する。

図表Ⅲ　墳墓等必要数の推移 ── 大阪府方式に拠る推計と森岡方式との比較

A	B	C	D	E	F	G	H	I	J
年　代	人口	死亡率	死亡者数	傍系世帯数	取得希望世帯数	墳墓需要数（大阪府方式）	墳墓需要数（森岡方式）	採用する推計結果	墳墓需要数（大阪・森岡調整値）
1995～2000	2,134,000	0.0083	17,712	3,985	2,657	**3,321**	5,265	大阪府	**3,321**
2000～2005	2,127,000	0.0088	18,642	4,194	2,796	**3,495**	6,445	大阪府	**3,495**
2005～2010	2,091,000	0.0101	21,119	4,752	3,168	**3,960**	7,074	大阪府	**3,960**
2010～2015	2,029,000	0.0113	22,747	5,118	3,412	**4,265**	6,183	大阪府	**4,265**
2015～2020	1,914,000	0.0127	24,205	5,446	3,631	**4,539**	6,553	大阪府	**4,539**
2020～2025	1,828,000	0.0143	26,140	5,882	3,921	**4,902**	4,998	大阪府	**4,902**
2025～2030	1,733,000	0.0160	27,728	6,239	4,159	5,199	**4,345**	森岡	**4,345**
2030～2035	1,635,000	0.0180	29,430	6,622	4,415	5,519	**3,572**	森岡	**3,572**
2035～2040	1,534,000	0.0203	31,140	7,007	4,671	5,839	**2,553**	森岡	**2,553**
2040～2045	1,426,000	0.0228	32,513	7,315	4,877	6,096	**744**	森岡	**744**
（参考値）2045年	1,315,000	0.0256	33,664	7,574	5,050	6,312	0	－	－

8 茨城県

(1) 葬儀および火葬の需要予測

葬儀施行単価は、「葬儀費用総額」の「中間値」では120万円であったが、これを前提とした2015～20年の葬儀費用総額（372億3,000万円）に対し、「葬儀年間売上げ」は527億0,500万円と上振れしている。このことから、実際の施行単価は「中間」値と「高位最頻」値の間の金額が実勢値であると判断される。将来も同様の傾向で推移すると思料されよう（**図表Ⅰ**の**C**列と**D**列を参照)。

茨城県の人口は静岡県に次いで全国第11位。政令指定都市をもたない県であるにもかかわらず人口は多い。また、県の面積は全国24位にとどまるものの、平地に富み、可住地面積では全国4位であり、どこでも住めるということもあり、人口30万人以上の「市」は存在しない。

ここで示した葬儀施行単価あるいは総額は、茨城県の"総額・総量"であり、本資料集を活用する方の関心は、これらのうち、各々の事業者における個別のニーズがいかに見込めるかであろう。この点においては、**図表Ⅰ**で1995～2015年についても示しており、これに各々の事業者・団体が1995～2015年の施行状況を投影することで、将来推計で示した値（数値）をベースに、各々の業務では「どのように」あるいは「どのぐらい」「どういった」推移をしていくのか、その把握を促す手がかりとなるよう想定して提示した。

火葬場については、2018年現在でも80炉の「余力」がある。これは東北地方の各県に比べても、概ね倍近い値である。これは前述したとおり、人口30万人以上の市は存在しないにもかかわらず人口で全国11位、可住地面積は全国4位で平地が多いことから、北海道のように広域的な火葬場であることが思料される（**図表Ⅰ**の**F**列、**G**列、**H**列を参照)。

図表Ⅰ　葬儀費用 ── 葬儀市場規模の推移および現行火葬炉数と使用頻度（回転数）の推移

A	B	C			D	E	F	G	H
年　代	死亡者数	葬儀費用総額（括弧内は各々の施行単価）（単位：百万円）			葬儀年間売上げ（単位：百万円）	年間対応可能数 火葬炉数 × 1日当たりの回転数 × 年間稼動日数	実質火葬施行数（≒死亡者数）	余剰－不足 火葬対応数	余剰－不足 火葬炉数
		低位最頻（0.40）	中間値（1.20）	高位最頻（2.25）					
1995～2000	21,874	8,750	26,249	49,217	37,160	85,938	21,874	64,063	＋93
2000～2005	22,877	9,151	27,452	51,473	38,863	85,938	22,877	63,061	＋92
2005～2010	26,180	10,472	31,416	58,905	44,474	85,938	26,180	59,758	＋87
2010～2015	28,615	11,446	34,338	64,384	48,611	85,938	28,615	57,323	＋83
2015～2020	31,025	12,410	37,230	69,806	52,705	85,938	31,025	54,913	＋80
2020～2025	33,856	13,542	40,627	76,175	57,513	85,938	33,856	52,082	＋76
2025～2030	36,025	14,410	43,230	81,056	61,199	85,938	36,025	49,913	＋73
2030～2035	38,251	15,300	45,901	86,065	64,980	85,938	38,251	47,687	＋69
2035～2040	39,941	15,976	47,929	89,867	67,851	85,938	39,941	45,997	＋67
2040～2045	41,818	16,727	50,181	94,090	71,039	85,938	41,818	44,120	＋64
（参考値）2045年	43,155	17,262	51,786	97,098	73,311	85,938	43,155	42,783	＋62

(2) 墳墓等の需要予測

「墳墓等に対するニーズ」は2015～20年以降、人口、世帯数ともに減少していることから、大阪府方式、すなわち死亡者数を前提とした推計値を、そのまま墳墓等に対するニーズとして見込むことはむずかしい（**図表Ⅲ**の**G**列、**I**列を参照）。

そこで世帯数、すなわち故人を墳墓等に収める人の存在を前提とした森岡方式で得られた値が注目される。その境界をここでは2035年以降と見

図表Ⅱ　墳墓等必要数の推移 —— 森岡方式に拠る

A	B	C	D	E	F	G
年代	世帯数	増加世帯数	世帯員数	死亡率	需要発現期間	単年度当たりの需要数
～1970	501,000		5.50	0.0081	22.4	0
～1975	583,000	82,000	4.16	0.0072	33.4	2,455
～1980	691,000	108,000	3.66	0.0066	41.4	2,609
～1985	757,000	66,000	3.76	0.0064	41.6	1,587
～1990	830,000	73,000	3.56	0.0067	41.9	1,742
～1995	917,000	87,000	3.39	0.0074	39.9	2,180
～2000	984,000	67,000	2.99	0.0077	43.4	1,544
～2005	1,029,000	45,000	2.89	0.0088	39.3	1,145
～2010	1,087,000	58,000	2.68	0.0098	38.1	1,522
～2015	1,122,000	35,000	2.60	0.0108	35.6	983
～2020	1,102,000	－20,000	2.54	0.0119	33.1	－604
～2025	1,087,000	－15,000	2.49	0.0131	30.7	－489
～2030	1,061,000	－26,000	2.45	0.0145	28.1	－925
～2035	1,028,000	－33,000	2.41	0.0159	26.1	－1,264
～2040	987,000	－41,000	2.37	0.0176	24.0	－1,708
～2045	936,000	－51,000	2.33	0.0193	22.2	－2,297

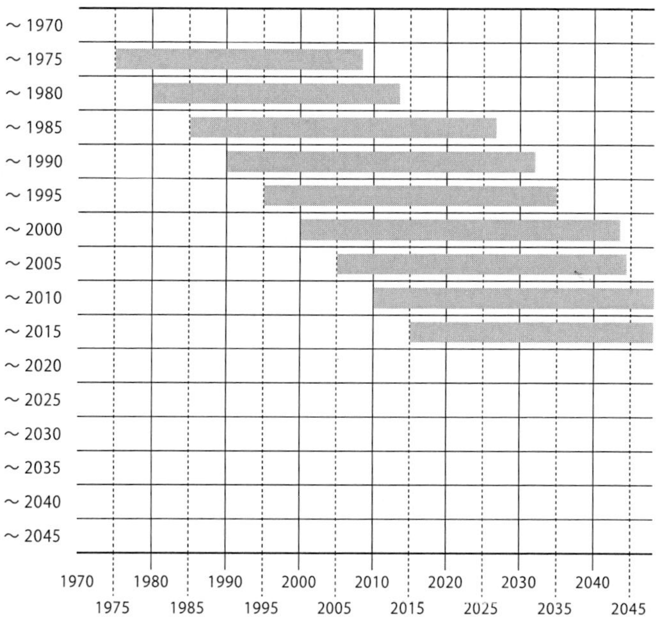

■茨城県における年間必要墳墓数の推移

1985～1990年……6,651墳墓（＝2,455＋2,609＋1,587）
1990～1995年……8,393墳墓（＝2,455＋2,609＋1,587＋1,742）
1995～2000年……10,573墳墓（＝2,455＋2,609＋1,587＋1,742＋2,180）
2000～2005年……12,117墳墓（＝2,455＋2,609＋1,587＋1,742＋2,180＋1,544）
2005～2010年……13,262墳墓（＝2,455＋2,609＋1,587＋1,742＋2,180＋1,544＋1,145）
2010～2015年……12,329墳墓（＝2,609＋1,587＋1,742＋2,180＋1,544＋1,145＋1,522）
2015～2020年……13,312墳墓（＝2,609＋1,587＋1,742＋2,180＋1,544＋1,145＋1,522＋983）
2020～2025年……13,312墳墓（＝2,609＋1,587＋1,742＋2,180＋1,544＋1,145＋1,522＋983）
2025～2030年……10,703墳墓（＝1,587＋1,742＋2,180＋1,544＋1,145＋1,522＋983）
2030～2035年……9,116墳墓（＝1,742＋2,180＋1,544＋1,145＋1,522＋983）
2035～2040年……5,194墳墓（＝1,544＋1,145＋1,522＋983）
2040～2045年……5,194墳墓（＝1,544＋1,145＋1,522＋983）
（参考値）**2045年…2,505墳墓**（＝1,522＋983）

立てた（**図表II**および**図表III**のG列、H列、I列の2035～40年以降の年代を参照）。

現実的には、この総量としての墳墓等に対するニーズのうち、各々の墓園における個別のニーズがいかに見込めるかだが、この点においては、表中で1995～2015年についても示していることから、これに各々の墓園における1995～2015年当時の申込み状況を照らし合わせることで、将来の墳墓等の申込みがどのように推移するのか、読み替えていただきたい。

近年では「お墓に対する意識の多様化」「さまざまなお墓の選択がなされている」と指摘されており、お墓業界の現場からも、これまでのような既存のお墓へのニーズが希薄になっているという声が挙がっているのも、また事実である。すなわち、ここで最終的に得られたのは、墳墓（お墓）のほか、樹木葬（墓）、合葬・合祀墓、散骨等を合算した「必要墳墓“等”の数」、いわば“総数”を求めたものである。

特に合葬・合祀墓、散骨等が認知されはじめるのは、世帯員数（**図表II**の主に**D**列を参照）の2人世帯が世帯総数の過半数を超えた頃である。つまり、この2人世帯が高齢化するにつれ、合葬・合祀墓、散骨、樹木葬（墓）へのニーズに対して、より傾斜を強めていく、という1つのモデル像がみえてくる。いわば、「お墓」へのニーズが転換する分水嶺「値」であると思料され、茨城県の場合、2025年以降のこととなる。

前述したとおり、死亡者の発生を前提とした大阪府方式で得られる需要推計数が膨張し、世帯数の増加を前提として得られる需要数推計値（森岡方式）のほうに信頼性が切り替わる（本章第4項⑩、24～25ページ）のは2035年のことである。したがって、この2025～35年の10年間が茨城県における墳墓等の需要の動向・変動期であると見立てることができる。

図表III　墳墓等必要数の推移 ―― 大阪府方式に拠る推計と森岡方式との比較

A	B	C	D	E	F	G	H	I	J
年　代	人口	死亡率	死亡者数	傍系世帯数	取得希望世帯数	墳墓需要数（大阪府方式）	墳墓需要数（森岡方式）	採用する推計結果	墳墓需要数（大阪・森岡調整値）
1995～2000	2,956,000	0.0074	21,874	4,922	3,281	**4,102**	10,573	大阪府	**4,102**
2000～2005	2,986,000	0.0077	22,877	5,147	3,432	**4,290**	12,117	大阪府	**4,290**
2005～2010	2,975,000	0.0088	26,180	5,891	3,927	**4,909**	13,262	大阪府	**4,909**
2010～2015	2,970,000	0.0098	28,615	6,438	4,292	**5,365**	12,329	大阪府	**5,365**
2015～2020	2,917,000	0.0108	31,025	6,981	4,654	**5,818**	13,312	大阪府	**5,818**
2020～2025	2,845,000	0.0119	33,856	7,617	5,078	**6,348**	13,312	大阪府	**6,348**
2025～2030	2,750,000	0.0131	36,025	8,106	5,404	**6,755**	10,703	大阪府	**6,755**
2030～2035	2,638,000	0.0145	38,251	8,606	5,738	**7,172**	9,116	大阪府	**7,172**
2035～2040	2,512,000	0.0159	39,941	8,987	5,991	7,489	**5,194**	森岡	**5,194**
2040～2045	2,376,000	0.0176	41,818	9,409	6,273	7,841	**5,194**	森岡	**5,194**
（参考値）2045年	2,236,000	0.0193	43,155	9,710	6,473	8,092	**2,505**	森岡	**2,505**

9 栃木県

(1) 葬儀および火葬の需要予測

葬儀施行単価は、「葬儀費用総額」の「中間値」では120万円。これを前提とした2015～20年の葬儀費用総額（246億2,300万円）に対し、「葬儀年間売上げ」は334億9,200万円と上振れし、これは、ほぼ「高位最頻」値の461億6,800万円との中間の値である。したがって、実際の施行単価は中間値よりも高い金額が実勢値と判断される。将来も同様の傾向と思料される（**図表Ⅰ**の**C**列と**D**列を参照）。

栃木県は境界部に海岸線を有しない内陸県であり、県内の地域区分は概ね、宇都宮市、鹿沼市、下野市などを中心とする県央。小山市、栃木市など、国道50号沿線の県南。那須塩原市や県北西部を占める日光市を中心とする県北に分類される。県のほぼ中央に立地する宇都宮市の人口は県全体の４分の1に当たる約50万人が集中。そのほか、県南には人口の多い市が連なり、小山市をはじめ10万人以上の人口規模の市が点在していることから、そうした地勢の差異が、当然葬儀をなされた方に影響を与えていることは容易に推察される。ここで示した葬儀施行単価あるいは総額は、栃木県の“総額・総量”であり、本資料集を活用する方は、これらのうち、各々の事業者における個別のニーズがいかに見込めるかであろう。この点において、**図表Ⅰ**で1995～2015年についても示しており、これに各々の事業者・団体が1995～2015年の施行状況を投影することで、将来推計で示した値（数値）をベースに、各々の業務では「どのように」あるいは「どのぐらい」「どういった」推移をしていくのか、その把握を促す手がかりとなるよう想定して提示した。

火葬場については、2018年現在でも36炉の「余力」がある。ただし、前述したとおり、地域偏在も思料することが必要だが、まずは将来においても対応可能であると考える（「**図表Ⅰ**の**F**列、**G**列、**H**列を参照）。

図表Ⅰ　葬儀費用 ―― 葬儀市場規模の推移および現行火葬炉数と使用頻度（回転数）の推移

A	B	C			D	E	F	G	H
年　代	死亡者数	葬儀費用総額（括弧内は各々の施行単価）（単位：百万円）			葬儀年間売上げ（単位：百万円）	年間対応可能数 火葬炉数 × 1日当たりの回転数 × 年間稼動日数	実質火葬施行数（≒死亡者数）	余剰－不足 火葬対応数	余剰－不足 火葬炉数
		低位最頻（0.40）	中間値（1.20）	高位最頻（2.25）					
1995～2000	14,880	5,952	17,856	33,480	24,288	45,375	14,880	30,495	＋44
2000～2005	15,613	6,245	18,736	35,129	25,484	45,375	15,613	29,762	＋43
2005～2010	18,355	7,342	22,026	41,298	29,959	45,375	18,355	27,020	＋39
2010～2015	19,712	7,885	23,654	44,352	32,175	45,375	19,712	25,663	＋37
2015～2020	20,519	8,208	24,623	46,168	33,492	45,375	20,519	24,856	＋36
2020～2025	21,230	8,492	25,476	47,768	34,653	45,375	21,230	24,145	＋35
2025～2030	21,727	8,691	26,072	48,885	35,463	45,375	21,727	23,648	＋34
2030～2035	22,033	8,813	26,440	49,575	35,964	45,375	22,033	23,342	＋34
2035～2040	22,144	8,858	26,573	49,824	36,144	45,375	22,144	23,231	＋34
2040～2045	22,070	8,828	26,484	49,657	36,023	45,375	22,070	23,305	＋34
（参考値）2045年	22,010	8,804	26,412	49,523	35,926	45,375	22,010	23,365	＋34

（2）墳墓等の需要予測

「墳墓等に対するニーズ」は2015〜20年以降、人口、世帯数ともに減少していることから、大阪府方式、すなわち死亡者数を前提とした推計値を、そのまま墳墓等に対するニーズとして見込むのはむずかしい（**図表IIIのG列、I列を参照**）。

そこで世帯数、すなわち故人を墳墓等に収める人の存在を前提とした森岡方式で得られた値が注目される。その境界をここでは2040年以降としたが、大阪府、森岡双方の値を比較した場合、それより早い2035年頃という見立てが妥当であろ

図表II　墳墓等必要数の推移 ── 森岡方式に拠る

A	B	C	D	E	F	G
年代	世帯数	増加世帯数	世帯員数	死亡率	需要発現期間	単年度当たりの需要数
〜1970	370,000		4.15	0.0080	30.1	0
〜1975	428,000	58,000	3.87	0.0071	36.4	1,593
〜1980	488,000	60,000	3.63	0.0068	40.5	1,481
〜1985	521,000	33,000	3.54	0.0066	42.8	771
〜1990	571,000	50,000	3.35	0.0071	42.0	1,190
〜1995	630,000	59,000	3.13	0.0075	42.6	1,385
〜2000	666,000	36,000	2.97	0.0079	42.6	845
〜2005	705,000	39,000	2.86	0.0091	38.4	1,016
〜2010	744,000	39,000	2.65	0.0100	37.7	1,034
〜2015	762,000	18,000	2.56	0.0105	37.2	484
〜2020	754,000	− 8,000	2.50	0.0110	36.4	− 220
〜2025	745,000	− 9,000	2.45	0.0116	35.2	− 256
〜2030	728,000	− 17,000	2.41	0.0122	34.0	− 500
〜2035	707,000	− 21,000	2.38	0.0128	32.8	− 640
〜2040	680,000	− 27,000	2.35	0.0134	31.8	− 849
〜2045	645,000	− 35,000	2.32	0.0141	30.6	− 1,144

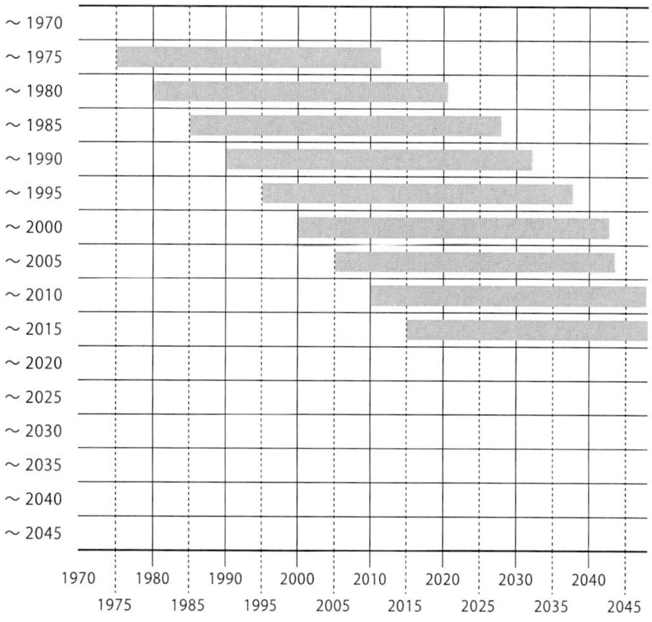

■栃木県における年間必要墳墓数の推移

1985〜1990年……3,845墳墓（＝1,593＋1,481＋771）
1990〜1995年……5,035墳墓（＝1,593＋1,481＋771＋1,190）
1995〜2000年……6,420墳墓（＝1,593＋1,481＋771＋1,190＋1,385）
2000〜2005年……7,265墳墓（＝1,593＋1,481＋771＋1,190＋1,385＋845）
2005〜2010年……8,281墳墓（＝1,593＋1,481＋771＋1,190＋1,385＋845＋1,016）
2010〜2015年……9,315墳墓（＝1,593＋1,481＋771＋1,190＋1,385＋845＋1,016＋1,034）
2015〜2020年……8,206墳墓（＝1,481＋771＋1,190＋1,385＋845＋1,016＋1,034＋484）
2020〜2025年……8,206墳墓（＝1,481＋771＋1,190＋1,385＋845＋1,016＋1,034＋484）
2025〜2030年……6,725墳墓（＝771＋1,190＋1,385＋845＋1,016＋1,034＋484）
2030〜2035年……5,954墳墓（＝1,190＋1,385＋845＋1,016＋1,034＋484）
2035〜2040年……4,764墳墓（＝1,385＋845＋1,016＋1,034＋484）
2040〜2045年……3,379墳墓（＝845＋1,016＋1,034＋484）
（参考値）**2045年…1,518墳墓**（＝1,034＋484）

う（**図表Ⅱ**および**図表Ⅲ**の**G**列、**H**列、**I** 列の2035〜40年以降の年代を参照）。

現実的には、この総量としての墳墓等に対するニーズのうち、各々の墓園などにおける個別のニーズがいかに見込めるかだが、この点おいては、表中で1995〜2015年についても示していることから、各々の墓園における1995〜2015年の申込み状況を照らし合わせて、将来の墳墓等の申込みがどのように推移するのか、読み替えていただきたい。前述したように、栃木県においては早い時期から需要動向の変動予兆（人口、世帯数の減少）が顕在化していたことからも、こうした読み替えは大きな意味をもつ。

近年では「お墓に対する意識の多様化」「さまざまなお墓の選択がなされている」と指摘されており、お墓業界の現場からも、これまでのような既存のお墓へのニーズが希薄になっているという声が挙がっているのも、また事実である。すなわち、ここで最終的に得られたのは、墳墓（お墓）のほか、樹木葬（墓）、合葬・合祀墓、散骨等を合算した「必要墳墓“等”の数」、いわば“総数”を求めたものである。

特に合葬・合祀墓、散骨等が認知されはじめるのは、世帯員数（**図表Ⅱ**の主に**D**列を参照）の２人世帯が世帯総数の過半数を超えた頃である。つまり、この２人世帯が高齢化するにつれ、合葬・合祀墓、散骨、樹木葬（墓）へのニーズに対して、より傾斜を強めていく、という１つのモデル像がみえてくる。いわば、「お墓」へのニーズが転換する分水嶺「値」であると思料され、栃木県の場合、2020〜25年以降のこととなる。

前述したとおり、採用需要数の転換（本章第４項⑩、24〜25ページ）は2030〜40年にかけて起こる。栃木県の場合、2025〜35年の10年間が墳墓等のニーズの転換点であり、需要の動向を見立てるには少し距離を置かざるを得ない。

図表Ⅲ　墳墓等必要数の推移 ── 大阪府方式に拠る推計と森岡方式との比較

A	B	C	D	E	F	G	H	I	J
年　代	人口	死亡率	死亡者数	傍系 世帯数	取得希望 世帯数	墳墓需要数 （大阪府方式）	墳墓需要数 （森岡方式）	採用する 推計結果	墳墓需要数 （大阪・森岡調整値）
1995 〜 2000	1,984,000	0.0075	14,880	3,348	2,232	**2,790**	6,420	大阪府	**2,790**
2000 〜 2005	2,005,000	0.0079	15,613	3,513	2,342	**2,928**	7,265	大阪府	**2,928**
2005 〜 2010	2,017,000	0.0091	18,355	4,130	2,753	**3,442**	8,281	大阪府	**3,442**
2010 〜 2015	2,008,000	0.0100	19,712	4,435	2,957	**3,696**	9,315	大阪府	**3,696**
2015 〜 2020	1,974,000	0.0105	20,519	4,617	3,078	**3,848**	8,206	大阪府	**3,848**
2020 〜 2025	1,930,000	0.0110	21,230	4,777	3,185	**3,981**	8,206	大阪府	**3,981**
2025 〜 2030	1,873,000	0.0116	21,727	4,889	3,259	**4,074**	6,725	大阪府	**4,074**
2030 〜 2035	1,806,000	0.0122	22,033	4,957	3,305	**4,131**	5,954	大阪府	**4,131**
2035 〜 2040	1,730,000	0.0128	22,144	4,982	3,322	**4,152**	4,764	大阪府	**4,152**
2040 〜 2045	1,647,000	0.0134	22,070	4,966	3,310	4,138	**3,379**	森岡	**3,379**
（参考値）2045 年	1,561,000	0.0141	22,010	4,952	3,302	4,127	**1,518**	森岡	**1,518**

10 群馬県

(1) 葬儀および火葬の需要予測

葬儀施行単価は、「葬儀費用総額」の「中間値」では120万円であったが、これを前提とした2015～20年の葬儀費用総額（258億2,300万円）に対し、「葬儀年間売上げ」は337億1,100万円と上振れしている。したがって、実際の施行単価は、より高い金額が実勢値と判断される。将来も同様の傾向で推移すると思料されよう。ただし、「高位最頻」値（225万円）には達しない（**図表Ⅰ**のC列とD列を参照）。

群馬県は、関東地方の北西部を占める利根川の上流域にあり、県南東部に関東平野、県西部・北部に山地を有し、この山嶺によって日本海側の信越地方や福島県側の会津地方とを分かつ。県内人口の分布は主に、県庁所在地の前橋市が約33万人、隣接する高崎市が約37万人であり、実質的に双子都市となっているが、行政面では別々の地域とされる。そうした地勢の特徴が葬儀等にどのような影響を与えるのかについては、以下のプロセスが重要となる。

ここで示した葬儀施行単価あるいは総額は、群馬県の“総額・総量”であり、本資料集を活用する方は、これらのうち、各々の事業者における個別のニーズがいかに見込めるかであろう。この点においては、**図表Ⅰ**で1995～2015年についても示しており、これに各々の事業者・団体における1995～2015年の施行状況を投影することは、将来推計で示した値（数値）をベースに、各々の業務では「どのように」あるいは「どのぐらい」「どういった」推移をしていくのか、その把握を促す手がかりとなるようを想定して提示した。

火葬場については、2018年現在で43炉の「余力」がある。ただし、前述したとおり、群馬県は県庁所在地の前橋市と隣接する高崎市が実質的な双子都市であるといった地域偏在も思料する必要

図表Ⅰ　葬儀費用 ── 葬儀市場規模の推移および現行火葬炉数と使用頻度（回転数）の推移

A	B	C			D	E	F	G	H
年　代	死亡者数	葬儀費用総額（括弧内は各々の施行単価）（単位：百万円）			葬儀年間売上げ（単位：百万円）	年間対応可能数 火葬炉数×1日当たりの回転数×年間稼動日数	実質火葬施行数（≒死亡者数）	余剰－不足火葬対応数	余剰－不足火葬炉数
		低位最頻（0.40）	中間値（1.20）	高位最頻（2.25）					
1995～2000	15,230	6,092	18,276	34,268	23,859	52,938	15,230	37,707	＋55
2000～2005	16,144	6,458	19,373	36,324	25,291	52,938	16,144	36,794	＋54
2005～2010	18,823	7,529	22,588	42,352	29,488	52,938	18,823	34,114	＋50
2010～2015	20,385	8,154	24,462	45,866	31,935	52,938	20,385	32,553	＋47
2015～2020	21,519	8,608	25,823	48,418	33,711	52,938	21,519	31,419	＋46
2020～2025	23,112	9,245	27,734	52,002	36,207	52,938	23,112	29,826	＋43
2025～2030	24,071	9,629	28,886	54,161	37,710	52,938	24,071	28,866	＋42
2030～2035	24,964	9,986	29,957	56,170	39,108	52,938	24,964	27,973	＋41
2035～2040	25,800	10,320	30,960	58,050	40,417	52,938	25,800	27,138	＋39
2040～2045	26,372	10,549	31,646	59,337	41,313	52,938	26,372	26,566	＋39
（参考値）2045年	27,022	10,809	32,427	60,800	42,332	52,938	27,022	25,915	＋38

がある（**図表Ⅰ**の**F**列、**G**列、**H**列を参照）。

（2）墳墓等の需要予測

「墳墓等に対するニーズ」は2015〜20年以降、人口、世帯数ともに減少していることから、大阪府方式、すなわち死亡者数を前提とした推計値を、そのまま墳墓等に対するニーズとして見込むのはむずかしい（**図表Ⅲ**の**G**列、**I**列を参照）。

そこで世帯数、すなわち故人を墳墓等に収める人の存在を前提とした森岡方式で得られた値が注目される。その境界をここでは2035年以降とし

図表Ⅱ　墳墓等必要数の推移 ―― 森岡方式に拠る

A	B	C	D	E	F	G
年代	世帯数	増加世帯数	世帯員数	死亡率	需要発現期間	単年度当たりの需要数
〜1970	399,000		4.06	0.0078	31.6	0
〜1975	454,000	55,000	3.79	0.0070	37.7	1,459
〜1980	513,000	59,000	3.56	0.0067	41.9	1,408
〜1985	555,000	42,000	3.42	0.0067	43.6	963
〜1990	600,000	45,000	3.24	0.0070	44.1	1,020
〜1995	653,000	53,000	3.03	0.0076	43.4	1,221
〜2000	691,000	38,000	2.88	0.0081	42.9	886
〜2005	724,000	33,000	2.80	0.0093	38.4	859
〜2010	754,000	30,000	2.61	0.0103	37.2	806
〜2015	772,000	18,000	2.53	0.0111	35.6	506
〜2020	760,000	－12,000	2.47	0.0120	33.7	－356
〜2025	748,000	－12,000	2.43	0.0129	31.9	－376
〜2030	729,000	－19,000	2.39	0.0139	30.1	－631
〜2035	704,000	－25,000	2.37	0.0150	28.1	－890
〜2040	672,000	－32,000	2.35	0.0161	26.4	－1,212
〜2045	633,000	－39,000	2.33	0.0174	24.7	－1,579

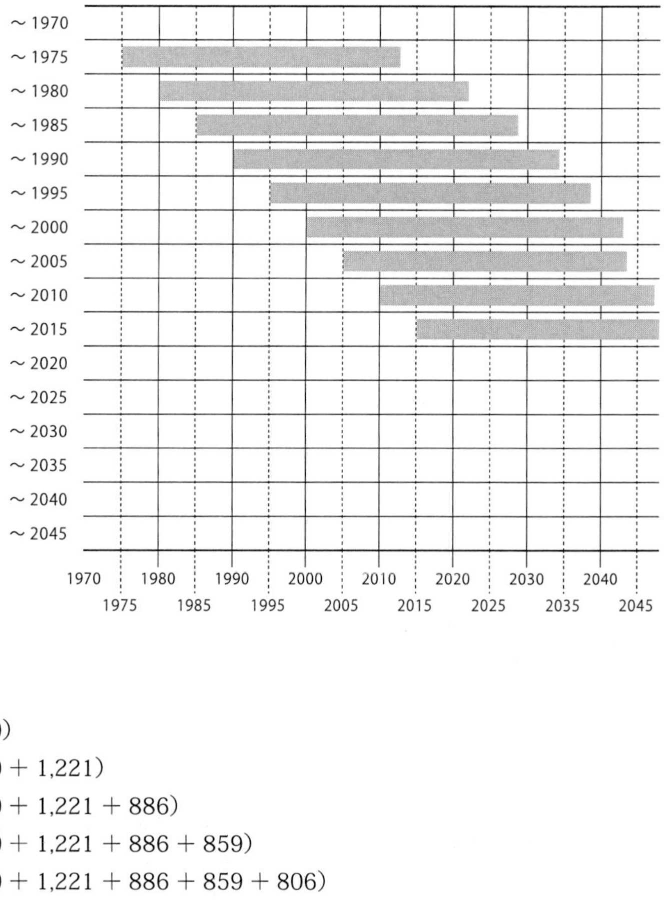

■群馬県における年間必要墳墓数の推移

1985〜1990年……3,830墳墓（＝1,459＋1,408＋963）
1990〜1995年……4,850墳墓（＝1,459＋1,408＋963＋1,020）
1995〜2000年……6,071墳墓（＝1,459＋1,408＋963＋1,020＋1,221）
2000〜2005年……6,957墳墓（＝1,459＋1,408＋963＋1,020＋1,221＋886）
2005〜2010年……7,816墳墓（＝1,459＋1,408＋963＋1,020＋1,221＋886＋859）
2010〜2015年……8,622墳墓（＝1,459＋1,408＋963＋1,020＋1,221＋886＋859＋806）
2015〜2020年……7,669墳墓（＝1,408＋963＋1,020＋1,221＋886＋859＋806＋506）
2020〜2025年……7,669墳墓（＝1,408＋963＋1,020＋1,221＋886＋859＋806＋506）
2025〜2030年……6,261墳墓（＝963＋1,020＋1,221＋886＋859＋806＋506）
2030〜2035年……5,298墳墓（＝1,020＋1,221＋886＋859＋806＋506）
2035〜2040年……4,278墳墓（＝1,221＋886＋859＋806＋506）
2040〜2045年……3,057墳墓（＝886＋859＋806＋506）
（参考値）**2045年…1,312墳墓**（＝806＋506）

た（**図表Ⅱ**および**図表Ⅲ**の**G**列、**H**列、**I**列の2035～40年以降の年代を参照）。

現実的にはこの総量としての墳墓等に対するニーズのうち、各々の墓園などにおける個別のニーズがいかに見込めるかだが、この点においては、表中で1995～2015年についても示していることから、これに各々の墓園における1995～2015年の申込み状況を照らし合わせて、将来の墳墓等の申込みがどのように推移するのか、読み替えていただきたい。前述したように、群馬県においては早い時期から需要動向の変動予兆が顕在化していたことからも、その読み替えは大きな意味をもつ。

近年では「お墓に対する意識の多様化」「さまざまなお墓の選択がなされている」と指摘されており、お墓業界の現場からも、これまでのような既存のお墓へのニーズが希薄になっているという声が挙がっていることも、また事実である。すなわち、ここで最終的に得られたのは、墳墓（お墓）のほか、樹木葬（墓）、合葬・合祀墓、散骨等を合算した「必要墳墓“等”の数」、いわば“総数”を求めたものである。

特に合葬・合祀墓、散骨等が認知されはじめるのは、世帯員数（**図表Ⅱ**の主に**D**列を参照）の２人世帯が世帯総数の過半数を超えた頃である。つまり、この２人世帯が高齢化するにつれ、合葬・合祀墓、散骨、樹木葬（墓）へのニーズに対して、より傾斜を強めていく、という１つのモデル像がみえてくる。いわば、「お墓」へのニーズが転換する分水嶺「値」であると思料され、群馬県の場合、2035年以降のこととなる。あるいは、その数値を比較すると、2030～35年の頃から、その傾向が現れている。

前述したとおり、2035年ないしは2030年頃から、需要の“転換”が生じていることから、群馬県における墳墓等の需要の動向は、この2030～35年頃が「お墓」へのニーズが転換する分水嶺「値」と思料される。

図表Ⅲ　墳墓等必要数の推移 ―― 大阪府方式に拠る推計と森岡方式との比較

A	B	C	D	E	F	G	H	I	J
年　代	人口	死亡率	死亡者数	傍系世帯数	取得希望世帯数	墳墓需要数（大阪府方式）	墳墓需要数（森岡方式）	採用する推計結果	墳墓需要数（大阪・森岡調整値）
1995～2000	2,004,000	0.0076	15,230	3,427	2,285	**2,856**	6,071	大阪府	**2,856**
2000～2005	2,025,000	0.0081	16,144	3,632	2,422	**3,027**	6,957	大阪府	**3,027**
2005～2010	2,024,000	0.0093	18,823	4,235	2,823	**3,529**	7,816	大阪府	**3,529**
2010～2015	2,008,000	0.0103	20,385	4,587	3,058	**3,823**	8,622	大阪府	**3,823**
2015～2020	1,973,000	0.0111	21,519	4,842	3,228	**4,035**	7,669	大阪府	**4,035**
2020～2025	1,926,000	0.0120	23,112	5,200	3,467	**4,334**	7,669	大阪府	**4,334**
2025～2030	1,866,000	0.0129	24,071	5,416	3,611	**4,514**	6,261	大阪府	**4,514**
2030～2035	1,796,000	0.0139	24,964	5,617	3,745	**4,681**	5,298	大阪府	**4,681**
2035～2040	1,720,000	0.0150	25,800	5,805	3,870	4,838	**4,278**	森岡	**4,278**
2040～2045	1,638,000	0.0161	26,372	5,934	3,956	4,945	**3,057**	森岡	**3,057**
（参考値）2045年	1,553,000	0.0174	27,022	6,080	4,053	5,067	**1,312**	森岡	**1,312**

11 埼玉県

(1) 葬儀および火葬の需要予測

葬儀施行単価は、「葬儀費用総額」の「中間値」では95万円であったが、これを前提とした2015～20年の葬儀費用総額（594億3,700万円）に対し、「葬儀年間売上げ」は703億6,000万円と上振れしている。したがって、実際の施行単価は、中間値より高い金額が実勢値と判断される。将来も同様の傾向で推移すると思料される（**図表Ｉ**の**C**列と**D**列を参照）。

埼玉県は、県西部の秩父地域は山地だが、それ以外の地域は関東平野の一部を成す平地となっている。東京に隣接する東南部は人口が密集し、東京から放射状に伸びた交通網に沿って首都圏のベッドタウンが形成されている。具体的には、人口は約732万人（19年３月１日）、多くは県南部に集中し、昼夜間人口比率（15年調査、総務省）は88.5％と、昼間の県外への人口流出が全国１位となっている。

ここで示した葬儀施行単価あるいは総額は、埼玉県の"総額・総量"であり、本資料集を活用する方の関心は、これらのうち、各々の事業者における個別のニーズがいかに見込めるかであろう。この点においては、**図表Ｉ**で1995～2015年についても示しており、これに各々の事業者・団体が1995～2015年の施行状況を投影することで、将来推計で示した値（数値）をベースに、各々の業務では「どのように」あるいは「どのぐらい」「どういった」推移をしていくのか、その把握を促す手がかりとなるよう想定して提示した。

火葬場については2018年現在、66炉の「余力」がある。しかし、「火葬炉の４分の１はメンテナンス中で稼動できない」と仮定すると、すでに2025年以降あたり、あるいは現在、すでに火葬炉不足が顕在化している可能性が考えられる（**図表Ｉ**の**F**列、**G**列、**H**列を参照）。

図表Ｉ　葬儀費用 ── 葬儀市場規模の推移および現行火葬炉数と使用頻度（回転数）の推移

A	B	C			D	E	F	G	H
年　代	死亡者数	葬儀費用総額（括弧内は各々の施行単価）（単位：百万円）			葬儀年間売上げ（単位：百万円）	年間対応可能数 火葬炉数×１日当たりの回転数×年間稼動日数	実質火葬施行数（≒死亡者数）	余剰一不足火葬対応数	余剰一不足火葬炉数
		低位最頻（0.50）	中間値（0.90）	高位最頻（1.55）					
1995～2000	37,175	18,587	35,316	57,620	41,806	107,938	37,175	70,763	＋103
2000～2005	40,486	20,243	38,462	62,753	45,530	107,938	40,486	67,452	＋98
2005～2010	48,673	24,336	46,239	75,443	54,737	107,938	48,673	59,265	＋86
2010～2015	55,487	27,744	52,713	86,005	62,400	107,938	55,487	52,451	＋76
2015～2020	62,565	31,283	59,437	96,976	70,360	107,938	62,565	45,373	＋66
2020～2025	70,548	35,274	67,021	109,350	79,338	107,938	70,548	37,389	＋54
2025～2030	77,792	38,896	73,903	120,578	87,485	107,938	77,792	30,145	＋44
2030～2035	85,620	42,810	81,339	132,710	96,287	107,938	85,620	22,318	＋32
2035～2040	93,272	46,636	88,608	144,571	104,892	107,938	93,272	14,666	＋21
2040～2045	100,815	50,408	95,774	156,263	113,376	107,938	100,815	7,123	＋10
（参考値）2045年	109,620	54,810	104,139	169,911	123,278	107,938	109,620	－1,683	－2

(2) 墳墓等の需要予測

「墳墓等に対するニーズ」は2020〜25年以降、人口、世帯数ともに減少していることから、大阪府方式、すなわち死亡者数を前提とした推計値を、そのまま墳墓等に対するニーズとして見込むのはむずかしい（**図表Ⅲ**の**G**列、**I**列を参照)。

そこで世帯数、すなわち故人を墳墓等に収める人の存在を前提とした森岡方式で得られた値が注目される。その境界をここでは2010〜15年以降とした。埼玉県の場合、推計された墳墓等の需要数の見極めがむずかしい。人口、世帯数ともに減

図表Ⅱ　墳墓等必要数の推移 ―― 森岡方式に拠る

A	B	C	D	E	F	G
年代	世帯数	増加世帯数	世帯員数	死亡率	需要発現期間	単年度当たりの需要数
〜1970	973,000		3.83	0.0057	45.8	0
〜1975	1,305,000	332,000	3.60	0.0047	59.1	5,618
〜1980	1,578,000	273,000	3.41	0.0045	65.2	4,187
〜1985	1,746,000	168,000	3.33	0.0045	66.7	2,519
〜1990	2,028,000	282,000	3.12	0.0049	65.4	4,312
〜1995	2,356,000	328,000	2.95	0.0055	61.6	5,325
〜2000	2,470,000	114,000	2.78	0.0059	61.0	1,869
〜2005	2,631,000	161,000	2.68	0.0069	54.1	2,976
〜2010	2,838,000	207,000	2.50	0.0078	51.3	4,035
〜2015	2,968,000	130,000	2.42	0.0087	47.5	2,737
〜2020	2,983,000	15,000	2.35	0.0097	43.9	342
〜2025	2,977,000	− 6,000	2.31	0.0108	40.1	− 150
〜2030	2,926,000	− 51,000	2.28	0.0121	36.2	− 1,409
〜2035	2,843,000	− 83,000	2.26	0.0135	32.8	− 2,530
〜2040	2,711,000	− 132,000	2.24	0.0150	29.8	− 4,430
〜2045	2,505,000	− 206,000	2.22	0.0168	26.8	− 7,687

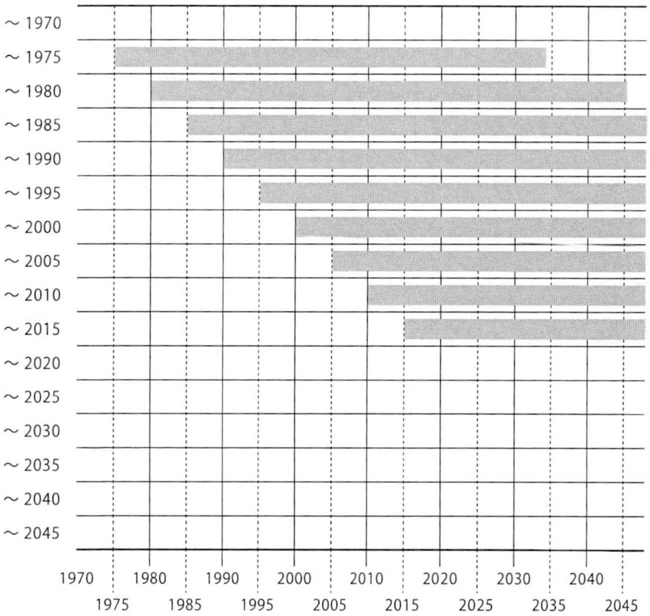

■埼玉県における年間必要墳墓数の推移

1985〜1990年……12,324墳墓（= 5,618 + 4,187 + 2,519）
1990〜1995年……16,636墳墓（= 5,618 + 4,187 + 2,519 + 4,312）
1995〜2000年……21,961墳墓（= 5,618 + 4,187 + 2,519 + 4,312 + 5,325）
2000〜2005年……23,830墳墓（= 5,618 + 4,187 + 2,519 + 4,312 + 5,325 + 1,869）
2005〜2010年……26,806墳墓（= 5,618 + 4,187 + 2,519 + 4,312 + 5,325 + 1,869 + 2,976）
2010〜2015年……30,841墳墓（= 5,618 + 4,187 + 2,519 + 4,312 + 5,325 + 1,869 + 2,976 + 4,035）
2015〜2020年……33,578墳墓（= 5,618 + 4,187 + 2,519 + 4,312 + 5,325 + 1,869 + 2,976 + 4,035 + 2,737）
2020〜2025年……33,920墳墓（= 5,618 + 4,187 + 2,519 + 4,312 + 5,325 + 1,869 + 2,976 + 4,035 + 2,737 + 342）
2025〜2030年……33,920墳墓（= 5,618 + 4,187 + 2,519 + 4,312 + 5,325 + 1,869 + 2,976 + 4,035 + 2,737 + 342）
2030〜2035年……33,920墳墓（= 5,618 + 4,187 + 2,519 + 4,312 + 5,325 + 1,869 + 2,976 + 4,035 + 2,737 + 342）
2035〜2040年……28,302墳墓（= 4,187 + 2,519 + 4,312 + 5,325 + 1,869 + 2,976 + 4,035 + 2,737 + 342）
2040〜2045年……28,302墳墓（= 4,187 + 2,519 + 4,312 + 5,325 + 1,869 + 2,976 + 4,035 + 2,737 + 342）
（参考値）2045年…28,302墳墓（= 4,187 + 2,519 + 4,312 + 5,325 + 1,869 + 2,976 + 4,035 + 2,737 + 342）

少するのは2020～25年以降。世帯員数に注目すると、それより遡った2015年以降。しかし、大阪府方式と森岡方式との比較では2045年まで、大阪府方式が有効とみられる（**図表Ⅱ**および**図表Ⅲ**の**G**列、**H**列、**I**列を参照）。

現実的には、この総量としての墳墓等に対するニーズのうち、各々の墓園における個別のニーズが見込めるかだが、この点においては、表中で1995～2015年についても示していることから、これに各々の墓園における1995～2015年の申込み状況を照らし合わせて、将来の墳墓等の申込みがどのように推移するのか、読み替えていただきたい。

近年では「お墓に対する意識の多様化」「さまざまなお墓の選択がなされている」と指摘されており、お墓業界の現場からも、これまでのような既存のお墓へのニーズが希薄になっているという声が挙がっていることも、また事実である。すなわち、ここで最終的に得られたのは、墳墓（お墓）のほか、樹木葬（墓）、合葬・合祀墓、散骨等を合算した「必要墳墓“等”の数」、いわば“総数”を求めたものである。

特に合葬・合祀墓、散骨等が認知されはじめるのは、世帯員数（**図表Ⅱ**の主に**D**列を参照）の２人世帯が世帯総数の過半数を超えた頃である。つまり、この２人世帯が高齢化するにつれ、合葬・合祀墓、散骨、樹木葬（墓）へのニーズに対して、より傾斜を強めていく、という１つのモデル像がみえてくる。いわば、「お墓」へのニーズが転換する分水嶺「値」であると思料され、埼玉県の場合、2030年以降のこととなる。

ただし、前述したとおり、埼玉県は2010～15年という早い時期から、需要動向の変動予兆が顕在化してきたことを示している。推計された墳墓等の需要数については、各種指標値からうかがえる合葬・合祀墓、散骨、樹木葬（墓）へのニーズへとより傾斜していく、いわば「お墓」へのニーズが転換する分水嶺となる時期の見極めはむずかしい。

図表Ⅲ　墳墓等必要数の推移 ── 大阪府方式に拠る推計と森岡方式との比較

A	B	C	D	E	F	G	H	I	J
年　代	人口	死亡率	死亡者数	傍系世帯数	取得希望世帯数	墳墓需要数（大阪府方式）	墳墓需要数（森岡方式）	採用する推計結果	墳墓需要数（大阪・森岡調整値）
1995～2000	6,759,000	0.0055	37,175	8,364	5,576	**6,970**	21,961	大阪府	**6,970**
2000～2005	6,938,000	0.0059	40,486	9,109	6,073	**7,591**	23,830	大阪府	**7,591**
2005～2010	7,054,000	0.0069	48,673	10,951	7,301	**9,126**	26,806	大阪府	**9,126**
2010～2015	7,195,000	0.0078	55,487	12,485	8,323	**10,404**	30,841	大阪府	**10,404**
2015～2020	7,267,000	0.0087	62,565	14,077	9,385	**11,731**	33,578	大阪府	**11,731**
2020～2025	7,273,000	0.0097	70,548	15,873	10,582	**13,228**	33,920	大阪府	**13,228**
2025～2030	7,203,000	0.0108	77,792	17,503	11,669	**14,586**	33,920	大阪府	**14,586**
2030～2035	7,076,000	0.0121	85,620	19,264	12,843	**16,054**	33,920	大阪府	**16,054**
2035～2040	6,909,000	0.0135	93,272	20,986	13,991	**17,489**	28,302	大阪府	**17,489**
2040～2045	6,721,000	0.0150	100,815	22,683	15,122	**18,903**	28,302	大阪府	**18,903**
（参考値）2045年	6,525,000	0.0168	109,620	24,665	16,443	**20,554**	28,302	大阪府	**20,554**

12 千葉県

(1) 葬儀および火葬の需要予測

葬儀施行単価は、「葬儀費用総額」の「中間値」では120万円であったが、これを前提とした2015～20年の葬儀費用総額（672億9,500万円）に対し、「葬儀年間売上げ」は692億4,300万円と上振れしている。したがって、実際の施行単価は、ほぼ実勢値を反映していると判断してもいい。将来も同様の傾向で推移すると思料される（**図表Ⅰ**の**C**列と**D**列を参照）。

千葉県は可住地面積が広く、特に県北西部は首都圏の一角であり、古くから住宅開発が進み、人口は稠密である。また、東京湾沿岸は太平洋ベルトを構成する京葉工業地帯の中枢として石油化学コンビナート、製鉄所などが立地している。一方、外洋に面している地勢を活かした農漁業も盛んであり、農業産出額、漁業総生産量とも全国で有数である。①ベッドタウン、②第２次産業（工業地帯）、③第１次産業（農業・水産業）の３つの性格を有する。

ここで示した葬儀施行単価あるいは総額は、千葉県の“総額・総量”であり、本資料集を活用する方の関心は、これらのうち、各々の事業者における個別のニーズがいかに見込めるかであろう。この点おいては、**図表Ⅰ**で1995～2015年についても示しているが、これは各々の事業者・団体が1995～2015年の施行状況を投影することで、将来推計で示した値（数値）をベースに、各々の業務では「どのように」あるいは「どのぐらい」「どういった」推移をしていくのか、その把握を促す手がかりとなることを想定して提示した。

火葬場については、2018年現在でも67炉の「余力」がある。しかし、現実的には「火葬炉の４分の１はメンテナンス中で稼動できない」という仮定がなされたとして思料すると、**図表Ⅰ**からは、すでに2025年以降あたりから、火葬炉不足

図表Ⅰ　葬儀費用 ―― 葬儀市場規模の推移および現行火葬炉数と使用頻度（回転数）の推移

A	B	C			D	E	F	G	H
年　代	死亡者数	葬儀費用総額（括弧内は各々の施行単価）（単位：百万円）			葬儀年間売上げ（単位：百万円）	年間対応可能数 火葬炉数 × 1日当たりの回転数 × 年間稼動日数	実質火葬施行数（≒死亡者数）	余剰ー不足火葬対応数	余剰ー不足火葬炉数
		低位最頻（0.40）	中間値（1.20）	高位最頻（2.25）					
1995 ～ 2000	34,788	13,915	41,746	78,273	42,954	102,438	34,788	67,650	＋ 98
2000 ～ 2005	37,238	14,895	44,686	83,786	45,979	102,438	37,238	65,200	＋ 95
2005 ～ 2010	44,814	17,926	53,777	100,832	55,334	102,438	44,814	57,623	＋ 84
2010 ～ 2015	50,014	20,006	60,017	112,532	61,754	102,438	50,014	52,424	＋ 76
2015 ～ 2020	56,079	22,432	67,295	126,178	69,243	102,438	56,079	46,359	＋ 67
2020 ～ 2025	62,671	25,068	75,205	141,009	77,382	102,438	62,671	39,767	＋ 58
2025 ～ 2030	68,522	27,409	82,226	154,174	84,606	102,438	68,522	33,916	＋ 49
2030 ～ 2035	74,226	29,691	89,072	167,009	91,650	102,438	74,226	28,211	＋ 41
2035 ～ 2040	80,357	32,143	96,429	180,804	99,221	102,438	80,357	22,080	＋ 32
2040 ～ 2045	86,384	34,554	103,661	194,364	106,662	102,438	86,384	16,054	＋ 23
（参考値）2045 年	92,871	37,148	111,445	208,960	114,672	102,438	92,871	9,567	＋ 14

が顕在化してくると考えることができる（**図表Ⅰ**のＦ列、Ｇ列、Ｈ列を参照）。

(2) 墳墓等の需要予測

「墳墓等に対するニーズ」は2015～20年以降、人口、世帯数ともに減少していることから、大阪府方式、すなわち死亡者数を前提とした推計値を、そのまま墳墓等に対するニーズとして見込む

図表Ⅱ　墳墓等必要数の推移 ―― 森岡方式に拠る

A	B	C	D	E	F	G
年代	世帯数	増加世帯数	世帯員数	死亡率	需要発現期間	単年度当たりの需要数
～1970	853,000		3.77	0.0063	42.1	0
～1975	1,132,000	279,000	3.54	0.0053	53.3	5,235
～1980	1,412,000	280,000	3.32	0.0049	61.5	4,553
～1985	1,568,000	156,000	3.25	0.0048	64.1	2,434
～1990	1,797,000	229,000	3.05	0.0052	63.1	3,629
～1995	2,052,000	255,000	2.89	0.0060	57.7	4,419
～2000	2,164,000	112,000	2.70	0.0063	58.8	1,905
～2005	2,304,000	140,000	2.63	0.0074	51.4	2,724
～2010	2,512,000	208,000	2.44	0.0082	50.0	4,160
～2015	2,605,000	93,000	2.36	0.0091	46.6	1,996
～2020	2,604,000	－1,000	2.31	0.0101	42.9	－23
～2025	2,585,000	－19,000	2.27	0.0112	39.3	－483
～2030	2,528,000	－57,000	2.25	0.0124	35.8	－1,592
～2035	2,444,000	－84,000	2.24	0.0138	32.3	－2,601
～2040	2,323,000	－121,000	2.23	0.0153	29.3	－4,130
～2045	2,151,000	－172,000	2.22	0.0170	26.5	－6,491

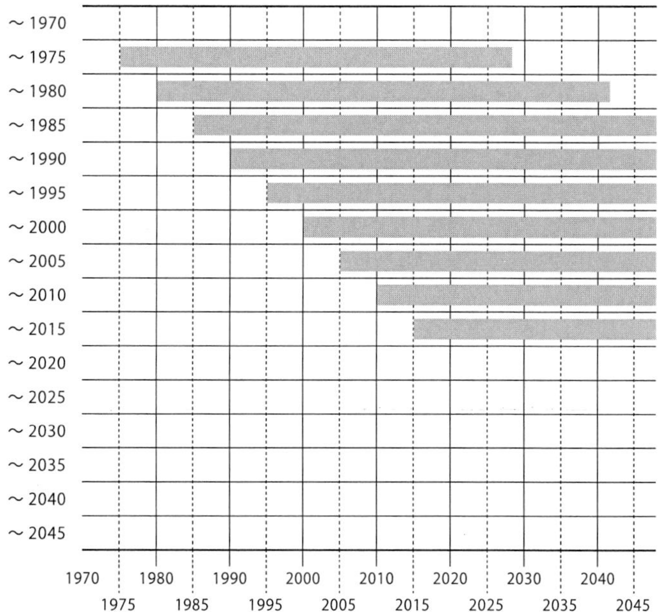

■千葉県における年間必要墳墓数の推移

1985～1990年……12,222墳墓（＝5,235＋4,553＋2,434）
1990～1995年……15,851墳墓（＝5,235＋4,553＋2,434＋3,629）
1995～2000年……20,270墳墓（＝5,235＋4,553＋2,434＋3,629＋4,419）
2000～2005年……22,175墳墓（＝5,235＋4,553＋2,434＋3,629＋4,419＋1,905）
2005～2010年……24,899墳墓（＝5,235＋4,553＋2,434＋3,629＋4,419＋1,905＋2,724）
2010～2015年……29,059墳墓（＝5,235＋4,553＋2,434＋3,629＋4,419＋1,905＋2,724＋4,160）
2015～2020年……31,055墳墓（＝5,235＋4,553＋2,434＋3,629＋4,419＋1,905＋2,724＋4,160＋1,996）
2020～2025年……31,055墳墓（＝5,235＋4,553＋2,434＋3,629＋4,419＋1,905＋2,724＋4,160＋1,996）
2025～2030年……31,055墳墓（＝5,235＋4,553＋2,434＋3,629＋4,419＋1,905＋2,724＋4,160＋1,996）
2030～2035年……25,820墳墓（＝4,553＋2,434＋3,629＋4,419＋1,905＋2,724＋4,160＋1,996）
2035～2040年……25,820墳墓（＝4,553＋2,434＋3,629＋4,419＋1,905＋2,724＋4,160＋1,996）
2040～2045年……25,820墳墓（＝4,553＋2,434＋3,629＋4,419＋1,905＋2,724＋4,160＋1,996）
（参考値）**2045年…21,267墳墓**（＝2,434＋3,629＋4,419＋1,905＋2,724＋4,160＋1,996）

のはむずかしい（**図表Ⅲ**の**G**列、**I**列を参照）。

しかし、千葉県の場合、2045年に至るまで、この大阪府方式で推計された値は、森岡方式の値との比較からその一定の妥当性が担保されることが確認される（**図表Ⅱ**および**図表Ⅲ**の**G**列、**H**列、**I**列を参照）。

現実的には、この総量としての墳墓等に対するニーズのうち、各々の墓園などにおける個別のニーズが見込めるかだが、この点においては、表中で1995～2015年についても示していることから、これに各々の墓園における1995～2015年の申込み状況を照らし合わせて、将来の墳墓等の申込みがどのように推移するのか、読み替えていただきたい。

近年では「お墓に対する意識の多様化」「さまざまなお墓の選択がなされている」と指摘されており、お墓業界の現場からも、これまでのような既存のお墓へのニーズが希薄になっているという声が挙がっているのも、また事実である。すなわち、ここで最終的に得られたのは、墳墓（お墓）のほか、樹木葬（墓）、合葬・合祀墓、散骨等を合算した「必要墳墓“等”の数」、いわば“総数”を求めたものである。

特に合葬・合祀墓、散骨等が認知されはじめるのは、世帯員数（**図表Ⅱ**の主に**I**列をを参照）の２人世帯が世帯総数の過半数以上を占めた頃である。つまり、この２人世帯が高齢化するにつれ、合葬・合祀墓、散骨、樹木葬（墓）へのニーズに対して、より傾斜を強めていく、という１つのモデル像がみえてくる。いわば、「お墓」へのニーズが転換する分水嶺「値」であると思料され、千葉県の場合、2010年以降からと比較的早い。

しかし、前述したとおり、2045年に至るまで、この大阪府方式で推計された値は、森岡方式の値との比較からその一定の妥当性が担保されるという。これまで、従来の墳墓等の需要関係が安定しているという側面も留意したうえで思料せねばならない。

図表Ⅲ　墳墓等必要数の推移 ―― 大阪府方式に拠る推計と森岡方式との比較

A	B	C	D	E	F	G	H	I	J
年　代	人口	死亡率	死亡者数	傍系世帯数	取得希望世帯数	墳墓需要数（大阪府方式）	墳墓需要数（森岡方式）	採用する推計結果	墳墓需要数（大阪・森岡調整値）
1995～2000	5,798,000	0.0060	34,788	7,827	5,218	**6,523**	20,270	大阪府	**6,523**
2000～2005	5,926,000	0.0063	37,238	8,379	5,586	**6,983**	22,175	大阪府	**6,983**
2005～2010	6,056,000	0.0074	44,814	10,083	6,722	**8,403**	24,899	大阪府	**8,403**
2010～2015	6,216,000	0.0082	50,014	11,253	7,502	**9,378**	29,059	大阪府	**9,378**
2015～2020	6,223,000	0.0091	56,079	12,618	8,412	**10,515**	31,055	大阪府	**10,515**
2020～2025	6,205,000	0.0101	62,671	14,101	9,401	**11,751**	31,055	大阪府	**11,751**
2025～2030	6,118,000	0.0112	68,522	15,417	10,278	**12,848**	31,055	大阪府	**12,848**
2030～2035	5,986,000	0.0124	74,226	16,701	11,134	**13,918**	25,820	大阪府	**13,918**
2035～2040	5,823,000	0.0138	80,357	18,080	12,054	**15,067**	25,820	大阪府	**15,067**
2040～2045	5,646,000	0.0153	86,384	19,436	12,958	**16,197**	25,820	大阪府	**16,197**
（参考値）2045 年	5,463,000	0.0170	92,871	20,896	13,931	**17,414**	21,267	大阪府	**17,414**

⑬

東京都

(1) 葬儀および火葬の需要予測

葬儀施行単価は、「葬儀費用総額」の「中間値」では95万円であったが、これを前提とした2015〜20年の葬儀費用総額1,060億8,900万円に対して、「葬儀年間売上げ」は1,017億7,100万円と、やや下振れしているものの、実際の葬儀施行単価は、ほぼ実勢値を反映していると判断してもいい。将来も同様の傾向と思料される（**図表Ⅰ**の**C**列と**D**列を参照）。

東京都は区部（23特別区）、多摩地域（26市と西多摩郡３町１村）および島嶼部（大島・三宅・八丈・小笠原）の４支庁から成っている。区部は、１つの都市として「東京」とも呼ばれる。

ここで示した葬儀施行単価あるいは総額は、東京都の“総額・総量”であり、本資料集を活用する方の関心は、これらのうち、各々の事業者における個別のニーズがいかに見込めるかであろう。この点においては、**図表Ⅰ**で1995〜2015年についても示しており、これに各々の事業者・団体が1995〜2015年の施行状況を投影することで、将来推計で示した値（数値）をベースに、各々の業務では「どのように」あるいは「どのぐらい」「どういった」推移をしていくのか、その把握を促す手がかりとなるよう想定して提示した。

火葬場については、2018年現在でも23炉の「余力」がある。しかし、現実的には、たとえば「火葬炉の４分の１はメンテナンス中で稼動できない」という想定で思料すると、この「23炉」の余力というのも非常に厳しい値であり、**図表Ⅰ**をみると、すでに火葬炉不足が顕在化している状況であり、今後、ますます厳しくなっていくことが十分に思慮されよう。本章第２項⑦（18〜19ページ）でも述べているように、行政上の手当の履行もより必然的になる（**図表Ⅰ**の**F**列、**G**列、**H**列を参照）。

図表Ⅰ　葬儀費用 ── 葬儀市場規模の推移および現行火葬炉数と使用頻度（回転数）の推移

A	B	C			D	E	F	G	H
年　代	死亡者数	葬儀費用総額（括弧内は各々の施行単価）（単位：百万円）			葬儀年間売上げ（単位：百万円）	年間対応可能数 火葬炉数 × １日当たりの回転数 × 年間稼動日数	実質火葬施行数（≒死亡者数）	余剰ー不足火葬対応数	余剰ー不足火葬炉数
		低位最頻（0.50）	中間値（0.95）	高位最頻（1.55）					
1995〜2000	80,063	40,032	76,060	124,098	72,964	127,188	80,063	47,124	＋69
2000〜2005	83,849	41,925	79,657	129,966	76,414	127,188	83,849	43,339	＋63
2005〜2010	95,585	47,793	90,806	148,157	87,110	127,188	95,585	31,602	＋46
2010〜2015	104,238	52,119	99,026	161,569	94,995	127,188	104,238	22,950	＋33
2015〜2020	111,673	55,837	106,089	173,093	101,771	127,188	111,673	15,515	＋23
2020〜2025	122,224	61,112	116,113	189,447	111,386	127,188	122,224	4,964	＋7
2025〜2030	130,152	65,076	123,645	201,736	118,612	127,188	130,152	−2,965	−4
2030〜2035	136,053	68,027	129,251	210,883	123,990	127,188	136,053	−8,866	−13
2035〜2040	142,676	71,338	135,542	221,147	130,025	127,188	142,676	−15,488	−23
2040〜2045	148,597	74,299	141,167	230,326	135,421	127,188	148,597	−21,410	−31
（参考値）2045年	155,120	77,560	147,364	240,436	141,365	127,188	155,120	−27,932	−41

(2) 墳墓等の需要予測

「墳墓等に対するニーズ」は2015～20年以降、人口、世帯数ともに減少していることから、大阪府方式、すなわち死亡者数を前提とした推計値を、そのまま墳墓等に対するニーズとして見込むのはむずかしい（**図表Ⅲ**の**G**列、**I**列を参照）。

しかし、東京都の場合、2045年に至るまで、この大阪府方式で推計された値は、森岡方式の値との比較からその一定の妥当性が担保されることが確認される（**図表Ⅱ**および**図表Ⅲ**の**G**列、**H**列、**I**列を参照）。

図表Ⅱ　墳墓等必要数の推移 ── 森岡方式に拠る

A	B	C	D	E	F	G
年代	世帯数	増加世帯数	世帯員数	死亡率	需要発現期間	単年度当たりの需要数
～1970	3,372,000		3.15	0.0050	63.5	0
～1975	3,820,000	448,000	2.90	0.0048	71.8	6,240
～1980	4,286,000	466,000	2.67	0.0051	73.4	6,349
～1985	4,488,000	202,000	2.60	0.0053	72.6	2,782
～1990	4,694,000	206,000	2.47	0.0060	67.5	3,052
～1995	4,836,000	142,000	2.39	0.0068	61.5	2,309
～2000	5,371,000	535,000	2.21	0.0071	63.7	8,399
～2005	5,747,000	376,000	2.19	0.0076	60.1	6,256
～2010	6,382,000	635,000	2.03	0.0081	60.8	10,444
～2015	6,691,000	309,000	1.97	0.0085	59.7	5,176
～2020	6,789,000	98,000	1.93	0.0089	58.2	1,684
～2025	6,814,000	25,000	1.90	0.0094	56.0	446
～2030	6,752,000	− 62,000	1.88	0.0098	54.3	− 1,142
～2035	6,614,000	− 138,000	1.87	0.0103	51.9	− 2,659
～2040	6,321,000	− 293,000	1.86	0.0108	49.8	− 5,884
～2045	5,698,000	− 623,000	1.85	0.0114	47.4	− 13,143

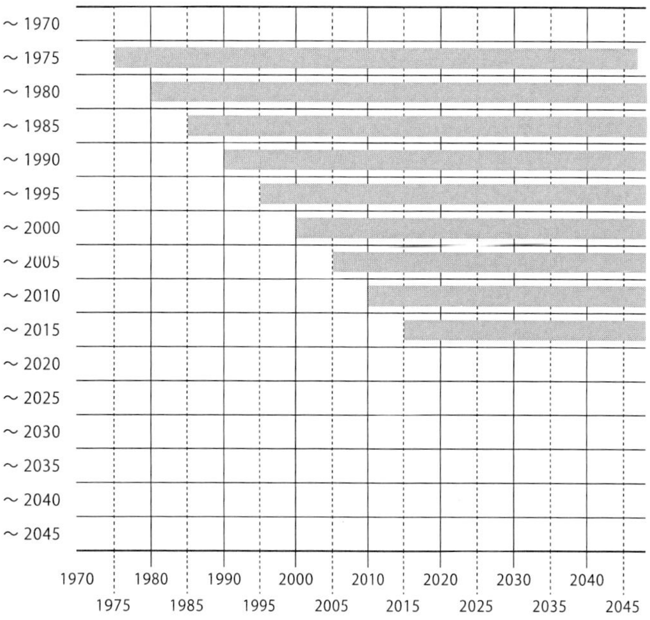

■東京都における年間必要墳墓数の推移

1985～1990年……15,371 墳墓（＝6,240＋6,349＋2,782）
1990～1995年……18,423 墳墓（＝6,240＋6,349＋2,782＋3,052）
1995～2000年……20,732 墳墓（＝6,240＋6,349＋2,782＋3,052＋2,309）
2000～2005年……29,131 墳墓（＝6,240＋6,349＋2,782＋3,052＋2,309＋8,399）
2005～2010年……35,387 墳墓（＝6,240＋6,349＋2,782＋3,052＋2,309＋8,399＋6,256）
2010～2015年……45,831 墳墓（＝6,240＋6,349＋2,782＋3,052＋2,309＋8,399＋6,256＋10,444）
2015～2020年……51,007 墳墓（＝6,240＋6,349＋2,782＋3,052＋2,309＋8,399＋6,256＋10,444＋5,176）
2020～2025年……52,691 墳墓（＝6,240＋6,349＋2,782＋3,052＋2,309＋8,399＋6,256＋10,444＋5,176＋1,684）
2025～2030年……53,137 墳墓（＝6,240＋6,349＋2,782＋3,052＋2309＋8,399＋6,256＋10,444＋5,176＋1,684＋446）
2030～2035年……53,137 墳墓（＝6,240＋6,349＋2,782＋3,052＋2309＋8,399＋6,256＋10,444＋5,176＋1,684＋446）
2035～2040年……53,137 墳墓（＝6,240＋6,349＋2,782＋3,052＋2309＋8,399＋6,256＋10,444＋5,176＋1,684＋446）
2040～2045年……53,137 墳墓（＝6,240＋6,349＋2,782＋3,052＋2309＋8,399＋6,256＋10,444＋5,176＋1,684＋446）
（参考値）**2045年…53,137 墳墓**（＝6,240＋6,349＋2,782＋3,052＋2309＋8,399＋6,256＋10,444＋5,176＋1,684＋446）

現実的には、この総量としての墳墓等に対するニーズのうち、各々の墓園などにおける個別のニーズがいかに見込めるかだが、この点においては、表中で1995～2015年についても示していることから、これに各々の墓園における1995～2015年の申込み状況を照らし合わせて、将来の墳墓等の申込みがどのように推移するのか、読み替えていただきたい。

近年では「お墓に対する意識の多様化」「さまざまなお墓の選択がなされている」と指摘されており、お墓業界の現場からも、これまでのような既存のお墓へのニーズが希薄になっているという声が挙がっているのも、また事実である。すなわち、ここで最終的に得られたのは、墳墓（お墓）のほか、樹木葬（墓）、合葬・合祀墓、散骨等を合算した「必要墳墓“等”の数」、いわば“総数”を求めたものである。

特に合葬・合祀墓、散骨等が認知されはじめるのは、世帯員数（**図表Ⅱ**の主に**D**列を参照）の２人世帯が世帯総数の過半数を超えた頃である。つまり、この２人世帯が高齢化するにつれ、合葬・合祀墓、散骨、樹木葬（墓）へのニーズに対してより傾斜を強めていく、という１つのモデル像がみえてくる。いわば、「お墓」へのニーズが転換する分水嶺「値」であると思料され、東京都の場合、1990年以降と非常に早い。

しかし、前述したとおり、2045年に至るまで、大阪府方式で推計された値は、森岡方式の値との比較から一定の妥当性が担保されるという。これまで、従来の墳墓等の需要関係が安定しているという側面についても留意したうえで思料せねばならない。

図表Ⅲ　墳墓等必要数の推移 —— 大阪府方式に拠る推計と森岡方式との比較

A	B	C	D	E	F	G	H	I	J
年　代	人口	死亡率	死亡者数	傍系世帯数	取得希望世帯数	墳墓需要数（大阪府方式）	墳墓需要数（森岡方式）	採用する推計結果	墳墓需要数（大阪・森岡調整値）
1995～2000	11,774,000	0.0068	80,063	18,014	12,009	**15,012**	20,732	大阪府	**15,012**
2000～2005	12,064,000	0.0071	83,849	18,866	12,577	**15,722**	29,131	大阪府	**15,722**
2005～2010	12,577,000	0.0076	95,585	21,507	14,338	**17,923**	35,387	大阪府	**17,923**
2010～2015	13,159,000	0.0081	104,238	23,454	15,636	**19,545**	45,831	大阪府	**19,545**
2015～2020	13,515,000	0.0085	111,673	25,126	16,751	**20,939**	51,007	大阪府	**20,939**
2020～2025	13,733,000	0.0089	122,224	27,500	18,334	**22,917**	52,691	大阪府	**22,917**
2025～2030	13,846,000	0.0094	130,152	29,284	19,523	**24,404**	53,137	大阪府	**24,404**
2030～2035	13,883,000	0.0098	136,053	30,612	20,408	**25,510**	53,137	大阪府	**25,510**
2035～2040	13,852,000	0.0103	142,676	32,102	21,401	**26,752**	53,137	大阪府	**26,752**
2040～2045	13,759,000	0.0108	148,597	33,434	22,290	**27,862**	53,137	大阪府	**27,862**
（参考値）2045年	13,607,000	0.0114	155,120	34,902	23,268	**29,085**	53,137	大阪府	**53,137**

14 神奈川県

(1) 葬儀および火葬の需要予測

葬儀施行単価は、「葬儀費用総額」の「中間値」では95万円であったが、これを前提とした2015～20年の葬儀費用総額（719億7,400万円）に対し、「葬儀年間売上げ」は793億4,000万円と上振れしているが、実際の施行単価は、ほぼ実勢値を反映していると判断してもいい。将来も同様の傾向で推移すると思料される（**図表Ⅰ**の**C**列と**D**列を参照）。

神奈川県の人口は、東京都に次ぎわが国第２位。主な市だけでも、政令指定都市３市、中核市１市（候補市１市）を数える。その地勢も変化に富み、県東部は、都市化・工業化が進み、県西部は緑豊かな丹沢山地から足柄山地、箱根山が連なる。県中央部は相模川が流れる平野部で、都市化・工業化が進んでいる。県南東部は海沿いに開け、鎌倉幕府が置かれた鎌倉から三浦半島にかけて、三浦丘陵が連なる。

ここで示した葬儀施行単価あるいは総額は、神奈川県の"総額・総量"であり、本資料集を活用する方の関心は、これらのうち、各々の事業者における個別のニーズがいかに見込めるかであろう。この点においては、**図表Ⅰ**で1995～2015年についても示しており、これに各々の事業者・団体が1995～2015年の施行状況を投影することで、将来推計で示した値（数値）をベースに、各々の業務では「どのように」あるいは「どのぐらい」「どういった」推移をしていくのか、その把握を促す手がかりとなるよう想定して提示した。

火葬場については、2018年現在でも50炉の「余力」がある。しかし、現実的には「火葬炉の４分の１がメンテナンス中で稼動できない」と仮定をするなら、すでに2020年以降あたりから火葬炉不足が顕在化してくると思料することができる（**図表Ⅰ**の**F**列、**G**列、**H**列を参照）。

図表Ⅰ　葬儀費用 ── 葬儀市場規模の推移および現行火葬炉数と使用頻度（回転数）の推移

A	B	C			D	E	F	G	H
年　代	死亡者数	葬儀費用総額（括弧内は各々の施行単価）（単位：百万円）			葬儀年間売上げ（単位：百万円）	年間対応可能数 火葬炉数×１日当たりの回転数×年間稼動日数	実質火葬施行数（≒死亡者数）	余剰－不足 火葬対応数	余剰－不足 火葬炉数
		低位最頻（0.50）	中間値（0.95）	高位最頻（1.55）					
1995～2000	47,002	23,501	44,652	72,853	49,222	110,000	47,002	62,998	＋92
2000～2005	50,539	25,270	48,012	78,335	52,926	110,000	50,539	59,461	＋86
2005～2010	59,786	29,893	56,796	92,668	62,609	110,000	59,786	50,214	＋73
2010～2015	67,760	33,880	64,372	105,028	70,960	110,000	67,760	42,240	＋61
2015～2020	75,762	37,881	71,974	117,431	79,340	110,000	75,762	34,238	＋50
2020～2025	85,011	42,506	80,761	131,768	89,026	110,000	85,011	24,989	＋36
2025～2030	93,421	46,711	88,750	144,803	97,833	110,000	93,421	16,579	＋24
2030～2035	100,943	50,471	95,896	156,461	105,710	110,000	100,943	9,057	＋13
2035～2040	109,388	54,694	103,918	169,551	114,554	110,000	109,388	613	＋1
2040～2045	118,720	59,360	112,784	184,016	124,327	110,000	118,720	－8,720	－13
（参考値）2045年	127,189	63,594	120,829	197,143	133,196	110,000	127,189	－17,189	－25

(2) 墳墓等の需要予測

「墳墓等に対するニーズ」は2015～20年以降、人口、世帯数ともに減少していることから、大阪府方式、すなわち死亡者数を前提とした推計値を、そのまま墳墓等に対するニーズとして見込むのはむずかしい（**図表Ⅲ**の**G**列、**I**列を参照）。

しかし、神奈川県では、2045年に至るまで、この大阪府方式で推計された値は、森岡方式の値との比較からその一定の妥当性が担保されること

図表Ⅱ　墳墓等必要数の推移 ── 森岡方式に拠る

A 年代	B 世帯数	C 増加世帯数	D 世帯員数	E 死亡率	F 需要発現期間	G 単年度当たりの需要数
～1970	1,477,000		3.46	0.0047	61.5	0
～1975	1,859,000	382,000	3.28	0.0043	70.9	5,388
～1980	2,243,000	384,000	3.05	0.0043	76.2	5,039
～1985	2,478,000	235,000	2.97	0.0046	73.2	3,210
～1990	2,818,000	340,000	2.80	0.0050	71.4	4,762
～1995	3,162,000	344,000	2.67	0.0057	65.7	5,236
～2000	3,318,000	156,000	2.53	0.0060	65.9	2,367
～2005	3,550,000	232,000	2.48	0.0068	59.3	3,912
～2010	3,830,000	280,000	2.33	0.0076	56.5	4,956
～2015	3,965,000	135,000	2.25	0.0084	52.9	2,552
～2020	4,086,000	121,000	2.19	0.0093	49.1	2,464
～2025	4,106,000	20,000	2.15	0.0103	45.2	442
～2030	4,060,000	－46,000	2.13	0.0113	41.5	－1,108
～2035	3,966,000	－94,000	2.12	0.0125	37.7	－2,493
～2040	3,775,000	－191,000	2.11	0.0139	34.1	－5,601
～2045	3,396,000	－379,000	2.10	0.0153	31.1	－12,186

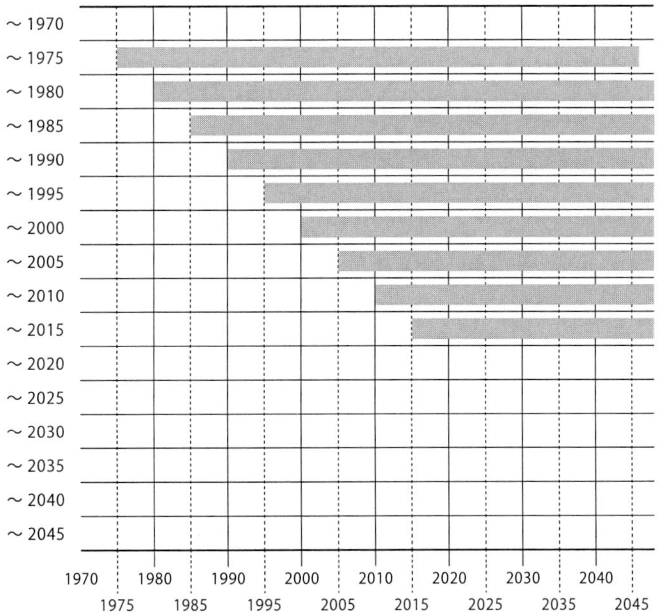

■神奈川県における年間必要墳墓数の推移

1985～1990年……13,637墳墓（＝5,388＋5,039＋3,210）
1990～1995年……18,399墳墓（＝5,388＋5,039＋3,210＋4,762）
1995～2000年……23,635墳墓（＝5,388＋5,039＋3,210＋4,762＋5,236）
2000～2005年……26,002墳墓（＝5,388＋5,039＋3,210＋4,762＋5,236＋2,367）
2005～2010年……29,914墳墓（＝5,388＋5,039＋3,210＋4,762＋5,236＋2,367＋3,912）
2010～2015年……34,870墳墓（＝5,388＋5,039＋3,210＋4,762＋5,236＋2,367＋3,912＋4,956）
2015～2020年……37,422墳墓（＝5,388＋5,039＋3,210＋4,762＋5,236＋2,367＋3,912＋4,956＋2,552）
2020～2025年……39,886墳墓（＝5,388＋5,039＋3,210＋4,762＋5,236＋2,367＋3,912＋4,956＋2,552＋2,464）
2025～2030年……40,328墳墓（＝5,388＋5,039＋3,210＋4,762＋5,236＋2,367＋3,912＋4,956＋2,552＋2,464＋442）
2030～2035年……40,328墳墓（＝5,388＋5,039＋3,210＋4,762＋5,236＋2,367＋3,912＋4,956＋2,552＋2,464＋442）
2035～2040年……40,328墳墓（＝5,388＋5,039＋3,210＋4,762＋5,236＋2,367＋3,912＋4,956＋2,552＋2,464＋442）
2040～2045年……40,328墳墓（＝5,388＋5,039＋3,210＋4,762＋5,236＋2,367＋3,912＋4,956＋2,552＋2,464＋442）
（参考値）**2045年…40,328墳墓**（＝5,388＋5,039＋3,210＋4,762＋5,236＋2,367＋3,912＋4,956＋2,552＋2,464＋442）

が確認される（**図表Ⅱ**および**図表Ⅲ**のG列、H列、I列を参照）。

現実的にはこの総量としての墳墓等に対するニーズのうち、各々の墓園における個別のニーズがいかに見込めるかだが、この点においては、表中で1995～2015年についても示していることから、これに各々の墓園における1995～2015年の申込み状況を照らし合わせて、将来の墳墓等の申込みがどのように推移するのか、読み替えていただきたい。

近年では「お墓に対する意識の多様化」「さまざまななお墓の選択がなされている」と指摘されており、お墓業界の現場からも、これまでのような既存のお墓へのニーズが希薄になっているという声が挙がっていることも、また事実である。すなわち、ここで最終的に得られたのは、墳墓（お墓）のほか、樹木葬（墓）、合葬・合祀墓、散骨等を合算した「必要墳墓“等”の数」、いわば“総数”を求めたものである。

図表Ⅲ　墳墓等必要数の推移 ── 大阪府方式に拠る推計と森岡方式との比較

A	B	C	D	E	F	G	H	I	J
年　代	人口	死亡率	死亡者数	傍系世帯数	取得希望世帯数	墳墓需要数（大阪府方式）	墳墓需要数（森岡方式）	採用する推計結果	墳墓需要数（大阪・森岡調整値）
1995～2000	8,246,000	0.0057	47,002	10,575	7,050	**8813**	23,635	大阪府	**8,813**
2000～2005	8,490,000	0.0060	50,539	11,371	7,581	**9476**	26,002	大阪府	**9,476**
2005～2010	8,792,000	0.0068	59,786	13,452	8,968	**11210**	29,914	大阪府	**11,210**
2010～2015	9,048,000	0.0076	67,760	15,246	10,164	**12705**	34,870	大阪府	**12,705**
2015～2020	9,126,000	0.0084	75,762	17,046	11,364	**14205**	37,422	大阪府	**14,205**
2020～2025	9,141,000	0.0093	85,011	19,128	12,752	**15940**	39,886	大阪府	**15,940**
2025～2030	9,070,000	0.0103	93,421	21,020	14,013	**17517**	40,328	大阪府	**17,517**
2030～2035	8,933,000	0.0113	100,943	22,712	15,141	**18927**	40,328	大阪府	**18,927**
2035～2040	8,751,000	0.0125	109,388	24,612	16,408	**20510**	40,328	大阪府	**20,510**
2040～2045	8,541,000	0.0139	118,720	26,712	17,808	**22260**	40,328	大阪府	**22,260**
（参考値）2045年	8,313,000	0.0153	127,189	28,618	19,078	**23848**	40,328	大阪府	**23,848**

15 新潟県

(1) 葬儀および火葬の需要予測

葬儀施行単価は、「葬儀費用総額」の「中間値」では145万円であり、これを前提とした2015～20年の葬儀費用総額（410億3,100万円）に対し、「葬儀年間売上げ」は439億1,600万円と上振れしているものの、概ね等しく、145万～150万円程度が実際の施行単価と判断される。将来も同様の傾向で推移すると思料されよう（**図表ⅠのC列とD列を参照**）。

新潟県は地理的要素の違いから上越地方、中越地方、下越地方、佐渡地方の４地域に大きく分けられる。人口も明治期においてはわが国で最も多い豊穣な県であったが、1995年頃の約250万人で頭打ちとなり、1997年に約250万人を数えたのがピーク。現在では特に、進学や就職などの理由による18～24歳の若年層の減少が深刻で、県では人口対策を最重要課題に掲げている。そうした地勢等の特徴が葬儀等にどのような影響を与えるのかを把握するには、以下に述べるプロセスが重要となる。

すなわち、ここで示した葬儀施行単価あるいは総額は、新潟県の“総額・総量”であり、本資料集を活用する方の関心は、これらのうち、各々の事業者における個別のニーズがいかに見込めるかであろう。この点においては、**図表Ⅰ**で1995～2015年についても示しており、これに各々の事業者・団体が1995～2015年の施行状況を投影することで、将来推計で示した値（数値）をベースに、各々の業務では「どのように」あるいは「どのぐらい」「どういった」推移をしていくのか、その把握を促す手がかりとなるよう想定して提示した。

火葬場については、2018年現在でも90炉の「余力」がある。ただし、前述したとおり、新潟県は地理的要素の違いから上越・中越・下越・佐渡の

図表Ⅰ　葬儀費用 ── 葬儀市場規模の推移および現行火葬炉数と使用頻度（回転数）の推移

A	B	C			D	E	F	G	H
年　代	死亡者数	葬儀費用総額（括弧内は各々の施行単価）（単位：百万円）			葬儀年間売上げ（単位：百万円）	年間対応可能数 火葬炉数 × １日当たりの回転数 × 年間稼動日数	実質火葬施行数（≒死亡者数）	余剰－不足火葬対応数	余剰－不足火葬炉数
		低位最頻（0.95）	中間値（1.45）	高位最頻（2.25）					
1995～2000	21,397	20,327	31,025	48,143	33,207	90,063	21,397	68,666	＋100
2000～2005	21,835	20,743	31,661	49,129	33,887	90,063	21,835	68,228	＋99
2005～2010	24,553	23,325	35,602	55,244	38,106	90,063	24,553	65,509	＋95
2010～2015	26,618	25,287	38,596	59,891	41,310	90,063	26,618	63,445	＋92
2015～2020	28,297	26,882	41,031	63,668	43,916	90,063	28,297	61,766	＋90
2020～2025	29,802	28,312	43,212	67,054	46,251	90,063	29,802	60,261	＋88
2025～2030	31,113	29,557	45,113	70,003	48,286	90,063	31,113	58,950	＋86
2030～2035	32,293	30,678	46,825	72,659	50,118	90,063	32,293	57,770	＋84
2035～2040	33,320	31,654	48,314	74,970	51,711	90,063	33,320	56,743	＋83
2040～2045	34,122	32,416	49,477	76,775	52,956	90,063	34,122	55,941	＋81
（参考値）2045年	34,830	33,088	50,503	78,366	54,054	90,063	34,830	55,233	＋80

4地域に大きく分けられることから、地域偏在も思料する必要がある（**図表ⅠのF列、G列、H列を参照**）。

(2) 墳墓等の需要予測

「墳墓等に対するニーズ」は2015～20年以降、人口、世帯数ともに減少していることから、大阪府方式、すなわち死亡者数を前提とした推計値を、そのまま墳墓等に対するニーズとして見込む

図表Ⅱ　墳墓等必要数の推移 ―― 森岡方式に拠る

A	B	C	D	E	F	G
年代	世帯数	増加世帯数	世帯員数	死亡率	需要発現期間	単年度当たりの需要数
～1970	542,000		4.24	0.0081	29.1	0
～1975	594,000	52,000	3.93	0.0074	34.4	1,512
～1980	655,000	61,000	3.70	0.0072	37.5	1,627
～1985	678,000	23,000	3.61	0.0074	37.4	615
～1990	705,000	27,000	3.47	0.0076	37.9	712
～1995	751,000	46,000	3.22	0.0086	36.1	1,274
～2000	792,000	41,000	3.07	0.0089	36.6	1,120
～2005	813,000	21,000	2.99	0.0101	33.1	634
～2010	837,000	24,000	2.77	0.0113	31.9	752
～2015	846,000	9,000	2.68	0.0123	30.3	297
～2020	828,000	－18,000	2.61	0.0134	28.6	－629
～2025	808,000	－20,000	2.55	0.0146	26.9	－743
～2030	783,000	－25,000	2.49	0.0159	25.3	－988
～2035	755,000	－28,000	2.45	0.0173	23.6	－1,186
～2040	720,000	－35,000	2.41	0.0188	22.1	－1,584
～2045	680,000	－40,000	2.37	0.0205	20.6	－1,942

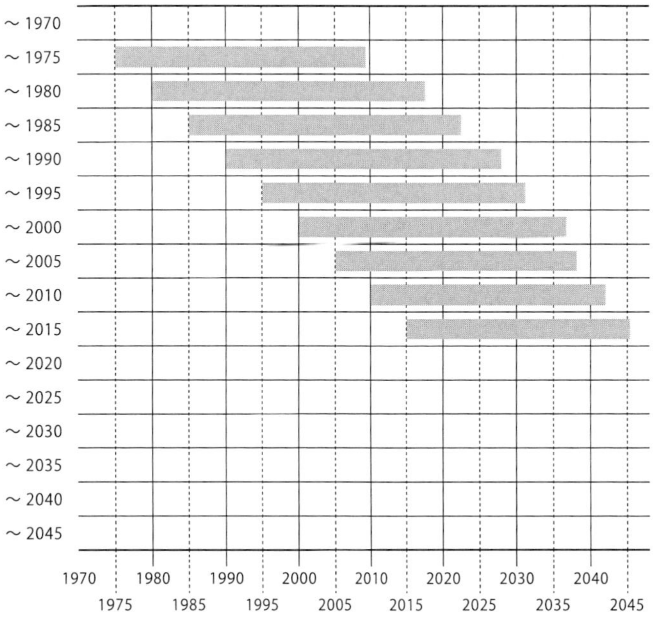

■新潟県における年間必要墳墓数の推移

1985～1990年……3,754墳墓（＝1,512＋1,627＋615）
1990～1995年……4,466墳墓（＝1,512＋1,627＋615＋712）
1995～2000年……5,740墳墓（＝1,512＋1,627＋615＋712＋1,274）
2000～2005年……6,860墳墓（＝1,512＋1,627＋615＋712＋1,274＋1,120）
2005～2010年……7,494墳墓（＝1,512＋1,627＋615＋712＋1,274＋1,120＋634）
2010～2015年……6,734墳墓（＝1,627＋615＋712＋1,274＋1,120＋634＋752）
2015～2020年……7,031墳墓（＝1,627＋615＋712＋1,274＋1,120＋634＋752＋297）
2020～2025年……5,404墳墓（＝615＋712＋1,274＋1,120＋634＋752＋297）
2025～2030年……4,789墳墓（＝712＋1,274＋1,120＋634＋752＋297）
2030～2035年……4,077墳墓（＝1,274＋1,120＋634＋752＋297）
2035～2040年……2,803墳墓（＝1,120＋634＋752＋297）
2040～2045年……1,049墳墓（＝752＋297）
（参考値）2045年…297墳墓

のはむずかしい（**図表Ⅲ**の**G**列、**I**列を参照）。

そこで世帯数、すなわち故人を墳墓等に収める人の存在を前提とした森岡方式で得られた値が注目される。その境界をここでは2020年以降とした（**図表Ⅱ**および**図表Ⅲ**の**G**列、**H**列、**I**列の2020〜25年の年代を参照）。

現実的には、この総量としての墳墓等に対するニーズのうち、各々の墓園などにおける個別のニーズがいかに見込めるかだが、この点においては、表中で1995〜2015年についても示していることから、これに各々の墓園における1995〜2015年の申込み状況を照らし合わせて、将来の墳墓等の申込みがどのように推移するのか、読み替えていただきたい。

近年では「お墓に対する意識の多様化」「さまざまなお墓の選択がなされている」と指摘されており、お墓業界の現場からも、これまでのような既存のお墓へのニーズが希薄になっているという声が挙がっていることも、また事実である。すなわち、ここで最終的に得られたのは、墳墓（お墓）のほか、樹木葬（墓）、合葬・合祀墓、散骨等を合算した「必要墳墓“等”の数」、いわば“総数”を求めたものである。

特に合葬・合祀墓、散骨等が認知されはじめるのは、世帯員数（**図表Ⅱ**の主に**D**列を参照）の２人世帯が世帯総数の過半数を超えた頃である。つまり、この２人世帯が高齢化するにつれ、合葬・合祀墓、散骨、樹木葬（墓）へのニーズに対して、より傾斜を強めていく、という１つのモデル像がみえてくる。いわば、「お墓」へのニーズが転換する分水嶺「値」であると思料され、新潟県の場合、2030年以降のこととなる。

前述したように、「お墓」へのニーズが転換する分水嶺が2020年以降となったわけであるから、新潟県の場合、この2020〜30年にかけての10年間で大きな変化が認められよう。

図表Ⅲ　墳墓等必要数の推移 ── 大阪府方式に拠る推計と森岡方式との比較

A	B	C	D	E	F	G	H	I	J
年　代	人口	死亡率	死亡者数	傍系 世帯数	取得希望 世帯数	墳墓需要数 （大阪府方式）	墳墓需要数 （森岡方式）	採用する 推計結果	墳墓需要数 （大阪・森岡調整値）
1995〜2000	2,488,000	0.0086	21,397	4,814	3,210	**4,012**	5,740	大阪府	**4,012**
2000〜2005	2,476,000	0.0089	21,835	4,913	3,275	**4,094**	6,860	大阪府	**4,094**
2005〜2010	2,431,000	0.0101	24,553	5,524	3,683	**4,604**	7,494	大阪府	**4,604**
2010〜2015	2,374,000	0.0113	26,618	5,989	3,993	**4,991**	6,734	大阪府	**4,991**
2015〜2020	2,304,000	0.0123	28,297	6,367	4,245	**5,306**	7,031	大阪府	**5,306**
2020〜2025	2,224,000	0.0134	29,802	6,705	4,470	5,588	**5,404**	森岡	**5,404**
2025〜2030	2,131,000	0.0146	31,113	7,000	4,667	5,834	**4,789**	森岡	**4,789**
2030〜2035	2,031,000	0.0159	32,293	7,266	4,844	6,055	**4,077**	森岡	**4,077**
2035〜2040	1,926,000	0.0173	33,320	7,497	4,998	6,248	**2,803**	森岡	**2,803**
2040〜2045	1,815,000	0.0188	34,122	7,677	5,118	6,398	**1,049**	森岡	**1,049**
（参考値）2045年	1,699,000	0.0205	34,830	7,837	5,224	6,531	**297**	森岡	**297**

16 富山県

(1) 葬儀および火葬の需要予測

葬儀施行単価は、「葬儀費用総額」の「中間値」では145万円であり、これを前提とした2015年～20年の葬儀費用総額（184億6,000万円）に対し、「葬儀年間売上げ」は199億3,800万円と上振れしているものの、概ね等しく、145万～150万円程度が実際の施行単価と判断される。将来も同様の傾向で推移すると思料されよう（**図表Ⅰ**の**C**列と**D**列を参照）。

富山県は伝統的に、富山平野の中央部にある呉羽丘陵を境に東を呉東（ごとう）、西を呉西（ごせい）と呼んでいた。現在では、市町村界によって区切った県東部・県西部という名称も使われている。また、日本海側最大の工業集積地であり、北陸工業地域における中核を成している。ライフラインや銀行の本店があり、北陸経済の重要な拠点となっている。ちなみに、自治体の数は日本の都道府県で一番少ない。そうした地勢等の特徴が葬儀等にどのような影響を与えるのかを把握するには、以下に述べるプロセスが重要になる。

すなわち、ここで示した葬儀施行単価あるいは総額は、富山県の“総額・総量”であり、本資料集を活用する方の関心は、これらのうち、各々の事業者における個別のニーズがいかに見込めるかであろう。この点においては、**図表Ⅰ**で1995～2015年についても示しており、これに各々の事業者・団体が1995～2015年の施行状況を投影することで、将来推計で示した値（数値）をベースに、各々の業務では「どのように」あるいは「どのぐらい」「どういった」推移をしていくのか、その把握を促す手がかりとなるよう想定して提示した。

火葬場については、2018年現在でも57炉の「余力」があり、この余力数は将来においても大きく変わることはない（**図表Ⅰ**の**F**列、**G**列、**H**

図表Ⅰ　葬儀費用 ―― 葬儀市場規模の推移および現行火葬炉数と使用頻度（回転数）の推移

A	B	C			D	E	F	G	H
年　代	死亡者数	葬儀費用総額（括弧内は各々の施行単価）（単位：百万円）			葬儀年間売上げ（単位：百万円）	年間対応可能数 火葬炉数 × 1日当たりの回転数 × 年間稼動日数	実質火葬施行数（≒死亡者数）	余剰－不足火葬対応数	余剰－不足火葬炉数
		低位最頻（0.95）	中間値（1.45）	高位最頻（2.25）					
1995～2000	9,546	9,068	13,841	21,477	14,949	52,250	9,546	42,705	＋62
2000～2005	9,734	9,247	14,114	21,902	15,244	52,250	9,734	42,516	＋62
2005～2010	11,009	10,458	15,963	24,770	17,241	52,250	11,009	41,241	＋60
2010～2015	11,875	11,281	17,219	26,719	18,597	52,250	11,875	40,375	＋59
2015～2020	12,731	12,094	18,460	28,645	19,938	52,250	12,731	39,519	＋57
2020～2025	13,869	13,176	20,110	31,205	21,720	52,250	13,869	38,381	＋56
2025～2030	14,542	13,815	21,085	32,719	22,774	52,250	14,542	37,708	＋55
2030～2035	15,185	14,425	22,018	34,165	23,780	52,250	15,185	37,066	＋54
2035～2040	15,743	14,956	22,827	35,422	24,655	52,250	15,743	36,507	＋53
2040～2045	16,224	15,413	23,525	36,505	25,409	52,250	16,224	36,026	＋52
（参考値）2045年	16,749	15,911	24,285	37,684	26,230	52,250	16,749	35,502	＋52

列を参照)。

(2) 墳墓等の需要予測

「墳墓等に対するニーズ」は2015〜20年以降、人口、世帯数ともに減少していることから、大阪府方式、すなわち死亡者数を前提とした推計値を、そのまま墳墓等に対するニーズとして見込むのはむずかしい（**図表ⅢのG列、I列**を参照)。

そこで世帯数、すなわち故人を墳墓等に収める

図表Ⅱ　墳墓等必要数の推移 —— 森岡方式に拠る

A	B	C	D	E	F	G
年代	世帯数	増加世帯数	世帯員数	死亡率	需要発現期間	単年度当たりの需要数
〜1970	244,000		4.11	0.0080	30.4	0
〜1975	266,000	22,000	3.94	0.0073	34.8	632
〜1980	289,000	23,000	3.77	0.0072	36.8	625
〜1985	299,000	10,000	3.69	0.0074	36.6	273
〜1990	312,000	13,000	3.53	0.0077	36.8	353
〜1995	337,000	25,000	3.25	0.0085	36.2	691
〜2000	356,000	19,000	3.09	0.0087	37.2	511
〜2005	370,000	14,000	3.01	0.0099	33.6	417
〜2010	382,000	12,000	2.79	0.0113	31.7	379
〜2015	390,000	8,000	2.70	0.0123	30.1	266
〜2020	380,000	− 10,000	2.64	0.0134	28.3	− 353
〜2025	371,000	− 9,000	2.58	0.0146	26.5	− 340
〜2030	360,000	− 11,000	2.54	0.0159	24.8	− 444
〜2035	346,000	− 14,000	2.50	0.0173	23.1	− 606
〜2040	330,000	− 16,000	2.46	0.0188	21.6	− 741
〜2045	309,000	− 21,000	2.42	0.0205	20.2	− 1,040

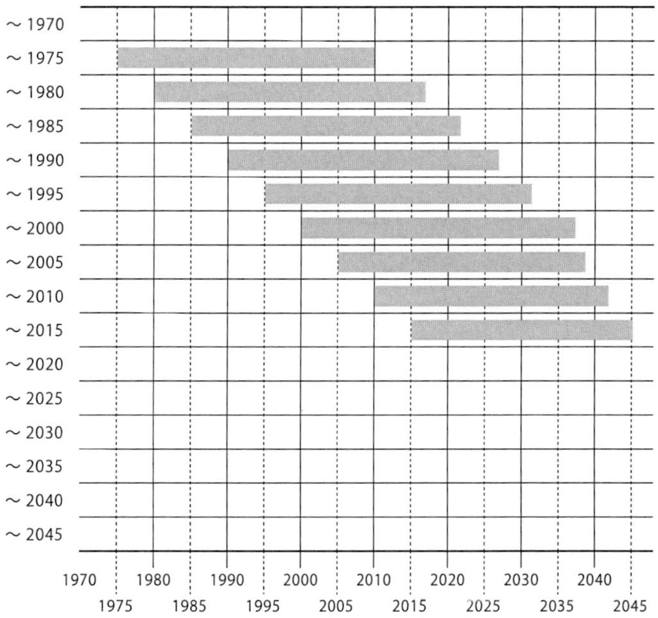

■富山県における年間必要墳墓数の推移

1985〜1990年……1,530墳墓（＝632＋625＋273）
1990〜1995年……1,883墳墓（＝632＋625＋273＋353）
1995〜2000年……2,574墳墓（＝632＋625＋273＋353＋691）
2000〜2005年……3,085墳墓（＝632＋625＋273＋353＋691＋511）
2005〜2010年……3,507墳墓（＝632＋625＋273＋353＋691＋511＋417）
2010〜2015年……3,249墳墓（＝625＋273＋353＋691＋511＋417＋379）
2015〜2020年……3,515墳墓（＝625＋273＋353＋691＋511＋417＋379＋266）
2020〜2025年……2,890墳墓（＝273＋353＋691＋511＋417＋379＋266）
2025〜2030年……2,617墳墓（＝353＋691＋511＋417＋379＋266）
2030〜2035年……2,264墳墓（＝691＋511＋417＋379＋266）
2035〜2040年……1,573墳墓（＝511＋417＋379＋266）
2040〜2045年……645墳墓（＝379＋266）
（参考値）2045年…266墳墓

人の存在を前提とした森岡方式で得られた値が注目される。その境界を表中では2025年以降としたが、その値の近似から「2020年から」という見立て・思料をすることもできよう（**図表Ⅱ**および**図表Ⅲ**の**G**列、**H**列、**I**列の2020〜25年の年代を参照）。

現実的には、この総量としての墳墓等に対するニーズのうち、各々の墓園などにおける個別のニーズがいかに見込めるかだが、この点においては、表中で1995〜2015年についても示していることから、これに各々の墓園における1995〜2015年の申込み状況と照らし合わせて、将来の墳墓等の申込みがどのように推移するのか、読み替えていただきたい。

近年では「お墓に対する意識の多様化」「さまざまなお墓の選択がなされている」と指摘されており、お墓業界の現場からも、これまでのような既存のお墓へのニーズが希薄になっているという声が挙がっているのも、また事実である。すなわち、ここで最終的に得られたのは、墳墓（お墓）のほか、樹木葬（墓）、合葬・合祀墓、散骨等を合算した「必要墳墓“等”の数」、いわば“総数”を求めたものである。

特に合葬・合祀墓、散骨等が認知されはじめるのは、世帯員数（**図表Ⅱ**の主に**D**列を参照）の２人世帯が世帯総数の過半数を超えた頃である。つまり、この２人世帯が高齢化するにつれ、合葬・合祀墓、散骨、樹木葬(墓)へのニーズに対して、より傾斜を強めていく、という１つのモデル像がみえてくる。いわば、「お墓」へのニーズが転換する分水嶺「値」であると思料され、富山県の場合、2035年以降のこととなる。

前述したとおり、お墓へのニーズが転換する分水嶺が2025年以降になったわけであるから、富山県の場合、この2025〜35年にかけての10年間で大きな変化が認められよう。

図表Ⅲ　墳墓等必要数の推移 ── 大阪府方式に拠る推計と森岡方式との比較

A 年　代	B 人口	C 死亡率	D 死亡者数	E 傍系世帯数	F 取得希望世帯数	G 墳墓需要数（大阪府方式）	H 墳墓需要数（森岡方式）	I 採用する推計結果	J 墳墓需要数（大阪・森岡調整値）
1995〜2000	1,123,000	0.0085	9,546	2,148	1,432	**1,790**	2,574	大阪府	**1,790**
2000〜2005	1,121,000	0.0087	9,734	2,190	1,460	**1,825**	3,085	大阪府	**1,825**
2005〜2010	1,112,000	0.0099	11,009	2,477	1,651	**2,064**	3,507	大阪府	**2,064**
2010〜2015	1,093,000	0.0113	11,875	2,672	1,781	**2,227**	3,249	大阪府	**2,227**
2015〜2020	1,066,000	0.0123	12,731	2,864	1,910	**2,387**	3,515	大阪府	**2,387**
2020〜2025	1,035,000	0.0134	13,869	3,121	2,080	**2,601**	2,890	大阪府	**2,601**
2025〜2030	996,000	0.0146	14,542	3,272	2,181	2,727	**2,617**	森岡	**2,617**
2030〜2035	955,000	0.0159	15,185	3,417	2,278	2,848	**2,264**	森岡	**2,264**
2035〜2040	910,000	0.0173	15,743	3,542	2,361	2,952	**1,573**	森岡	**1,573**
2040〜2045	863,000	0.0188	16,224	3,650	2,434	3,042	**645**	森岡	**645**
（参考値）2045年	817,000	0.0205	16,749	3,768	2,512	3,140	**266**	森岡	**266**

17 石川県

(1) 葬儀および火葬の需要予測

葬儀施行単価は、「葬儀費用総額」の「中間値」では145万円。これを前提とした2015～20年の葬儀費用総額（178億0,600万円）に対し、実勢値である「葬儀年間売上げ」では151億7,900万円）と下振れする。ただし、これは誤差と思料されても妥当な差といえるので、実際の施行単価は130万～140万円と判断される（**図表ⅠのD列とC列を参照**)。

石川県は東西約10km、南北約20kmと南北に細長い形状をしている。県南部の加賀地方は西側に日本海の直線的な海岸線が続き、東側に両白山地の山々が連なる。南東部には県内で最高峰の白山（2,702m）がそびえる。県北部の能登地方は日本海へ北東方向に突き出た半島（能登半島）となっている。このため、県全体の海岸線の総延長は約580kmに及ぶ。これはＪR東海道本線の東京・神戸間（589.5km）に相当する距離である。そうした地勢等の特徴が葬儀等にどのような影響を与えるのかを把握するには、以下に述べるプロセスが重要になる。

すなわち、ここで示した葬儀施行単価あるいは総額は、石川県の“総額・総量”であり、本資料集の活用する方の関心は、これらのうち、各々の事業者における個別のニーズがいかに見込めるかであろう。この点においては、**図表Ⅰ**で1995～2015年についても示しており、これに各々の事業者・団体が1995～2015年の施行状況を投影することで、将来推計で示した値（数値）をベースに、各々の業務では「どのように」あるいは「どのぐらい」「どういった」推移をしていくのか、その把握を促す手がかりとなるよう想定して提示した。

火葬場については、2018年現在でも36炉の「余力」がある。前述したとおり、地勢の影響も思料する必要はあるが、余力数については将来に

図表Ⅰ　葬儀費用 ── 葬儀市場規模の推移および現行火葬炉数と使用頻度（回転数）の推移

A	B	C			D	E	F	G	H
年　代	死亡者数	葬儀費用総額（括弧内は各々の施行単価）（単位：百万円）			葬儀年間売上げ（単位：百万円）	年間対応可能数 火葬炉数 × 1日当たりの回転数 × 年間稼動日数	実質火葬施行数（≒死亡者数）	余剰ー不足火葬対応数	余剰ー不足火葬炉数
		低位最頻（0.95）	中間値（1.45）	高位最頻（2.25）					
1995～2000	9,204	8,744	13,346	20,709	11,377	37,125	9,204	27,921	＋41
2000～2005	9,391	8,921	13,617	21,130	11,608	37,125	9,391	27,734	＋40
2005～2010	10,449	9,926	15,150	23,509	12,915	37,125	10,449	26,676	＋39
2010～2015	11,607	11,027	16,830	26,116	14,347	37,125	11,607	25,518	＋37
2015～2020	12,280	11,666	17,806	27,630	15,179	37,125	12,280	24,845	＋36
2020～2025	12,916	12,270	18,728	29,061	15,965	37,125	12,916	24,209	＋35
2025～2030	13,579	12,900	19,690	30,553	16,785	37,125	13,579	23,546	＋34
2030～2035	14,030	13,329	20,344	31,568	17,342	37,125	14,030	23,095	＋34
2035～2040	14,462	13,739	20,970	32,540	17,876	37,125	14,462	22,663	＋33
2040～2045	14,850	14,108	21,533	33,413	18,356	37,125	14,850	22,275	＋32
（参考値）2045年	15,263	14,500	22,131	34,341	18,866	37,125	15,263	21,862	＋32

おいても変化はなく、まずは長期にわたる対応は可能であろう（**図表ⅠのF列、G列、H列**を参照）。

(2) 墳墓等の需要予測

「墳墓等に対するニーズ」は2015～20年以降、人口、世帯数ともに減少していることから、大阪府方式、すなわち死亡者数を前提とした推計値を、そのまま墳墓等に対するニーズとして見込むのはむずかしい（**図表ⅢのG列、I列**を参照）。

そこで世帯数、すなわち故人を墳墓等に収める人の存在を前提とした森岡方式で得られた値が注

図表Ⅱ　墳墓等必要数の推移 ── 森岡方式に拠る

A	B	C	D	E	F	G
年代	世帯数	増加世帯数	世帯員数	死亡率	需要発現期間	単年度当たりの需要数
～1970	243,000		3.96	0.0078	32.4	0
～1975	279,000	36,000	3.70	0.0072	37.5	960
～1980	321,000	42,000	3.44	0.0069	42.1	998
～1985	337,000	16,000	3.36	0.0066	45.1	355
～1990	359,000	22,000	3.18	0.0071	44.3	497
～1995	380,000	21,000	3.00	0.0078	42.7	492
～2000	407,000	27,000	2.83	0.0080	44.2	611
～2005	423,000	16,000	2.78	0.0089	40.4	396
～2010	440,000	17,000	2.58	0.0100	38.8	438
～2015	452,000	12,000	2.51	0.0107	37.2	323
～2020	445,000	− 7,000	2.46	0.0114	35.7	− 196
～2025	440,000	− 5,000	2.41	0.0123	33.7	− 148
～2030	431,000	− 9,000	2.38	0.0131	32.1	− 280
～2035	417,000	− 14,000	2.36	0.0140	30.3	− 462
～2040	399,000	− 18,000	2.34	0.0150	28.5	− 632
～2045	374,000	− 25,000	2.32	0.0161	26.8	− 933

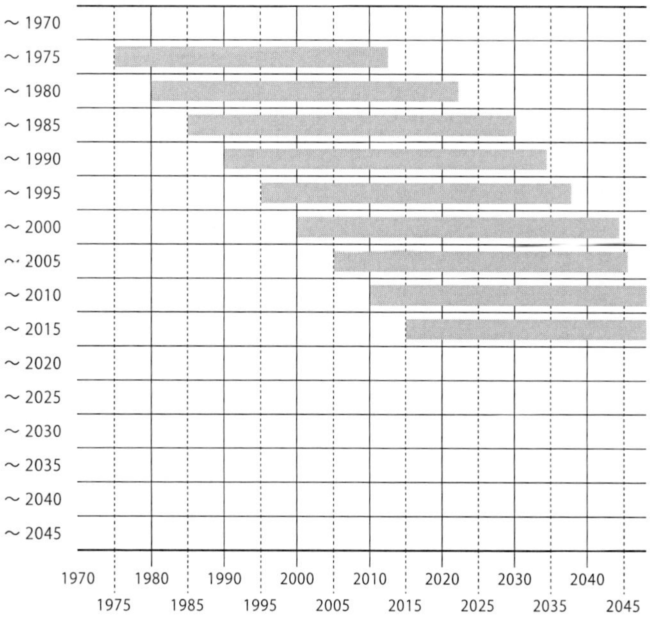

■石川県における年間必要墳墓数の推移

1985～1990年……2,313 墳墓（＝ 960 ＋ 998 ＋ 355）
1990～1995年……2,810 墳墓（＝ 960 ＋ 998 ＋ 355 ＋ 497）
1995～2000年……3,302 墳墓（＝ 960 ＋ 998 ＋ 355 ＋ 497 ＋ 492）
2000～2005年……3,913 墳墓（＝ 960 ＋ 998 ＋ 355 ＋ 497 ＋ 492 ＋ 611）
2005～2010年……4,309 墳墓（＝ 960 ＋ 998 ＋ 355 ＋ 497 ＋ 492 ＋ 611 ＋ 396）
2010～2015年……4,747 墳墓（＝ 960 ＋ 998 ＋ 355 ＋ 497 ＋ 492 ＋ 611 ＋ 396 ＋ 438）
2015～2020年……4,110 墳墓（＝ 998 ＋ 355 ＋ 497 ＋ 492 ＋ 611 ＋ 396 ＋ 438 ＋ 323）
2020～2025年……4,110 墳墓（＝ 998 ＋ 355 ＋ 497 ＋ 492 ＋ 611 ＋ 396 ＋ 438 ＋ 323）
2025～2030年……3,112 墳墓（＝ 355 ＋ 497 ＋ 492 ＋ 611 ＋ 396 ＋ 438 ＋ 323）
2030～2035年……3,112 墳墓（＝ 355 ＋ 497 ＋ 492 ＋ 611 ＋ 396 ＋ 438 ＋ 323）
2035～2040年……2,260 墳墓（＝ 492 ＋ 611 ＋ 396 ＋ 438 ＋ 323）
2040～2045年……1,768 墳墓（＝ 611 ＋ 396 ＋ 438 ＋ 323）
（参考値）2045年…1,157 墳墓（＝ 396 ＋ 438 ＋ 323）

目される。その境界をここでは2035年以降としたが、大阪府、森岡双方の値を比較した場合、それより早い2025年頃から、という見立てがなされても妥当であろう（**図表Ⅱ**および**図表Ⅲ**の**G**列、**H**列、**I**列の2025～30年以降の年代を参照)。

現実的には、この総量としての墳墓等に対するニーズのうち、各々の墓園などにおける個別のニーズがいかに見込めるかだが、この点においては前述したように、表中で1995～2015年についても示していることから、これに各々の墓園における1995～2015年の申込み状況を照らし合わせて、将来の墳墓等の申込みがどのように推移するのか、読み替えていただきたい。

近年では「お墓に対する意識の多様化」「さまざまなお墓の選択がなされている」と指摘されており、お墓業界の現場からも、これまでのような既存のお墓へのニーズが希薄になっているという声が挙がっているのも、また事実である。すなわち、ここで最終的に得られたのは、墳墓（お墓）のほか、樹木葬（墓）、合葬・合祀墓、散骨等を合算した「必要墳墓“等”の数」、いわば“総数”を求めたものである。

特に合葬・合祀墓、散骨等が認知されはじめるのは、世帯員数（**図表Ⅱ**の主に**D**列を参照）の２人世帯が世帯総数の過半数以上を占めた頃である。つまり、この２人世帯が高齢化するにつれ、合葬・合祀墓、散骨、樹木葬（墓）へのニーズに対して、より傾斜を強めていく、という１つのモデル像がみえてくる。いわば、「お墓」へのニーズが転換する分水嶺「値」であると思料され、石川県の場合、2015～20年以降のこととなる。

前述したように、採用需要数が転換（本章第４項⑩、24～25ページ）するのは2025年以降のことであるから、2015～25年にかけての10年間が墳墓等のニーズの転換点であり、需要の動向を見立てるには少し距離を置かざるを得ない。

図表Ⅲ　墳墓等必要数の推移 —— 大阪府方式に拠る推計と森岡方式との比較

A	B	C	D	E	F	G	H	I	J
年　代	人口	死亡率	死亡者数	傍系世帯数	取得希望世帯数	墳墓需要数（大阪府方式）	墳墓需要数（森岡方式）	採用する推計結果	墳墓需要数（大阪・森岡調整値）
1995～2000	1,180,000	0.0078	9,204	2,071	1,381	**1,726**	3,302	大阪府	**1,726**
2000～2005	1,181,000	0.0080	9,391	2,113	1,409	**1,761**	3,913	大阪府	**1,761**
2005～2010	1,174,000	0.0089	10,449	2,351	1,567	**1,959**	4,309	大阪府	**1,959**
2010～2015	1,170,000	0.0100	11,607	2,612	1,741	**2,177**	4,747	大阪府	**2,177**
2015～2020	1,154,000	0.0107	12,280	2,763	1,842	**2,303**	4,110	大阪府	**2,303**
2020～2025	1,133,000	0.0114	12,916	2,906	1,937	**2,422**	4,110	大阪府	**2,422**
2025～2030	1,104,000	0.0123	13,579	3,055	2,037	**2,546**	3,112	大阪府	**2,546**
2030～2035	1,071,000	0.0131	14,030	3,157	2,105	**2,631**	3,112	大阪府	**2,631**
2035～2040	1,033,000	0.0140	14,462	3,254	2,169	2,712	**2,260**	森岡	**2,260**
2040～2045	990,000	0.0150	14,850	3,341	2,228	2,785	**1,768**	森岡	**1,768**
（参考値）2045年	948,000	0.0161	15,263	3,434	2,289	2,862	**1,157**	森岡	**1,157**

18 福井県

(1) 葬儀および火葬の需要予測

葬儀施行単価は、「葬儀費用総額」の「中間値」では145万円。これを前提とした2015～20年の葬儀費用総額(130億0,800万円)に対し、「葬儀年間売上げ」は73億6,600万円と、大きく下振れし、これは、ほぼ「低位最頻」値の場合の85億2,200万円も下回る。

そもそも、ここでの葬儀費用総額は「第11回『葬儀についてのアンケート調査』報告書(17年1月)」に基づいたものであり(本章第2項③、17ページ)、新潟県、富山県、石川県なども含めた中部Aエリア(北陸)という広域値であって、他県と福井県では事情を大きく異にしているためにこうした結果になったと思料される。したがって、実際の施行単価は、低位最頻値(95万円)よりも低い金額が実勢値になるであろうと判断される。将来も同様の傾向と思料されよう(**図表I**のC列とD列を参照)。

ここで示した葬儀施行単価あるいは総額は、福井県の"総額・総量"であり、本資料集を活用する方の関心は、これらのうち、各々の事業者における個別のニーズがいかに見込めるかであろう。この点においては、**図表I**で1995～2015年についても示しており、これに各々の事業者・団体が1995～2015年の施行状況を投影することで、将来推計で示した値(数値)をベースに、各々の業務では「どのように」あるいは「どのぐらい」「どういった」推移をしていくのか、その把握を促す手がかりとなるよう想定して提示した。

火葬場については、2018年現在でも41炉の「余力」がある。地域偏在も思料する必要があるが、まずは将来においてもこの余力に大きな変化はないので、対応可能であると考える(**図表I**のF列、G列、H列を参照)。

図表I　葬儀費用 ── 葬儀市場規模の推移および現行火葬炉数と使用頻度(回転数)の推移

A	B	C			D	E	F	G	H
年　代	死亡者数	葬儀費用総額(括弧内は各々の施行単価)(単位:百万円)			葬儀年間売上げ(単位:百万円)	年間対応可能数 火葬炉数×1日当たりの回転数×年間稼動日数	実質火葬施行数(≒死亡者数)	余剰ー不足火葬対応数	余剰ー不足火葬炉数
		低位最頻(0.95)	中間値(1.45)	高位最頻(2.25)					
1995～2000	6,864	6,521	9,953	15,444	5,636	37,125	6,864	30,261	＋44
2000～2005	6,931	6,584	10,050	15,595	5,691	37,125	6,931	30,194	＋44
2005～2010	7,891	7,497	11,442	17,755	6,479	37,125	7,891	29,234	＋43
2010～2015	8,417	7,996	12,205	18,938	6,911	37,125	8,417	28,708	＋42
2015～2020	8,971	8,522	13,008	20,185	7,366	37,125	8,971	28,154	＋41
2020～2025	9,550	9,073	13,848	21,488	7,841	37,125	9,550	27,575	＋40
2025～2030	9,963	9,465	14,446	22,417	8,181	37,125	9,963	27,162	＋40
2030～2035	10,437	9,915	15,134	23,483	8,570	37,125	10,437	26,688	＋39
2035～2040	10,812	10,271	15,677	24,327	8,878	37,125	10,812	26,313	＋38
2040～2045	11,193	10,633	16,230	25,184	9,191	37,125	11,193	25,932	＋38
(参考値) 2045年	11,543	10,966	16,738	25,972	9,478	37,125	11,543	25,582	＋37

(2) 墳墓等の需要予測

「墳墓等に対するニーズ」は2015～20年以降、人口、世帯数ともに減少していることから、大阪府方式、すなわち死亡者数を前提とした推計値を、そのまま墳墓等に対するニーズとして見込むのはむずかしい（**図表Ⅲ**の**G**列、**I**列を参照）。

そこで世帯数、すなわち故人を墳墓等に収める人の存在を前提とした森岡方式で得られた値が注目される。その境界をここでは2025年以降とし

図表Ⅱ　墳墓等必要数の推移 ── 森岡方式に拠る

A	B	C	D	E	F	G
年代	世帯数	増加世帯数	世帯員数	死亡率	需要発現期間	単年度当たりの需要数
～1970	179,000		4.03	0.0082	30.3	0
～1975	195,000	16,000	3.85	0.0077	33.7	475
～1980	212,000	17,000	3.70	0.0075	36.0	472
～1985	223,000	11,000	3.61	0.0073	37.9	290
～1990	233,000	10,000	3.48	0.0076	37.8	265
～1995	250,000	17,000	3.23	0.0083	37.3	456
～2000	258,000	8,000	3.14	0.0085	37.5	213
～2005	267,000	9,000	3.08	0.0096	33.8	266
～2010	275,000	8,000	2.86	0.0106	33.0	242
～2015	279,000	4,000	2.77	0.0115	31.4	127
～2020	273,000	－6,000	2.71	0.0125	29.5	－203
～2025	268,000	－5,000	2.65	0.0135	28.0	－179
～2030	261,000	－7,000	2.60	0.0147	26.2	－267
～2035	252,000	－9,000	2.56	0.0159	24.6	－366
～2040	242,000	－10,000	2.52	0.0173	22.9	－437
～2045	229,000	－13,000	2.48	0.0188	21.4	－607

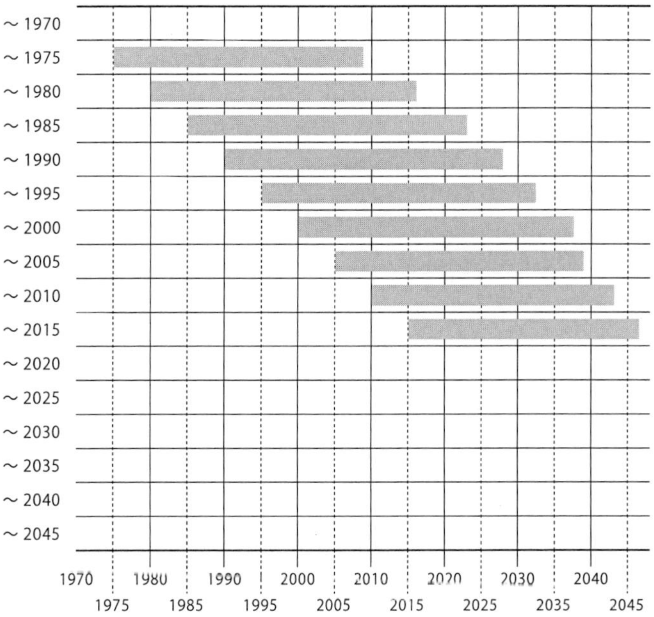

■福井県における年間必要墳墓数の推移

1985～1990年……1,237墳墓（＝475＋472＋290）
1990～1995年……1,502墳墓（＝475＋472＋290＋265）
1995～2000年……1,958墳墓（＝475＋472＋290＋265＋456）
2000～2005年……2,171墳墓（＝475＋472＋290＋265＋456＋213）
2005～2010年……2,437墳墓（＝475＋472＋290＋265＋456＋213＋266）
2010～2015年……2,204墳墓（＝472＋290＋265＋456＋213＋266＋242）
2015～2020年……2,331墳墓（＝472＋290＋265＋456＋213＋266＋242＋127）
2020～2025年……1,859墳墓（＝290＋265＋456＋213＋266＋242＋127）
2025～2030年……1,569墳墓（＝265＋456＋213＋266＋242＋127）
2030～2035年……1,304墳墓（＝456＋213＋266＋242＋127）
2035～2040年……848墳墓（＝213＋266＋242＋127）
2040～2045年……369墳墓（＝242＋127）
（参考値）**2045年…127墳墓**

たが、大阪府、森岡双方の値を比較した場合、それより少し早い2020年頃から、という見立てがなされても妥当であろう（**図表Ⅱ**および**図表Ⅲ**の**G**列、**H**列、**I**列の2020〜25年以降の年代を参照）。

現実的には、この総量としての墳墓等に対するニーズのうち、各々の墓園などにおける個別のニーズがいかに見込めるかだが、この点においては前述したように、表中で1995〜2015年についても示していることから、これに各々の墓園等における1995〜2015年の申込み状況を照らし合わせて、将来における墳墓等の申込みがどのように推移するのか、読み替えていただきたい。

近年では「お墓に対する意識の多様化」「さまざまなお墓の選択がなされている」と指摘されており、お墓業界の現場からも、これまでのような既存のお墓へのニーズが希薄になっているという声が挙がっているのも、また事実である。すなわち、ここで最終的に得られたのは、墳墓（お墓）のほか、樹木葬（墓）、合葬・合祀墓、散骨等を合算した「必要墳墓"等"の数」、いわば"総数"を求めたものである。

特に合葬・合祀墓、散骨等が認知されはじめるのは、世帯員数（**図表Ⅱ**の主に**D**列を参照）の２人世帯が世帯総数の過半数以上を占めた頃である。つまり、この２人世帯が高齢化するにつれ、合葬・合祀墓、散骨、樹木葬（墓）へのニーズに対してより傾斜を強めていく、という１つのモデル像がみえてくる。いわば、「お墓」へのニーズが転換する分水嶺「値」であると思料され、福井県の場合、2045年以降のこととなる。

しかし、前述したとおり、採用需要数の転換（本章第４項⑩、24〜25ページ）は2025年以降のことであるから、墳墓等のニーズの転換点、すなわち需要の動向の変化は、ある時期を境にして生じるのではなく、長期的なスパンで起こると見立てざるを得ないと思料される。

図表Ⅲ　墳墓等必要数の推移 ―― 大阪府方式に拠る推計と森岡方式との比較

A	B	C	D	E	F	G	H	I	J
年　代	人口	死亡率	死亡者数	傍系世帯数	取得希望世帯数	墳墓需要数（大阪府方式）	墳墓需要数（森岡方式）	採用する推計結果	墳墓需要数（大阪・森岡調整値）
1995〜2000	827,000	0.0083	6,864	1,544	1,030	**1,287**	1,958	大阪府	**1,287**
2000〜2005	829,000	0.0085	6,931	1,559	1,040	**1,300**	2,171	大阪府	**1,300**
2005〜2010	822,000	0.0096	7,891	1,776	1,184	**1,480**	2,437	大阪府	**1,480**
2010〜2015	806,000	0.0106	8,417	1,894	1,263	**1,579**	2,204	大阪府	**1,579**
2015〜2020	787,000	0.0115	8,971	2,018	1,346	**1,682**	2,331	大阪府	**1,682**
2020〜2025	764,000	0.0125	9,550	2,149	1,433	**1,791**	1,859	大阪府	**1,791**
2025〜2030	738,000	0.0135	9,963	2,242	1,494	1,868	**1,569**	森岡	**1,569**
2030〜2035	710,000	0.0147	10,437	2,348	1,566	1,957	**1,304**	森岡	**1,304**
2035〜2040	680,000	0.0159	10,812	2,433	1,622	2,028	**848**	森岡	**848**
2040〜2045	647,000	0.0173	11,193	2,518	1,679	2,099	**369**	森岡	**369**
（参考値）2045年	614,000	0.0188	11,543	2,597	1,731	2,164	**127**	森岡	**127**

⑲ 山梨県

(1) 葬儀および火葬の需要予測

葬儀施行単価は、「葬儀費用総額」の「中間値」では150万円。これを前提とした2015〜20年の葬儀費用総額144億5,400万円に対し、「葬儀年間売上げ」は120億0,300万円と下振れする。「低位最頻」の値までは下らないものの、実際の施行単価は、最頻値である中間値よりも低い金額が実勢値と判断される。将来も同様の傾向と思料されよう（**図表Ⅰ**の**C**列と**D**列を参照）。

山梨県は、南に富士山、西に赤石山脈（南アルプス）、北に八ヶ岳、東に奥秩父山地など標高2,000〜3,000mを越す山々に囲まれており、山岳地は県面積の８割を占める。可住地面積は全国45位である。しかし、周辺地域とは比較的往来が容易で、交通路も整備されている東京都（島嶼部を除く）、神奈川県津久井地区、長野県中・南信地方、静岡県大井川以東の三方との交流が古くから盛んである。

ここで示した葬儀施行単価あるいは総額は、山梨県の“総額・総量”であり、本資料集を活用する方の関心は、これらのうち、各々の事業者における個別のニーズがいかに見込めるかであろう。この点においては、**図表Ⅰ**で1995〜2015年についても示しており、これに各々の事業者・団体が1995〜2015年の施行状況を投影することで、将来推計で示した値（数値）をベースに、各々の業務では「どのように」あるいは「どのぐらい」「どういった」推移をしていくのか、その把握を促す手がかりとなるよう想定して提示した。

火葬場については、2018年現在でも29炉の「余力」があり、これは将来も大きく変化しない。前述したとおり、地域偏在も思料する必要があるが、まずは将来においても対応可能であると考える（**図表Ⅰ**の**F**列、**G**列、**H**列を参照）。

図表Ⅰ　葬儀費用 ―― 葬儀市場規模の推移および現行火葬炉数と使用頻度（回転数）の推移

A	B	C			D	E	F	G	H
年　代	死亡者数	葬儀費用総額（括弧内は各々の施行単価）（単位：百万円）			葬儀年間売上げ（単位：百万円）	年間対応可能数 火葬炉数 × 1日当たりの回転数 × 年間稼動日数	実質火葬施行数（≒死亡者数）	余剰ー不足火葬対応数	余剰ー不足火葬炉数
		低位最頻（0.60）	中間値（1.50）	高位最頻（2.25）					
1995 〜 2000	7,232	4,339	10,849	16,273	9,009	29,563	7,232	22,330	＋ 32
2000 〜 2005	7,297	4,378	10,946	16,418	9,089	29,563	7,297	22,266	＋ 32
2005 〜 2010	8,408	5,045	12,611	18,917	10,473	29,563	8,408	21,155	＋ 31
2010 〜 2015	9,268	5,561	13,902	20,853	11,545	29,563	9,268	20,295	＋ 30
2015 〜 2020	9,636	5,782	14,454	21,681	12,003	29,563	9,636	19,927	＋ 29
2020 〜 2025	10,093	6,056	15,139	22,708	12,572	29,563	10,093	19,470	＋ 28
2025 〜 2030	10,301	6,180	15,451	23,176	12,831	29,563	10,301	19,262	＋ 28
2030 〜 2035	10,498	6,299	15,747	23,621	13,077	29,563	10,498	19,065	＋ 28
2035 〜 2040	10,602	6,361	15,903	23,855	13,206	29,563	10,602	18,961	＋ 28
2040 〜 2045	10,721	6,433	16,082	24,123	13,355	29,563	10,721	18,841	＋ 27
（参考値）2045 年	10,722	6,433	16,083	24,125	13,356	29,563	10,722	18,840	＋ 27

(2) 墳墓等の需要予測

「墳墓等に対するニーズ」は2015～20年以降、人口、世帯数ともに減少していることから、大阪府方式、すなわち死亡者数を前提とした推計値を、そのまま墳墓等に対するニーズとして見込むのはむずかしい（**図表Ⅲ**の**G**列、**I**列を参照）。

そこで世帯数、すなわち故人を墳墓等に収める者の存在を前提とした森岡方式で得られた値が注目される。その境界をここでは2035年以降としたが、大阪府、森岡双方の値を比較した場合、それより10年早い2025年頃から、という見立てが

図表Ⅱ　墳墓等必要数の推移 ── 森岡方式に拠る

A	B	C	D	E	F	G
年代	世帯数	増加世帯数	世帯員数	死亡率	需要発現期間	単年度当たりの需要数
～1970	188,000		3.96	0.0085	29.7	0
～1975	208,000	20,000	3.69	0.0077	35.2	568
～1980	227,000	19,000	3.49	0.0077	37.2	511
～1985	244,000	17,000	3.36	0.0075	39.7	428
～1990	262,000	18,000	3.20	0.0078	40.1	449
～1995	282,000	20,000	3.03	0.0082	40.2	498
～2000	308,000	26,000	2.84	0.0083	42.4	613
～2005	320,000	12,000	2.77	0.0095	38.0	316
～2010	327,000	7,000	2.58	0.0109	35.6	197
～2015	330,000	3,000	2.49	0.0117	34.3	87
～2020	325,000	－5,000	2.43	0.0126	32.7	－153
～2025	318,000	－7,000	2.38	0.0135	31.1	－225
～2030	308,000	－10,000	2.34	0.0145	29.5	－339
～2035	295,000	－13,000	2.32	0.0155	27.8	－468
～2040	280,000	－15,000	2.30	0.0167	26.0	－577
～2045	261,000	－19,000	2.28	0.0179	24.5	－776

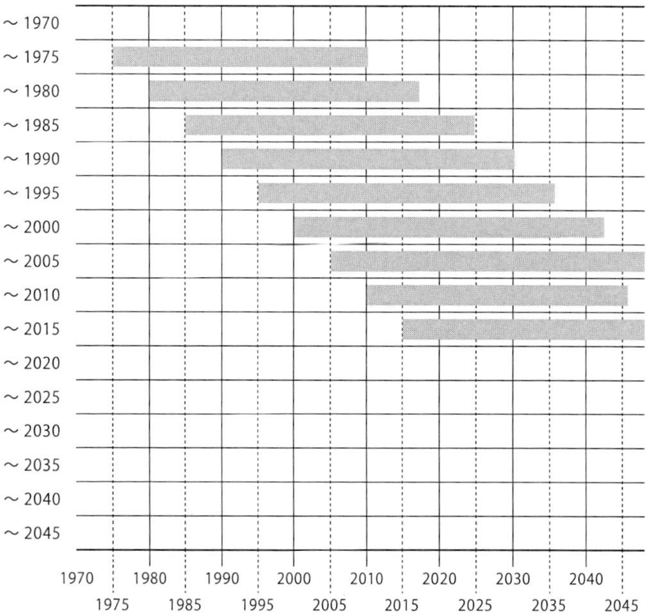

■山梨県における年間必要墳墓数の推移

1985～1990年……1,507墳墓（＝568＋511＋428）
1990～1995年……1,956墳墓（＝568＋511＋428＋449）
1995～2000年……2,454墳墓（＝568＋511＋428＋449＋498）
2000～2005年……3,067墳墓（＝568＋511＋428＋449＋498＋613）
2005～2010年……3,383墳墓（＝568＋511＋428＋449＋498＋613＋316）
2010～2015年……3,580墳墓（＝568＋511＋428＋449＋498＋613＋316＋197）
2015～2020年……3,099墳墓（＝511＋428＋449＋498＋613＋316＋197＋87）
2020～2025年……2,588墳墓（＝428＋449＋498＋613＋316＋197＋87）
2025～2030年……2,160墳墓（＝449＋498＋613＋316＋197＋87）
2030～2035年……2,160墳墓（＝449＋498＋613＋316＋197＋87）
2035～2040年……1,711墳墓（＝498＋613＋316＋197＋87）
2040～2045年……1,213墳墓（＝613＋316＋197＋87）
（参考値）**2045年…284墳墓**（＝197＋87）

なされても妥当であろう（**図表Ⅱ**および**図表Ⅲ**のG列、H列、I列の2025～30年の年代を参照)。

現実的には、この総量としての墳墓等に対するニーズのうち、各々の墓園などにおける個別のニーズがいかに見込めるかだが、この点においては前述したように、表中で1995～2015年についても示しており、これに各々の墓園における1995～2015年の申込み状況を照らし合わせて、将来の墳墓等の申込みがどのように推移するのか、読み替えていただきたい。

近年では「お墓に対する意識の多様化」「さまざまなお墓の選択がなされている」と指摘されており、お墓業界の現場からも、これまでのような既存のお墓へのニーズが希薄になっているという声が挙がっているのも、また事実である。すなわち、ここで最終的に得られたのは、墳墓（お墓）のほか、樹木葬（墓）、合葬・合祀墓、散骨等を合算した「必要墳墓"等"の数」、いわば"総数"を求めたものである。

特に合葬・合祀墓、散骨等が認知されはじめるのは、世帯員数（**図表Ⅱ**の主に**D**列を参照）の２人世帯が世帯総数の過半数以上を占めた頃である。つまり、この２人世帯が高齢化するにつれ、合葬・合祀墓、散骨、樹木葬（墓）へのニーズに対して、より傾斜を強めていく、という１つのモデル像がみえてくる。いわば、「お墓」へのニーズが転換する分水嶺「値」であると思料される。山梨県の場合、2015年以降のことであった。

これに、前述したような動向も重ね合わせると、採用需要数の転換（本章第４項⑩、24～25ページ)、すなわち2015～25年にかけた10年間が墳墓等のニーズの転換期といえるのではないか、と思料される。

図表Ⅲ　墳墓等必要数の推移 ── 大阪府方式に拠る推計と森岡方式との比較

A	B	C	D	E	F	G	H	I	J
年　代	人口	死亡率	死亡者数	傍系世帯数	取得希望世帯数	墳墓需要数（大阪府方式）	墳墓需要数（森岡方式）	採用する推計結果	墳墓需要数（大阪・森岡調整値）
1995～2000	882,000	0.0082	7,232	1,627	1,085	**1,356**	2,454	大阪府	**1,356**
2000～2005	888,000	0.0083	7,297	1,642	1,095	**1,369**	3,067	大阪府	**1,369**
2005～2010	885,000	0.0095	8,408	1,892	1,261	**1,577**	3,383	大阪府	**1,577**
2010～2015	863,000	0.0109	9,268	2,085	1,390	**1,738**	3,580	大阪府	**1,738**
2015～2020	835,000	0.0117	9,636	2,168	1,445	**1,807**	3,099	大阪府	**1,807**
2020～2025	801,000	0.0126	10,093	2,271	1,514	**1,893**	2,588	大阪府	**1,893**
2025～2030	763,000	0.0135	10,301	2,318	1,545	**1,932**	2,160	大阪府	**1,932**
2030～2035	724,000	0.0145	10,498	2,362	1,575	**1,969**	2,160	大阪府	**1,969**
2035～2040	684,000	0.0155	10,602	2,385	1,590	1,988	**1,711**	森岡	**1,711**
2040～2045	642,000	0.0167	10,721	2,412	1,608	2,010	**1,213**	森岡	**1,213**
(参考値) 2045年	599,000	0.0179	10,722	2,412	1,608	2,010	**284**	森岡	**284**

20 長野県

(1) 葬儀および火葬の需要予測

葬儀施行単価は、「葬儀費用総額」「中間値」では150万円。これを前提とした2015〜20年の葬儀費用総額（368億0,400万円）に対し、「葬儀年間売上げ」は577億9,600万円と上振れし、これは、「高位最頻」値で想定した場合の552億0,600万円よりも高い（**図表Ⅰ**の**C**列と**D**列を参照）。

そもそも、ここでの葬儀費用総額は、「第11回『葬儀についてのアンケート調査』報告書（17年1月）」に基づいたものであり（本章第２項③、17ページ）、長野県のほか、山梨県、岐阜県、静岡県、愛知県なども含めた中部Ｂエリアという広域値であって、他県と長野県では事情を大きく異にしているためにこうした結果になったと思料される。したがって、実際の施行単価は、高位最頻値よりも高い金額が実勢値であろうと判断される。将来も同様の傾向と思料されよう

ここで示した葬儀施行単価あるいは総額は、長野県の“総額・総量”であり、本資料を活用する方の関心は、これらのうち、各々の事業者における個別のニーズがいかに見込めるかであろう。この点においては、**図表Ⅰ**で1995〜2015年についても示しており、これに各々の事業者・団体が1995〜2015年の施行状況を投影することで、将来推計で示した値（数値）をベースに、各々の業務では「どのように」あるいは「どのぐらい」「どういった」推移をしていくのか、その把握を促す手がかりとなるよう想定して提示した。

火葬場については、2018年現在でも45炉の「余力」がある。将来的にはこの余力数は漸減していくが、まずは将来においても対応可能であると考える（**図表Ⅰ**の**F**列、**G**列、**H**列を参照）。しかし、その県面積は、南関東１都３県の面積の合計に近く、北海道、岩手県、福島県に次ぐ４番目の広さ。同じ県内でも、陸続きでありながら往来

図表Ⅰ　葬儀費用 ―― 葬儀市場規模の推移および現行火葬炉数と使用頻度（回転数）の推移

A	B	C			D	E	F	G	H
年　代	死亡者数	葬儀費用総額（括弧内は各々の施行単価）（単位：百万円）			葬儀年間売上げ（単位：百万円）	年間対応可能数 火葬炉数 × 1日当たりの回転数 × 年間稼動日数	実質火葬施行数（≒死亡者数）	余剰一不足火葬対応数	余剰一不足火葬炉数
		低位最頻（0.60）	中間値（1.50）	高位最頻（2.25）					
1995～2000	18,210	10,926	27,315	40,973	42,895	55,688	18,210	37,477	＋55
2000～2005	19,320	11,592	28,980	43,470	45,509	55,688	19,320	36,368	＋53
2005～2010	21,740	13,044	32,611	48,916	51,211	55,688	21,740	33,947	＋49
2010～2015	23,133	13,880	34,700	52,049	54,491	55,688	23,133	32,555	＋47
2015～2020	24,536	14,722	36,804	55,206	57,796	55,688	24,536	31,152	＋45
2020～2025	26,022	15,613	39,034	58,550	61,297	55,688	26,022	29,665	＋43
2025～2030	27,020	16,212	40,531	60,796	63,648	55,688	27,020	28,667	＋42
2030～2035	28,170	16,902	42,255	63,383	66,356	55,688	28,170	27,518	＋40
2035～2040	29,047	17,428	43,570	65,355	68,421	55,688	29,047	26,641	＋39
2040～2045	29,838	17,903	44,756	67,134	70,284	55,688	29,838	25,850	＋38
（参考値）2045年	30,685	18,411	46,028	69,041	72,280	55,688	30,685	25,003	＋36

できない市町村が多数ある、という地域特性には留意しなくてはならない。

これらに加えて、火葬炉のメンテナンスに伴う休止等についてまで**図表Ⅰ**では想定していないので、実際の対応（火葬）可能数は少なくなると見込んでおく必要もある。

（2）墳墓等の需要予測

「墳墓等に対するニーズ」は2015～20年以降、人口、世帯数ともに減少していることから、大阪府方式、すなわち死亡者数を前提とした推計値を、そのまま墳墓等に対するニーズとして見込む

図表Ⅱ　墳墓等必要数の推移 ―― 森岡方式に拠る

A	B	C	D	E	F	G
年代	世帯数	増加世帯数	世帯員数	死亡率	需要発現期間	単年度当たりの需要数
～1970	485,000		3.91	0.0085	30.1	0
～1975	530,000	45,000	3.71	0.0078	34.6	1,301
～1980	589,000	59,000	3.50	0.0076	37.6	1,569
～1985	619,000	30,000	3.41	0.0074	39.6	758
～1990	655,000	36,000	3.25	0.0077	40.0	900
～1995	699,000	44,000	3.06	0.0083	39.4	1,117
～2000	756,000	57,000	2.89	0.0089	38.9	1,465
～2005	778,000	22,000	2.82	0.0099	35.8	615
～2010	793,000	15,000	2.66	0.0109	34.5	435
～2015	805,000	12,000	2.59	0.0118	32.7	367
～2020	780,000	－25,000	2.53	0.0128	30.9	－809
～2025	761,000	－19,000	2.49	0.0138	29.1	－653
～2030	736,000	－25,000	2.45	0.0150	27.2	－919
～2035	706,000	－30,000	2.43	0.0162	25.4	－1,181
～2040	670,000	－36,000	2.41	0.0175	23.7	－1,519
～2045	628,000	－42,000	2.39	0.0190	22.0	－1,909

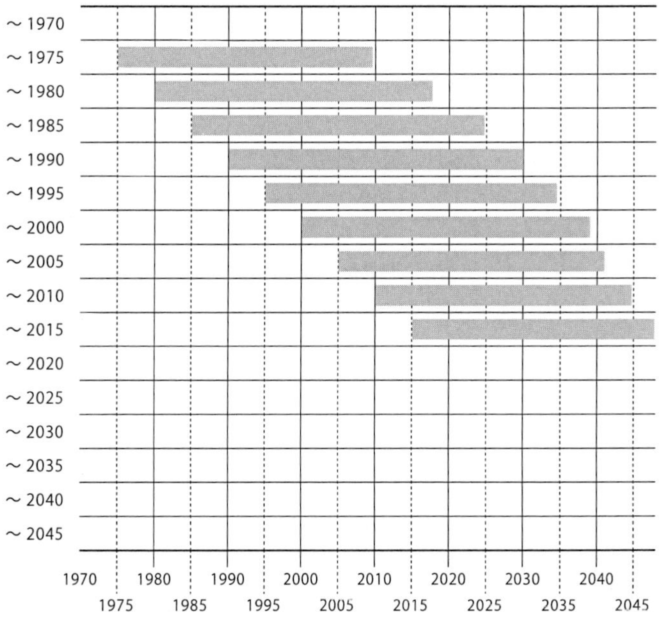

■長野県における年間必要墳墓数の推移

1985～1990年……3,628墳墓（＝1,301＋1,569＋758）
1990～1995年……4,528墳墓（＝1,301＋1,569＋758＋900）
1995～2000年……5,645墳墓（＝1,301＋1,569＋758＋900＋1,117）
2000～2005年……7,110墳墓（＝1,301＋1,569＋758＋900＋1,117＋1,465）
2005～2010年……7,725墳墓（＝1,301＋1,569＋758＋900＋1,117＋1,465＋615）
2010～2015年……6,859墳墓（＝1,569＋758＋900＋1,117＋1,465＋615＋435）
2015～2020年……7,226墳墓（＝1,569＋758＋900＋1,117＋1,465＋615＋435＋367）
2020～2025年……5,657墳墓（＝758＋900＋1,117＋1,465＋615＋435＋367）
2025～2030年……4,899墳墓（＝900＋1,117＋1,465＋615＋435＋367）
2030～2035年……3,999墳墓（＝1,117＋1,465＋615＋435＋367）
2035～2040年……2,882墳墓（＝1,465＋615＋435＋367）
2040～2045年……1,417墳墓（＝615＋435＋367）
（参考値）**2045年…367墳墓**

ことはむずかしい（**図表Ⅲ**のG列、I列を参照）。

そこで世帯数、すなわち故人を墳墓等に収める人の存在を前提とした森岡方式で得られた値が注目される。その境界をここでは2025年以降とした（**図表Ⅱ**および**図表Ⅲ**のG列、H列、I列の2025〜30年の年代を参照）。

現実的には、この総量としての墳墓等に対するニーズのうち、各々の墓園などにおける個別のニーズがいかに見込めるかだが、この点においては前述したように、表中で1995〜2015年についても示していることから、これに各々の墓園における1995〜2015年の申込み状況を照らし合わせて、将来の墳墓等の申込みがどのように推移するのか、読み替えていただきたい。

近年では「お墓に対する意識の多様化」「さまざまなお墓の選択がなされている」と指摘されており、お墓業界の現場からも、これまでのような既存のお墓へのニーズが希薄になっているという声が挙がっているのも、また事実である。すなわち、ここで最終的に得られたのは、墳墓（お墓）のほか、樹木葬（墓）、合葬・合祀墓、散骨等を合算した「必要墳墓"等"の数」、いわば"総数"を求めたものである。

特に合葬・合祀墓、散骨等が認知されはじめるのは、世帯員数（**図表Ⅱ**の主にD列を参照）の２人世帯が世帯総数の過半数を超えた頃である。つまり、この２人世帯が高齢化するにつれ、合葬・合祀墓、散骨、樹木葬（墓）へのニーズに対して、より傾斜を強めていく、という１つのモデル像がみえてくる。いわば、「お墓」へのニーズが転換する分水嶺「値」であると思料され、長野県の場合、2025年以降のこととなる。

前述したとおり、採用需要数が転換（本章第４項⑩、24〜25ページ）するのは、この時期と同じく、2025年以降にかけてのことであるから、この2025年が墳墓等のニーズの転換点であり、需要の動向を見立てる際の留意すべきポイントといえる。

図表Ⅲ　墳墓等必要数の推移 —— 大阪府方式に拠る推計と森岡方式との比較

A	B	C	D	E	F	G	H	I	J
年　代	人口	死亡率	死亡者数	傍系世帯数	取得希望世帯数	墳墓需要数（大阪府方式）	墳墓需要数（森岡方式）	採用する推計結果	墳墓需要数（大阪・森岡調整値）
1995 ～ 2000	2,194,000	0.0083	18,210	4,097	2,732	**3,415**	5,645	大阪府	**3,415**
2000 ～ 2005	2,215,000	0.0089	19,320	4,347	2,898	**3,623**	7,110	大阪府	**3,623**
2005 ～ 2010	2,196,000	0.0099	21,740	4,892	3,261	**4,077**	7,725	大阪府	**4,077**
2010 ～ 2015	2,152,000	0.0109	23,133	5,205	3,470	**4,338**	6,859	大阪府	**4,338**
2015 ～ 2020	2,099,000	0.0118	24,536	5,521	3,680	**4,601**	7,226	大阪府	**4,601**
2020 ～ 2025	2,033,000	0.0128	26,022	5,855	3,903	**4,879**	5,657	大阪府	**4,879**
2025 ～ 2030	1,958,000	0.0138	27,020	6,080	4,053	5,067	**4,899**	森岡	**4,899**
2030 ～ 2035	1,878,000	0.0150	28,170	6,338	4,226	5,282	**3,999**	森岡	**3,999**
2035 ～ 2040	1,793,000	0.0162	29,047	6,535	4,357	5,446	**2,882**	森岡	**2,882**
2040 ～ 2045	1,705,000	0.0175	29,838	6,713	4,476	5,595	**1,417**	森岡	**1,417**
（参考値）2045 年	1,615,000	0.0190	30,685	6,904	4,603	5,754	**367**	森岡	**367**

21 岐阜県

(1) 葬儀および火葬の需要予測

葬儀施行単価は、「葬儀費用総額」の「中間値」では150万円。これを前提とした2015～20年の葬儀費用総額（329億9,400万円）に対し、「葬儀年間売上げ」は218億3,200万円と下振れする。したがって、実際の施行単価は「低位最頻」の値までは下がらないものの、最頻値である中間値よりも低い金額が実勢値と判断される。将来も同様の傾向と思料されよう（**図表Ⅰ**の**C**列と**D**列を参照）。

岐阜県は、旧美濃国である美濃地方と旧飛騨国に当たる飛騨地方に大きく二分される。美濃地方は西濃、中濃、東濃に区分され、流通、産業などの面では、県内の他地域・地方よりも愛知県とのつながりが深い。一方の飛騨地方は日本海側に近く、富山県とのつながりが深いという具合に、地域特性を上記の見立てに際して思料する必要がある。

ここで示した葬儀施行単価あるいは総額は、岐阜県の“総額・総量”であり、本資料集を活用する方の関心は、これらのうち、各々の事業者における個別のニーズがいかに見込めるかであろう。この点においては、**図表Ⅰ**で1995～2015年についても示しており、これに各々の事業者・団体が1995～2015年の施行状況を投影することで、将来推計で示した値（数値）をベースに、各々の業務では「どのように」あるいは「どのぐらい」「どういった」推移をしていくのか、その把握を促す手がかりとなるよう想定して提示した。

火葬場については、2018年現在でも114炉の「余力」があり、これは将来も大きく変化しない。前述したとおり、地域偏在も思料する必要があるが、まずは将来においても対応可能であると考える（**図表Ⅰ**の**F**列、**G**列、**H**列を参照）。

図表Ⅰ　葬儀費用 ―― 葬儀市場規模の推移および現行火葬炉数と使用頻度（回転数）の推移

A	B	C			D	E	F	G	H
年　代	死亡者数	葬儀費用総額（括弧内は各々の施行単価）（単位：百万円）			葬儀年間売上げ（単位：百万円）	年間対応可能数 火葬炉数×1日当たりの回転数×年間稼動日数	実質火葬施行数（≒死亡者数）	余剰－不足 火葬対応数	余剰－不足 火葬炉数
		低位最頻（0.60）	中間値（1.50）	高位最頻（2.25）					
1995～2000	15,960	9,576	23,940	35,910	15,841	100,375	15,960	84,415	＋123
2000～2005	16,577	9,946	24,866	37,298	16,453	100,375	16,577	83,798	＋122
2005～2010	18,752	11,251	28,128	42,193	18,612	100,375	18,752	81,623	＋119
2010～2015	20,220	12,132	30,330	45,495	20,069	100,375	20,220	80,155	＋117
2015～2020	21,996	13,198	32,994	49,491	21,832	100,375	21,996	78,379	＋114
2020～2025	24,071	14,442	36,106	54,159	23,891	100,375	24,071	76,304	＋111
2025～2030	25,854	15,512	38,780	58,171	25,661	100,375	25,854	74,521	＋108
2030～2035	27,497	16,498	41,246	61,868	27,292	100,375	27,497	72,878	＋106
2035～2040	29,148	17,489	43,722	65,583	28,931	100,375	29,148	71,227	＋104
2040～2045	30,616	18,369	45,923	68,885	30,387	100,375	30,616	69,759	＋101
（参考値）2045年	32,230	19,338	48,345	72,517	31,990	100,375	32,230	68,145	＋99

(2) 墳墓等の需要予測

「墳墓等に対するニーズ」は2015〜20年以降、人口、世帯数ともに減少していることから、大阪府方式、すなわち死亡者数を前提とした推計値を、そのまま墳墓等に対するニーズとして見込むのはむずかしい(**図表Ⅲ**の**G**列、**I**列を参照)。

そこで世帯数、すなわち故人を墳墓等に収める人の存在を前提とした森岡方式で得られた値が注目される。その境界をここでは2030年以降としたが、大阪府、森岡双方の値を比較した場合、それより早い2025年頃から、という見立てがなさ

図表Ⅱ　墳墓等必要数の推移 ―― 森岡方式に拠る

A	B	C	D	E	F	G
年代	世帯数	増加世帯数	世帯員数	死亡率	需要発現期間	単年度当たりの需要数
〜1970	422,000		4.00	0.0074	33.8	0
〜1975	474,000	52,000	3.82	0.0069	37.9	1,372
〜1980	538,000	64,000	3.60	0.0067	41.5	1,542
〜1985	566,000	28,000	3.55	0.0065	43.3	647
〜1990	601,000	35,000	3.40	0.0068	43.3	808
〜1995	649,000	48,000	3.18	0.0076	41.4	1,159
〜2000	678,000	29,000	3.07	0.0080	40.7	713
〜2005	710,000	32,000	2.97	0.0089	37.8	847
〜2010	736,000	26,000	2.78	0.0099	36.3	716
〜2015	752,000	16,000	2.71	0.0110	33.5	478
〜2020	730,000	− 22,000	2.66	0.0122	30.8	− 714
〜2025	716,000	− 14,000	2.61	0.0136	28.2	− 496
〜2030	695,000	− 21,000	2.57	0.0151	25.8	− 814
〜2035	672,000	− 23,000	2.54	0.0168	23.4	− 983
〜2040	644,000	− 28,000	2.51	0.0186	21.4	− 1,308
〜2045	612,000	− 32,000	2.48	0.0207	19.5	− 1,641

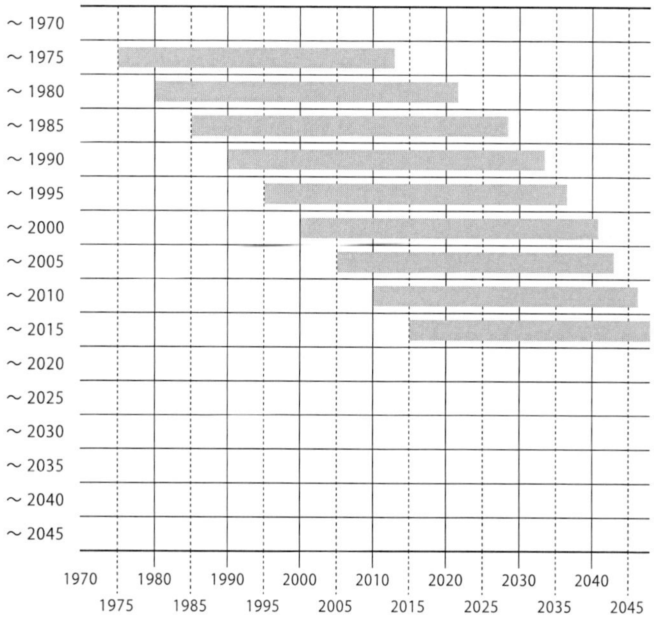

■岐阜県における年間必要墳墓数の推移

1985〜1990年……3,561墳墓(＝1,372＋1,542＋647)
1990〜1995年……4,369墳墓(＝1,372＋1,542＋647＋808)
1995〜2000年……5,528墳墓(＝1,372＋1,542＋647＋808＋1,159)
2000〜2005年……6,241墳墓(＝1,372＋1,542＋647＋808＋1,159＋713)
2005〜2010年……7,088墳墓(＝1,372＋1,542＋647＋808＋1,159＋713＋847)
2010〜2015年……7,804墳墓(＝1,372＋1,542＋647＋808＋1,159＋713＋847＋716)
2015〜2020年……6,910墳墓(＝1,542＋647＋808＋1,159＋713＋847＋716＋478)
2020〜2025年……6,910墳墓(＝1,542＋647＋808＋1,159＋713＋847＋716＋478)
2025〜2030年……5,368墳墓(＝647＋808＋1,159＋713＋847＋716＋478)
2030〜2035年……4,721墳墓(＝808＋1,159＋713＋847＋716＋478)
2035〜2040年……3,913墳墓(＝1,159＋713＋847＋716＋478)
2040〜2045年……2,754墳墓(＝713＋847＋716＋478)
(参考値) 2045年…1,194墳墓(＝716＋478)

れても妥当であろう（**図表Ⅱ**および**図表Ⅲ**のG列、H列、Ⅰ列の2025〜30年以降の年代を参照）。

現実的には、この総量としての墳墓等に対するニーズのうち、各々の墓園などにおける個別のニーズが見込めるかだが、この点においては前述したように、表中で1995〜2015年についても示しており、これに各々の墓園における1995〜2015年における申込み状況を照らし合わせて、将来の墳墓等の申込みがどのように推移するのか、読み替えていただきたい。

近年では「お墓に対する意識の多様化」「さまざまなお墓の選択がなされている」と指摘されており、お墓業界の現場からも、これまでのような既存のお墓へのニーズが希薄になっているという声が挙がっていることも、また事実である。

そこで、ここでは最終的に得られたのは、墳墓（お墓）の他、樹木葬(墓)、合葬・合祀墓、散骨等を合算した「必要墳墓“等”の数」、いわば“総数”を求めたものである。

特に合葬・合祀墓、散骨等が認知されはじめるのは、世帯員数（**図表Ⅱ**の主に**D**列を参照）の２人世帯が世帯総数の過半数を超えた頃である。つまり、この２人世帯が高齢化するにつれ、合葬・合祀墓、散骨、樹木葬（墓）へのニーズに対して、より傾斜を強めていく、という１つのモデル像がみえてくる。いわば、「お墓」へのニーズが転換する分水嶺「値」であると思料され、岐阜県の場合、2045年以降のこととなる。

しかし、前述したとおり、採用需要数の転換（本章第４項⑩、24〜25ページ）は2025年以降にかけてのことなので、墳墓等のニーズの転換点、需要動向の変化は、ある時期を境にして急激に生じるのではなく、長期的なスパンで起こるという見立てざるを得ないと思料される。

図表Ⅲ　墳墓等必要数の推移 —— 大阪府方式に拠る推計と森岡方式との比較

A	B	C	D	E	F	G	H	I	J
年　代	人口	死亡率	死亡者数	傍系世帯数	取得希望世帯数	墳墓需要数（大阪府方式）	墳墓需要数（森岡方式）	採用する推計結果	墳墓需要数（大阪・森岡調整値）
1995〜2000	2,100,000	0.0076	15,960	3,591	2,394	**2,993**	5,528	大阪府	**2,993**
2000〜2005	2,108,000	0.0080	16,577	3,730	2,487	**3,109**	6,241	大阪府	**3,109**
2005〜2010	2,107,000	0.0089	18,752	4,219	2,813	**3,516**	7,088	大阪府	**3,516**
2010〜2015	2,081,000	0.0099	20,220	4,550	3,033	**3,792**	7,804	大阪府	**3,792**
2015〜2020	2,032,000	0.0110	21,996	4,949	3,299	**4,124**	6,910	大阪府	**4,124**
2020〜2025	1,973,000	0.0122	24,071	5,416	3,611	**4,514**	6,910	大阪府	**4,514**
2025〜2030	1,901,000	0.0136	25,854	5,817	3,878	**4,848**	5,368	大阪府	**4,848**
2030〜2035	1,821,000	0.0151	27,497	6,187	4,125	5,156	**4,721**	森岡	**4,721**
2035〜2040	1,735,000	0.0168	29,148	6,558	4,372	5,465	**3,913**	森岡	**3,913**
2040〜2045	1,646,000	0.0186	30,616	6,889	4,592	5,741	**2,754**	森岡	**2,754**
（参考値）2045年	1,557,000	0.0207	32,230	7,252	4,834	6,043	**1,194**	森岡	**1,194**

22 静岡県

(1) 葬儀および火葬の需要予測

葬儀施行単価は、「葬儀費用総額」の「中間値」では150万円。これを前提とした2015～20年の葬儀費用総額（592億7,700万円）に対し、「葬儀年間売上げ」は448億7,400万円と下振れする。実際の施行単価は「低位最頻」の値までは下がらないものの、最頻値である中間値よりも低い金額が実勢値と判断される。将来も同様の傾向と思料されよう（**図表Ⅰ**の**C**列と**D**列を参照）。

静岡県は直線距離で、県域の東西が155km、南北に118kmと広大な県域をもつ。旧令制国の伊豆、駿河、遠江のおおよそ３国に相当する県で、地域によって住民の意識、方言、文化面に大きな違いがみられる。加えて、県の中央には糸魚川静岡構造線が南北に走り、県の東西で地勢的にも県民気質も大きく異なる。県の形は金魚にたとえられるが、この場合、西部を頭、東部を尾に見立てるようだ。

ここで示した葬儀施行単価あるいは総額は、静岡県の“総額・総量”であり、本資料集の活用する方の関心は、これらのうち、各々の事業者における個別のニーズがいかに見込めるかであろう。この点において、**図表Ⅰ**で1995～2015年についても示しており、これに各々の事業者・団体が1995～2015年の施行状況を投影することで、将来推計で示した値（数値）をベースに、各々の業務では「どのように」あるいは「どのぐらい」「どういった」推移をしていくのか、その把握を促す手がかりとなるよう想定して提示した。

火葬場については、2018年現在でも82炉の「余力」があるが、将来は50炉強の余力に漸減する。前述したとおり、地域偏在も思料する必要があるが、まずは将来においても対応可能と考える（**図表Ⅰ**の**F**列、**G**列、**H**列を参照）。

図表Ⅰ　葬儀費用 ―― 葬儀市場規模の推移および現行火葬炉数と使用頻度（回転数）の推移

A	B	C			D	E	F	G	H
年　代	死亡者数	葬儀費用総額（括弧内は各々の施行単価）（単位：百万円）			葬儀年間売上げ（単位：百万円）	年間対応可能数 火葬炉数 × 1日当たりの回転数 × 年間稼動日数	実質火葬施行数（≒死亡者数）	余剰ー不足火葬対応数	余剰ー不足火葬炉数
		低位最頻（0.60）	中間値（1.50）	高位最頻（2.25）					
1995～2000	40,982	16,148	40,370	60,556	30,561	95,563	26,914	68,649	＋100
2000～2005	43,407	16,994	42,485	63,727	32,162	95,563	28,323	67,240	＋98
2005～2010	50,089	19,339	48,348	72,522	36,601	95,563	32,232	63,331	＋92
2010～2015	55,404	21,852	54,630	81,945	41,356	95,563	36,420	59,143	＋86
2015～2020	60,667	23,711	59,277	88,916	44,874	95,563	39,518	56,045	＋82
2020～2025	65,734	26,252	65,630	98,446	49,684	95,563	43,754	51,809	＋75
2025～2030	70,740	28,399	70,997	106,495	53,746	95,563	47,331	48,232	＋70
2030～2035	75,714	30,420	76,050	114,075	57,572	95,563	50,700	44,863	＋65
2035～2040	80,464	32,485	81,212	121,818	61,479	95,563	54,141	41,421	＋60
2040～2045	84,110	34,529	86,323	129,484	65,348	95,563	57,548	38,014	＋55
（参考値）2045年	60,626	36,375	90,939	136,408	68,843	95,563	60,626	34,937	＋51

(2) 墳墓等の需要予測

「墳墓等に対するニーズ」は2015～20年以降、人口数、世帯数ともに減少していることから、大阪府方式、すなわち死亡数を前提とした推計値を、そのまま墳墓等に対するニーズとして見込むのはむずかしい（**図表Ⅲ**の**G**列、**I**列を参照)。そこで世帯数、すなわち故人を墳墓等に収める人の存在を前提とした森岡方式で得られた値が注目される。その境界をここでは2035年以降とした

図表Ⅱ　墳墓等必要数の推移 ―― 森岡方式に拠る

A	B	C	D	E	F	G
年代	世帯数	増加世帯数	世帯員数	死亡率	需要発現期間	単年度当たりの需要数
～1970	737,000		4.03	0.0066	37.6	0
～1975	854,000	117,000	3.77	0.0060	44.2	2,647
～1980	967,000	113,000	3.53	0.0060	47.2	2,394
～1985	1,031,000	64,000	3.43	0.0060	48.6	1,317
～1990	1,115,000	84,000	3.25	0.0064	48.1	1,746
～1995	1,215,000	100,000	3.05	0.0072	45.5	2,198
～2000	1,279,000	64,000	2.91	0.0076	45.2	1,416
～2005	1,347,000	68,000	2.82	0.0085	41.7	1,631
～2010	1,397,000	50,000	2.65	0.0098	38.5	1,299
～2015	1,427,000	30,000	2.57	0.0109	35.7	840
～2020	1,405,000	－22,000	2.51	0.0121	32.9	－669
～2025	1,381,000	－24,000	2.47	0.0135	30.0	－800
～2030	1,345,000	－36,000	2.43	0.0150	27.4	－1,314
～2035	1,300,000	－45,000	2.39	0.0167	25.1	－1,793
～2040	1,242,000	－58,000	2.35	0.0186	22.9	－2,533
～2045	1,170,000	－72,000	2.31	0.0206	21.0	－3,429

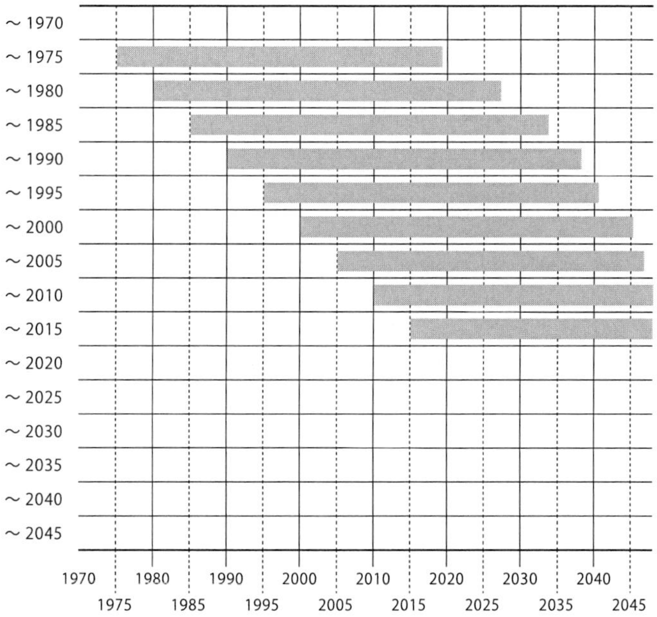

■静岡県における年間必要墳墓数の推移

1985～1990年……6,358墳墓（＝2,647＋2,394＋1,317）
1990～1995年……8,104墳墓（＝2,647＋2,394＋1,317＋1,746）
1995～2000年……10,302墳墓（＝2,647＋2,394＋1,317＋1,746＋2,198）
2000～2005年……11,718墳墓（＝2,647＋2,394＋1,317＋1,746＋2,198＋1,416）
2005～2010年……13,349墳墓（＝2,647＋2,394＋1,317＋1,746＋2,198＋1,416＋1,631）
2010～2015年……14,648墳墓（＝2,647＋2,394＋1,317＋1,746＋2,198＋1,416＋1,631＋1,299）
2015～2020年……15,488墳墓（＝2,647＋2,394＋1,317＋1,746＋2,198＋1,416＋1,631＋1,299＋840）
2020～2025年……12,841墳墓（＝2,394＋1,317＋1,746＋2,198＋1,416＋1,631＋1,299＋840）
2025～2030年……12,841墳墓（＝2,394＋1,317＋1,746＋2,198＋1,416＋1,631＋1,299＋840）
2030～2035年……10,447墳墓（＝1,317＋1,746＋2,198＋1,416＋1,631＋1,299＋840）
2035～2040年……9,130墳墓（＝1,746＋2,198＋1,416＋1,631＋1,299＋840）
2040～2045年……7,384墳墓（＝2,198＋1,416＋1,631＋1,299＋840）
（参考値）**2045年…5,186墳墓**（＝1,416＋1,631＋1,299＋840）

が、大阪府、森岡双方の値を比較した場合、それより早い2030年頃から、という見立てがなされても妥当であろう（**図表Ⅱ**および**図表Ⅲ**の**G**列、**H**列、**I**列の2030～35年の年代を参照）。

現実的にはこの総量としての墳墓等に対するニーズのうち、各々の墓園などにおける個別のニーズがいかに見込めるかだが、この点においては前述したように、表中で1995～2015年についても示しているので、これに各々の墓園における1995～2015年における申込み状況と照らし合わせることで、将来の墳墓等の申込みがどのように推移するのか、読み替えていただきたい。

近年では「お墓に対する意識の多様化」「さまざまなお墓の選択がなされている」と指摘されており、お墓業界の現場からも、これまでのような既存のお墓へのニーズが希薄になっているという声が挙がっていることも、また事実である。すなわち、ここで最終的に得られたのは、墳墓（お墓）のほか、樹木葬（墓）、合葬・合祀墓、散骨等を合算した「必要墳墓“等”の数」、いわば“総数”を求めたものである。

特に合葬・合祀墓、散骨等が認知されはじめるのは、世帯員数（**図表Ⅱ**の主に**D**列を参照）の２人世帯が世帯総数の過半数を超えた頃である。つまり、この２人世帯が高齢化するにつれ、合葬・合祀墓、散骨、樹木葬（墓）へのニーズに対して、より傾斜を強めていく、という１つのモデル像がみえてくる。いわば、「お墓」へのニーズが転換する分水嶺「値」であると思料され、静岡県の場合、2025年以降のこととなる。

しかし、前述したとおり、採用需要数の転換（本章第４項⑩、24～25ページ）は2030年ないし2035年以降なので、墳墓等のニーズの転換点、需要動向の変化は、ある時期を境にして断層的に生じるのではなく、ほぼ10年間程度のスパンで起こるであろうと見立てることができる。

図表Ⅲ　墳墓等必要数の推移 ── 大阪府方式に拠る推計と森岡方式との比較

A	B	C	D	E	F	G	H	I	J
年　代	人口	死亡率	死亡者数	傍系世帯数	取得希望世帯数	墳墓需要数（大阪府方式）	墳墓需要数（森岡方式）	採用する推計結果	墳墓需要数（大阪・森岡調整値）
1995～2000	3,738,000	0.0072	26,914	6,056	4,037	**5,047**	10,302	大阪府	**5,047**
2000～2005	3,767,000	0.0076	28,323	6,373	4,248	**5,311**	11,718	大阪府	**5,311**
2005～2010	3,792,000	0.0085	32,232	7,252	4,835	**6,044**	13,349	大阪府	**6,044**
2010～2015	3,765,000	0.0098	36,420	8,195	5,463	**6,829**	14,648	大阪府	**6,829**
2015～2020	3,700,000	0.0109	39,518	8,892	5,928	**7,410**	15,488	大阪府	**7,410**
2020～2025	3,616,000	0.0121	43,754	9,845	6,563	**8,204**	12,841	大阪府	**8,204**
2025～2030	3,506,000	0.0135	47,331	10,649	7,100	**8,875**	12,841	大阪府	**8,875**
2030～2035	3,380,000	0.0150	50,700	11,408	7,605	**9,507**	10,447	大阪府	**9,507**
2035～2040	3,242,000	0.0167	54,141	12,182	8,121	10,152	**9,130**	森岡	**9,130**
2040～2045	3,094,000	0.0186	57,548	12,948	8,632	10,790	**7,384**	森岡	**7,384**
（参考値）2045年	2,943,000	0.0206	60,626	13,641	9,094	11,368	**5,186**	森岡	**5,186**

㉓ 愛知県

(1) 葬儀および火葬の需要予測

葬儀施行単価は、「葬儀費用総額」の「中間値」では150万円。これを前提とした2015～20年の葬儀費用総額（960億9,000万円）に対し、「葬儀年間売上げ」は1,149億0,700万円と、「高位最頻」の値（1,441億3,500万円）までには至らないものの、大きく上振れする。実際の施行単価は、中間値と高位最頻値の間くらいの金額が実勢値であろうと判断される。将来も同様の傾向と思料されよう（**図表Ⅰ**の**C**列と**D**列）。

愛知県は人口が多く、47都道府県のうちで第４位の人口を有し、人口密度でも第５位になる。県庁所在地であり、政令市でもある名古屋市は中部地方で最大の人口を擁する都市である。県内の地勢、行政区分としては、大きく分けて尾張、西三河、東三河の３地域で構成されている。面積比はほぼ１：１：１、人口比はほぼ７：２：１である。

ここで示した葬儀施行単価あるいは総額は、愛知県の“総額・総量”であり、本資料集を活用する方の関心は、これらのうち、各々の事業者における個別のニーズがいかに見込めるかであろう。この点においては、**図表Ⅰ**で1995～2015年についても示しており、これに各々の事業者・団体が1995～2015年の施行状況を投影することで、将来推計で示した値（数値）をベースに、各々の業務では「どのように」あるいは「どのぐらい」「どういった」推移をしていくのか、その把握を促す手がかりとなるよう想定して提示した。

火葬場については、2018年現在でも171炉の「余力」があり、これは将来にかけてはやや減少するものの、大きく変化しない。前述したとおり、政令市の名古屋市があるために、地域偏在も思料する必要があるが、まずは将来においても対応可能であると考えるが、この炉数の多くが、名古屋市立の「八事斎場」（46炉、1971年竣工）によって占められているので、災害時に際して同火葬場が罹災した場合のリスクについては懸念が

図表Ⅰ　葬儀費用 ―― 葬儀市場規模の推移および現行火葬炉数と使用頻度（回転数）の推移

A	B	C			D	E	F	G	H
年　代	死亡者数	葬儀費用総額（括弧内は各々の施行単価）（単位：百万円）			葬儀年間売上げ（単位：百万円）	年間対応可能数 火葬炉数 × 1日当たりの回転数 × 年間稼動日数	実質火葬施行数（≒死亡者数）	余剰－不足火葬対応数	余剰－不足火葬炉数
		低位最頻（0.60）	中間値（1.50）	高位最頻（2.25）					
1995～2000	43,268	25,961	64,903	97,354	77,612	181,500	43,268	138,232	＋201
2000～2005	45,810	27,486	68,715	103,073	82,171	181,500	45,810	135,690	＋197
2005～2010	53,687	32,212	80,531	120,796	96,301	181,500	53,687	127,813	＋186
2010～2015	58,477	35,086	87,716	131,573	104,893	181,500	58,477	123,023	＋179
2015～2020	64,060	38,436	96,090	144,135	114,907	181,500	64,060	117,440	＋171
2020～2025	72,048	43,229	108,072	162,108	129,235	181,500	72,048	109,452	＋159
2025～2030	77,542	46,525	116,314	174,470	139,091	181,500	77,542	103,958	＋151
2030～2035	83,157	49,894	124,735	187,103	149,162	181,500	83,157	98,343	＋143
2035～2040	88,904	53,343	133,357	200,035	159,471	181,500	88,904	92,596	＋135
2040～2045	94,044	56,427	141,066	211,600	168,691	181,500	94,044	87,456	＋127
（参考値）2045年	100,036	60,021	150,053	225,080	179,438	181,500	100,036	81,465	＋118

残る（**図表Ⅰ**のF列、G列、H列を参照）。

（2）墳墓等の需要予測

「墳墓等に対するニーズ」は2015～20年以降、人口、世帯数ともに減少していることから、大阪府方式、すなわち死亡者数を前提とした推計値を、そのまま墳墓等に対するニーズとして見込むのはむずかしい（**図表Ⅲ**のG列、Ⅰ列を参照）。

しかし、愛知県の場合2045年に至るまで、この大阪府方式で推計された値は森岡方式の値との比較から、その一定の妥当性が将来においても担

図表Ⅱ　墳墓等必要数の推移 ―― 森岡方式に拠る

A	B	C	D	E	F	G
年代	世帯数	増加世帯数	世帯員数	死亡率	需要発現期間	単年度当たりの需要数
～1970	1,337,000		3.77	0.0057	46.5	0
～1975	1,584,000	247,000	3.58	0.0053	52.7	4,687
～1980	1,872,000	288,000	3.29	0.0051	59.6	4,832
～1985	1,979,000	107,000	3.23	0.0051	60.7	1,763
～1990	2,161,000	182,000	3.06	0.0057	57.3	3,176
～1995	2,352,000	191,000	2.90	0.0063	54.7	3,492
～2000	2,523,000	171,000	2.75	0.0066	55.1	3,103
～2005	2,724,000	201,000	2.66	0.0074	50.8	3,957
～2010	2,930,000	206,000	2.49	0.0081	49.6	4,153
～2015	3,060,000	130,000	2.43	0.0088	46.8	2,778
～2020	3,081,000	21,000	2.38	0.0096	43.8	479
～2025	3,088,000	7,000	2.34	0.0104	41.1	170
～2030	3,059,000	－29,000	2.31	0.0113	38.3	－757
～2035	3,006,000	－53,000	2.29	0.0123	35.5	－1,493
～2040	2,897,000	－109,000	2.27	0.0133	33.1	－3,293
～2045	2,689,000	－208,000	2.25	0.0145	30.7	－6,775

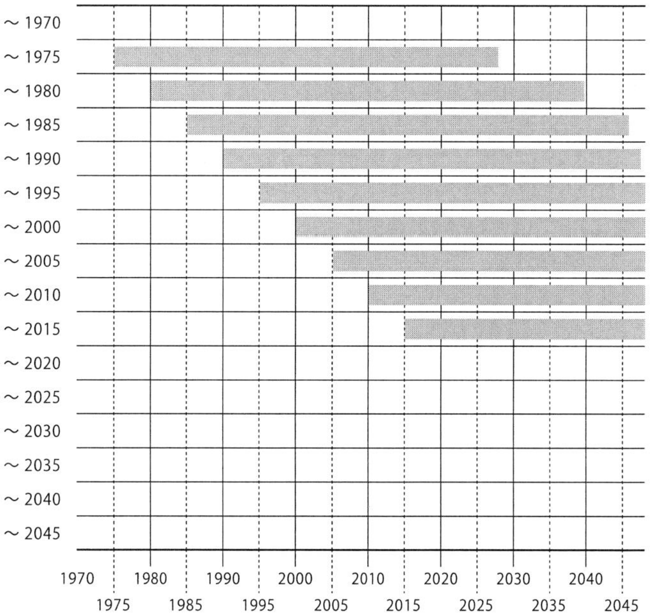

■愛知県における年間必要墳墓数の推移

1985～1990年……11,282墳墓（＝4,687＋4,832＋1,763）
1990～1995年……14,458墳墓（＝4,687＋4,832＋1,763＋3,176）
1995～2000年……17,950墳墓（＝4,687＋4,832＋1,763＋3,176＋3,492）
2000～2005年……21,053墳墓（＝4,687＋4,832＋1,763＋3,176＋3,492＋3,103）
2005～2010年……25,010墳墓（＝4,687＋4,832＋1,763＋3,176＋3,492＋3,103＋3,957）
2010～2015年……29,163墳墓（＝4,687＋4,832＋1,763＋3,176＋3,492＋3,103＋3,957＋4,153）
2015～2020年……31,941墳墓（＝4,687＋4,832＋1,763＋3,176＋3,492＋3,103＋3,957＋4,153＋2,778）
2020～2025年……32,420墳墓（＝4,687＋4,832＋1,763＋3,176＋3,492＋3,103＋3,957＋4,153＋2,778＋479）
2025～2030年……32,590墳墓（＝4,687＋4,832＋1,763＋3,176＋3,492＋3,103＋3,957＋4,153＋2,778＋479＋170）
2030～2035年……27,903墳墓（＝4,832＋1,763＋3,176＋3,492＋3,103＋3,957＋4,153＋2,778＋479＋170）
2035～2040年……27,903墳墓（＝4,832＋1,763＋3,176＋3,492＋3,103＋3,957＋4,153＋2,778＋479＋170）
2040～2045年……23,071墳墓（＝1,763＋3,176＋3,492＋3,103＋3,957＋4,153＋2,778＋479＋170）
（参考値）**2045年…23,071墳墓**（＝1,763＋3,176＋3,492＋3,103＋3,957＋4,153＋2,778＋479＋170）

保されることが確認できる。これは東京都や神奈川県、埼玉県、千葉県などでもみられた傾向である（**図表Ⅱ**、**Ⅲ**）。

現実的には、この総量としての墳墓等に対するニーズのうち、各々の墓園などにおける個別のニーズがいかに見込めるかだが、この点においては、表中で1995～2015年についても示しており、これに各々の墓園における1995～2015年の申込み状況と照らし合わせることで、将来の墳墓等の申込みがどのように推移するのか、読み替えていただきたい。

近年では「お墓に対する意識の多様化」「さまざまなお墓の選択がなされている」と指摘されており、お墓業界の現場からも、これまでのような既存のお墓へのニーズが希薄になっているという声が挙がっているのも、また事実である。すなわち、ここで最終的に得られたのは、墳墓（お墓）のほか、樹木葬（墓）、合葬・合祀墓、散骨等を合算した「必要墳墓“等”の数」、いわば“総数”を求めたものである。

特に合葬・合祀墓、散骨等が認知されはじめるのは、世帯員数（**図表Ⅱ**の主に**D**列を参照）の２人世帯が世帯総数の過半数を超えた頃である。つまり、この２人世帯が高齢化するにつれ、合葬・合祀墓、散骨、樹木葬（墓）へのニーズに対して、より傾斜を強めていく、という１つのモデル像がみえてくる。いわば、「お墓」へのニーズが転換する分水嶺「値」であると思料され、愛知県の場合、2010年以降のことであった。

しかし、前述したように、採用需要数が転換（本章第４項⑩、24～25ページ）する2045年の将来においてもなお、墳墓等のニーズ・需要推計上は安定的に推移することから、需要動向の変化は、ある時期を境にして急激に生じるのではなく、長期的なスパンで起こると見立てざるを得ないと思料される。

図表Ⅲ　墳墓等必要数の推移 ―― 大阪府方式に拠る推計と森岡方式との比較

A	B	C	D	E	F	G	H	I	J
年　代	人口	死亡率	死亡者数	傍系世帯数	取得希望世帯数	墳墓需要数（大阪府方式）	墳墓需要数（森岡方式）	採用する推計結果	墳墓需要数（大阪・森岡調整値）
1995～2000	6,868,000	0.0063	43,268	9,735	6,490	**8,113**	17,950	大阪府	**8,113**
2000～2005	7,043,000	0.0066	45,810	10,307	6,872	**8,590**	21,053	大阪府	**8,590**
2005～2010	7,255,000	0.0074	53,687	12,080	8,053	**10,067**	25,010	大阪府	**10,067**
2010～2015	7,411,000	0.0081	58,477	13,157	8,772	**10,965**	29,163	大阪府	**10,965**
2015～2020	7,483,000	0.0088	64,060	14,414	9,609	**12,012**	31,941	大阪府	**12,012**
2020～2025	7,505,000	0.0096	72,048	16,211	10,807	**13,509**	32,420	大阪府	**13,509**
2025～2030	7,456,000	0.0104	77,542	17,447	11,631	**14,539**	32,590	大阪府	**14,539**
2030～2035	7,359,000	0.0113	83,157	18,710	12,474	**15,592**	27,903	大阪府	**15,592**
2035～2040	7,228,000	0.0123	88,904	20,003	13,336	**16,670**	27,903	大阪府	**16,670**
2040～2045	7,071,000	0.0133	94,044	21,160	14,107	**17,634**	23,071	大阪府	**17,634**
（参考値）2045年	6,899,000	0.0145	100,036	22,508	15,005	**18,757**	23,071	大阪府	**18,757**

24 三重県

(1) 葬儀および火葬の需要予測

葬儀施行単価は、「葬儀費用総額」の「中間値」では115万円。これを前提とした2015〜20年の葬儀費用総額（231億6,000万円）に対し、「葬儀年間売上げ」は141億3,200万円と、「低位最頻」の値（100億7,000万円）までは下らないものの、大きく下振れする。実際の施行単価は、中間値と低位最頻値の間くらいの金額が、実勢値であろうと判断される。将来も同様の傾向と思料されよう（**図表Ⅰ**の**C**列と**D**列を参照）。

三重県は北勢、伊賀、中勢、南勢、東紀州の５地域から成る。経済力は名古屋圏の一部である北勢地域があることから高水準にある。県内で最大の人口を有するのは、中核市を検討する候補市・四日市市の約31万人。一方、県庁所在地である津市の人口は約28万人で、県の総人口は約180万人である。熊本、鹿児島、岡山県等と同規模だが、三重県は人口が突出した都市は存在せず、複数の中規模都市に人口が分散していることから、過疎地も少なくない。

ここで示した葬儀施行単価あるいは総額は、三重県の“総額・総量”であり、本資料集を活用する方の関心は、これらのうち、各々の事業者における個別のニーズがいかに見込めるかであろう。この点においては、**図表Ⅰ**で1995〜2015年についても示しており、これに各々の事業者・団体が1995〜2015年の施行状況を投影することで、将来推計で示した値（数値）をベースに、各々の業務では「どのように」あるいは「どのぐらい」「どういった」推移をしていくのか、その把握を促す手がかりとなるよう想定して提示した。

火葬場については、2018年現在でも86炉の「余力」があり、将来にかけてはやや減少するものの、大きく変化しない。前述したとおり、地域偏在も思料する必要があるが、まずは将来におい

図表Ⅰ　葬儀費用 ── 葬儀市場規模の推移および現行火葬炉数と使用頻度（回転数）の推移

A	B	C			D	E	F	G	H
年　代	死亡者数	葬儀費用総額（括弧内は各々の施行単価）（単位：百万円）			葬儀年間売上げ（単位：百万円）	年間対応可能数 火葬炉数 × 1日当たりの回転数 × 年間稼動日数	実質火葬施行数（≒死亡者数）	余剰－不足火葬対応数	余剰－不足火葬炉数
		低位最頻（0.50）	中間値（1.15）	高位最頻（2.25）					
1995～2000	15,280	7,640	17,572	34,381	10,723	79,063	15,280	63,782	＋93
2000～2005	15,292	7,646	17,586	34,407	10,731	79,063	15,292	63,771	＋93
2005～2010	17,550	8,775	20,182	39,487	12,315	79,063	17,550	61,513	＋89
2010～2015	18,691	9,346	21,495	42,055	13,116	79,063	18,691	60,372	＋88
2015～2020	20,139	10,070	23,160	45,313	14,132	79,063	20,139	58,924	＋86
2020～2025	21,923	10,962	25,212	49,327	15,384	79,063	21,923	57,139	＋83
2025～2030	23,256	11,628	26,744	52,326	16,319	79,063	23,256	55,807	＋81
2030～2035	24,511	12,255	28,187	55,149	17,200	79,063	24,511	54,552	＋79
2035～2040	25,846	12,923	29,723	58,154	18,137	79,063	25,846	53,216	＋77
2040～2045	27,072	13,536	31,133	60,912	18,997	79,063	27,072	51,991	＋76
（参考値）2045年	28,191	14,095	32,419	63,429	19,782	79,063	28,191	50,872	＋74

ても対応可能であると思料してもよいであろう（**図表Ⅰ**の**F**列、**G**列、**H**列を参照）。

（2）墳墓等の需要予測

「墳墓等に対するニーズ」は2015〜20年以降、人口、世帯数ともに減少していることから、大阪府方式、すなわち死亡者数を前提とした推計値を、そのまま墳墓等に対するニーズとして見込む

図表Ⅱ　墳墓等必要数の推移 —— 森岡方式に拠る

A	B	C	D	E	F	G
年代	世帯数	増加世帯数	世帯員数	死亡率	需要発現期間	単年度当たりの需要数
〜1970	384,000		3.87	0.0083	31.1	0
〜1975	427,000	43,000	3.69	0.0076	35.7	1,204
〜1980	477,000	50,000	3.49	0.0072	39.8	1,256
〜1985	507,000	30,000	3.40	0.0073	40.3	744
〜1990	545,000	38,000	3.25	0.0076	40.5	938
〜1995	586,000	41,000	3.07	0.0083	39.2	1,046
〜2000	635,000	49,000	2.88	0.0083	41.8	1,172
〜2005	673,000	38,000	2.77	0.0094	38.4	990
〜2010	703,000	30,000	2.59	0.0103	37.5	800
〜2015	719,000	16,000	2.52	0.0113	35.1	456
〜2020	705,000	− 14,000	2.46	0.0124	32.8	− 427
〜2025	692,000	− 13,000	2.42	0.0136	30.4	− 428
〜2030	674,000	− 18,000	2.39	0.0149	28.1	− 641
〜2035	652,000	− 22,000	2.36	0.0164	25.8	− 853
〜2040	623,000	− 29,000	2.33	0.0180	23.8	− 1,218
〜2045	586,000	− 37,000	2.30	0.0197	22.1	− 1,674

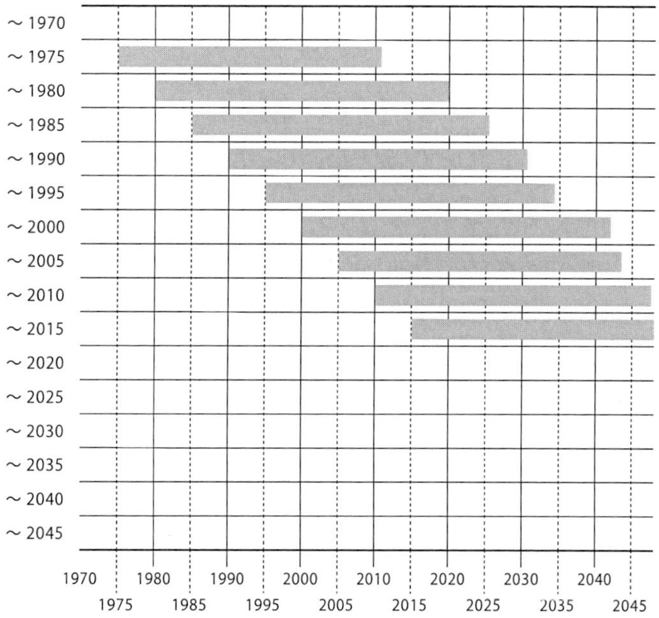

■三重県における年間必要墳墓数の推移

1985〜1990年……3,204墳墓（＝1,204＋1,256＋744）
1990〜1995年……4,142墳墓（＝1,204＋1,256＋744＋938）
1995〜2000年……5,188墳墓（＝1,204＋1,256＋744＋938＋1,046）
2000〜2005年……6,360墳墓（＝1,204＋1,256＋744＋938＋1,046＋1,172）
2005〜2010年……7,350墳墓（＝1,204＋1,256＋744＋938＋1,046＋1,172＋990）
2010〜2015年……8,150墳墓（＝1,204＋1,256＋744＋938＋1,046＋1,172＋990＋800）
2015〜2020年……7,402墳墓（＝1,256＋744＋938＋1,046＋1,172＋990＋800＋456）
2020〜2025年……6,146墳墓（＝744＋938＋1,046＋1,172＋990＋800＋456）
2025〜2030年……6,146墳墓（＝744＋938＋1,046＋1,172＋990＋800＋456）
2030〜2035年……5,402墳墓（＝938＋1.046＋1,172＋990＋800＋456）
2035〜2040年……3,418墳墓（＝1,172＋990＋800＋456）
2040〜2045年……3,418墳墓（＝1,172＋990＋800＋456）
（参考値）**2045年…1,256墳墓**（＝800＋456）

のはむずかしい（**図表Ⅲ**の**G**列、**I**列を参照)。

しかし、三重県の場合2035年に至るまで、この大阪府方式で推計された値は森岡方式の値との比較から、その一定の妥当性が将来においても担保されることが確認できる。ただし、値の差から思料すると、2030年頃からその傾向が顕在化すると捉えたとしても妥当であろう（**図表Ⅱ**および**図表Ⅲ**の**G**列、**H**列、**I**列の2030～35年の年代を参照)。

現実的には、この総量としての墳墓等に対するニーズのうち、各々の墓園などにおける個別のニーズがいかに見込めるかだが、この点においては前述したように、表中で1995～2015年についても示しているので、これに各々の墓園における1995～2015年の申込み状況を照らし合わせて、将来における墳墓等の申込みがどのように推移するのか、読み替えていただきたい。

近年では「お墓に対する意識の多様化」「さまざまなお墓の選択がなされている」と指摘されており、お墓業界の現場からも、これまでのような既存のお墓へのニーズが希薄になっているという声が挙がっていることも、また事実である。すなわち、ここで最終的に得られたのは、墳墓（お墓）のほか、樹木葬（墓)、合葬・合祀墓、散骨等を合算した「必要墳墓“等”の数」、いわば“総数”を求めたものである。

特に合葬・合祀墓、散骨等が認知されはじめるのは、世帯員数（**図表Ⅱ**の主に**D**列を参照）の２人世帯が世帯総数の過半数以上を占めた頃である。つまり、この２人世帯が高齢化するにつれ、合葬・合祀墓、散骨、樹木葬（墓）へのニーズに対して、より傾斜を強めていく、という１つのモデル像がみえてくる。いわば、「お墓」へのニーズが転換する分水嶺「値」であると思料され、三重県の場合、2020年以降のこととなる。

しかし、前述したとおり、採用需要数が転換（本章第４項⑩、24～25ページ）するのは2035年ないし2030年頃からなので、需要動向の変化は、この2020～30年間の10年間あたりに生じるであろうと思料される。

図表Ⅲ　墳墓等必要数の推移 ―― 大阪府方式に拠る推計と森岡方式との比較

A	B	C	D	E	F	G	H	I	J
年　代	人口	死亡率	死亡者数	傍系世帯数	取得希望世帯数	墳墓需要数（大阪府方式）	墳墓需要数（森岡方式）	採用する推計結果	墳墓需要数（大阪・森岡調整値）
1995～2000	1,841,000	0.0083	15,280	3,438	2,292	**2,865**	5,188	大阪府	**2,865**
2000～2005	1,857,000	0.0083	15,292	3,441	2,294	**2,868**	6,360	大阪府	**2,868**
2005～2010	1,867,000	0.0094	17,550	3,949	2,632	**3,291**	7,350	大阪府	**3,291**
2010～2015	1,855,000	0.0103	18,691	4,205	2,804	**3,505**	8,150	大阪府	**3,505**
2015～2020	1,816,000	0.0113	20,139	4,531	3,021	**3,776**	7,402	大阪府	**3,776**
2020～2025	1,768,000	0.0124	21,923	4,933	3,288	**4,111**	6,146	大阪府	**4,111**
2025～2030	1,710,000	0.0136	23,256	5,233	3,488	**4,361**	6,146	大阪府	**4,361**
2030～2035	1,645,000	0.0149	24,511	5,515	3,677	**4,596**	5,402	大阪府	**4,596**
2035～2040	1,576,000	0.0164	25,846	5,815	3,877	4,846	**3,418**	森岡	**3,418**
2040～2045	1,504,000	0.0180	27,072	6,091	4,061	5,076	**3,418**	森岡	**3,418**
（参考値）2045年	1,431,000	0.0197	28,191	6,343	4,229	5,286	**1,256**	森岡	**1,256**

㉕ 滋賀県

(1) 葬儀および火葬の需要予測

葬儀施行単価は、「葬儀費用総額」の「中間値」では115万円であり、これを前提とした2015～20年の葬儀費用総額（143億8,300万円）に対し、「葬儀年間売上げ」は150億5,200万円と上振れしているものの概ね等しく、実際の施行単価は115万～120万円程度であると判断される。将来も同様の傾向で推移すると思料されよう（**図表Ⅰ**の**C**列と**D**列を参照）。

滋賀県は高速道路の整備などで交通が利便なことから、流通拠点や工場・研究開発施設が相次いで進出。京都府や大阪府のベッドタウンとしても注目され、首都圏以外の地方では数少ない人口増加県である。なお、開発が進むのは京都や大阪に近い南部であり、北部とは経済格差が起こっている。南部では新興住宅地が広がり、駅前にはマンションが建つなど賑わいがある一方で、北部や西部は田園風景が広がり、のどかな雰囲気がある。それでも、人口が停滞している湖北・湖東地域では地域再生の議論や実践が活発である。

ここで示した葬儀施行単価あるいは総額は、滋賀県の“総額・総量”であり、本資料集を活用する方の関心は、これらのうち、各々の事業者における個別のニーズがいかに見込めるかであろう。この点においては、**図表Ⅰ**で1995～2015年についても示しており、これに各々の事業者・団体が1995～2015年における施行状況を投影することで、将来推計で示した値（数値）をベースに、各々の業務では「どのように」あるいは「どのぐらい」「どういった」推移をしていくのか、その把握を促す手がかりとなるよう想定して提示した。

火葬場については、2018年現在でも39炉の「余力」があり、この余力数は将来においても大きく変わることはない（**図表Ⅰ**の**F**列、**G**列、**H**列を参照）。

図表Ⅰ　葬儀費用 ── 葬儀市場規模の推移および現行火葬炉数と使用頻度（回転数）の推移

A	B	C			D	E	F	G	H
年　代	死亡者数	葬儀費用総額（括弧内は各々の施行単価）（単位：百万円）			葬儀年間売上げ（単位：百万円）	年間対応可能数 火葬炉数 × 1日当たりの回転数 × 年間稼動日数	実質火葬施行数（≒死亡者数）	余剰－不足火葬対応数	余剰－不足火葬炉数
		低位最頻（0.50）	中間値（1.15）	高位最頻（2.25）					
1995～2000	9,009	4,505	10,360	20,270	10,842	39,188	9,009	30,179	＋44
2000～2005	9,232	4,616	10,617	20,772	11,111	39,188	9,232	29,956	＋44
2005～2010	10,626	5,313	12,220	23,909	12,788	39,188	10,626	28,562	＋42
2010～2015	11,602	5,801	13,342	26,105	13,963	39,188	11,602	27,586	＋40
2015～2020	12,507	6,254	14,383	28,141	15,052	39,188	12,507	26,681	＋39
2020～2025	13,526	6,763	15,555	30,434	16,279	39,188	13,526	25,661	＋37
2025～2030	14,369	7,184	16,524	32,329	17,292	39,188	14,369	24,819	＋36
2030～2035	15,229	7,615	17,514	34,266	18,328	39,188	15,229	23,958	＋35
2035～2040	15,958	7,979	18,352	35,905	19,205	39,188	15,958	23,230	＋34
2040～2045	16,561	8,280	19,045	37,262	19,931	39,188	16,561	22,627	＋33
（参考値）2045年	17,177	8,588	19,753	38,648	20,672	39,188	17,177	22,011	＋32

(2) 墳墓等の需要予測

「墳墓等に対するニーズ」は2015～20年以降、人口、世帯数ともに減少していることから、大阪府方式、すなわち死亡者数を前提とした推計値を、そのまま墳墓等に対するニーズとして見込むのはむずかしい（**図表Ⅲ**の**G**列、**I**列を参照）。

しかし、滋賀県にあっては2045年に至るまで、この大阪府方式で推計された値は森岡方式の値との比較から、その一定の妥当性が将来においても担保されることが確認できる（**図表Ⅱ**および**図表Ⅲ**の**G**列、**H**列、**I**列を参照）。これは東京都や神

図表Ⅱ　墳墓等必要数の推移 ―― 森岡方式に拠る

A	B	C	D	E	F	G
年代	世帯数	増加世帯数	世帯員数	死亡率	需要発現期間	単年度当たりの需要数
～1970	211,000		4.05	0.0085	29.0	0
～1975	246,000	35,000	3.87	0.0075	34.5	1,014
～1980	294,000	48,000	3.65	0.0068	40.3	1,191
～1985	320,000	26,000	3.58	0.0062	45.1	576
～1990	351,000	31,000	3.45	0.0066	43.9	706
～1995	391,000	40,000	3.27	0.0070	43.7	915
～2000	439,000	48,000	3.02	0.0070	47.3	1,015
～2005	478,000	39,000	2.89	0.0077	44.9	869
～2010	517,000	39,000	2.69	0.0084	44.3	880
～2015	537,000	20,000	2.62	0.0090	42.4	472
～2020	542,000	5,000	2.57	0.0096	40.5	123
～2025	545,000	3,000	2.52	0.0103	38.5	78
～2030	542,000	－3,000	2.49	0.0111	36.2	－83
～2035	535,000	－7,000	2.46	0.0119	34.2	－205
～2040	520,000	－15,000	2.43	0.0127	32.4	－463
～2045	484,000	－36,000	2.40	0.0136	30.6	－1,176

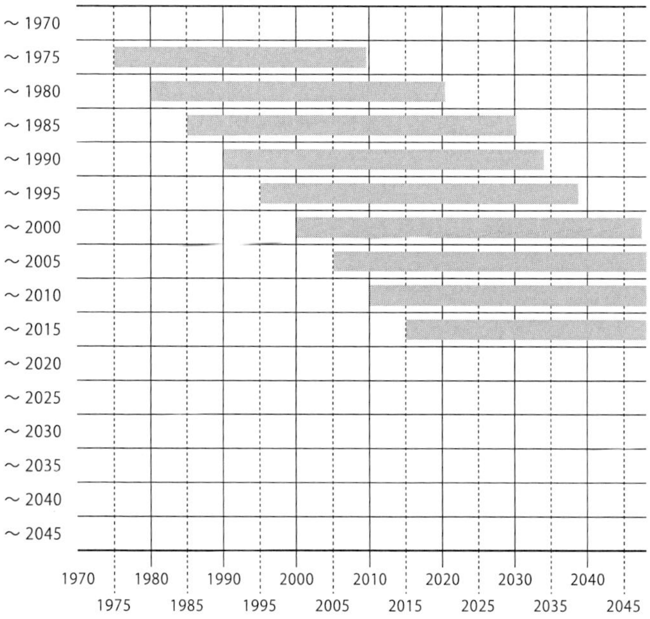

■滋賀県における年間必要墳墓数の推移

1985～1990年……2,781墳墓（＝1,014＋1,191＋576）
1990～1995年……3,487墳墓（＝1,014＋1,191＋576＋706）
1995～2000年……4,402墳墓（＝1,014＋1,191＋576＋706＋915）
2000～2005年……5,417墳墓（＝1,014＋1,191＋576＋706＋915＋1,015）
2005～2010年……6,286墳墓（＝1,014＋1,191＋576＋706＋915＋1,015＋869）
2010～2015年……6,152墳墓（＝1,191＋576＋706＋915＋1,015＋869＋880）
2015～2020年……6,624墳墓（＝1,191＋576＋706＋915＋1,015＋869＋880＋472）
2020～2025年……6,752墳墓（＝1,191＋576＋706＋915＋1,015＋869＋880＋472＋128）
2025～2030年……5,639墳墓（＝576＋706＋915＋1,015＋869＋880＋472＋128＋78）
2030～2035年……5,639墳墓（＝576＋706＋915＋1,015＋869＋880＋472＋128＋78）
2035～2040年……4,357墳墓（＝915＋1,015＋869＋880＋472＋128＋78）
2040～2045年……3,442墳墓（＝1,015＋869＋880＋472＋128＋78）
（参考値）**2045年…3,442墳墓**（＝1,015＋869＋880＋472＋128＋78）

奈川県、埼玉県、千葉県などでもみられた傾向である。これは前述したように、滋賀県における県勢の影響をうかがうことができる。

現実的には、この総量としての墳墓等に対するニーズのうち、各々の墓園などにおける個別のニーズがいかに見込めるかだが、この点においては、表中で1995～2015年についても示しており、これに各々の墓園における1995～2015年の申込み状況と照らし合わせて、将来における墳墓等の申込みがどのように推移するのか、読み替えていただきたい。

近年では「お墓に対する意識の多様化」「さまざまなお墓の選択がなされている」と指摘されており、お墓業界の現場からも、これまでのような既存のお墓へのニーズが希薄になっているという声が挙がっていることも、また事実である。すなわち、ここで最終的に得られたのは、墳墓（お墓）のほか、樹木葬（墓）、合葬・合祀墓、散骨等を合算した「必要墳墓“等”の数」、いわば“総数”を求めたものである。

特に合葬・合祀墓、散骨等が認知されはじめるのは、世帯員数（**図表Ⅱ**の主に**D**列を参照）の２人世帯が世帯総数の過半数を超えた頃である。つまり、この２人世帯が高齢化するにつれ、合葬・合祀墓、散骨、樹木葬（墓）へのニーズに対して、より傾斜を強めていく、という１つのモデル像がみえてくる。いわば、「お墓」へのニーズが転換する分水嶺「値」であると思料され、滋賀県の場合、2030年以降のこととなる。

しかし、前述したとおり、採用需要数が転換（本章第４項⑩、24～25ページ）する2045年の将来においてもなお、墓地のニーズ・需要は推計上、安定的に推移することから、需要の動向が変化するのはある時期を境にして急激に生じるのではなく、長期的なスパンで起きると見立てざるを得ないと思料される。

図表Ⅲ　墳墓等必要数の推移 ── 大阪府方式に拠る推計と森岡方式との比較

A	B	C	D	E	F	G	H	I	J
年　代	人口	死亡率	死亡者数	傍系世帯数	取得希望世帯数	墳墓需要数（大阪府方式）	墳墓需要数（森岡方式）	採用する推計結果	墳墓需要数（大阪・森岡調整値）
1995～2000	1,287,000	0.0070	9,009	2,027	1,351	**1,689**	4,402	大阪府	**1,689**
2000～2005	1,343,000	0.0070	9,232	2,077	1,385	**1,731**	5,417	大阪府	**1,731**
2005～2010	1,380,000	0.0077	10,626	2,391	1,594	**1,993**	6,286	大阪府	**1,993**
2010～2015	1,411,000	0.0084	11,602	2,610	1,740	**2,175**	6,152	大阪府	**2,175**
2015～2020	1,413,000	0.0090	12,507	2,814	1,876	**2,345**	6,624	大阪府	**2,345**
2020～2025	1,409,000	0.0096	13,526	3,043	2,029	**2,536**	6,752	大阪府	**2,536**
2025～2030	1,395,000	0.0103	14,369	3,233	2,155	**2,694**	5,639	大阪府	**2,694**
2030～2035	1,372,000	0.0111	15,229	3,427	2,284	**2,856**	5,639	大阪府	**2,856**
2035～2040	1,341,000	0.0119	15,958	3,591	2,394	**2,993**	4,357	大阪府	**2,993**
2040～2045	1,304,000	0.0127	16,561	3,726	2,484	**3,105**	3,442	大阪府	**3,105**
（参考値）2045年	1,263,000	0.0136	17,177	3,865	2,577	**3,221**	3,442	大阪府	**3,221**

26 京都府

(1) 葬儀および火葬の需要予測

葬儀施行単価は、「葬儀費用総額」の「中間値」では115万円であり、これを前提とした2015～20年の葬儀費用総額（293億1,900万円）に対し、「葬儀年間売上げ」は297億3,800万円と概ね等しい。将来も同様に推移すると思料される（**図表ⅠのC列とD列を参照**）。

京都府は府庁所在地である京都市への人口集中率が約56％と、東京都（東京23区）以外の道府県では第１位。南北に細長く、内陸側に位置し京都盆地を中心とする府南部（京都・山城・南丹）と、日本海に面している北部（中丹・丹後）との格差が大きい。 南部（山城）は畿内に当たり、大津市や阪神、奈良県北部との交流が深く、北部（福知山・舞鶴・宮津市など）は北近畿（山陰道）とも呼ばれ、兵庫県北部（但馬）や福井県嶺南（若狭）との交流は、同じ府内の京都市より深いほどである。

ここで示した葬儀施行単価あるいは総額は、京都府の“総額・総量”であり、本資料集を活用する方の関心は、これらのうち、各々の事業者における個別のニーズがいかに見込めるかであろう。この点においては、**図表Ⅰ**で1995～2015年についても示しており、これに各々の事業者・団体が1995～2015年における施行状況を投影することで、将来推計で示した値（数値）をベースに、各々の業務では「どのように」あるいは「どのぐらい」「どういった」推移をしていくのか、その把握を促す手がかりとなるよう想定して提示した。

火葬場については、2018年現在でも27炉の「余力」があるが、この余力数は将来において暫時、減少していくことから、「火葬炉の４分の１が仮にメンテナンス中で稼動できない」という想定をするなら、2035年以降あたりから火葬炉不足が顕在化してくるとも思料される（**図表ⅠのF**

図表Ⅰ　葬儀費用 ── 葬儀市場規模の推移および現行火葬炉数と使用頻度（回転数）の推移

A	B	C			D	E	F	G	H
年　代	死亡者数	葬儀費用総額（括弧内は各々の施行単価）（単位：百万円）			葬儀年間売上げ（単位：百万円）	年間対応可能数 火葬炉数 × 1日当たりの回転数 × 年間稼動日数	実質火葬施行数（≒死亡者数）	余剰－不足火葬対応数	余剰－不足火葬炉数
		低位最頻（0.50）	中間値（1.15）	高位最頻（2.25）					
1995～2000	19,725	9,863	22,684	44,381	23,000	44,000	19,725	24,275	＋35
2000～2005	20,233	10,117	23,268	45,524	23,592	44,000	20,233	23,767	＋35
2005～2010	22,508	11,254	25,884	50,643	26,245	44,000	22,508	21,492	＋31
2010～2015	23,714	11,857	27,271	53,357	27,651	44,000	23,714	20,286	＋30
2015～2020	25,495	12,748	29,319	57,364	29,728	44,000	25,495	18,505	＋27
2020～2025	27,799	13,900	31,969	62,548	32,415	44,000	27,799	16,201	＋24
2025～2030	29,367	14,684	33,772	66,076	34,243	44,000	29,367	14,633	＋21
2030～2035	30,874	15,437	35,505	69,466	36,000	44,000	30,874	13,126	＋19
2035～2040	32,512	16,256	37,389	73,152	37,910	44,000	32,512	11,488	＋17
2040～2045	33,794	16,897	38,863	76,036	39,405	44,000	33,794	10,206	＋15
（参考値）2045年	35,047	17,523	40,304	78,855	40,866	44,000	35,047	8,953	＋13

列、G列、H列を参照)。

(2) 墳墓等の需要予測

「墳墓等に対するニーズ」は2015〜20年以降、人口、世帯数ともに減少していることから、大阪府方式、すなわち死亡者数を前提とした推計値を、そのまま墳墓等に対するニーズとして見込むのはむずかしい(**図表Ⅲ**のG列、I列を参照)。

そこで世帯数、すなわち故人を墳墓等に収める

図表Ⅱ　墳墓等必要数の推移 ―― 森岡方式に拠る

A	B	C	D	E	F	G
年代	世帯数	増加世帯数	世帯員数	死亡率	需要発現期間	単年度当たりの需要数
〜1970	587,000		3.60	0.0070	39.7	0
〜1975	696,000	109,000	3.31	0.0065	46.5	2,344
〜1980	826,000	130,000	3.02	0.0065	50.9	2,554
〜1985	857,000	31,000	2.97	0.0066	51.0	608
〜1990	894,000	37,000	2.86	0.0071	49.2	752
〜1995	933,000	39,000	2.74	0.0075	48.7	801
〜2000	1,015,000	82,000	2.55	0.0078	50.3	1,630
〜2005	1,064,000	49,000	2.49	0.0085	47.2	1,038
〜2010	1,120,000	56,000	2.31	0.0091	47.6	1,176
〜2015	1,151,000	31,000	2.24	0.0099	45.1	687
〜2020	1,150,000	− 1,000	2.18	0.0108	42.5	− 24
〜2025	1,138,000	− 12,000	2.15	0.0117	39.8	− 302
〜2030	1,110,000	− 28,000	2.13	0.0127	37.0	− 757
〜2035	1,071,000	− 39,000	2.11	0.0139	34.1	− 1,144
〜2040	1,016,000	− 55,000	2.09	0.0151	31.7	− 1,735
〜2045	941,000	− 75,000	2.07	0.0164	29.5	− 2,542

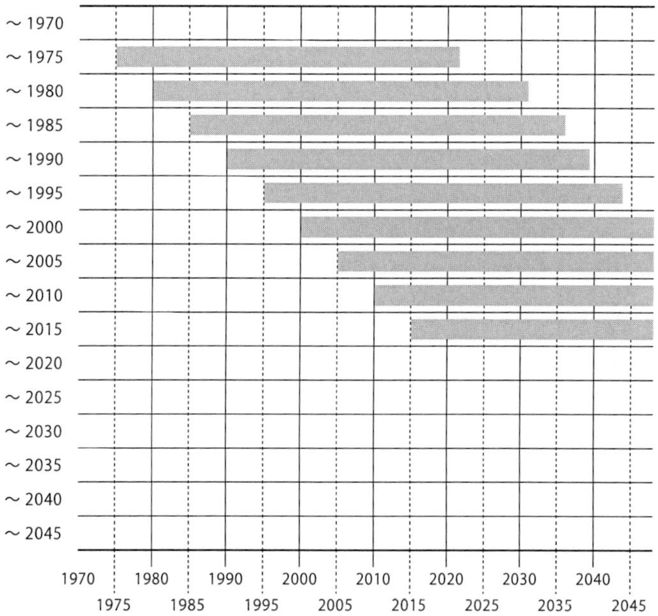

■京都府における年間必要墳墓数の推移

1985〜1990年……5,506墳墓(＝2,344＋2,554＋608)
1990〜1995年……6,258墳墓(＝2,344＋2,554＋608＋752)
1995〜2000年……7,059墳墓(＝2,344＋2,554＋608＋752＋801)
2000〜2005年……8,689墳墓(＝2,344＋2,554＋608＋752＋801＋1,630)
2005〜2010年……9,727墳墓(＝2,344＋2,554＋608＋752＋801＋1,630＋1,038)
2010〜2015年……10,903墳墓(＝2,344＋2,554＋608＋752＋801＋1,630＋1,038＋1,176)
2015〜2020年……11,590墳墓(＝2,344＋2,554＋608＋752＋801＋1,630＋1,038＋1,176＋687)
2020〜2025年……11,590墳墓(＝2,344＋2,554＋608＋752＋801＋1,630＋1,038＋1,176＋687)
2025〜2030年……9,246墳墓(＝2,554＋608＋752＋801＋1,630＋1,038＋1,176＋687)
2030〜2035年……9,246墳墓(＝2,554＋608＋752＋801＋1,630＋1,038＋1,176＋687)
2035〜2040年……6,692墳墓(＝608＋752＋801＋1,630＋1,038＋1,176＋687)
2040〜2045年……5,332墳墓(＝801＋1,630＋1,038＋1,176＋687)
(参考値)**2045年…4,531墳墓**(＝1,630＋1,038＋1,176＋687)

人の存在を前提とした森岡方式で得られた値が注目される。その境界をここでは2040年以降としたが、大阪府、森岡双方の値を比較した場合、それより早い2035年頃から、という見立てをし得ることも可能であろう（**図表Ⅱ**および**図表Ⅲ**の**G**列、**H**列、**I**列の2035～40年以降の年代を参照）。

現実的には、この総量としての墳墓等に対するニーズのうち、各々の墓園などにおける個別のニーズがいかに見込めるかだが、この点においては、表中で1995～2015年についても示しており、これに各々の墓園における1995～2015年の申込み状況と照らし合わせて、将来における墳墓等の申込みがどのように推移するのか、読み替えていただきたい。

近年では「お墓に対する意識の多様化」「さまざまなお墓の選択がなされている」と指摘されており、お墓業界の現場からも、これまでのような既存のお墓へのニーズが希薄になっているという声が挙がっていることも、また事実である。すなわち、ここで最終的に得られたのは、墳墓（お墓）のほか、樹木葬（墓）、合葬・合祀墓、散骨等を合算した「必要墳墓“等”の数」、いわば“総数”を求めたものである。

特に合葬・合祀墓、散骨等が認知されはじめるのは、世帯員数（**図表Ⅱ**の主に**D**列を参照）の２人世帯が世帯総数の過半数を超えた頃である。つまり、この２人世帯が高齢化するにつれ、合葬・合祀墓、散骨、樹木葬（墓）へのニーズに対して、より傾斜を強めていく、という１つのモデル像がみえてくる。いわば、「お墓」へのニーズが転換する分水嶺「値」であると思料され、京都府の場合、2005年からそうした状況にあった。

しかし、前述したとおり、採用需要数が転換（本章第４項⑩、24～25ページ）するのは2035年以降の将来においてと想定され、それまでは墓地等のニーズ需要は推計上、安定的に推移することを踏まえると、需要の動向が変化するのは、ある時期を境にして急激に生じるのではなく、長期的なスパンを経るであろうと見立てざるを得ないと思料される。

図表Ⅲ　墳墓等必要数の推移 ―― 大阪府方式に拠る推計と森岡方式との比較

A	B	C	D	E	F	G	H	I	J
年　代	人口	死亡率	死亡者数	傍系世帯数	取得希望世帯数	墳墓需要数（大阪府方式）	墳墓需要数（森岡方式）	採用する推計結果	墳墓需要数（大阪・森岡調整値）
1995～2000	2,630,000	0.0075	19,725	4,438	2,959	**3,699**	7,059	大阪府	**3,699**
2000～2005	2,644,000	0.0078	20,233	4,552	3,035	**3,794**	8,689	大阪府	**3,794**
2005～2010	2,648,000	0.0085	22,508	5,064	3,376	**4,220**	9,727	大阪府	**4,220**
2010～2015	2,636,000	0.0091	23,714	5,336	3,557	**4,447**	10,903	大阪府	**4,447**
2015～2020	2,610,000	0.0099	25,495	5,736	3,824	**4,780**	11,590	大阪府	**4,780**
2020～2025	2,574,000	0.0108	27,799	6,255	4,170	**5,213**	11,590	大阪府	**5,213**
2025～2030	2,510,000	0.0117	29,367	6,608	4,405	**5,507**	9,246	大阪府	**5,507**
2030～2035	2,431,000	0.0127	30,874	6,947	4,631	**5,789**	9,246	大阪府	**5,789**
2035～2040	2,339,000	0.0139	32,512	7,315	4,877	**6,096**	6,692	大阪府	**6,096**
2040～2045	2,238,000	0.0151	33,794	7,604	5,069	6,337	**5,332**	森岡	**5,332**
（参考値）2045年	2,137,000	0.0164	35,047	7,886	5,257	6,572	**4,531**	森岡	**4,531**

27 大阪府

(1) 葬儀および火葬の需要予測

葬儀施行単価は、「葬儀費用総額」の「中間値」では115万円であった。これを前提とした2015～20年の葬儀費用総額（961億1,400万円）に対し、「葬儀年間売上げ」は738億0,400万円と下振れしている。したがって、実際の施行単価は中間値よりも下向きの金額が実勢値と判断される。将来も同様の傾向で推移すると思料される（**図表Ⅰ**の**C**列と**D**列を参照）。

大阪府は、日本では東京に次ぐ第２の都市である。近畿地方はもちろんのこと、西日本の行政・経済・文化・交通の中心。都道府県としては、東京都、神奈川県に次いで第３位の人口規模をもち、人口密度は東京都に次いで第２位である。府内総生産は、東京都に次いで全国第２位。エコノミスト・インテリジェンス・ユニットの「最も住みやすい都市」ランキングにて、2018年、ウィーン、メルボルンに次いで第３位と評価されている。

ここで示した葬儀施行単価あるいは総額は、大阪府の“総額・総量”であり、本資料集を活用する方の関心は、これらのうち、各々の事業者における個別のニーズがいかに見込めるかであろう。この点においては、**図表Ⅰ**で1995～2015年についても示しており、これに各々の事業者・団体が1995～2015年における施行状況を投影することで、将来推計で示した値（数値）をベースに、各々の業務では「どのように」あるいは「どのぐらい」「どういった」推移をしていくのか、その把握を促す手がかりとなるよう想定して提示した。

火葬場については、2018年現在、173炉の「余力」がある。将来の余力の変化を追うと、その値は減少してはいくものの、2045年においても122炉の余力があることから安定的に推移すると思料される（**図表Ⅰ**の**F**列、**G**列、**H**列を参照）。

図表Ⅰ　葬儀費用 ―― 葬儀市場規模の推移および現行火葬炉数と使用頻度（回転数）の推移

A	B	C			D	E	F	G	H
年　代	死亡者数	葬儀費用総額（括弧内は各々の施行単価）（単位：百万円）			葬儀年間売上げ（単位：百万円）	年間対応可能数 火葬炉数 × 1日当たりの回転数 × 年間稼動日数	実質火葬施行数（≒死亡者数）	余剰－不足火葬対応数	余剰－不足火葬炉数
		低位最頻（0.50）	中間値（1.15）	高位最頻（2.25）					
1995～2000	59,820	29,910	68,793	134,594	52,825	202,813	59,820	142,993	＋208
2000～2005	61,315	30,658	70,512	137,959	54,145	202,813	61,315	141,498	＋206
2005～2010	69,654	34,827	80,102	156,722	61,509	202,813	69,654	133,158	＋194
2010～2015	76,556	38,278	88,039	172,251	67,604	202,813	76,556	126,257	＋184
2015～2020	83,577	41,789	96,114	188,048	73,804	202,813	83,577	119,236	＋173
2020～2025	91,686	45,843	105,439	206,294	80,965	202,813	91,686	111,127	＋162
2025～2030	97,196	48,598	111,776	218,692	85,831	202,813	97,196	105,616	＋154
2030～2035	103,275	51,638	118,766	232,369	91,199	202,813	103,275	99,538	＋145
2035～2040	108,297	54,148	124,541	243,668	95,633	202,813	108,297	94,516	＋137
2040～2045	113,205	56,603	130,186	254,712	99,968	202,813	113,205	89,607	＋130
（参考値）2045年	118,827	59,414	136,651	267,361	104,932	202,813	118,827	83,986	＋122

(2) 墳墓等の需要予測

「墳墓等に対するニーズ」は2020～25年以降、人口、世帯数ともに減少していることから、大阪府方式、すなわち死亡者数を前提とした推計値を、そのまま墳墓等に対するニーズとして見込むのはむずかしい（**図表Ⅲ**の**G**列、**I**列を参照)。

しかし、大阪府の場合2045年に至るまで、この大阪府方式で推計された値は森岡方式の値との比較から、その妥当性の担保が確認できる（**図表**

図表Ⅱ　墳墓等必要数の推移 —— 森岡方式に拠る

A	B	C	D	E	F	G
年代	世帯数	増加世帯数	世帯員数	死亡率	需要発現期間	単年度当たりの需要数
～1970	2,111,000		3.40	0.0054	54.5	0
～1975	2,462,000	351,000	3.23	0.0051	60.7	5,783
～1980	2,753,000	291,000	3.04	0.0053	62.1	4,686
～1985	2,883,000	130,000	2.97	0.0056	60.1	2,163
～1990	3,040,000	157,000	2.83	0.0062	57.0	2,754
～1995	3,195,000	155,000	2.69	0.0068	54.7	2,834
～2000	3,455,000	260,000	2.51	0.0071	56.1	4,635
～2005	3,591,000	136,000	2.46	0.0079	51.5	2,641
～2010	3,823,000	232,000	2.28	0.0088	49.8	4,659
～2015	3,918,000	95,000	2.20	0.0096	47.3	2,008
～2020	3,968,000	50,000	2.14	0.0105	44.5	1,124
～2025	3,928,000	− 40,000	2.10	0.0114	41.8	− 957
～2030	3,823,000	− 105,000	2.08	0.0125	38.5	− 2,727
～2035	3,679,000	− 144,000	2.07	0.0136	35.5	− 4,056
～2040	3,482,000	− 197,000	2.06	0.0148	32.8	− 6,006
～2045	3,218,000	− 264,000	2.05	0.0162	30.1	− 8,771

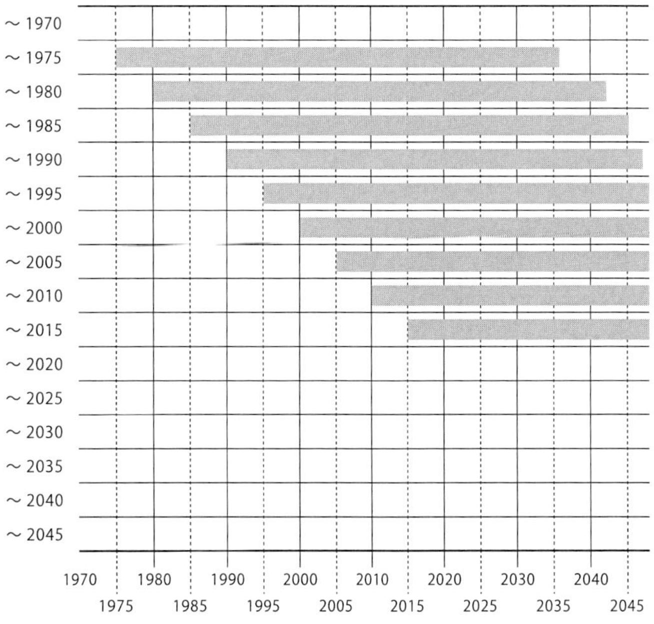

■大阪府における年間必要墳墓数の推移

1985～1990年……12,632墳墓（＝5,783＋4,686＋2,163）
1990～1995年……15,386墳墓（＝5,783＋4,686＋2,163＋2,754）
1995～2000年……18,220墳墓（＝5,783＋4,686＋2,163＋2,754＋2,834）
2000～2005年……22,855墳墓（＝5,783＋4,686＋2,163＋2,754＋2,834＋4,635）
2005～2010年……25,496墳墓（＝5,783＋4,686＋2,163＋2,754＋2,834＋4,635＋2,641）
2010～2015年……30,155墳墓（＝5,783＋4,686＋2,163＋2,754＋2,834＋4,635＋2,641＋4,659）
2015～2020年……32,163墳墓（＝5,783＋4,686＋2,163＋2,754＋2,834＋4,635＋2,641＋4,659＋2,008）
2020～2025年……33,287墳墓（＝5,783＋4,686＋2,163＋2,754＋2,834＋4,635＋2,641＋4,659＋2,008＋1,124）
2025～2030年……33,287墳墓（＝5,783＋4,686＋2,163＋2,754＋2,834＋4,635＋2,641＋4,659＋2,008＋1,124）
2030～2035年……33,287墳墓（＝5,783＋4,686＋2,163＋2,754＋2,834＋4,635＋2,641＋4,659＋2,008＋1,124）
2035～2040年……33,287墳墓（＝5,783＋4,686＋2,163＋2,754＋2,834＋4,635＋2,641＋4,659＋2,008＋1,124）
2040～2045年……27,504墳墓（＝4,686＋2,163＋2,754＋2,834＋4,635＋2,641＋4,659＋2,008＋1,124）
（参考値）**2045年…22,818墳墓**（＝2,163＋2,754＋2,834＋4,635＋2,641＋4,659＋2,008＋1,124）

Ⅱおよび**図表Ⅲ**のＧ列、Ｈ列、Ｉ列を参照)。これは東京都や神奈川県、埼玉県、千葉県、愛知県などでもみられた傾向である。

現実的には、この総量としての墳墓等に対するニーズのうち、各々の墓園などにおける個別のニーズがいかに見込めるかだが、この点においては、表中で1995～2015年についても示しており、これに各々の墓園における1995～2015年の申込み状況と照らし合わせて、将来における墳墓等の申込みがどのように推移するのか、読み替えていただきたい。

近年では「お墓に対する意識の多様化」「さまざまなお墓の選択がなされている」と指摘されており、お墓業界の現場からも、これまでのような既存のお墓へのニーズが希薄になっているという声が挙がっていることも、また事実である。すなわち、ここで最終的に得られたのは、墳墓（お墓）のほか、樹木葬（墓)、合葬・合祀墓、散骨等を合算した「必要墳墓"等"の数」、いわば"総数"を求めたものである。

特に合葬・合祀墓、散骨等が認知されはじめるのは、世帯員数（**図表Ⅱ**の主に**Ｄ**列を参照）の２人世帯が世帯総数の過半数を超えた頃である。つまり、この２人世帯が高齢化するにつれ、合葬・合祀墓、散骨、樹木葬（墓）へのニーズに対して、より傾斜を強めていく、という１つのモデル像がみえてくる。いわば、「お墓」へのニーズが転換する分水嶺「値」であると思料され、大阪府の場合、2005年からであった。

しかし、前述したとおり、2045年に至るまでこの大阪府方式で推計された値は、森岡方式の値との比較においても、将来（少なくとも2045年まで)、その一定の妥当性が担保されることが確認されるという、これまで、従来の墳墓等の需要関係が安定しているという側面についても留意したうえで思料せねばならない。

図表Ⅲ　墳墓等必要数の推移 ── 大阪府方式に拠る推計と森岡方式との比較

A	B	C	D	E	F	G	H	I	J
年　代	人口	死亡率	死亡者数	傍系世帯数	取得希望世帯数	墳墓需要数（大阪府方式）	墳墓需要数（森岡方式）	採用する推計結果	墳墓需要数（大阪・森岡調整値）
1995～2000	8,797,000	0.0068	59,820	13,459	8,973	**11,216**	18,220	大阪府	**11,216**
2000～2005	8,805,000	0.0071	61,315	13,796	9,197	**11,497**	22,855	大阪府	**11,497**
2005～2010	8,817,000	0.0079	69,654	15,672	10,448	**13,060**	25,496	大阪府	**13,060**
2010～2015	8,865,000	0.0088	76,556	17,225	11,483	**14,354**	30,155	大阪府	**14,354**
2015～2020	8,839,000	0.0096	83,577	18,805	12,537	**15,671**	32,163	大阪府	**15,671**
2020～2025	8,732,000	0.0105	91,686	20,629	13,753	**17,191**	33,287	大阪府	**17,191**
2025～2030	8,526,000	0.0114	97,196	21,869	14,579	**18,224**	33,287	大阪府	**18,224**
2030～2035	8,262,000	0.0125	103,275	23,237	15,491	**19,364**	33,287	大阪府	**19,364**
2035～2040	7,963,000	0.0136	108,297	24,367	16,245	**20,306**	33,287	大阪府	**20,306**
2040～2045	7,649,000	0.0148	113,205	25,471	16,981	**21,226**	27,504	大阪府	**21,226**
（参考値）2045年	7,335,000	0.0162	118,827	26,736	17,824	**22,280**	22,818	大阪府	**22,280**

28
兵庫県

(1) 葬儀および火葬の需要予測

葬儀施行単価は、「葬儀費用総額」の「中間値」では115万円。これを前提とした2015〜20年の葬儀費用総額（637億円）に対し、「葬儀年間売上げ」は539億5,800万円と、「低位最頻」の値（276億9,600万円）までは下らないものの、誤差といえる範囲で下振れする。実際の施行単価は、中間値あたりの金額が実勢値であろうと判断される。将来も同様の傾向と思料されよう（**図表Ⅰ**の**C**列と**D**列を参照）。

兵庫県は南北に長く、近畿地方の府県で最大の面積。北は日本海、南は瀬戸内海の２つの海に接している。県中央部は中国山地が東西に横たわる交通の難所である。南部の瀬戸内海沿岸は阪神・播磨臨海工業地帯といった重化学工業の集積地であり、近畿圏最多の工場立地数である。一方、県中部・北部は農林水産業が主な産業であり、過疎地や豪雪地帯も抱える。南東部の阪神間はベッドタウンとしての性格をもち、これら過密と過疎のエリアの入り交じる兵庫県のこういった地域差は考慮しておきたい。

ここで示した葬儀施行単価あるいは総額は、兵庫県の“総額・総量”であり、本資料集を活用する方の関心は、これらのうち、各々の事業者における個別のニーズがいかに見込めるかであろう。この点においては、**図表Ⅰ**で1995〜2015年についても示しており、これに各々の事業者・団体が1995〜2015年の施行状況を投影することで、将来推計で示した値（数値）をベースに、各々の業務では「どのように」あるいは「どのぐらい」「どういった」推移をしていくのか、その把握を促す手がかりとなるよう想定して提示した。

火葬場については、2018年現在でも179炉の「余力」があり、これは将来にかけてやや減少するものの、大きく変わることはない。前述したと

図表Ⅰ　葬儀費用 ── 葬儀市場規模の推移および現行火葬炉数と使用頻度（回転数）の推移

A	B	C			D	E	F	G	H
年　代	死亡者数	葬儀費用総額（括弧内は各々の施行単価）（単位：百万円）			葬儀年間売上げ（単位：百万円）	年間対応可能数 火葬炉数×1日当たりの回転数×年間稼動日数	実質火葬施行数（≒死亡者数）	余剰－不足火葬対応数	余剰－不足火葬炉数
		低位最頻（0.55）	中間値（1.15）	高位最頻（2.25）					
1995～2000	37,274	18,637	42,865	83,866	36,310	178,750	37,274	141,476	＋206
2000～2005	41,724	20,862	47,983	93,879	40,645	178,750	41,724	137,026	＋199
2005～2010	49,201	24,600	56,581	110,702	47,928	178,750	49,201	129,549	＋188
2010～2015	51,568	25,784	59,303	116,028	50,234	178,750	51,568	127,182	＋185
2015～2020	55,391	27,696	63,700	124,630	53,958	178,750	55,391	123,359	＋179
2020～2025	60,417	30,209	69,480	135,939	58,854	178,750	60,417	118,333	＋172
2025～2030	63,672	31,836	73,223	143,262	62,025	178,750	63,672	115,078	＋167
2030～2035	66,807	33,404	76,828	150,316	65,079	178,750	66,807	111,943	＋163
2035～2040	69,781	34,890	80,248	157,007	67,976	178,750	69,781	108,969	＋159
2040～2045	72,568	36,284	83,453	163,278	70,691	178,750	72,568	106,182	＋154
（参考値）2045年	75,684	37,842	87,037	170,290	73,726	178,750	75,684	103,066	＋150

おり、地域偏在も思料する必要があるが、まずは将来においても対応可能であると思料してもよいであろう（**図表ⅠのF列、G列、H列を参照**）。

（2）墳墓等の需要予測

「墳墓等に対するニーズ」は2015〜20年以降、人口、世帯数ともに減少していることから、大阪府方式、すなわち死亡者数を前提とした推計値を、そのまま墳墓等に対するニーズとして見込むのはむずかしい（**図表ⅢのG列、Ⅰ列を参照**）。

しかし、兵庫県の場合2040年に至るまで、こ

図表Ⅱ　墳墓等必要数の推移 ―― 森岡方式に拠る

A	B	C	D	E	F	G
年代	世帯数	増加世帯数	世帯員数	死亡率	需要発現期間	単年度当たりの需要数
〜1970	1,233,000		3.60	0.0066	42.1	0
〜1975	1,411,000	178,000	3.41	0.0062	47.3	3,763
〜1980	1,583,000	172,000	3.21	0.0064	48.7	3,532
〜1985	1,661,000	78,000	3.14	0.0064	49.8	1,566
〜1990	1,775,000	114,000	3.00	0.0069	48.3	2,360
〜1995	1,895,000	120,000	2.87	0.0069	50.5	2,376
〜2000	2,035,000	140,000	2.69	0.0076	48.9	2,863
〜2005	2,129,000	94,000	2.63	0.0088	43.2	2,176
〜2010	2,253,000	124,000	2.44	0.0094	43.6	2,844
〜2015	2,312,000	59,000	2.36	0.0102	41.5	1,422
〜2020	2,310,000	－2,000	2.30	0.0111	39.2	－51
〜2025	2,283,000	－27,000	2.26	0.0120	36.9	－732
〜2030	2,229,000	－54,000	2.23	0.0130	34.5	－1,565
〜2035	2,153,000	－76,000	2.22	0.0141	31.9	－2,382
〜2040	2,049,000	－104,000	2.21	0.0153	29.6	－3,514
〜2045	1,908,000	－141,000	2.20	0.0167	27.2	－5,184

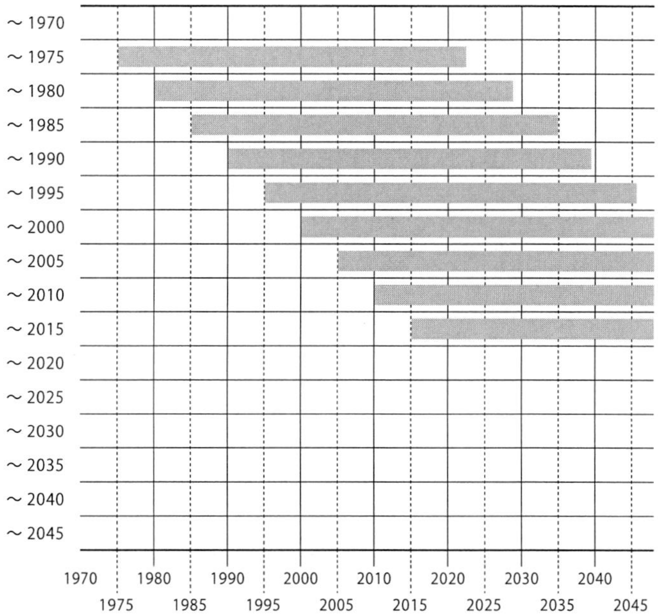

■兵庫県における年間必要墳墓数の推移

1985〜1990年……8,861墳墓（＝3,763＋3,532＋1,566）
1990〜1995年……11,221墳墓（＝3,763＋3,532＋1,566＋2,360）
1995〜2000年……13,597墳墓（＝3,763＋3,532＋1,566＋2,360＋2,376）
2000〜2005年……16,460墳墓（＝3,763＋3,532＋1,566＋2,360＋2,376＋2,863）
2005〜2010年……18,636墳墓（＝3,763＋3,532＋1,566＋2,360＋2,376＋2,863＋2,176）
2010〜2015年……21,480墳墓（＝3,763＋3,532＋1,566＋2,360＋2,376＋2,863＋2,176＋2,844）
2015〜2020年……22,902墳墓（＝3,763＋3,532＋1,566＋2,360＋2,376＋2,863＋2,176＋2,844＋1,422）
2020〜2025年……22,902墳墓（＝3,763＋3,532＋1,566＋2,360＋2,376＋2,863＋2,176＋2,844＋1,422）
2025〜2030年……19,139墳墓（＝3,532＋1,566＋2,360＋2,376＋2,863＋2,176＋2,844＋1,422）
2030〜2035年……15,607墳墓（＝1,566＋2,360＋2,376＋2,863＋2,176＋2,844＋1,422）
2035〜2040年……14,041墳墓（＝2,360＋2,376＋2,863＋2,176＋2,844＋1,422）
2040〜2045年……11,681墳墓（＝2,376＋2,863＋2,176＋2,844＋1,422）
（参考値）**2045年…11,681墳墓**（＝2,376＋2,863＋2,176＋2,844＋1,422）

の大阪府方式で推計された値は森岡方式の値との比較から、その一定の妥当性が将来においても担保されることが確認できる。ただし、値の差から思料すると、2035年頃からその傾向が顕在化するとも捉えられる（**図表Ⅱ**および**図表Ⅲ**の**G**列、**H**列、**I**列の2035～40年以降の年代を参照）。

現実的には、この総量としての墳墓等に対するニーズのうち、各々の墓園などにおける個別のニーズがいかに見込めるかでだが、この点においては、表中で1995～2015年についても示しており、これに各々の墓園における1995～2015年の申込み状況と照らし合わせて、将来における墳墓等の申込みがどのように推移するのか、読み替えていただきたい。

近年では「お墓に対する意識の多様化」「さまざまなお墓の選択がなされている」と指摘されており、お墓業界の現場からも、これまでのような既存のお墓へのニーズが希薄になっているという声が挙がっていることも、また事実である。すなわち、ここで最終的に得られたのは、墳墓（お墓）の他、樹木葬（墓）、合葬・合祀墓、散骨等を合算した「必要墳墓"等"の数」、いわば"総数"を求めたものである。

特に合葬・合祀墓、散骨等が認知されはじめるのは、世帯員数（**図表Ⅱ**の主に**D**列を参照）の２人世帯が世帯総数の過半数を超えた頃である。つまり、この２人世帯が高齢化するにつれ、合葬・合祀墓、散骨、樹木葬（墓）へのニーズに対して、より傾斜を強めていく、という１つのモデル像がみえてくる。いわば、「お墓」へのニーズが転換する分水嶺「値」であると思料され、兵庫県の場合、2000年以降であった。

しかし、前述したとおり、採用需要数が転換（本章第４項⑩、24～25ページ）するのは、2035年ないし2040年頃からなので、需要動向の変化、墓地等のニーズの転換点は、ある時期を境にして生じるのではなく、長期的なスパンで起きるであろうと見立てざるを得ないと思料される。

図表Ⅲ　墳墓等必要数の推移 ―― 大阪府方式に拠る推計と森岡方式との比較

A	B	C	D	E	F	G	H	I	J
年　代	人口	死亡率	死亡者数	傍系世帯数	取得希望世帯数	墳墓需要数（大阪府方式）	墳墓需要数（森岡方式）	採用する推計結果	墳墓需要数（大阪・森岡調整値）
1995～2000	5,402,000	0.0069	37,274	8,387	5,591	**6,989**	13,597	大阪府	**6,989**
2000～2005	5,551,000	0.0076	41,724	9,388	6,259	**7,824**	16,460	大阪府	**7,824**
2005～2010	5,591,000	0.0088	49,201	11,070	7,380	**9,225**	18,636	大阪府	**9,225**
2010～2015	5,588,000	0.0094	51,568	11,603	7,735	**9,669**	21,480	大阪府	**9,669**
2015～2020	5,535,000	0.0102	55,391	12,463	8,309	**10,386**	22,902	大阪府	**10,386**
2020～2025	5,443,000	0.0111	60,417	13,594	9,063	**11,329**	22,902	大阪府	**11,329**
2025～2030	5,306,000	0.0120	63,672	14,326	9,551	**11,939**	19,139	大阪府	**11,939**
2030～2035	5,139,000	0.0130	66,807	15,032	10,021	**12,527**	15,607	大阪府	**12,527**
2035～2040	4,949,000	0.0141	69,781	15,701	10,467	**13,084**	14,041	大阪府	**13,084**
2040～2045	4,743,000	0.0153	72,568	16,328	10,885	13,607	**11,681**	森岡	**11,681**
（参考値）2045年	4,532,000	0.0167	75,684	17,029	11,353	14,191	**11,681**	森岡	**11,681**

29 奈良県

(1) 葬儀および火葬の需要予測

葬儀施行単価は、「葬儀費用総額」の「中間値」では115万円。これを前提とした2015～20年の葬儀費用総額（160億0,800万円）に対し、「葬儀年間売上げ」は96億4,600万円と下振れする。したがって、「低位最頻」の値（50万円）までは下らないものの、実際の施行単価は中間値よりも、かなり下向きの金額が実勢値であると思料される。将来も同様の傾向と思料されよう（**図表Ⅰ**の**C**列と**D**列を参照）。

奈良県は可住地面積が全国最下位となっており、人口の９割以上が北西部の奈良盆地（大和平野）に集中。北西部は京阪神大都市圏に含まれ、大阪や京都への交通の便もよく都市近郊地域として発展しており、世界遺産（世界文化遺産）である古都奈良の文化財など歴史的・文化的な遺産にも恵まれている。一方、南部地域はほとんどが山地で林業や自然を活かしたレジャー産業が盛んであり、世界遺産の紀伊山地の霊場や参詣道といった歴史的な文化遺産に恵まれている。こういった地域差は考慮しておきたい。

ここで示した葬儀施行単価あるいは総額は、奈良県の“総額・総量”であり、本資料集を活用する方の関心は、これらのうち、各々の事業者における個別のニーズがいかに見込めるかであろう。

この点においては、**図表Ⅰ**で1995～2015年についても示しており、これに各々の事業者・団体が1995～2015年の施行状況を投影することで、将来推計で示した値（数値）をベースに、各々の業務では「どのように」あるいは「どのぐらい」「どういった」推移をしていくのか、その把握を促す手がかりとなるよう想定して提示した。

火葬場については、2018年現在でも83炉の「余力」があり、これは将来も大きく変化しない。前述したとおり、地域偏在も思料する必要がある

図表Ⅰ　葬儀費用 ── 葬儀市場規模の推移および現行火葬炉数と使用頻度（回転数）の推移

A	B	C			D	E	F	G	H
年　代	死亡者数	葬儀費用総額（括弧内は各々の施行単価）（単位：百万円）			葬儀年間売上げ（単位：百万円）	年間対応可能数 火葬炉数 × 1日当たりの回転数 × 年間稼動日数	実質火葬施行数（≒死亡者数）	余剰－不足火葬対応数	余剰－不足火葬炉数
		低位最頻（0.50）	中間値（1.15）	高位最頻（2.25）					
1995～2000	10,160	5,080	11,684	22,860	7,041	70,813	10,160	60,652	＋88
2000～2005	10,362	5,181	11,916	23,315	7,180	70,813	10,362	60,451	＋88
2005～2010	11,936	5,968	13,727	26,857	8,271	70,813	11,936	58,876	＋86
2010～2015	13,036	6,518	14,991	29,331	9,033	70,813	13,036	57,777	＋84
2015～2020	13,920	6,960	16,008	31,320	9,646	70,813	13,920	56,893	＋83
2020～2025	14,916	7,458	17,153	33,561	10,336	70,813	14,916	55,897	＋81
2025～2030	15,686	7,843	18,039	35,294	10,870	70,813	15,686	55,127	＋80
2030～2035	16,347	8,174	18,799	36,781	11,328	70,813	16,347	54,465	＋79
2035～2040	16,813	8,406	19,335	37,829	11,651	70,813	16,813	54,000	＋79
2040～2045	17,376	8,688	19,982	39,096	12,041	70,813	17,376	53,437	＋78
（参考値）2045年	17,764	8,882	20,429	39,970	12,310	70,813	17,764	53,048	＋77

が、まずは将来においても対応可能であると考える（**図表 I のF列、G列、H列を参照**）。

（2）墳墓等の需要予測

「墳墓等に対するニーズ」は2015〜20年以降、人口、世帯数ともに減少していることから、大阪府方式、すなわち死亡者数を前提とした推計値を、そのまま墳墓等に対するニーズとして見込むのはむずかしい（**図表Ⅲ のG列、I 列を参照**）。そこで世帯数、すなわち故人を墳墓等に収める人の存在を前提とした森岡方式で得られた値が注目

図表 II　墳墓等必要数の推移 —— 森岡方式に拠る

A	B	C	D	E	F	G
年代	世帯数	増加世帯数	世帯員数	死亡率	需要発現期間	単年度当たりの需要数
～1970	228,000		3.90	0.0074	34.7	0
～1975	281,000	53,000	3.71	0.0066	40.8	1,299
～1980	338,000	57,000	3.51	0.0063	45.2	1,261
～1985	374,000	36,000	3.43	0.0064	45.6	789
～1990	411,000	37,000	3.29	0.0065	46.8	791
～1995	457,000	46,000	3.15	0.0071	44.7	1,029
～2000	487,000	30,000	2.93	0.0072	47.4	633
～2005	501,000	14,000	2.84	0.0084	41.9	334
～2010	523,000	22,000	2.63	0.0094	40.4	545
～2015	529,000	6,000	2.55	0.0103	38.1	157
～2020	522,000	− 7,000	2.49	0.0113	35.5	− 197
～2025	510,000	− 12,000	2.45	0.0124	32.9	− 365
～2030	492,000	− 18,000	2.43	0.0136	30.3	− 594
～2035	470,000	− 22,000	2.40	0.0148	28.2	− 780
～2040	444,000	− 26,000	2.37	0.0163	25.9	− 1,004
～2045	413,000	− 31,000	2.34	0.0178	24.0	− 1,292

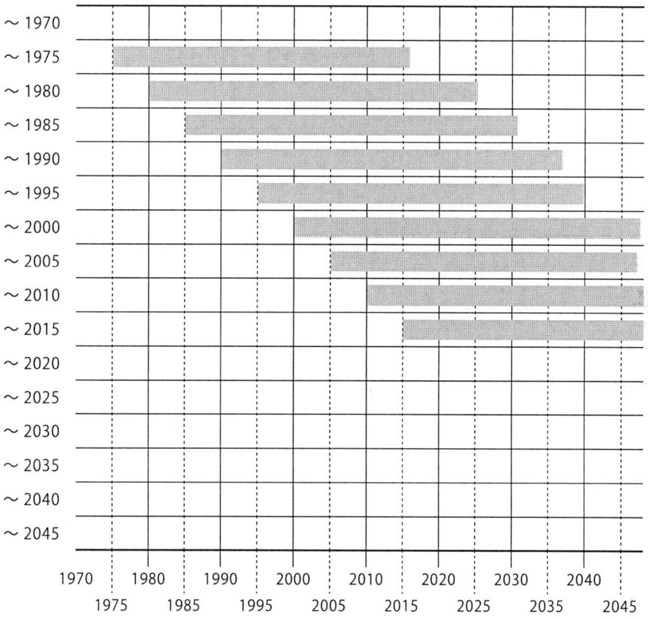

■奈良県における年間必要墳墓数の推移

1985～1990年……3,349 墳墓（＝1,299＋1,261＋789）
1990～1995年……4,140 墳墓（＝1,299＋1,261＋789＋791）
1995～2000年……5,169 墳墓（＝1,299＋1,261＋789＋791＋1,029）
2000～2005年……5,802 墳墓（＝1,299＋1,261＋789＋791＋1,029＋633）
2005～2010年……6,136 墳墓（＝1,299＋1,261＋789＋791＋1,029＋633＋334）
2010～2015年……6,681 墳墓（＝1,299＋1,261＋789＋791＋1,029＋633＋334＋545）
2015～2020年……6,838 墳墓（＝1,299＋1,261＋789＋791＋1,029＋633＋334＋545＋157）
2020～2025年……5,539 墳墓（＝1,261＋789＋791＋1,029＋633＋334＋545＋157）
2025～2030年……5,539 墳墓（＝1,261＋789＋791＋1,029＋633＋334＋545＋157）
2030～2035年……4,278 墳墓（＝789＋791＋1,029＋633＋334＋545＋157）
2035～2040年……3,489 墳墓（＝791＋1,029＋633＋334＋545＋157）
2040～2045年……1,669 墳墓（＝633＋334＋545＋157）
（参考値）**2045年…1,669 墳墓**（＝633＋334＋545＋157）

される。その境界をここでは2040年以降としたが、大阪府、森岡双方の値を比較した場合、それより早い2035年頃から、という見立てをし得ることも可能であろう（**図表Ⅱ**および**図表Ⅲ**の**G**列、**H**列、**I**列の2035～40年以降の年代を参照）。

現実的には、この総量としての墳墓等に対するニーズのうち、各々の墓園などにおける個別のニーズがいかに見込めるかだが、この点においては、表中で1995～2015年についても示しており、これに各々の墓園における1995～2015年の申込み状況を照らし合わせて、将来における墳墓等の申込みがどのように推移するのか、読み替えていただきたい。

近年では「お墓に対する意識の多様化」「さまざまなお墓の選択がなされている」と指摘されており、お墓業界の現場からも、これまでのような既存のお墓へのニーズが希薄になっているという声が挙がっていることも、また事実である。すなわち、ここで最終的に得られたのは、墳墓（お墓）のほか、樹木葬（墓）、合葬・合祀墓、散骨等を合算した「必要墳墓“等”の数」、いわば“総数”を求めたものである。

特に合葬・合祀墓、散骨等が認知されはじめるのは、世帯員数（**図表Ⅱ**の主に**D**列を参照）の２人世帯が世帯総数の過半数を超えた頃である。つまり、この２人世帯が高齢化するにつれ、合葬・合祀墓、散骨、樹木葬（墓）へのニーズに対して、より傾斜を強めていく、という１つのモデル像がみえてくる。いわば、「お墓」へのニーズが転換する分水嶺「値」であると思料され、奈良県の場合、2020年以降のこととなる。

これに、前述した動向も重ね合わせると、採用需要数が転換（本章第４項⑩、24～25ページ）する2020～25年から2040年という時期が、墓地等のニーズの転換期であろうと思料される。

図表Ⅲ　墳墓等必要数の推移 ── 大阪府方式に拠る推計と森岡方式との比較

A	B	C	D	E	F	G	H	I	J
年　代	人口	死亡率	死亡者数	傍系世帯数	取得希望世帯数	墳墓需要数（大阪府方式）	墳墓需要数（森岡方式）	採用する推計結果	墳墓需要数（大阪・森岡調整値）
1995～2000	1,431,000	0.0071	10,160	2,286	1,524	**1,905**	5,169	大阪府	**1,905**
2000～2005	1,443,000	0.0072	10,362	2,331	1,554	**1,943**	5,802	大阪府	**1,943**
2005～2010	1,421,000	0.0084	11,936	2,686	1,790	**2,238**	6,136	大阪府	**2,238**
2010～2015	1,401,000	0.0094	13,036	2,933	1,955	**2,444**	6,681	大阪府	**2,444**
2015～2020	1,364,000	0.0103	13,920	3,132	2,088	**2,610**	6,838	大阪府	**2,610**
2020～2025	1,320,000	0.0113	14,916	3,356	2,237	**2,797**	5,539	大阪府	**2,797**
2025～2030	1,265,000	0.0124	15,686	3,529	2,353	**2,941**	5,539	大阪府	**2,941**
2030～2035	1,202,000	0.0136	16,347	3,678	2,452	**3,065**	4,278	大阪府	**3,065**
2035～2040	1,136,000	0.0148	16,813	3,783	2,522	**3,153**	3,489	大阪府	**3,153**
2040～2045	1,066,000	0.0163	17,376	3,910	2,606	3,258	**1,669**	森岡	**1,669**
（参考値）2045年	998,000	0.0178	17,764	3,997	2,665	3,331	**1,669**	森岡	**1,669**

のはむずかしい（**図表Ⅲ**の**G**列、**I**列を参照）。

そこで世帯数、すなわち故人を墳墓等に収める人の存在を前提とした森岡方式で得られた値が注目される。その境界をここでは2020年以降としたが、大阪府、森岡双方の値を比較した場合、それより早い2015年頃から、という見立てをし得ることも可能であろう（**図表Ⅱ**および**図表Ⅲ**の**G**列、**H**列、**I**列の2015～20年以降の年代を参照）。その背景には、前述したように「和歌山市では大阪圏などへのストロー現象が深刻で、人口減少が続く」という状況が投影されていると思料される。

現実的には、この総量としての墳墓等に対するニーズのうち、各々の墓園などにおける個別のニーズがいかに見込めるかだが、この点においては、表中で1995～2015年についても示しており、これに各々の墓園における1995～2015年の申込み状況と照らし合わせて、将来における墳墓等の申込みがどのように推移するのか、読み替えていただきたい。

近年では「お墓に対する意識の多様化」「さまざまなお墓の選択がなされている」と指摘されており、お墓業界の現場からも、これまでのような既存のお墓へのニーズが希薄になっているという声が挙がっていることも、また事実である。すなわち、ここで最終的に得られたのは、墳墓（お墓）のほか、樹木葬（墓）、合葬・合祀墓、散骨等を合算した「必要墳墓“等”の数」、いわば“総数”を求めたものである。

特に合葬・合祀墓、散骨等が認知されはじめるのは、世帯員数（**図表Ⅱ**の主に**D**列を参照）の２人世帯が世帯総数の過半数を超えた頃である。つまり、この２人世帯が高齢化するにつれ、合葬・合祀墓、散骨、樹木葬（墓）へのニーズに対して、より傾斜を強めていく、という１つのもモデル像がみえてくる。いわば、「お墓」へのニーズが転換する分水嶺「値」であると思料され、和歌山県の場合、2000～05年以降であった。

これに、前述したような動向も重ね合わせると、採用需要数が転換（本章第４項⑩、24～25ページ）する2000～05年から2015～20年という、10年間ないし20年間が墓地等のニーズの転換期であろうと思料される。

図表Ⅲ　墳墓等必要数の推移 ―― 大阪府方式に拠る推計と森岡方式との比較

A	B	C	D	E	F	G	H	I	J
年　代	人口	死亡率	死亡者数	傍系世帯数	取得希望世帯数	墳墓需要数（大阪府方式）	墳墓需要数（森岡方式）	採用する推計結果	墳墓需要数（大阪・森岡調整値）
1995～2000	1,080,000	0.0094	10,152	2,284	1,523	**1,904**	2,049	大阪府	**1,904**
2000～2005	1,070,000	0.0096	10,225	2,301	1,534	**1,918**	2,687	大阪府	**1,918**
2005～2010	1,036,000	0.0109	11,292	2,541	1,694	**2,118**	2,775	大阪府	**2,118**
2010～2015	1,002,000	0.0121	12,049	2,711	1,807	**2,259**	3,077	大阪府	**2,259**
2015～2020	964,000	0.0131	12,549	2,824	1,882	**2,353**	2,425	大阪府	**2,353**
2020～2025	921,000	0.0142	13,078	2,943	1,962	2,453	**1,838**	森岡	**1,838**
2025～2030	876,000	0.0154	13,490	3,035	2,024	2,530	**1,653**	森岡	**1,653**
2030～2035	829,000	0.0166	13,761	3,096	2,064	2,580	**1,358**	森岡	**1,358**
2035～2040	782,000	0.0180	14,076	3,167	2,111	2,639	**1,028**	森岡	**1,028**
2040～2045	734,000	0.0195	14,313	3,220	2,147	2,684	**302**	森岡	**302**
（参考値）2045年	688,000	0.0211	14,517	3,266	2,178	2,722	0	－	－

31
鳥取県

(1) 葬儀および火葬の需要予測

葬儀施行単価は、「葬儀費用総額」の「中間値」では60万円。これを前提とした2015〜20年の葬儀費用総額（43億6,300万円）に対して、「葬儀年間売上げ」は87億4,000万円と大きく上振れ。これは、ほぼ「高位最頻」値（100万円）の場合の72億7,100万円をも上回る。

そもそも、ここでの葬儀費用総額は、「第11回『葬儀についてのアンケート調査』報告書（2017年１月）」に基づいたものであり（本章第２項③、17ページ）、鳥取県はほかに島根・岡山・広島・山口県なども含まれる「中国」エリアという広域値であって、他県と鳥取県では事情を大きく異にしているためにこうした結果になったと思料される。したがって、実際の施行単価は、「低位最頻」値（45万円）よりも高い金額が実勢値であろうと判断される。将来も同様の傾向と思料されよう（**図表Ⅰ**のC列とD列を参照）。

ここで示した葬儀施行単価あるいは総額は、鳥取県の“総額・総量”であり、本資料集を活用する方の関心は、これらのうち、各々の事業者における個別のニーズがいかに見込めるかであろう。この点においては、**図表Ⅰ**で1995〜2015年についても示しており、これに各々の事業者・団体が1995〜2015年の施行状況を投影することで、将来推計で示した値（数値）をベースに、各々の業務では「どのように」あるいは「どのぐらい」「どういった」推移をしていくのか、その把握を促す手がかりとなるよう想定して提示した。

火葬場については、2018年現在、14炉の「余力」しかない。この余力数は将来においても大きな変化はない。しかし、そもそもこの程度の余力では、「火葬炉の４分の１が仮にメンテナンス中で稼動できない」とすると、すでに火葬炉不足が顕在化していると見做し得る状況であろうと思料

図表Ⅰ　葬儀費用 ── 葬儀市場規模の推移および現行火葬炉数と使用頻度（回転数）の推移

A	B	C			D	E	F	G	H
年　代	死亡者数	葬儀費用総額（括弧内は各々の施行単価）（単位：百万円）			葬儀年間売上げ（単位：百万円）	年間対応可能数 火葬炉数 × 1日当たりの回転数 × 年間稼動日数	実質火葬施行数（≒死亡者数）	余剰－不足 火葬対応数	余剰－不足 火葬炉数
		低位最頻（0.45）	中間値（0.60）	高位最頻（1.00）					
1995〜2000	5,781	2,601	3,469	5,781	6,949	17,188	5,781	11,407	＋17
2000〜2005	5,935	2,671	3,561	5,935	7,134	17,188	5,935	11,253	＋16
2005〜2010	6,374	2,868	3,824	6,374	7,661	17,188	6,374	10,814	＋16
2010〜2015	6,947	3,126	4,168	6,947	8,351	17,188	6,947	10,241	＋15
2015〜2020	7,271	3,272	4,363	7,271	8,740	17,188	7,271	9,917	＋14
2020〜2025	7,673	3,453	4,604	7,673	9,223	17,188	7,673	9,515	＋14
2025〜2030	7,948	3,576	4,769	7,948	9,553	17,188	7,948	9,240	＋13
2030〜2035	8,204	3,692	4,923	8,204	9,862	17,188	8,204	8,983	＋13
2035〜2040	8,465	3,809	5,079	8,465	10,175	17,188	8,465	8,723	＋13
2040〜2045	8,685	3,908	5,211	8,685	10,439	17,188	8,685	8,503	＋12
（参考値）2045年	8,890	4,001	5,334	8,890	10,686	17,188	8,890	8,297	＋12

される（**図表Ｉ**のＦ列、Ｇ列、Ｈ列を参照）。

(2) 墳墓等の需要予測

「墳墓等に対するニーズ」は2015〜20年以降、人口、世帯数ともに減少していることから、大阪府方式、すなわち死亡者数を前提とした推計値を、そのまま墳墓等に対するニーズとして見込むのはむずかしい（**図表Ⅲ**のＧ列、Ｉ列を参照）。

そこで世帯数、すなわち故人を墳墓等に収める人の存在を前提とした森岡方式で得られた値が注目される。その境界をここでは2020年以降としたが、大阪府、森岡双方の値を比較した場合、それより少し早い2015年頃から、そうした見立て

図表Ⅱ　墳墓等必要数の推移 ── 森岡方式に拠る

A	B	C	D	E	F	G
年代	世帯数	増加世帯数	世帯員数	死亡率	需要発現期間	単年度当たりの需要数
〜1970	141,000		3.93	0.0092	27.7	0
〜1975	154,000	13,000	3.69	0.0085	31.9	408
〜1980	168,000	14,000	3.54	0.0082	34.4	407
〜1985	173,000	5,000	3.51	0.0078	36.5	137
〜1990	179,000	6,000	3.38	0.0085	34.8	172
〜1995	189,000	10,000	3.18	0.0094	33.5	299
〜2000	200,000	11,000	3.00	0.0097	34.4	320
〜2005	209,000	9,000	2.90	0.0105	32.8	274
〜2010	211,000	2,000	2.71	0.0119	31.0	65
〜2015	216,000	5,000	2.63	0.0128	29.7	168
〜2020	205,000	− 11,000	2.57	0.0138	28.2	− 390
〜2025	199,000	− 6,000	2.53	0.0148	26.7	− 225
〜2030	192,000	− 7,000	2.50	0.0159	25.2	− 278
〜2035	183,000	− 9,000	2.46	0.0171	23.8	− 378
〜2040	174,000	− 9,000	2.42	0.0184	22.5	− 400
〜2045	164,000	− 10,000	2.38	0.0198	21.2	− 472

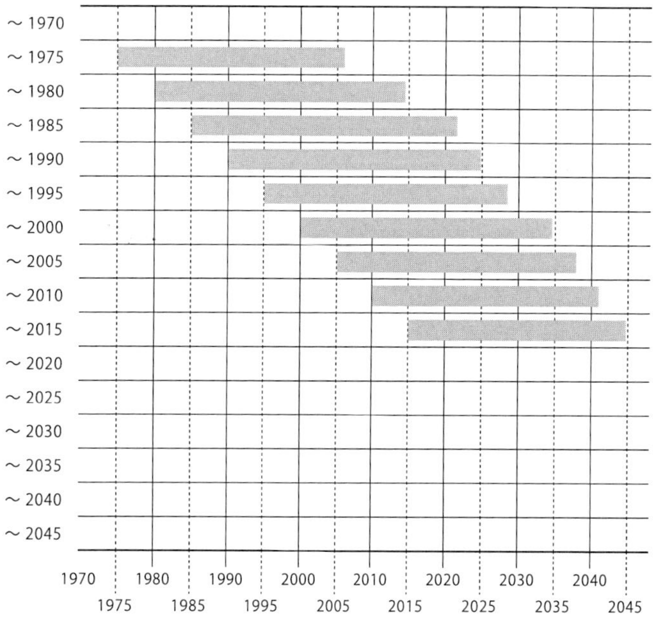

■鳥取県における年間必要墳墓数の推移

1985〜1990年……952 墳墓（＝408＋407＋137）
1990〜1995年……1,124 墳墓（＝408＋407＋137＋172）
1995〜2000年……1,423 墳墓（＝408＋407＋137＋172＋299）
2000〜2005年……1,743 墳墓（＝408＋407＋137＋172＋299＋320）
2005〜2010年……2,017 墳墓（＝408＋407＋137＋172＋299＋320＋274）
2010〜2015年……1,674 墳墓（＝407＋137＋172＋299＋320＋274＋65）
2015〜2020年……1,435 墳墓（＝137＋172＋299＋320＋274＋65＋168）
2020〜2025年……1,435 墳墓（＝137＋172＋299＋320＋274＋65＋168）
2025〜2030年……1,126 墳墓（＝299＋320＋274＋65＋168）
2030〜2035年……827 墳墓（＝320＋274＋65＋168）
2035〜2040年……507 墳墓（＝274＋65＋168）
2040〜2045年……233 墳墓（＝65＋168）
（参考値）**2045年…0 墳墓**

を行なうのが妥当であろう（**図表Ⅱ**および**図表Ⅲ**の**G**列、**H**列、**I**列の2015～20年以降の年代を参照）。

現実的には、この総量としての墳墓等に対するニーズのうち、各々の墓園などにおける個別のニーズがいかに見込めるかだが、この点においては、表中で1995～2015年についても示しており、これに各々の墓園等における1995～2015年の申込み状況を照らし合わせて、将来における墳墓等の申込みがどのように推移するのか、読み替えていただきたい。

近年では「お墓に対する意識の多様化」「さまざまなお墓の選択がなされている」と指摘されており、お墓業界の現場からも、これまでのような既存のお墓へのニーズが希薄になっているという声が挙がっていることも、また事実である。すなわち、ここで最終的に得られたのは、墳墓（お墓）のほか、樹木葬（墓）、合葬・合祀墓、散骨等を合算した「必要墳墓“等”の数」、いわば“総数”を求めたものである。

特に合葬・合祀墓、散骨等が認知されはじめるのは、世帯員数（**図表Ⅲ**の主に**D**列を参照）の２人世帯が世帯総数の過半数を超えた頃である。つまり、この２人世帯が高齢化するにつれ、合葬・合祀墓、散骨、樹木葬（墓）へのニーズに対して、より傾斜を強めていく、という１つのモデル像がみえてくる。いわば、「お墓」へのニーズが転換する分水嶺「値」であると思料され、鳥取県の場合、2030～35年以降のこととなる。

しかし、前述したとおり、採用需要数が転換（本章第４項⑩、24～25ページ）するのは、2015～20年以降にかけてのことであるから、鳥取県における墓地等のニーズの転換点、需要動向の変化は、ある時期を境にして生じるのではなく、長期的なスパンで起きると見立てざるを得ないと思料される。

図表Ⅲ　墳墓等必要数の推移 ―― 大阪府方式に拠る推計と森岡方式との比較

A	B	C	D	E	F	G	H	I	J
年　代	人口	死亡率	死亡者数	傍系世帯数	取得希望世帯数	墳墓需要数（大阪府方式）	墳墓需要数（森岡方式）	採用する推計結果	墳墓需要数（大阪・森岡調整値）
1995～2000	615,000	0.0094	5,781	1,301	867	**1,084**	1,423	大阪府	**1,084**
2000～2005	613,000	0.0097	5,935	1,335	890	**1,113**	1,743	大阪府	**1,113**
2005～2010	607,000	0.0105	6,374	1,434	956	**1,195**	2,017	大阪府	**1,195**
2010～2015	589,000	0.0119	6,947	1,563	1,042	**1,303**	1,674	大阪府	**1,303**
2015～2020	573,000	0.0128	7,271	1,636	1,091	**1,364**	1,435	大阪府	**1,364**
2020～2025	556,000	0.0138	7,673	1,726	1,151	1,439	**1,435**	森岡	**1,435**
2025～2030	537,000	0.0148	7,948	1,788	1,192	1,490	**1,126**	森岡	**1,126**
2030～2035	516,000	0.0159	8,204	1,846	1,231	1,539	**827**	森岡	**827**
2035～2040	495,000	0.0171	8,465	1,905	1,270	1,588	**507**	森岡	**507**
2040～2045	472,000	0.0184	8,685	1,954	1,303	1,629	**233**	森岡	**233**
（参考値）2045年	449,000	0.0198	8,890	2,000	1,334	1,667	0	－	－

32 島根県

(1) 葬儀および火葬の需要予測

葬儀施行単価は、「葬儀費用総額」の「中間値」では60万円であり、これを前提とした2015〜20年の葬儀費用総額は57億6,200万円であるのに対し、「葬儀年間売上げ」は88億0,600万円と上振れしている。よって、実際の施行単価は、中間値より「高位最頻」値（100万円）に近い、上向きの金額が実勢に近いと判断される。将来も同様であろうと思料される（**図表Ⅰ**の**C**列と**D**列を参照）。

島根県は、日本の中国地方の日本海側である山陰地方の西部をなす県。県庁所在地は松江市。旧国名は出雲・石見・隠岐であり、現在でも出雲・石見・隠岐地方の３つの地域に区分されることが多い。全国では鳥取県に次いで２番目に人口が少ないというような地域差は考慮する必要がある。

ここで示した葬儀施行単価あるいは総額は、島根県の"総額・総量"であり、本資料集を活用する方の関心は、これらのうち、各々の事業者における個別のニーズがいかに見込めるかであろう。この点においては、**図表Ⅰ**で1995〜2015年についても示しており、これに各々の事業者・団体が1995〜2015年の施行状況を投影することで、将来推計で示した値（数値）をベースに、各々の業務では「どのように」あるいは「どのぐらい」「どういった」推移をしていくのか、その把握を促す手がかりとなるよう想定して提示した。

火葬場については、2018年現在でも42炉の「余力」がある。これは将来においても大きく減じることはない。「仮に火葬炉の４分の１がメンテナンス中で稼動できない」という想定をしても（地域における差異はあるかもしれないが）、比較的、安定した火葬業務が可能であろうと思料される（**図表Ⅰ**の**F**列、**G**列、**H**列を参照）。

図表Ⅰ　葬儀費用 ── 葬儀市場規模の推移および現行火葬炉数と使用頻度（回転数）の推移

A	B	C			D	E	F	G	H
年　代	死亡者数	葬儀費用総額（括弧内は各々の施行単価）（単位：百万円）			葬儀年間売上げ（単位：百万円）	年間対応可能数 火葬炉数 × 1日当たりの回転数 × 年間稼動日数	実質火葬施行数（≒死亡者数）	余剰ー不足火葬対応数	余剰ー不足火葬炉数
		低位最頻（0.45）	中間値（0.60）	高位最頻（1.00）					
1995 〜 2000	7,710	3,470	4,626	7,710	7,069	38,500	7,710	30,790	＋45
2000 〜 2005	7,700	3,465	4,620	7,700	7,060	38,500	7,700	30,800	＋45
2005 〜 2010	8,607	3,873	5,164	8,607	7,892	38,500	8,607	29,893	＋43
2010 〜 2015	9,109	4,099	5,465	9,109	8,352	38,500	9,109	29,391	＋43
2015 〜 2020	9,604	4,322	5,762	9,604	8,806	38,500	9,604	28,896	＋42
2020 〜 2025	10,117	4,553	6,070	10,117	9,276	38,500	10,117	28,383	＋41
2025 〜 2030	10,545	4,745	6,327	10,545	9,669	38,500	10,545	27,955	＋41
2030 〜 2035	10,947	4,926	6,568	10,947	10,037	38,500	10,947	27,553	＋40
2035 〜 2040	11,348	5,107	6,809	11,348	10,405	38,500	11,348	27,152	＋39
2040 〜 2045	11,718	5,273	7,031	11,718	10,744	38,500	11,718	26,782	＋39
（参考値）2045 年	12,061	5,428	7,237	12,061	11,059	38,500	12,061	26,439	＋38

(2) 墳墓等の需要予測

「墳墓等に対するニーズ」は2015～20年以降、人口、世帯数ともに減少していることから、大阪府方式、すなわち死亡者数を前提とした推計値を、そのまま墳墓等に対するニーズとして見込むのはむずかしい（**図表Ⅲ**の**G**列、**I**列を参照）。

前述したとおり、「全国では鳥取県に次いで２番目に人口が少ない」という状況を投影したとも思料されるが、すでに1995年、2005年から世帯

図表Ⅱ　墳墓等必要数の推移 ―― 森岡方式に拠る

A 年代	B 世帯数	C 増加世帯数	D 世帯員数	E 死亡率	F 需要発現期間	G 単年度当たりの需要数
～1970	196,000		3.83	0.0101	25.9	0
～1975	206,000	10,000	3.62	0.0094	29.4	340
～1980	226,000	20,000	3.42	0.0091	32.1	623
～1985	232,000	6,000	3.36	0.0083	35.9	167
～1990	235,000	3,000	3.26	0.0091	33.7	89
～1995	242,000	7,000	3.07	0.0100	32.6	215
～2000	257,000	15,000	2.90	0.0102	33.8	444
～2005	259,000	2,000	2.86	0.0116	30.1	66
～2010	261,000	2,000	2.66	0.0128	29.4	68
～2015	264,000	3,000	2.58	0.0139	27.9	108
～2020	250,000	－14,000	2.53	0.0151	26.2	－534
～2025	240,000	－10,000	2.50	0.0164	24.4	－410
～2030	229,000	－11,000	2.47	0.0178	22.7	－485
～2035	218,000	－11,000	2.44	0.0193	21.2	－519
～2040	206,000	－12,000	2.41	0.0210	19.8	－606
～2045	192,000	－14,000	2.38	0.0228	18.4	－761

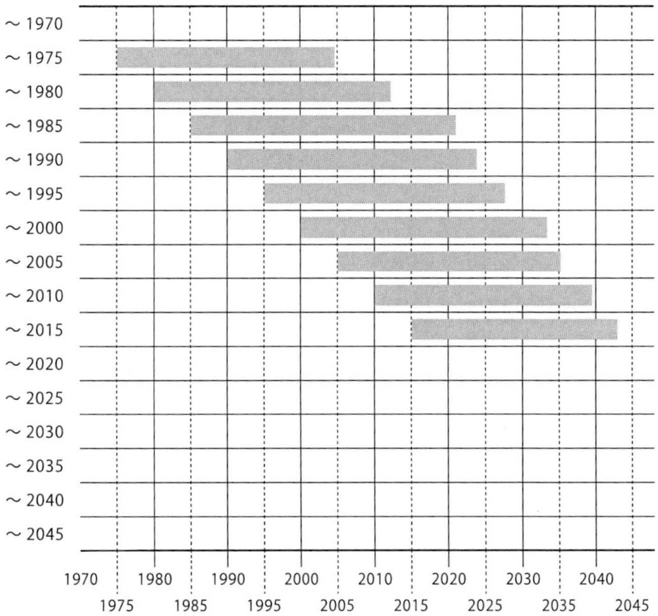

■島根県における年間必要墳墓数の推移

1985～1990年……1,130 墳墓（＝340＋623＋167）
1990～1995年……1,219 墳墓（＝340＋623＋167＋89）
1995～2000年……1,434 墳墓（＝340＋623＋167＋89＋215）
2000～2005年……1,878 墳墓（＝340＋623＋167＋89＋215＋444）
2005～2010年……1,604 墳墓（＝623＋167＋89＋215＋444＋66）
2010～2015年……1,672 墳墓（＝623＋167＋89＋215＋444＋66＋68）
2015～2020年……1,157 墳墓（＝167＋89＋215＋444＋66＋68＋108）
2020～2025年……1,157 墳墓（＝167＋89＋215＋444＋66＋68＋108）
2025～2030年……901 墳墓（＝215＋444＋66＋68＋108）
2030～2035年……686 墳墓（＝444＋66＋68＋108）
2035～2040年……242 墳墓（＝66＋68＋108）
2040～2045年……108 墳墓
（参考値）**2045年…0 墳墓**

数、すなわち故人を墳墓等に収める人の存在を前提とした森岡方式で得られた値が注目される（**図表Ⅱ**および**図表Ⅲ**の**G**列、**H**列、**I**列の1995～2000年と2005～10年の年代を参照）。

現実的には、この総量としての墳墓等に対するニーズのうち、各々の墓園などにおける個別のニーズがいかに見込めるかだが、この点においては、表中で1995～2015年についても示しており、これに各々の墓園における1995～2015年の申込み状況と照らし合わせて、将来における墳墓等の申込みがどのように推移するのか、読み替えていただきたい。

近年では「お墓に対する意識の多様化」「さまざまなお墓の選択がなされている」と指摘されており、お墓業界の現場からも、これまでのような既存のお墓へのニーズが希薄になっているという声が挙がっていることも、また事実である。すなわち、ここで最終的に得られたのは、墳墓（お墓）のほか、樹木葬（墓）、合葬・合祀墓、散骨等を合算した「必要墳墓“等”の数」、いわば“総数”を求めたものである。

特に合葬・合祀墓、散骨等が認知されはじめるのは、世帯員数（**図表Ⅱ**の主に**D**列を参照）の２人世帯が世帯総数の過半数を超えた頃である。つまり、この２人世帯が高齢化するにつれ、合葬・合祀墓、散骨、樹木葬（墓）へのニーズに対して、より傾斜を強めていく、という１つのモデル像がみえてくる。いわば、「お墓」へのニーズが転換する分水嶺「値」であると思料され、島根県の場合、2025～30年以降のこととなる。

他方、前述したとおり、死亡者の発生を前提とした大阪府方式で得られる需要推計数が膨張し、世帯数の増加を前提として得られる需要数推計値（森岡方式）のほうに信頼性が切り替わる（本章第４項⑩、24～25ページ）のは、すでに1995年、2005年にはじまっていることから、島根県における墳墓等の需要の動向・変動は現在進行形のことと思料され得よう。

図表Ⅲ　墳墓等必要数の推移 ── 大阪府方式に拠る推計と森岡方式との比較

A	B	C	D	E	F	G	H	I	J
年　代	人口	死亡率	死亡者数	傍系世帯数	取得希望世帯数	墳墓需要数（大阪府方式）	墳墓需要数（森岡方式）	採用する推計結果	墳墓需要数（大阪・森岡調整値）
1995～2000	771,000	0.0100	7,710	1,735	1,157	1,446	**1,434**	森岡	**1,434**
2000～2005	762,000	0.0102	7,700	1,733	1,155	**1,444**	1,878	大阪府	**1,444**
2005～2010	742,000	0.0116	8,607	1,937	1,291	1,614	**1,604**	森岡	**1,604**
2010～2015	717,000	0.0128	9,109	2,050	1,366	1,708	**1,672**	森岡	**1,672**
2015～2020	694,000	0.0139	9,604	2,161	1,441	1,801	**1,157**	森岡	**1,157**
2020～2025	670,000	0.0151	10,117	2,276	1,518	1,897	**1,157**	森岡	**1,157**
2025～2030	643,000	0.0164	10,545	2,373	1,582	1,978	**901**	森岡	**901**
2030～2035	615,000	0.0178	10,947	2,463	1,642	2,053	**686**	森岡	**686**
2035～2040	588,000	0.0193	11,348	2,553	1,702	2,128	**242**	森岡	**242**
2040～2045	558,000	0.0210	11,718	2,637	1,758	2,198	**108**	森岡	**108**
（参考値）2045年	529,000	0.0228	12,061	2,714	1,809	2,262	0	－	－

33 岡山県

(1) 葬儀および火葬の需要予測

葬儀施行単価は、「葬儀費用総額」の「中間値」では60万円。これを前提とした2015～20年の葬儀費用総額（129億1,500万円）に対し、実績値ともいえる「葬儀年間売上げ」は358億6,400万円と、大きく上振れ。ほぼ「高位最頻」値（100万円）における215億2,500万円をも上回る。

そもそも、ここでの葬儀費用総額は、「第11回『葬儀についてのアンケート調査』報告書（2017年１月）」に基づいたものであり（本章第２項③、17ページ）、岡山県はほかに鳥取・島根・広島・山口県なども含まれる「中国」エリアという広域値であって、他県と岡山県では事情を大きく異にしているためにこうした結果になったと思料される。したがって、実際の施行単価は、「低位最頻」値（45万円）よりも高い金額が実勢値となるであろうと判断される。将来も同様の傾向と思料されよう（**図表Ⅰ**の**C**列と**D**列を参照）。

ここで示した葬儀施行単価あるいは総額は、岡山県の“総額・総量”であり、本資料集を活用する方の関心は、これらのうち、各々の事業者における個別のニーズがいかに見込めるかであろう。この点においては、**図表Ⅰ**で1995～2015年についても示しており、これに各々の事業者・団体が1995～2015年の施行状況を投影することで、将来推計で示した値（数値）をベースに、各々の業務では「どのように」あるいは「どのぐらい」「どういった」推移をしていくのか、その把握を促す手がかりとなるよう想定して提示した。

火葬場については、2018年現在で82炉の「余力」が認められる。この余力数は将来においてやや減少はするものの、大きな変化は認められない。したがって、岡山県では対応し得る火葬炉数の余力は十分に確保されている、と見做し得ると思料される（**図表Ⅰ**の**F**列、**G**列、**H**列を参照）。

図表Ⅰ　葬儀費用 ── 葬儀市場規模の推移および現行火葬炉数と使用頻度（回転数）の推移

A	B	C			D	E	F	G	H
年　代	死亡者数	葬儀費用総額（括弧内は各々の施行単価）（単位：百万円）			葬儀年間売上げ（単位：百万円）	年間対応可能数 火葬炉数×1日当たりの回転数×年間稼動日数	実質火葬施行数（≒死亡者数）	余剰－不足火葬対応数	余剰－不足火葬炉数
		低位最頻（0.45）	中間値（0.60）	高位最頻（1.00）					
1995～2000	16,584	7,463	9,950	16,584	27,631	77,688	16,584	61,104	＋89
2000～2005	16,907	7,608	10,144	16,907	28,170	77,688	16,907	60,781	＋88
2005～2010	18,592	8,366	11,155	18,592	30,976	77,688	18,592	59,096	＋86
2010～2015	20,248	9,112	12,149	20,248	33,736	77,688	20,248	57,440	＋84
2015～2020	21,525	9,686	12,915	21,525	35,864	77,688	21,525	56,163	＋82
2020～2025	23,058	10,376	13,835	23,058	38,418	77,688	23,058	54,630	＋79
2025～2030	24,183	10,882	14,510	24,183	40,292	77,688	24,183	53,505	＋78
2030～2035	25,338	11,402	15,203	25,338	42,217	77,688	25,338	52,350	＋76
2035～2040	26,478	11,915	15,887	26,478	44,117	77,688	26,478	51,209	＋74
2040～2045	27,400	12,330	16,440	27,400	45,653	77,688	27,400	50,287	＋73
（参考値）2045年	28,512	12,830	17,107	28,512	47,505	77,688	28,512	49,176	＋72

(2) 墳墓等の需要予測

「墳墓等に対するニーズ」は2015～20年以降、人口、世帯数ともに減少していることから、大阪府方式、すなわち死亡者数を前提とした推計値を、そのまま墳墓等に対するニーズとして見込むのはむずかしい（**図表IIIのG列、I列を参照**）。

そこで世帯数、すなわち故人を墳墓等に収める人の存在を前提とした森岡方式で得られた値が注目される。その境界をここでは2035年以降としたが、大阪府、森岡双方の値を比較した場合、それより少し早い2025年頃から、という見立てを

図表II　墳墓等必要数の推移 —— 森岡方式に拠る

A	B	C	D	E	F	G
年代	世帯数	増加世帯数	世帯員数	死亡率	需要発現期間	単年度当たりの需要数
～1970	440,000		3.71	0.0082	32.9	0
～1975	499,000	59,000	3.50	0.0077	37.1	1,590
～1980	560,000	61,000	3.29	0.0075	40.5	1,506
～1985	582,000	22,000	3.24	0.0075	41.2	534
～1990	608,000	26,000	3.11	0.0080	40.2	647
～1995	637,000	29,000	2.96	0.0085	39.7	730
～2000	690,000	53,000	2.77	0.0087	41.5	1,277
～2005	724,000	34,000	2.70	0.0095	39.0	872
～2010	753,000	29,000	2.52	0.0105	37.8	767
～2015	771,000	18,000	2.46	0.0113	36.0	500
～2020	754,000	－17,000	2.41	0.0122	34.0	－500
～2025	741,000	－13,000	2.38	0.0131	32.1	－405
～2030	722,000	－19,000	2.35	0.0141	30.2	－629
～2035	698,000	－24,000	2.33	0.0152	28.2	－851
～2040	669,000	－29,000	2.31	0.0163	26.6	－1,090
～2045	633,000	－36,000	2.29	0.0176	24.8	－1,452

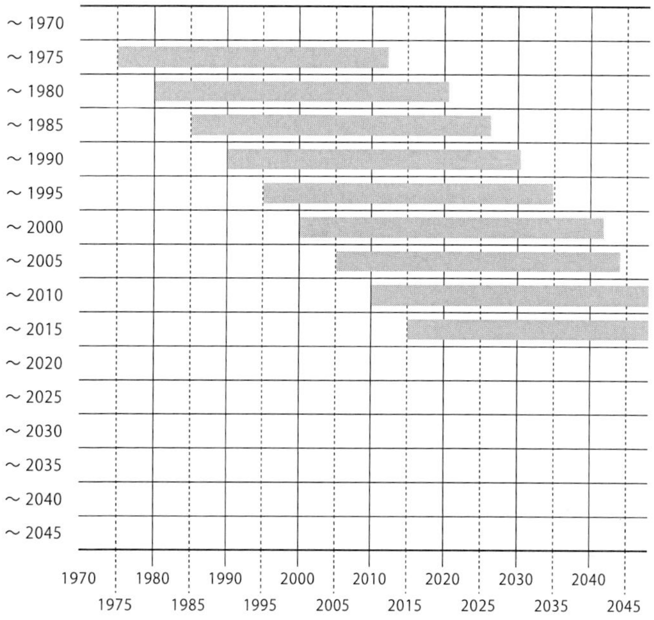

■岡山県における年間必要墳墓数の推移

1985～1990年……3,630墳墓（＝1,590＋1,506＋534）
1990～1995年……4,277墳墓（＝1,590＋1,506＋534＋647）
1995～2000年……5,007墳墓（＝1,590＋1,506＋534＋647＋730）
2000～2005年……6,284墳墓（＝1,590＋1,506＋534＋647＋730＋1,277）
2005～2010年……7,156墳墓（＝1,590＋1,506＋534＋647＋730＋1,277＋872）
2010～2015年……7,923墳墓（＝1,590＋1,506＋534＋647＋730＋1,277＋872＋767）
2015～2020年……6,833墳墓（＝1,506＋534＋647＋730＋1,277＋872＋767＋500）
2020～2025年……6,833墳墓（＝1,506＋534＋647＋730＋1,277＋872＋767＋500）
2025～2030年……5,327墳墓（＝534＋647＋730＋1,277＋872＋767＋500）
2030～2035年……4,793墳墓（＝647＋730＋1,277＋872＋767＋500）
2035～2040年……3,416墳墓（＝1,277＋872＋767＋500）
2040～2045年……3,416墳墓（＝1,277＋872＋767＋500）
（参考値）**2045年…1,267墳墓**（＝767＋500）

行なうのは妥当であろう（**図表Ⅱ**および**図表Ⅲ**のG列、H列、Ｉ列の2025～30年以降の年代を参照）。

現実的には、この総量としての墳墓等に対するニーズのうち、各々の墓園などにおける個別のニーズがいかに見込めるかだが、この点においては、表中で1995～2015年についても示しており、これに各々の墓園における1995～2015年の申込み状況を照らし合わせて、将来における墳墓等の申込みがどのように推移するのか、読み替えていただきたい。

近年では「お墓に対する意識の多様化」「さまざまなお墓の選択がなされている」と指摘されており、お墓業界の現場からも、これまでのような既存のお墓へのニーズが希薄になっているという声が挙がっていることも、また事実である。すなわち、ここで最終的に得られたのは、墳墓（お墓）のほか、樹木葬（墓）、合葬・合祀墓、散骨等を合算した「必要墳墓“等”の数」、いわば“総数”を求めたものである。

特に合葬・合祀墓、散骨等が認知されはじめるのは、世帯員数（**図表Ⅱ**の主に**D**列を参照）の２人世帯が世帯総数の過半数を超えた頃である。つまり、この２人世帯が高齢化するにつれ、合葬・合祀墓、散骨、樹木葬（墓）へのニーズに対して、より傾斜を強めていく、いわば、「お墓」へのニーズが転換する分水嶺「値」であると思料され、岡山県の場合、2015年以降のことであった。

しかし、前述したとおり、採用需要数が転換（本章第４項⑩、24～25ページ）するのは、2025～35年以降にかけてのことであるから、岡山県における墓地等のニーズの転換点および需要動向の変化は、ある時期を境にして生じるのではなく、長期的なスパンで起きると見立てざるを得ないと思料される。

図表Ⅲ　墳墓等必要数の推移 ―― 大阪府方式に拠る推計と森岡方式との比較

A	B	C	D	E	F	G	H	I	J
年　代	人口	死亡率	死亡者数	傍系世帯数	取得希望世帯数	墳墓需要数（大阪府方式）	墳墓需要数（森岡方式）	採用する推計結果	墳墓需要数（大阪・森岡調整値）
1995～2000	1,951,000	0.0085	16,584	3,731	2,488	**3,110**	5,007	大阪府	**3,110**
2000～2005	1,951,000	0.0087	16,907	3,804	2,536	**3,170**	6,284	大阪府	**3,170**
2005～2010	1,957,000	0.0095	18,592	4,183	2,789	**3,486**	7,156	大阪府	**3,486**
2010～2015	1,945,000	0.0105	20,248	4,556	3,037	**3,797**	7,923	大阪府	**3,797**
2015～2020	1,922,000	0.0113	21,525	4,843	3,229	**4,036**	6,833	大阪府	**4,036**
2020～2025	1,890,000	0.0122	23,058	5,188	3,459	**4,324**	6,833	大阪府	**4,324**
2025～2030	1,846,000	0.0131	24,183	5,441	3,627	**4,534**	5,327	大阪府	**4,534**
2030～2035	1,797,000	0.0141	25,338	5,701	3,801	**4,751**	4,793	大阪府	**4,751**
2035～2040	1,742,000	0.0152	26,478	5,958	3,972	4,965	**3,416**	森岡	**3,416**
2040～2045	1,681,000	0.0163	27,400	6,165	4,110	5,138	**3,416**	森岡	**3,416**
（参考値）2045年	1,620,000	0.0176	28,512	6,415	4,277	5,346	**1,267**	森岡	**1,267**

34 広島県

(1) 葬儀および火葬の需要予測

葬儀施行単価は、「葬儀費用総額」の「中間値」では60万円であり、これを前提とした実質値ともいえる葬儀費用総額（179億2,700万円）であるのに対し、「葬儀年間売上げ」は275億6,200万円と、大きく上振れしている。よって、実際の施行単価は、「高位最頻」値（100万円）に近い、上向きの金額が実勢に近い値と判断される。将来も同様であろうと思料される（**図表Ⅰ**の**C**列と**D**列を参照）。

広島県は、広島都市圏と備後都市圏を中心に工業（自動車産業）・商業が盛ん。一方で海・山の豊富な自然にも恵まれて農業・漁業も盛んであり、「日本国の縮図」とも呼ばれている。広島県内は、機能と生活圏などの違いから、広島圏域（県西部の安芸）、備後圏域（県東部）、備北圏域（県北東部）の３つに分ける場合も多い。

ここで示した葬儀施行単価あるいは総額は、広島県の"総額・総量"であり、本資料集を活用する方の関心は、これらのうち、各々の事業者における個別のニーズがいかに見込めるかであろう。この点においては、**図表Ⅰ**で1995～2015年についても示しており、これに各々の事業者・団体が1995～2015年の施行状況を投影することで、将来推計で示した値（数値）をベースに、各々の業務では「どのように」あるいは「どのぐらい」「どういった」推移をしていくのか、その把握を促す手がかりとなるよう想定して提示した。

火葬場については、2018年現在でも126炉の「余力」がある。これは将来においても100炉を割り込むことはないので、「仮に火葬炉の４分の１はメンテナンス中で稼動できない」という想定をしても（地域における差異はあるかもしれないが）、比較的、安定した火葬業務行が可能と思料

図表Ⅰ　葬儀費用 ―― 葬儀市場規模の推移および現行火葬炉数と使用頻度（回転数）の推移

A	B	C			D	E	F	G	H
年　代	死亡者数	葬儀費用総額（括弧内は各々の施行単価）（単位：百万円）			葬儀年間売上げ（単位：百万円）	年間対応可能数 火葬炉数×１日当たりの回転数×年間稼動日数	実質火葬施行数（≒死亡者数）	余剰－不足火葬対応数	余剰－不足火葬炉数
		低位最頻（0.45）	中間値（0.60）	高位最頻（1.00）					
1995～2000	22,768	10,246	13,661	22,768	21,002	116,188	22,768	93,420	＋136
2000～2005	23,188	10,435	13,913	23,188	21,390	116,188	23,188	93,000	＋135
2005～2010	25,893	11,652	15,536	25,893	23,885	116,188	25,893	90,295	＋131
2010～2015	27,561	12,402	16,537	27,561	25,424	116,188	27,561	88,627	＋129
2015～2020	29,879	13,446	17,927	29,879	27,562	116,188	29,879	86,309	＋126
2020～2025	32,642	14,689	19,585	32,642	30,111	116,188	32,642	83,545	＋122
2025～2030	35,027	15,762	21,016	35,027	32,310	116,188	35,027	81,161	＋118
2030～2035	37,108	16,699	22,265	37,108	34,231	116,188	37,108	79,079	＋115
2035～2040	39,396	17,728	23,638	39,396	36,341	116,188	39,396	76,792	＋112
2040～2045	41,597	18,718	24,958	41,597	38,371	116,188	41,597	74,591	＋108
（参考値）2045年	43,965	19,784	26,379	43,965	40,556	116,188	43,965	72,223	＋105

される（**図表Ⅰ**の**F**列、**G**列、**H**列を参照）。

（2）墳墓等の需要予測

「墳墓等に対するニーズ」は2015〜20年以降、人口、世帯数ともに減少していることから、大阪府方式、すなわち死亡者数を前提とした推計値を、そのまま墳墓等に対するニーズとして見込むのはむずかしい（**図表Ⅲ**の**G**列、**Ｉ**列を参照）。

そこで世帯数、すなわち故人を墳墓等に収める人の存在を前提とした森岡方式で得られた値が注目される。その境界をここでは2035年以降とし

図表Ⅱ　墳墓等必要数の推移 ―― 森岡方式に拠る

A	B	C	D	E	F	G
年代	世帯数	増加世帯数	世帯員数	死亡率	需要発現期間	単年度当たりの需要数
〜1970	670,000		3.46	0.0076	38.0	0
〜1975	770,000	100,000	3.30	0.0069	43.9	2,278
〜1980	874,000	104,000	3.09	0.0067	48.3	2,153
〜1985	980,000	106,000	3.02	0.0068	48.7	2,177
〜1990	974,000	− 6,000	2.87	0.0072	48.4	− 124
〜1995	1,023,000	49,000	2.74	0.0079	46.2	1,061
〜2000	1,096,000	73,000	2.57	0.0081	48.0	1,521
〜2005	1,131,000	35,000	2.54	0.0090	43.7	801
〜2010	1,183,000	52,000	2.36	0.0097	43.7	1,190
〜2015	1,209,000	26,000	2.29	0.0106	41.2	631
〜2020	1,200,000	− 9,000	2.24	0.0116	38.5	− 234
〜2025	1,181,000	− 19,000	2.21	0.0127	35.6	− 534
〜2030	1,148,000	− 33,000	2.20	0.0138	32.9	− 1,003
〜2035	1,103,000	− 45,000	2.19	0.0151	30.2	− 1,490
〜2040	1,046,000	− 57,000	2.18	0.0165	27.8	− 2,050
〜2045	973,000	− 73,000	2.17	0.0181	25.5	− 2,863

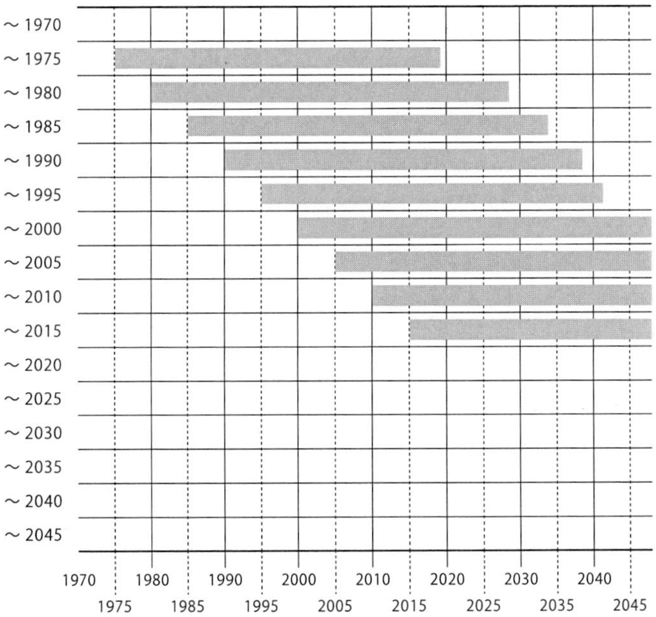

■広島県における年間必要墳墓数の推移

1985〜1990年……6,608墳墓（＝2,278＋2,153＋2,177）
1990〜1995年……6,608墳墓（＝2,278＋2,153＋2,177）
1995〜2000年……7,669墳墓（＝2,278＋2,153＋2,177＋1,061）
2000〜2005年……9,190墳墓（＝2,278＋2,153＋2,177＋1,061＋1,521）
2005〜2010年……9,991墳墓（＝2,278＋2,153＋2,177＋1,061＋1,521＋801）
2010〜2015年……11,181墳墓（＝2,278＋2,153＋2,177＋1,061＋1,521＋801＋1,190）
2015〜2020年……11,812墳墓（＝2,278＋2,153＋2,177＋1,061＋1,521＋801＋1,190＋631）
2020〜2025年……9,534墳墓（＝2,153＋2,177＋1,061＋1,521＋801＋1,190＋631）
2025〜2030年……9,534墳墓（＝2,153＋2,177＋1,061＋1,521＋801＋1,190＋631）
2030〜2035年……7,381墳墓（＝2,177＋1,061＋1,521＋801＋1,190＋631）
2035〜2040年……5,204墳墓（＝1,061＋1,521＋801＋1,190＋631）
2040〜2045年……5,204墳墓（＝1,061＋1,521＋801＋1,190＋631）
（参考値）**2045年…4,143墳墓**（＝1,521＋801＋1,190＋631）

たが、大阪府、森岡双方の値を比較した場合、それより少し早い2030年頃から、そうした見立てを行なうのは妥当であろう（**図表Ⅱ**および**図表Ⅲ**の**G**列、**H**列、**I**列の2030～35年以降の年代を参照）。

現実的には、この総量としての「墳墓等に対するニーズ」のうち、各々の墓園などにおける個別のニーズがいかに見込めるかだが、この点においては、表中で1995～2015年についても示しており、これに各々の墓園における1995～2015年の申込み状況と照らし合わせて、将来における墳墓等の申込みがどのように推移するのか、読み替えていただきたい。

近年では「お墓に対する意識の多様化」「さまざまなお墓の選択がなされている」と指摘されており、お墓業界の現場からも、これまでのような既存のお墓へのニーズが希薄になっているという声が挙がっていることも、また事実である。すなわち、ここで最終的に得られたのは、墳墓（お墓）のほか、樹木葬（墓）、合葬・合祀墓、散骨等を合算した「必要墳墓“等”の数」、いわば“総数”を求めたものである。

特に合葬・合祀墓、散骨等が認知されはじめるのは、世帯員数（**図表Ⅱ**の主に**D**列を参照）の２人世帯が世帯総数の過半数を超えた頃である。つまり、この２人世帯が高齢化するにつれ、合葬・合祀墓、散骨、樹木葬（墓）へのニーズに対して、より傾斜を強めていく、という１つのモデル像がみえてくる。いわば、「お墓」へのニーズが転換する分水嶺「値」であると思料され、広島県の場合、2000年以降すでにそうした状況にある。

他方、前述したとおり、死亡者の発生を前提とした大阪府方式で得られる需要推計数が膨張し、世帯数の増加を前提として得られる需要数推計値（森岡方式）のほうに信頼性が切り替わる（本章第４項⑩、24～25ページ）のは、2030年からのことであるから、広島県における墓地等のニーズの転換点および需要動向の変化は、長期的なスパンで生じると見立てざるを得ないと思料される。

図表Ⅲ　墳墓等必要数の推移 ── 大阪府方式に拠る推計と森岡方式との比較

A	B	C	D	E	F	G	H	I	J
年　代	人口	死亡率	死亡者数	傍系世帯数	取得希望世帯数	墳墓需要数（大阪府方式）	墳墓需要数（森岡方式）	採用する推計結果	墳墓需要数（大阪・森岡調整値）
1995～2000	2,882,000	0.0079	22,768	5,123	3,415	**4,269**	7,669	大阪府	**4,269**
2000～2005	2,879,000	0.0081	23,188	5,217	3,478	**4,348**	9,190	大阪府	**4,348**
2005～2010	2,877,000	0.0090	25,893	5,826	3,884	**4,855**	9,991	大阪府	**4,855**
2010～2015	2,861,000	0.0097	27,561	6,201	4,134	**5,168**	11,181	大阪府	**5,168**
2015～2020	2,844,000	0.0106	29,879	6,723	4,482	**5,603**	11,812	大阪府	**5,603**
2020～2025	2,814,000	0.0116	32,642	7,345	4,896	**6,121**	9,534	大阪府	**6,121**
2025～2030	2,758,000	0.0127	35,027	7,881	5,254	**6,568**	9,534	大阪府	**6,568**
2030～2035	2,689,000	0.0138	37,108	8,349	5,566	**6,958**	7,381	大阪府	**6,958**
2035～2040	2,609,000	0.0151	39,396	8,864	5,909	7,387	**5,204**	森岡	**5,204**
2040～2045	2,521,000	0.0165	41,597	9,359	6,239	7,799	**5,204**	森岡	**5,204**
（参考値）2045年	2,429,000	0.0181	43,965	9,892	6,595	8,244	**4,143**	森岡	**4,143**

35 山口県

(1) 葬儀および火葬の需要予測

葬儀施行単価は、「葬儀費用総額」の「中間値」では60万円であり、これを前提とした2015〜20年の葬儀費用総額が57億6,200万円であるのに対し、「葬儀年間売上げ」は88億0,600万円と上振れしている。よって、実際の施行単価は、「中間」値より「高位最頻」値（100万円）に近い、上向きの金額が実勢に近い値と判断される。将来においてもこうした傾向は変わらぬであろうと思料される（**図表Ⅰ**の**C**列と**D**列を参照）。

山口県は本州最西端に位置し、三方を海に囲まれている。県土の大半は山陽地方に含まれ、北浦地区（萩市・長門市など）が山陰地方の西端に当たる。県庁所在地は県央部の山口市だが、県内最大の都市は県西端にある下関市である。また、県西部（下関市・宇部市など）は福岡県と、また県東部（岩国市など）は広島県との関係が密接であるといった地域差についても考慮すべきであろう。

ここで示した葬儀施行単価あるいは総額は、山口県の“総額・総量”であり、本資料集を活用する方の関心は、これらのうち、各々の事業者における個別のニーズがいかに見込めるかであろう。この点においては、**図表Ⅰ**で1995〜2015年についても示しており、これに各々の事業者・団体が1995〜2015年の施行状況を投影することで、将来推計で示した値（数値）をベースに、各々の業務では「どのように」あるいは「どのぐらい」「どういった」推移をしていくのか、その把握を促す手がかりとなるよう想定して提示した。

火葬場については、2018年現在でも42炉の「余力」がある。これは将来においても大きく減じることはない。「仮に火葬炉の４分の１はメンテナンス中で稼動できない」という想定をしても（地域における差異はあるかもしれないが）、比較的に安定的な火葬の施行が可能であろうと思料さ

図表Ⅰ　葬儀費用 ── 葬儀市場規模の推移および現行火葬炉数と使用頻度（回転数）の推移

A	B	C			D	E	F	G	H
年　代	死亡者数	葬儀費用総額（括弧内は各々の施行単価）（単位：百万円）			葬儀年間売上げ（単位：百万円）	年間対応可能数 火葬炉数 × 1日当たりの回転数 × 年間稼動日数	実質火葬施行数（≒死亡者数）	余剰ー不足火葬対応数	余剰ー不足火葬炉数
		低位最頻（0.45）	中間値（0.60）	高位最頻（1.00）					
1995〜2000	7,710	3,470	4,626	7,710	7,069	38,500	70710	30,790	＋45
2000〜2005	7,700	3,465	4,620	7,700	7,060	38,500	7,700	30,800	＋45
2005〜2010	8,607	3,873	5,164	8,607	7,892	38,500	8,607	29,893	＋43
2010〜2015	9,109	4,099	5,465	9,109	8,352	38,500	9,109	29,391	＋43
2015〜2020	9,604	4,322	5,762	6,604	8,806	38,500	9,604	28,896	＋42
2020〜2025	10,117	4,553	6,070	10,117	9,276	38,500	10,117	28,383	＋41
2025〜2030	10,545	4,745	6,327	10,545	9,669	38,500	10,545	27,955	＋41
2030〜2035	10,947	4,926	6,568	10,947	10,037	38,500	10,947	27,553	＋40
2035〜2040	11,348	5,107	6,809	11,348	10,405	38,500	11,348	27,152	＋39
2040〜2045	11,718	7,273	7,031	11,718	10,744	38,500	11,718	26,782	＋39
（参考値）2045年	12,061	5,428	7,237	12,061	11,059	38,500	12,061	26,439	＋38

れる（**図表ⅠのF列、G列、H列を参照**）。

（2）墳墓等の需要予測

「墳墓等に対するニーズ」は2015～20年以降、人口、世帯数ともに減少していることから、大阪府方式、すなわち死亡者数を前提とした推計値を、そのまま「墳墓等に対するニーズ」として見込むのはむずかしい（**図表ⅢのG列、I列を参照**）。

そこで山口県では、すでに1995年、2005年から世帯数、すなわち故人を墳墓等に収める人の存

図表Ⅱ　墳墓等必要数の推移 ―― 森岡方式に拠る

A	B	C	D	E	F	G
年代	世帯数	増加世帯数	世帯員数	死亡率	需要発現期間	単年度当たりの需要数
～1970	196,000		3.83	0.0101	25.9	0
～1975	206,000	10,000	3.62	0.0094	29.4	340
～1980	226,000	20,000	3.42	0.0091	32.1	623
～1985	232,000	6,000	3.36	0.0083	35.9	167
～1990	235,000	3,000	2.26	0.0091	33.7	89
～1995	242,000	7,000	3.07	0.0100	32.6	215
～2000	257,000	15,000	2.90	0.0102	33.8	444
～2005	259,000	2,000	2.86	0.0116	30.1	66
～2010	261,000	2,000	2.66	0.0128	29.4	68
～2015	264,000	3,000	2.58	0.0139	27.9	108
～2020	250,000	－14,000	2.53	0.0151	26.2	－534
～2025	240,000	－10,000	2.50	0.0164	24.4	－410
～2030	229,000	－11,000	2.47	0.0178	22.7	－485
～2035	218,000	－11,000	2.44	0.0193	21.2	－519
～2040	206,000	－12,000	2.41	0.0210	19.8	－606
～2045	192,000	－14,000	2.38	0.0228	18.4	－761

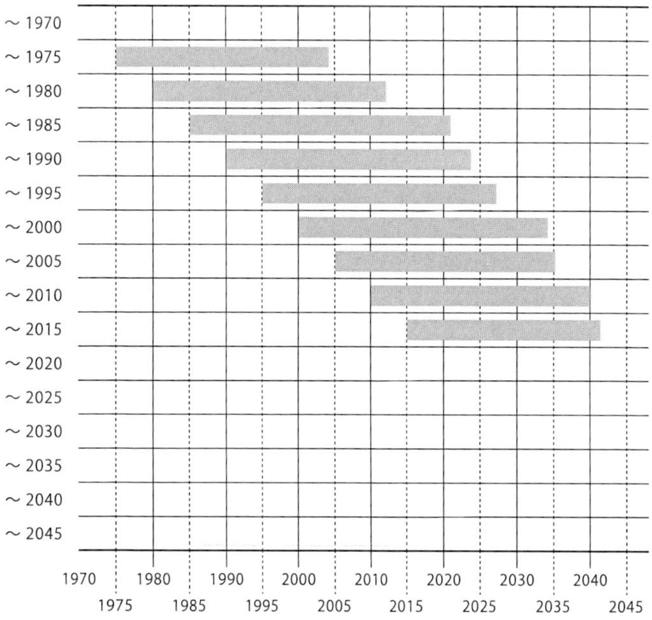

■山口県における年間必要墳墓数の推移

1985～1990年……1,130 墳墓（＝340＋623＋167）
1990～1995年……1,219 墳墓（＝340＋623＋167＋89）
1995～2000年……1,434 墳墓（＝340＋623＋167＋89＋215）
2000～2005年……1,878 墳墓（＝340＋623＋167＋89＋215＋444）
2005～2010年……1,604 墳墓（＝623＋167＋89＋215＋444＋66）
2010～2015年……1,672 墳墓（＝623＋167＋89＋215＋444＋66＋68）
2015～2020年……1,157 墳墓（＝167＋89＋215＋444＋66＋68＋108）
2020～2025年……1,157 墳墓（＝167＋89＋215＋444＋66＋68＋108）
2025～2030年……901 墳墓（＝215＋444＋66＋68＋108）
2030～2035年……686 墳墓（＝444＋66＋68＋108）
2035～2040年……1,377 墳墓（＝66＋68＋108）
2040～2045年……431 墳墓（＝108）
（参考値）2045年…0 墳墓

在を前提とした森岡方式で得られた値が注目される。この傾向は、同じ中国地方エリアにおける島根県と同じ状況が投影されているとも思料される（**図表Ⅱ**および**図表Ⅲ**の**G**列、**H**列、**I**列の1995〜2000年と2005〜10年以降の年代を参照）。

現実的には、この総量としての墳墓等に対するニーズのうち、各々の墓園などにおける個別のニーズがいかに見込めるかだが、この点においては、表中で1995〜2015年についても示しており、これに各々の墓園における1995〜2015年の申込み状況と照らし合わせて、将来における墳墓等の申込みがどのように推移するのか、読み替えていただきたい。

近年では「お墓に対する意識の多様化」「さまざまなお墓の選択がなされている」と指摘されており、お墓業界の現場からも、これまでのような既存のお墓へのニーズが希薄になっているという声が挙がっていることも、また事実である。すなわち、ここで最終的に得られたのは、墳墓（お墓）のほか、樹木葬（墓）、合葬・合祀墓、散骨等を合算した「必要墳墓“等”の数」、いわば“総数”を求めたものである。

特に合葬・合祀墓、散骨等が認知されはじめるのは、世帯員数（**図表Ⅱ**の主に**D**列を参照）の２人世帯が世帯総数の過半数を超えた頃である。つまり、この２人世帯が高齢化するにつれ、合葬・合祀墓、散骨、樹木葬（墓）へのニーズに対して、より傾斜を強めていく、という１つの事業モデルがみえてくる。いわば、「お墓」へのニーズが転換する分水嶺「値」であると思料され、山口県の場合、2025〜30年以降のこととなる。

他方、前述したとおり、死亡者の発生を前提とした大阪府方式で得られる需要推計数が膨張し、世帯数の増加を前提として得られる需要数推計値のほうに信頼性が切り替わる（本章第４項⑩、24〜25ページ）のは、すでに1995年、2005年からのことであるから、山口県における墳墓等の需要の動向・変動は現在進行形と思料されよう。

図表Ⅲ　墳墓等必要数の推移 —— 大阪府方式に拠る推計と森岡方式との比較

A	B	C	D	E	F	G	H	I	J
年　代	人口	死亡率	死亡者数	傍系世帯数	取得希望世帯数	墳墓需要数（大阪府方式）	墳墓需要数（森岡方式）	採用する推計結果	墳墓需要数（大阪・森岡調整値）
1995〜2000	771,000	0.0100	7,710	1,735	1,157	1,446	**1,434**	森岡	**1,434**
2000〜2005	762,000	0.0102	7,700	1,733	1,155	**1,444**	1,878	大阪府	**1,444**
2005〜2010	742,000	0.0116	8,607	1,937	1,291	1,614	**1,604**	森岡	**1,604**
2010〜2015	717,000	0.0128	9,109	2,050	1,366	1,708	**1,672**	森岡	**1,672**
2015〜2020	694,000	0.0139	9,604	2,161	1,441	1,801	**1,157**	森岡	**1,157**
2020〜2025	670,000	0.0151	10,117	2,276	1,518	1,897	**1,157**	森岡	**1,157**
2025〜2030	643,000	0.0164	10,545	2,373	1,582	1,978	**901**	森岡	**901**
2030〜2035	6150,000	0.0178	10,947	2,463	1,642	2,053	**686**	森岡	**686**
2035〜2040	588,000	0.0193	11,348	2,553	1,702	2,128	**242**	森岡	**242**
2040〜2045	558,000	0.0210	11,718	2,637	1,758	2,198	**108**	森岡	**108**
（参考値）2045年	529,000	0.0228	12,061	2,714	1,809	2,262	0	−	−

36 徳島県

(1) 葬儀および火葬の需要予測

葬儀施行単価は、「葬儀費用総額」の「中間値」では120万円。これを前提とした2015～20年の葬儀費用総額（118億1,600万円）に対して、「葬儀年間売上げ」は60億5,300万円と、大きく下振れした。これは、「低位最頻」値（75万円）の場合の73億8,500万円をも下回る。

そもそも、ここでの「葬儀費用総額」は、「第11回『葬儀についてのアンケート調査』報告書（2017年１月）」に基づいたものであり（本章第２項③、17ページ）、徳島県はほかに香川県、愛媛県、高知県なども含まれる「四国」エリアという広域値であって、他県とこの徳島県では事情を大きく異にしているためにこうした結果になったと思料される。したがって、実際の施行単価は、低位最頻値よりも高い単価が実勢値となるであろうと判断される。将来も同様の傾向と思料されよう（**図表Ⅰ**のC列とD列を参照)。

ここで示した葬儀施行単価あるいは総額は、徳島県の“総額・総量”であり、本資料集を活用する方の関心は、これらのうち、各々の事業者における個別のニーズがいかに見込めるかであろう。この点においては、**図表Ⅰ**で1995～2015年についても示しており、これに各々の事業者・団体が1995～2015年の施行状況を投影することで、将来推計で示した値（数値）をベースに、各々の業務では「どのように」あるいは「どのぐらい」「どういった」推移をしていくのか、その把握を促す手がかりとなることを想定して提示した。

火葬場については、2018年現在で39炉の「余力」。この余力数は将来においても大きな変化はない。「仮に火葬炉の４分の１はメンテナンス中で稼動できない」と想定し、地域的な差異や地勢的要素を考慮しても、ほぼ将来にわたり、安定的に火葬実施が可能であると見做し得ると思料され

図表Ⅰ　葬儀費用 ―― 葬儀市場規模の推移および現行火葬炉数と使用頻度（回転数）の推移

A	B	C			D	E	F	G	H
年　代	死亡者数	葬儀費用総額（括弧内は各々の施行単価）（単位：百万円）			葬儀年間売上げ（単位：百万円）	年間対応可能数 火葬炉数×1日当たりの回転数×年間稼動日数	実質火葬施行数（≒死亡者数）	余剰－不足火葬対応数	余剰－不足火葬炉数
		低位最頻（0.75）	中間値（1.20）	高位最頻（2.00）					
1995～2000	7,654	5,741	9,185	15,309	4,705	36,438	7,654	28,783	＋42
2000～2005	7,940	5,955	9,528	15,880	4,881	36,438	7,940	28,498	＋41
2005～2010	8,667	6,500	10,400	17,334	5,328	36,438	8,667	27,771	＋40
2010～2015	9,307	6,980	11,168	18,614	5,721	36,438	9,307	27,131	＋39
2015～2020	9,847	7,385	11,816	19,694	6,053	36,438	9,847	26,591	＋39
2020～2025	10,411	7,808	12,493	20,822	6,400	36,438	10,411	26,026	＋38
2025～2030	10,939	8,204	13,127	21,878	6,724	36,438	10,939	25,498	＋37
2030～2035	11,393	8,544	13,671	22,785	7,003	36,438	11,393	25,045	＋36
2035～2040	11,789	8,842	14,147	23,578	7,247	36,438	11,789	24,649	＋36
2040～2045	12,169	9,127	14,603	24,338	7,480	36,438	12,169	24,269	＋35
（参考値）2045年	12,466	9,349	14,959	24,931	7,663	36,438	12,466	23,972	＋35

る（**図表Ⅰ**の**F**列、**G**列、**H**列を参照）。

（2）墳墓等の需要予測

「墳墓等に対するニーズ」は2015〜20年以降、人口、世帯数ともに減少していることから、大阪府方式、すなわち死亡者数を前提とした推計値を、そのまま墳墓等に対するニーズとして見込むのはむずかしい（**図表Ⅲ**の**G**列、**I**列を参照）。

そこで世帯数、すなわち故人を墳墓等に収める

図表Ⅱ　墳墓等必要数の推移 —— 森岡方式に拠る

A	B	C	D	E	F	G
年代	世帯数	増加世帯数	世帯員数	死亡率	需要発現期間	単年度当たりの需要数
〜1970	201,000		3.81	0.0095	27.6	0
〜1975	220,000	19,000	3.56	0.0087	32.3	588
〜1980	239,000	19,000	3.37	0.0085	34.9	544
〜1985	248,000	9,000	3.29	0.0080	38.0	237
〜1990	258,000	10,000	3.14	0.0087	36.6	273
〜1995	268,000	10,000	2.98	0.0092	36.5	274
〜2000	288,000	20,000	2.78	0.0097	37.1	539
〜2005	298,000	10,000	2.72	0.0107	34.4	291
〜2010	302,000	4,000	2.52	0.0119	33.3	120
〜2015	305,000	3,000	2.44	0.0131	31.3	96
〜2020	292,000	− 13,000	2.38	0.0144	29.2	− 445
〜2025	282,000	− 10,000	2.34	0.0159	26.9	− 372
〜2030	270,000	− 12,000	2.31	0.0175	24.7	− 486
〜2035	257,000	− 13,000	2.28	0.0192	22.8	− 570
〜2040	242,000	− 15,000	2.25	0.0212	21.0	− 714
〜2045	226,000	− 16,000	2.22	0.0233	19.3	− 829

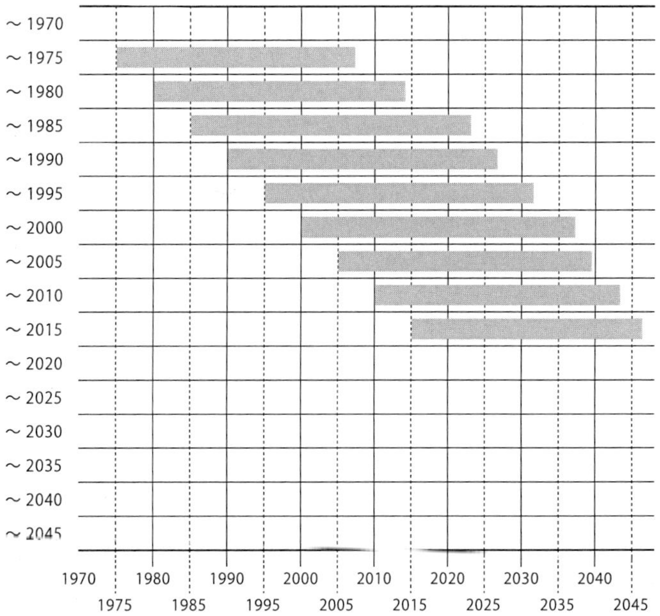

■徳島県における年間必要墳墓数の推移

1985〜1990年……1,369墳墓（＝588＋544＋237）
1990〜1995年……1,642墳墓（＝588＋544＋237＋273）
1995〜2000年……1,916墳墓（＝588＋544＋237＋273＋274）
2000〜2005年……2,455墳墓（＝588＋544＋237＋273＋274＋539）
2005〜2010年……2,746墳墓（＝588＋544＋237＋273＋274＋539＋291）
2010〜2015年……2,278墳墓（＝544＋237＋273＋274＋539＋291＋120）
2015〜2020年……1,830墳墓（＝237＋273＋274＋539＋291＋120＋96）
2020〜2025年……1,830墳墓（＝237＋273＋274＋539＋291＋120＋96）
2025〜2030年……1,593墳墓（＝273＋274＋539＋291＋120＋96）
2030〜2035年……1,320墳墓（＝274＋539＋291＋120＋96）
2035〜2040年……1,046墳墓（＝539＋291＋120＋96）
2040〜2045年……216墳墓（＝120＋96）
（参考値）**2045年…96墳墓**

人の存在を前提とした森岡方式で得られた値が注目される。その境界は2015年以降のことであり、すでに需要数についての見立ては森岡方式による値を採用するのが妥当といえる状況である（**図表Ⅱ**および**図表Ⅲ**の**G**列、**H**列、**I**列の2015〜20年以降の年代を参照）。

現実的には、この総量としての墳墓等に対するニーズのうち、各々の墓園などにおける個別のニーズがいかに見込めるかだが、この点におては、表中で1995〜2015年についても示しており、これに各々の墓園における1995〜2015年の申込み状況と照らし合わせて、将来における墳墓等の申込みがどのように推移するのか、読み替えていただきたい。

近年では「お墓に対する意識の多様化」「さまざまなお墓の選択がなされている」と指摘されており、お墓業界の現場からも、これまでのような既存のお墓へのニーズが希薄になっているという声が挙がっていることも、また事実である。すなわち、ここで最終的に得られたのは、墳墓（お墓）のほか、樹木葬（墓）、合葬・合祀墓、散骨等を合算した「必要墳墓“等”の数」、いわば“総数”を求めたものである。

特に合葬・合祀墓、散骨等が認知されはじめるのは、世帯員数（**図表Ⅱ**の主に**D**列を参照）の２人世帯が世帯総数の過半数を超えた頃である。つまり、この２人世帯が高齢化するにつれ、合葬・合祀墓、散骨、樹木葬（墓）へのニーズに対して、より傾斜を強めていく、いわば、「お墓」へのニーズが転換する分水嶺「値」であると思料され、徳島県の場合、2015年以降のことであった。

加えて、前述したとおり、採用需要数の転換（本章第４項⑩、24〜25ページ）は、2015年以降のことであったので、すでに墓地等のニーズの転換点、需要動向の変化は顕在化していると思料される。

図表Ⅲ　墳墓等必要数の推移 ―― 大阪府方式に拠る推計と森岡方式との比較

A	B	C	D	E	F	G	H	I	J
年　代	人口	死亡率	死亡者数	傍系世帯数	取得希望世帯数	墳墓需要数（大阪府方式）	墳墓需要数（森岡方式）	採用する推計結果	墳墓需要数（大阪・森岡調整値）
1995〜2000	832,000	0.0092	7,654	1,722	1,148	**1,435**	1,916	大阪府	**1,745**
2000〜2005	824,000	0.0097	7,940	1,787	1,191	**1,489**	2,455	大阪府	**1,830**
2005〜2010	810,000	0.0107	8,667	1,950	1,300	**1,625**	2,746	大阪府	**1,830**
2010〜2015	785,000	0.0119	9,307	2,094	1,396	**1,745**	2,278	大阪府	**1,593**
2015〜2020	756,000	0.0131	9,847	2,216	1,477	1,847	**1,830**	森岡	**1,320**
2020〜2025	723,000	0.0144	10,411	2,343	1,562	1,953	**1,830**	森岡	**1,046**
2025〜2030	688,000	0.0159	10,939	2,461	1,641	2,051	**1,593**	森岡	**216**
2030〜2035	651,000	0.0175	11,393	2,563	1,709	2,136	**1,320**	森岡	**14,197**
2035〜2040	614,000	0.0192	11,789	2,652	1,768	2,210	**1,046**	森岡	**15,087**
2040〜2045	574,000	0.0212	12,169	2,738	1,825	2,282	**216**	森岡	**11,765**
（参考値）2045年	535,000	0.0233	12,466	2,805	1,870	2,338	**96**	森岡	**96**

37 香川県

（1）葬儀および火葬の需要予測

葬儀施行単価は、「葬儀費用総額」の「中間値」では120万円であり、これを前提とした2015～20年の葬儀費用総額（139億1,200万円）に対し、実質値ともいえる「葬儀年間売上げ」は126億0,600万円と、ほぼ同額といえる値である（**図表Ⅰ**の**C**列と**D**列を参照）。

香川県は、瀬戸内海に面し小豆島など多くの島を行政区内に有している。四国の北東部に位置し、面積が全国で一番小さい県である。雨量や河川の流水量ともに少ない（このため、旱魃に備えて県内各地に１万4,000を超える溜め池がつくられ点在する）ものの、災害が少なくコンパクトななかに都市の利便性と豊かな自然が調和した生活環境を合わせ持つ。

ここで示した葬儀施行単価あるいは総額は、香川県の“総額・総量”であり、本資料集を活用する方の関心は、これらのうち、各々の事業者における個別のニーズがいかに見込めるかであろう。この点においては、**図表Ⅰ**で1995～2015年についても示しており、これに各々の事業者・団体が1995～2015年の施行状況を投影することで、将来推計で示した値（数値）をベースに、各々の業務では「どのように」あるいは「どのぐらい」「どういった」推移をしていくのか、その把握を促す手がかりとなるよう想定して提示した。

火葬場については、2018年現在、71炉の「余力」がある。これは将来においても大きく減じることはない。「仮に火葬炉の４分の１はメンテナンス中で稼動できない」という想定をしても比較的、安定した火葬実施が可能であろうと思料される。ただし、前述したとおり、瀬戸内海に島々を行政区内に有しているという点は留意する必要があろう（**図表Ⅰ**の**F**列、**G**列、**H**列を参照）。

図表Ⅰ　葬儀費用 ── 葬儀市場規模の推移および現行火葬炉数と使用頻度（回転数）の推移

A	B	C			D	E	F	G	H
年　代	死亡者数	葬儀費用総額（括弧内は各々の施行単価）（単位：百万円）			葬儀年間売上げ（単位：百万円）	年間対応可能数 火葬炉数 × 1日当たりの回転数 × 年間稼動日数	実質火葬施行数（≒死亡者数）	余剰－不足火葬対応数	余剰－不足火葬炉数
		低位最頻（0.75）	中間値（1.20）	高位最頻（2.00）					
1995～2000	8,935	6,701	10,722	17,870	9,716	60,500	8,935	51,565	＋75
2000～2005	9,433	7,075	11,320	18,866	10,257	60,500	9,433	51,067	＋74
2005～2010	10,322	7,742	12,387	20,645	11,224	60,500	10,322	50,178	＋73
2010～2015	11,064	8,298	13,277	22,128	12,031	60,500	11,064	49,436	＋72
2015～2020	11,593	8,695	13,912	23,186	12,606	60,500	11,593	48,907	＋71
2020～2025	12,268	9,201	14,721	24,536	13,340	60,500	12,268	48,232	＋70
2025～2030	12,710	9,532	15,252	25,420	13,820	60,500	12,710	47,790	＋70
2030～2035	13,157	9,868	15,789	26,314	14,307	60,500	13,157	47,343	＋69
2035～2040	13,477	10,108	16,173	26,955	14,655	60,500	13,477	47,023	＋68
2040～2045	13,774	10,330	16,528	27,547	14,977	60,500	13,774	46,727	＋68
（参考値）2045年	14,123	10,592	16,948	28,246	15,357	60,500	14,123	46,377	＋67

(2) 墳墓等の需要予測

「墳墓等に対するニーズ」は2015〜20年以降、人口、世帯数ともに減少していることから、大阪府方式、すなわち死亡者数を前提とした推計値を、そのまま墳墓等に対するニーズとして見込むのはむずかしい（**図表Ⅲ**の**G**列、**I**列を参照)。

そこで世帯数、すなわち故人を墳墓等に収める人の存在を前提とした森岡方式で得られた値が注目される。その境界は2030年以降、あるいは2025年頃からのことであり、すでに需要数についての見立ては森岡方式による値を採用するのが

図表Ⅱ　墳墓等必要数の推移 —— 森岡方式に拠る

A	B	C	D	E	F	G
年代	世帯数	増加世帯数	世帯員数	死亡率	需要発現期間	単年度当たりの需要数
〜1970	238,000		3.71	0.0084	32.1	0
〜1975	266,000	28,000	3.52	0.0076	37.4	749
〜1980	293,000	27,000	3.36	0.0074	40.2	672
〜1985	306,000	13,000	3.28	0.0073	41.8	311
〜1990	321,000	15,000	3.12	0.0082	39.1	384
〜1995	337,000	16,000	2.95	0.0087	39.0	410
〜2000	364,000	27,000	2.75	0.0093	39.1	691
〜2005	376,000	12,000	2.69	0.0102	36.4	330
〜2010	390,000	14,000	2.49	0.0112	35.9	390
〜2015	398,000	8,000	2.41	0.0120	34.6	231
〜2020	386,000	− 12,000	2.36	0.0129	32.8	− 366
〜2025	377,000	− 9,000	2.32	0.0138	31.2	− 288
〜2030	364,000	− 13,000	2.29	0.0148	29.5	− 441
〜2035	348,000	− 16,000	2.27	0.0158	27.9	− 573
〜2040	329,000	− 19,000	2.25	0.0169	26.3	− 722
〜2045	307,000	− 22,000	2.23	0.0182	24.6	− 894

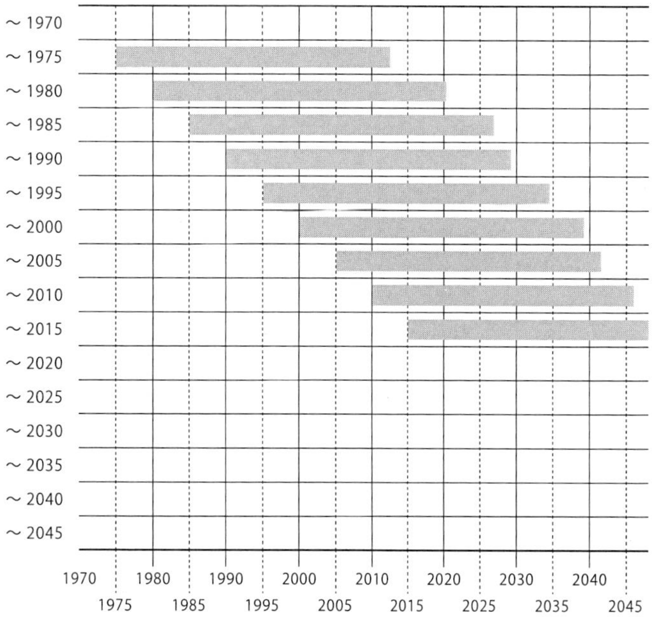

■香川県における年間必要墳墓数の推移

1985〜1990年……1,732 墳墓（= 749 + 672 + 311）
1990〜1995年……2,116 墳墓（= 749 + 672 + 311 + 384）
1995〜2000年……2,526 墳墓（= 749 + 672 + 311 + 384 + 410）
2000〜2005年……3,217 墳墓（= 749 + 672 + 311 + 384 + 410 + 691）
2005〜2010年……3,547 墳墓（= 749 + 672 + 311 + 384 + 410 + 691 + 330）
2010〜2015年……3,937 墳墓（= 749 + 672 + 311 + 384 + 410 + 691 + 330 + 390）
2015〜2020年……3,419 墳墓（= 672 + 311 + 384 + 410 + 691 + 330 + 390 + 231）
2020〜2025年……3,419 墳墓（= 672 + 311 + 384 + 410 + 691 + 330 + 390 + 231）
2025〜2030年……2,747 墳墓（= 311 + 384 + 410 + 691 + 330 + 390 + 231）
2030〜2035年……2,052 墳墓（= 410 + 691 + 330 + 390 + 231）
2035〜2040年……1,642 墳墓（= 691 + 330 + 390 + 231）
2040〜2045年……951 墳墓（= 330 + 390 + 231）
（参考値）**2045年…621 墳墓**（= 390 + 231）

妥当といえる状況である（**図表Ⅱ**および**図表Ⅲ**のG列、H列、I列の2025～30年以降の年代を参照）。

現実的にはこの総量としての墳墓等に対するニーズのうち、各々の墓園などにおける個別のニーズがいかに見込めるかだが、この点においては、表中で1995～2015年についても示しており、これに各々の墓園における1995～2015年の申込み状況を照らし合わせて、将来における墳墓等の申込みがどのように推移するのか、読み替えていただきたい。

近年では「お墓に対する意識の多様化」「さまざまなお墓の選択がなされている」と指摘されており、お墓業界の現場からも、これまでのような既存のお墓へのニーズが希薄になっているという声が挙がっていることも、また事実である。すなわち、ここで最終的に得られたのは、墳墓（お墓）のほか、樹木葬（墓）、合葬・合祀墓、散骨等を合算した「必要墳墓"等"の数」、いわば"総数"を求めたものである。

特に合葬・合祀墓、散骨等が認知されはじめるのは、世帯員数（**図表Ⅱ**の主にD列を参照）の２人世帯が世帯総数の過半数を超えた頃である。つまり、この２人世帯が高齢化するにつれ、合葬・合祀墓、散骨、樹木葬（墓）へのニーズに対して、より傾斜を強めていく、という１つのモデル像がみえてくる。いわば、「お墓」へのニーズが転換する分水嶺「値」であると思料され、香川県の場合、2010年以降からそうした状況にあった。

他方、前述したとおり、死亡者の発生を前提とした大阪府方式で得られる需要推計数が膨張し、世帯数の増加を前提として得られる需要数推計値（森岡方式）のほうに信頼性が切り替わる（本章第４項⑩、24～25ページ）のは、2025年以降のことであり、香川県における墳墓等の需要の動向・変動はすでに現在進行形と思料される。

図表Ⅲ　墳墓等必要数の推移 ―― 大阪府方式に拠る推計と森岡方式との比較

A	B	C	D	E	F	G	H	I	J
年　代	人口	死亡率	死亡者数	傍系世帯数	取得希望世帯数	墳墓需要数（大阪府方式）	墳墓需要数（森岡方式）	採用する推計結果	墳墓需要数（大阪・森岡調整値）
1995～2000	1,027,000	0.0087	8,935	2,010	1,340	**1,675**	2,526	大阪府	**1,675**
2000～2005	1,023,000	0.0093	9,433	2,122	1,415	**1,769**	3,217	大阪府	**1,769**
2005～2010	1,012,000	0.0102	10,322	2,323	1,548	**1,936**	3,547	大阪府	**1,936**
2010～2015	996,000	0.0112	11,064	2,489	1,660	**2,075**	3,937	大阪府	**2,075**
2015～2020	976,000	0.0120	11,593	2,608	1,739	**2,174**	3,419	大阪府	**2,174**
2020～2025	951,000	0.0129	12,268	2,760	1,840	**2,300**	3,419	大阪府	**2,300**
2025～2030	921,000	0.0138	12,710	2,860	1,906	**2,383**	2,747	大阪府	**2,383**
2030～2035	889,000	0.0148	13,157	2,960	1,974	2,467	**2,052**	森岡	**2,052**
2035～2040	853,000	0.0158	13,477	3,032	2,022	2,527	**1,642**	森岡	**1,642**
2040～2045	815,000	0.0169	13,774	3,099	2,066	2,583	**951**	森岡	**951**
（参考値）2045年	776,000	0.0182	14,123	3,178	2,118	2,648	**621**	森岡	**621**

38 愛媛県

(1) 葬儀および火葬の需要予測

葬儀施行単価は、「葬儀費用総額」の「中間値」では120万円。これを前提とした2015～20年の葬儀費用総額（211億0,200万円）に対し、実態としての「葬儀年間売上げ」は143億8,700万円と、「低位最頻」の値（75万円）を前提とした総額（131億8,900万円）近くまで、大きく下振れする。実際の施行単価は、低位最頻値あたりの金額が実勢値であろうと判断される。将来も同様の傾向と思料されよう（**図表Ⅰ**の**C**列と**D**列を参照）。

愛媛県は、四国地方の北西に位置し、瀬戸内海に面している。隣接都道府県としては陸上では香川・徳島・高知・広島県、海上では山口・大分県と接し、わけても、瀬戸内海を挟んだ広島県との文化的・経済的結びつきが強い。なお、瀬戸内海側は温暖少雨であり、大きな河川や湖がないため渇水に見舞われやすく、一方、宇和海に面した地域は黒潮の影響により総じて温暖であり、台風の影響などから降水量は多い。こうした地域特性もあわせて考慮されたい。

ここで示した葬儀施行単価あるいは総額は、愛媛県の“総額・総量”であり、本資料集を活用する方の関心は、これらのうち、各々の事業者における個別のニーズがいかに見込めるかであろう。この点においては、**図表Ⅰ**で1995～2015年についても示しており、これに各々の事業者・団体が1995～2015年の施行状況を投影することで、将来推計で示した値（数値）をベースに、各々の業務では「どのように」あるいは「どのぐらい」「どういった」推移をしていくのか、その把握を促す手がかりとなるよう想定して提示した。

火葬場については、2018年現在でも91炉の「余力」があり、これは将来にかけてはやや減少するものの大きく変化しない。前述したように、地域偏在も思料する必要があるが、まずは将来に

図表Ⅰ　葬儀費用 ── 葬儀市場規模の推移および現行火葬炉数と使用頻度（回転数）の推移

A	B	C			D	E	F	G	H
年　代	死亡者数	葬儀費用総額（括弧内は各々の施行単価）（単位：百万円）			葬儀年間売上げ（単位：百万円）	年間対応可能数 火葬炉数×1日当たりの回転数×年間稼動日数	実質火葬施行数（≒死亡者数）	余剰－不足火葬対応数	余剰－不足火葬炉数
		低位最頻（0.75）	中間値（1.20）	高位最頻（2.00）					
1995～2000	13,563	10,172	16,276	27,126	11,096	80,438	13,563	66,875	＋97
2000～2005	13,757	10,318	16,508	27,514	11,255	80,438	13,757	66,681	＋97
2005～2010	15,561	11,671	18,673	31,122	12,731	80,438	15,561	64,877	＋94
2010～2015	16,344	12,258	19,613	32,688	13,372	80,438	16,344	64,094	＋93
2015～2020	17,585	13,189	21,102	35,170	14,387	80,438	17,585	62,853	＋91
2020～2025	18,929	14,196	22,714	37,857	15,486	80,438	18,929	61,509	＋89
2025～2030	20,257	15,192	24,308	40,513	16,573	80,438	20,257	60,181	＋88
2030～2035	21,452	16,089	25,743	42,905	17,551	80,438	21,452	58,985	＋86
2035～2040	22,501	16,876	27,001	45,002	18,409	80,438	22,501	57,937	＋84
2040～2045	23,674	17,755	28,409	47,348	19,369	80,438	23,674	56,764	＋83
（参考値）2045年	24,616	18,462	29,539	49,232	20,139	80,438	24,616	55,822	＋81

おいても対応可能であると思料してもよいであろう（**図表Ⅰ**の**F**列、**G**列、**H**列を参照）。

（2）墳墓等の需要予測

「墳墓等に対するニーズ」は2015〜20年以降、人口、世帯数ともに減少していることから、大阪府方式、すなわち死亡者数を前提とした推計値を、そのまま墳墓等に対するニーズとして見込むのはむずかしい（**図表Ⅲ**の**G**列、**I**列を参照）。

図表Ⅱ　墳墓等必要数の推移 —— 森岡方式に拠る

A	B	C	D	E	F	G
年代	世帯数	増加世帯数	世帯員数	死亡率	需要発現期間	単年度当たりの需要数
〜1970	383,000		3.59	0.0087	32.0	0
〜1975	424,000	41,000	3.36	0.0080	37.2	1,102
〜1980	469,000	45,000	3.16	0.0075	42.2	1,066
〜1985	492,000	23,000	3.06	0.0075	43.6	528
〜1990	511,000	19,000	2.91	0.0082	41.9	453
〜1995	524,000	13,000	2.79	0.0090	39.8	327
〜2000	565,000	41,000	2.59	0.0092	42.0	976
〜2005	581,000	16,000	2.53	0.0106	37.3	429
〜2010	590,000	9,000	2.37	0.0115	36.7	245
〜2015	591,000	1,000	2.30	0.0128	34.0	29
〜2020	574,000	− 17,000	2.25	0.0142	31.3	− 543
〜2025	555,000	− 19,000	2.22	0.0159	28.3	− 671
〜2030	532,000	− 23,000	2.20	0.0177	25.7	− 895
〜2035	505,000	− 27,000	2.19	0.0196	23.3	− 1,159
〜2040	473,000	− 32,000	2.18	0.0219	20.9	− 1,531
〜2045	438,000	− 35,000	2.17	0.0243	19.0	− 1,842

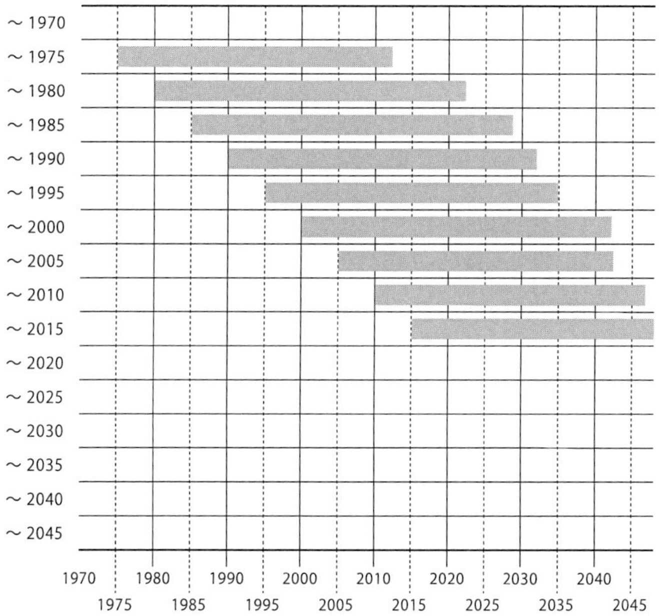

■愛媛県における年間必要墳墓数の推移

1985〜1990年……2,696 墳墓（＝1,102＋1,066＋528）
1990〜1995年……3,149 墳墓（＝1,102＋1,066＋528＋453）
1995〜2000年……3,476 墳墓（＝1,102＋1,066＋528＋453＋327）
2000〜2005年……4,452 墳墓（＝1,102＋1,066＋528＋453＋327＋976）
2005〜2010年……4,881 墳墓（＝1,102＋1,066＋528＋453＋327＋976＋429）
2010〜2015年……5,126 墳墓（＝1,102＋1,066＋528＋453＋327＋976＋429＋245）
2015〜2020年……4,053 墳墓（＝1,066＋528＋453＋327＋976＋429＋245＋29）
2020〜2025年……4,053 墳墓（＝1,066＋528＋453＋327＋976＋429＋245＋29）
2025〜2030年……2,987 墳墓（＝528＋453＋327＋976＋429＋245＋29）
2030〜2035年……2,459 墳墓（＝453＋327＋976＋429＋245＋29）
2035〜2040年……1,679 墳墓（＝976＋429＋245＋29）
2040〜2045年……1,679 墳墓（＝976＋429＋245＋29）
（参考値）**2045年…274 墳墓**（＝245＋29）

そこで世帯数、すなわち故人を墳墓等に収める人の存在を前提とした森岡方式で得られた値が注目される。その境界をここでは2025年以降としたが、大阪府、森岡双方の値を比較した場合、それより少し早い2020年頃から、と見立てるのも妥当であろう（**図表Ⅱ**および**図表Ⅲ**の**G**列、**H**列、**I**列の2015〜20年以降の年代を参照）。

現実的には、この総量としての墳墓等に対するニーズのうち、各々の墓園などにおける個別のニーズがいかに見込めるかだが、この点においては、表中で1995〜2015年についても示しており、これに各々の墓園における1995〜2015年の申込み状況と照らし合わせて、将来における墳墓等の申込みがどのように推移するのか、読み替えていただきたい。

近年では「お墓に対する意識の多様化」「さまざまなお墓の選択がなされている」と指摘されており、お墓業界の現場からも、これまでのような既存のお墓へのニーズが希薄になっているという声が挙がっていることも、また事実である。すなわち、ここで最終的に得られたのは、墳墓（お墓）のほか、樹木葬（墓）、合葬・合祀墓、散骨等を合算した「必要墳墓“等”の数」、いわば“総数”を求めたものである。

特に合葬・合祀墓、散骨等が認知されはじめるのは、世帯員数（**図表Ⅱ**の主に**D**列を参照）の２人世帯が世帯総数の過半数を超えた頃である。つまり、この２人世帯が高齢化するにつれ、合葬・合祀墓、散骨、樹木葬（墓）へのニーズに対して、より傾斜を強めていく、という１つのモデル像がみえてくる。いわば、「お墓」へのニーズが転換する分水嶺「値」であると思料され、愛媛県の場合、2010年以降からとなっている。

しかし、前述したとおり、採用需要数が転換（本章第4項⑩、24〜25ページ）するのは、2015年ないしは2025年頃からなので、需要動向の変化はすでに現在、進みつつある状況と思料される。

図表Ⅲ　墳墓等必要数の推移 ―― 大阪府方式に拠る推計と森岡方式との比較

A	B	C	D	E	F	G	H	I	J
年　代	人口	死亡率	死亡者数	傍系世帯数	取得希望世帯数	墳墓需要数（大阪府方式）	墳墓需要数（森岡方式）	採用する推計結果	墳墓需要数（大阪・森岡調整値）
1995 〜 2000	1,507,000	0.0090	13,563	3,052	2,034	**2,543**	3,476	大阪府	**2,543**
2000 〜 2005	1,493,000	0.0092	13,757	3,095	2,064	**2,580**	4,452	大阪府	**2,580**
2005 〜 2010	1,468,000	0.0106	15,561	3,501	2,334	**2,918**	4,881	大阪府	**2,918**
2010 〜 2015	1,431,000	0.0115	16,344	3,677	2,452	**3,065**	5,126	大阪府	**3,065**
2015 〜 2020	1,385,000	0.0128	17,585	3,957	2,638	**3,298**	4,053	大阪府	**3,298**
2020 〜 2025	1,333,000	0.0142	18,929	4,259	2,839	**3,549**	4,053	大阪府	**3,549**
2025 〜 2030	1,274,000	0.0159	20,257	4,558	3,038	3,798	**2,987**	森岡	**2,987**
2030 〜 2035	1,212,000	0.0177	21,452	4,827	3,218	4,023	**2,459**	森岡	**2,459**
2035 〜 2040	1,148,000	0.0196	22,501	5,063	3,375	4,219	**1,679**	森岡	**1,679**
2040 〜 2045	1,081,000	0.0219	23,674	5,327	3,551	4,439	**1,679**	森岡	**1,679**
（参考値）2045 年	1,013,000	0.0243	24,616	5,539	3,692	4,616	**274**	森岡	**274**

39 高知県

(1) 葬儀および火葬の需要予測

葬儀施行単価は、「葬儀費用総額」の「中間値」では120万円。これを前提とした2015〜20年の葬儀費用総額（120億2,400万円）に対し、実態の値である「葬儀年間売上げ」は61億5,900万円と大きく下振れし、「低位最頻」値（75万円）における75億1,500万円も下回る（**図表Ⅰ**のＣ列とＤ列を参照）。

そもそも、ここでの葬儀費用総額は、「第11回『葬儀についてのアンケート調査』報告書（2017年１月)」に基づいたものであり（本章第２項③、17ページ）、高知県はほかに徳島・香川・愛媛県なども含まれる「四国」エリアという広域値であって、他県とこの高知県では事情を大きく異にしているため、高知県においては、こうした結果になったと思料される。したがって、実際の施行単価は、低位最頻値よりも高い金額が実勢値であろうと判断される。将来も同様の傾向と思料されよう。

ここで示した葬儀施行単価あるいは総額は、高知県の“総額・総量”であり、本資料集を活用する方の関心は、これらのうち、各々の事業者における個別のニーズがいかに見込めるかであろう。この点においては、**図表Ⅰ**で1995〜2015年についても示しており、これに各々の事業者・団体が1995〜2015年の施行状況を投影することで、将来推計で示した値（数値）をベースに、各々の業務では「どのように」あるいは「どのぐらい」「どういった」推移をしていくのか、その把握を促す手がかりとなるよう想定して想定した。

火葬場については、2018年現在、28炉の「余力」がある。この値は将来も大きな変化はない。「仮に火葬炉の４分の１はメンテナンス中で稼動できない」という想定で、地域的な差異、偏在について思料したとしても、火葬実施は安定的に実

図表Ⅰ　葬儀費用 ―― 葬儀市場規模の推移および現行火葬炉数と使用頻度（回転数）の推移

A	B	C			D	E	F	G	H
年　代	死亡者数	葬儀費用総額（括弧内は各々の施行単価）（単位：百万円）			葬儀年間売上げ（単位：百万円）	年間対応可能数 火葬炉数 × １日当たりの回転数 × 年間稼動日数	実質火葬施行数（≒死亡者数）	余剰－不足火葬対応数	余剰－不足火葬炉数
		低位最頻（0.75）	中間値（1.20）	高位最頻（2.00）					
1995〜2000	8,088	6,066	9,706	16,177	4,972	29,563	8,088	21,474	＋31
2000〜2005	8,306	6,230	9,967	16,612	5,105	29,563	8,306	21,257	＋31
2005〜2010	9,154	6,866	10,985	18,308	5,627	29,563	9,154	20,409	＋30
2010〜2015	9,769	7,327	11,723	19,538	6,005	29,563	9,769	19,794	＋29
2015〜2020	10,020	7,515	12,024	20,040	6,159	29,563	10,020	19,543	＋28
2020〜2025	10,296	7,722	12,355	20,592	6,329	29,563	10,296	19,267	＋28
2025〜2030	10,448	7,836	12,538	20,896	6,422	29,563	10,448	19,115	＋28
2030〜2035	10,622	7,967	12,747	21,244	6,529	29,563	10,622	18,940	＋28
2035〜2040	10,714	8,035	12,856	21,427	6,585	29,563	10,714	18,849	＋27
2040〜2045	10,774	8,080	12,928	21,547	6,622	29,563	10,774	18,789	＋27
（参考値）2045年	10,807	8,105	12,968	21,613	6,642	29,563	10,807	18,756	＋27

行でき得るであろう。

(2) 墳墓等の需要予測

「墳墓等に対するニーズ」は2015〜20年以降、人口、世帯数ともに減少していることから、大阪府方式、すなわち死亡者数を前提とした推計値を、そのまま墳墓等に対するニーズとして見込むのはむずかしい（**図表IIIのG列、I列を参照**）。

そこで世帯数、すなわち故人を墳墓等に収める人の存在を前提とした森岡方式で得られた値が注目される。その境界をここでは2015年以降とし

図表II　墳墓等必要数の推移 —— 森岡方式に拠る

A	B	C	D	E	F	G
年代	世帯数	増加世帯数	世帯員数	死亡率	需要発現期間	単年度当たりの需要数
〜1970	231,000		3.30	0.0108	28.1	0
〜1975	251,000	20,000	3.10	0.0097	33.3	601
〜1980	273,000	22,000	2.96	0.0090	37.5	587
〜1985	281,000	8,000	2.90	0.0087	39.6	202
〜1990	289,000	8,000	2.77	0.0093	38.8	206
〜1995	293,000	4,000	2.65	0.0099	38.1	105
〜2000	319,000	26,000	2.47	0.0102	39.7	655
〜2005	323,000	4,000	2.46	0.0115	35.3	113
〜2010	321,000	−2,000	2.30	0.0128	34.0	−59
〜2015	318,000	−3,000	2.22	0.0138	32.6	−92
〜2020	309,000	−9,000	2.16	0.0149	31.1	−289
〜2025	296,000	−13,000	2.12	0.0160	29.5	−441
〜2030	281,000	−15,000	2.10	0.0173	27.5	−545
〜2035	265,000	−16,000	2.08	0.0186	25.8	−620
〜2040	246,000	−19,000	2.06	0.0201	24.2	−785
〜2045	225,000	−21,000	2.04	0.0217	22.6	−929

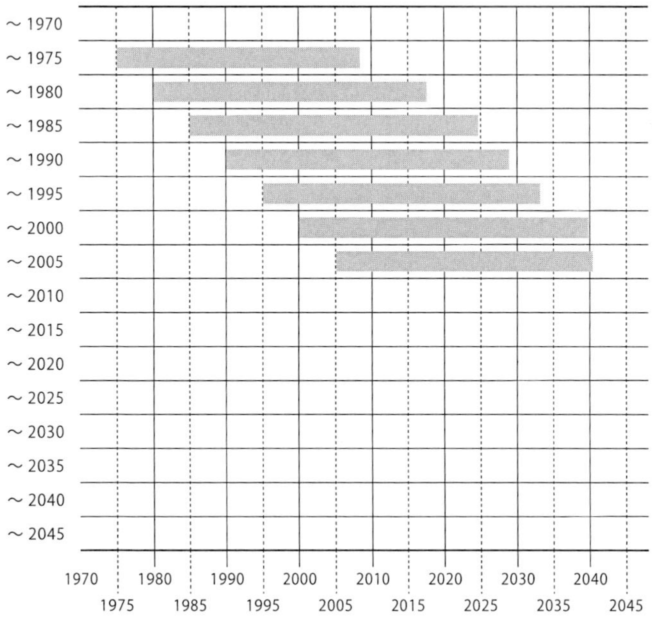

■高知県における年間必要墳墓数の推移

1985〜1990年……1,390墳墓（＝601＋587＋202）
1990〜1995年……1,596墳墓（＝601＋587＋202＋206）
1995〜2000年……1,701墳墓（＝601＋587＋202＋206＋105）
2000〜2005年……2,356墳墓（＝601＋587＋202＋206＋105＋655）
2005〜2010年……2,469墳墓（＝601＋587＋202＋206＋105＋655＋113）
2010〜2015年……1,868墳墓（＝587＋202＋206＋105＋655＋113）
2015〜2020年……1,868墳墓（＝587＋202＋206＋105＋655＋113）
2020〜2025年……1,281墳墓（＝202＋206＋105＋655＋113）
2025〜2030年……1,079墳墓（＝206＋105＋655＋113）
2030〜2035年……873墳墓（＝105＋655＋113）
2035〜2040年……768墳墓（＝655＋113）
2040〜2045年……113墳墓
（参考値）**2045年…0墳墓**

たが、大阪府、森岡双方の値を比較した場合、それより少し早い2010年頃から、という見立てをするのは妥当であろう（**図表Ⅱ**および**図表Ⅲ**の**G**列、**H**列、**I**列の2010～15年以降の年代を参照)。

現実的には、この総量としての墳墓等に対するニーズのうち、各々の墓園などにおける個別のニーズがいかに見込めるかだが、この点においては、表中で1995～2015年についても示しており、これに各々の墓園における1995～2015年の申込み状況と照らし合わせて、将来における墳墓等の申込みがどのように推移するのか、読み替えていただきたい。

近年では「お墓に対する意識の多様化」「さまざなお墓の選択がなされている」と指摘されており、お墓業界の現場からも、これまでのような既存のお墓へのニーズが希薄になっているという声が挙がっていることも、また事実である。すなわち、ここで最終的に得られたのは、墳墓（お墓）のほか、樹木葬（墓)、合葬・合祀墓、散骨等を合算した「必要墳墓“等”の数」、いわば“総数”を求めたものである。

特に合葬・合祀墓、散骨等が認知されはじめるのは、世帯員数（**図表Ⅱ**の主に**D**列を参照）の２人世帯の世帯総数が過半数を超えた頃である。つまり、この２人世帯が高齢化するにつれ、合葬・合祀墓、散骨、樹木葬（墓）へのニーズに対して、より傾斜を強めていく、という１つのモデル像がみえてくる。いわば、「お墓」へのニーズが転換する分水嶺「値」であると思料され、高知県の場合、2000年以降からそうした状況にある。

加えて、前述したとおり、採用需要数の転換（本章第４項⑩、24～25ページ）は、2010～15年以降であったので、墓地等のニーズの転換点、需要動向の変化は、すでにその時期を迎えている状況にあると思料される。

図表Ⅲ　墳墓等必要数の推移 ── 大阪府方式に拠る推計と森岡方式との比較

A	B	C	D	E	F	G	H	I	J
年　代	人口	死亡率	死亡者数	傍系世帯数	取得希望世帯数	墳墓需要数（大阪府方式）	墳墓需要数（森岡方式）	採用する推計結果	墳墓需要数（大阪・森岡調整値）
1995～2000	817,000	0.0099	8,088	1,820	1,213	**1,517**	1,701	大阪府	**1,717**
2000～2005	814,000	0.0102	8,306	1,869	1,246	**1,558**	2,356	大阪府	**1,832**
2005～2010	796,000	0.0115	9,154	2,060	1,373	**1,717**	2,469	大阪府	**1,868**
2010～2015	764,000	0.0128	9,769	2,198	1,465	**1,832**	1,868	大阪府	**1,281**
2015～2020	728,000	0.0138	10,020	2,255	1,503	1,879	**1,868**	森岡	**1,079**
2020～2025	691,000	0.0149	10,296	2,317	1,544	1,931	**1,281**	森岡	**873**
2025～2030	653,000	0.0160	10,448	2,351	1,567	1,959	**1,079**	森岡	**768**
2030～2035	614,000	0.0173	10,622	2,390	1,593	1,992	**873**	森岡	**113**
2035～2040	576,000	0.0186	10,714	2,411	1,607	2,009	**768**	森岡	**15,087**
2040～2045	536,000	0.0201	10,774	2,424	1,616	2,020	**113**	森岡	**11,765**
（参考値）2045年	498,000	0.0217	10,807	2,431	1,621	2,026	0	－	－

40 福岡県

(1) 葬儀および火葬の需要予測

葬儀施行単価は、「葬儀費用総額」の「中間値」は95万円。これを前提とした2015～20年の葬儀費用総額は477億4,600万円であるのに対し、「葬儀年間売上げ」は416億5,200万円と、やや上振れするものの、実際の施行単価は中間値あたりの金額が実勢値と判断される。将来も同様の傾向と思料される（**図表Ⅰ**の**C**列と**D**列を参照）。

福岡県は九州地方北部に位置し、九州地方で最も人口が多い。福岡市（県庁所在地）と北九州市の2つの政令指定都市を抱え、いわゆる東京、名古屋、大阪の三大都市圏以外では人口密度が1㎢当たり1,000人を超える唯一の県である。大きくは北九州地方の対馬海峡沿岸部・関門海峡沿岸部、同地方の瀬戸内海（周防灘）沿岸部、筑豊地方と、筑後地方の内陸部、筑後地方の有明海沿岸部の４つのエリアに分かれる

ここで示した葬儀施行単価あるいは総額は、福岡県の“総額・総量”であり、本資料集を活用する方の関心は、これらのうち、各々の事業者における個別のニーズがいかに見込めるかであろう。この点においては、**図表Ⅰ**で1995～2015年についても示しており、これに各々の事業者・団体が1995～2015年の施行状況を投影することで、将来推計で示した値（数値）をベースに、各々の業務では「どのように」あるいは「どのぐらい」「どういった」推移をしていくのか、その把握を促す手がかりとなることを想定して提示した。

火葬場については、2018年現在でも135炉の「余力」があり、これは将来にかけてやや減少するものの、2045年時でも100炉を超え、大きく変化することはない。前述したとおり、地域偏在も思料する必要があるが、まずは将来においても対応可能であると考える（**図表Ⅰ**の**F**列、**G**列、**H**列を参照）。

図表Ⅰ　葬儀費用 ── 葬儀市場規模の推移および現行火葬炉数と使用頻度（回転数）の推移

A	B	C			D	E	F	G	H
年　代	死亡者数	葬儀費用総額（括弧内は各々の施行単価）（単位：百万円）			葬儀 年間売上げ（単位：百万円）	年間対応可能数 火葬炉数 × 1日当たりの回転数 × 年間稼動日数	実質火葬 施行数（≒死亡者数）	余剰－不足 火葬対応数	余剰－不足 火葬炉数
		低位最頻（0.35）	中間値（0.95）	高位最頻（2.25）					
1995～2000	37,491	13,122	35,616	84,354	31,003	143,000	37,491	105,509	＋153
2000～2005	38,505	13,477	36,580	86,636	31,842	143,000	38,505	104,495	＋152
2005～2010	42,925	15,024	40,779	96,581	35,497	143,000	42,925	100,075	＋146
2010～2015	46,996	16,449	44,646	105,741	38,864	143,000	46,996	96,004	＋140
2015～2020	50,259	17,591	47,746	113,083	41,562	143,000	50,259	92,741	＋135
2020～2025	53,529	18,735	50,853	120,440	44,266	143,000	53,529	89,471	＋130
2025～2030	56,482	19,769	53,658	127,084	46,708	143,000	56,482	86,518	＋126
2030～2035	58,965	20,638	56,016	132,670	48,761	143,000	58,965	84,036	＋122
2035～2040	61,493	21,523	58,419	138,360	50,852	143,000	61,493	81,507	＋119
2040～2045	63,518	22,231	60,342	142,914	52,526	143,000	63,518	79,483	＋116
（参考値）2045年	65,578	22,952	62,299	147,550	54,230	143,000	65,578	77,422	＋113

(2) 墳墓等の需要予測

「墳墓等に対するニーズ」は2015〜20年以降、人口、世帯数ともに減少していることから、大阪府方式、すなわち死亡者数を前提とした推計値を、そのまま墳墓等に対するニーズとして見込むのはむずかしい（**図表Ⅲ**の**G**列、**I**列を参照)。

しかし、福岡県の場合、2045年に至るまで、この大阪府方式で推計された値は、森岡方式の値との比較からその一定の妥当性が将来においても担保されることが確認される（ただし、2045年以降についての判断は保留される)。これは東京

図表Ⅱ　墳墓等必要数の推移 ―― 森岡方式に拠る

A	B	C	D	E	F	G
年代	世帯数	増加世帯数	世帯員数	死亡率	需要発現期間	単年度当たりの需要数
〜1970	1,051,000		3.67	0.0070	38.9	0
〜1975	1,216,000	165,000	3.40	0.0065	45.2	3,650
〜1980	1,426,000	210,000	3.13	0.0065	49.2	4,268
〜1985	1,519,000	93,000	3.05	0.0065	50.4	1,845
〜1990	1,624,000	105,000	2.89	0.0070	49.4	2,126
〜1995	1,706,000	82,000	2.78	0.0076	47.3	1,734
〜2000	1,907,000	201,000	2.57	0.0077	50.5	3,980
〜2005	1,985,000	78,000	2.54	0.0085	46.3	1,685
〜2010	2,107,000	122,000	2.35	0.0093	45.8	2,664
〜2015	2,197,000	90,000	2.27	0.0099	44.5	2,022
〜2020	2,171,000	− 26,000	2.22	0.0105	42.9	− 606
〜2025	2,152,000	− 19,000	2.19	0.0112	40.8	− 466
〜2030	2,111,000	− 41,000	2.17	0.0119	38.7	− 1,059
〜2035	2,047,000	− 64,000	2.15	0.0127	36.6	− 1,749
〜2040	1,950,000	− 97,000	2.13	0.0135	34.8	− 2,787
〜2045	1,804,000	− 146,000	2.11	0.0144	32.9	− 4,438

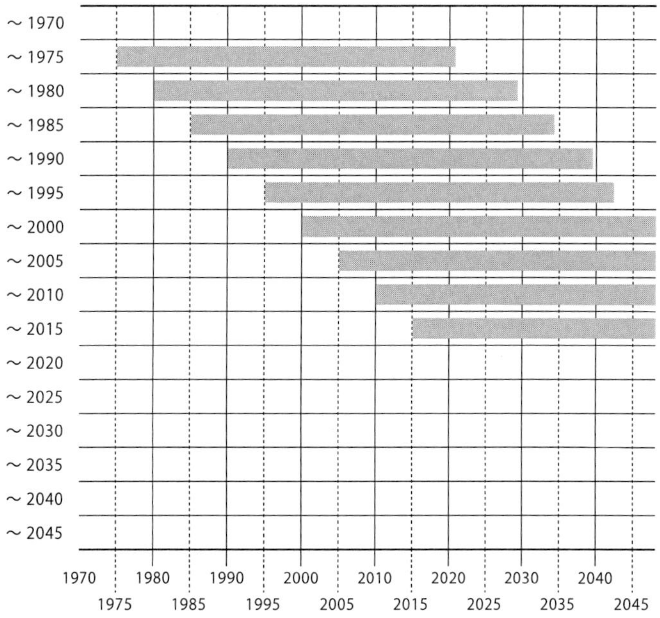

■福岡県における年間必要墳墓数の推移

1985〜1990年……9,763墳墓（＝3,650＋4,268＋1,845）
1990〜1995年……11,889墳墓（＝3,650＋4,268＋1,845＋2,126）
1995〜2000年……13,623墳墓（＝3,650＋4,268＋1,845＋2,126＋1,734）
2000〜2005年……17,603墳墓（＝3,650＋4,268＋1,845＋2,126＋1,734＋3,980）
2005〜2010年……19,288墳墓（＝3,650＋4,268＋1,845＋2,126＋1,734＋3,980＋1,685）
2010〜2015年……21,952墳墓（＝3,650＋4,268＋1,845＋2,126＋1,734＋3,980＋1,685＋2,664）
2015〜2020年……23,974墳墓（＝3,650＋4,268＋1,845＋2,126＋1,734＋3,980＋1,685＋2,664＋2,022）
2020〜2025年……23,974墳墓（＝3,650＋4,268＋1,845＋2,126＋1,734＋3,980＋1,685＋2,664＋2,022）
2025〜2030年……20324墳墓（＝4,268＋1,845＋2,126＋1,734＋3,980＋1,685＋2,664＋2,022）
2030〜2035年……16056墳墓（＝1,845＋2,126＋1,734＋3,980＋1,685＋2,664＋2,022）
2035〜2040年……16056墳墓（＝1,845＋2,126＋1,734＋3,980＋1,685＋2,664＋2,022）
2040〜2045年……12085墳墓（＝1,734＋3,980＋1,685＋2,664＋2,022）
(参考値) **2045年…10351墳墓**（＝3,980＋1,685＋2,664＋2,022）

都や神奈川県、埼玉県、千葉県、愛知県、大阪府などでもみられた傾向である（**図表Ⅱ**および**図表Ⅲ**の**G**列、**H**列、**I**列を参照）。

現実的には、この総量としての墳墓等に対するニーズのうち、各々の墓園などにおける個別のニーズがいかに見込めるかだが、この点においては、表中で1995～2015年についても示しており、これに各々の墓園における1995～2015年の申込み状況と照らし合わせて、将来における墳墓等の申込みがどのように推移するのか、読み替えていただきたい。

近年では「お墓に対する意識の多様化」「さまざまなお墓の選択がなされている」と指摘されており、お墓業界の現場からも、これまでのような既存のお墓へのニーズが希薄になっているという声が挙がっていることも、また事実である。すなわち、ここでは最終的に得られたのは、墳墓（お墓）のほか、樹木葬（墓）、合葬・合祀墓、散骨等を合算した「必要墳墓“等”の数」、いわば“総数”を求めたものである。

特に合葬・合祀墓、散骨等が認知されはじめるのは、世帯員数（**図表Ⅱ**の主に**D**列を参照）の２人世帯が世帯総数の過半数を占めた頃である。つまり、この２人世帯が高齢化するにつれ、合葬・合祀墓、散骨、樹木葬（墓）へのニーズに対して、より傾斜していく、という１つのモデル像がみえてくる。いわば、「お墓」へのニーズが転換する分水嶺「値」であると思料され、福岡県の場合、2010年以降のことであった。

しかし、前述したとおり、採用需要数が転換（本章第４項⑩、24～25ページ）する2045年の将来においてもなお、墓地等のニーズ需要は、推計上安定して推移することから、需要動向の変化は、ある時期を境にして急激に生じるのではなく、長期的なスパンで起きるという見立てざるを得ないと思料される。

図表Ⅲ　墳墓等必要数の推移 —— 大阪府方式に拠る推計と森岡方式との比較

A	B	C	D	E	F	G	H	I	J
年　代	人口	死亡率	死亡者数	傍系世帯数	取得希望世帯数	墳墓需要数（大阪府方式）	墳墓需要数（森岡方式）	採用する推計結果	墳墓需要数（大阪・森岡調整値）
1995～2000	4,933,000	0.0076	37,491	8,435	5,624	**7,030**	13,623	大阪府	**7,030**
2000～2005	5,016,000	0.0077	38,505	8,664	5,776	**7,220**	17,603	大阪府	**7,220**
2005～2010	5,050,000	0.0085	42,925	9,658	6,439	**8,049**	19,288	大阪府	**8,049**
2010～2015	5,072,000	0.0093	46,996	10,574	7,049	**8,812**	21,952	大阪府	**8,812**
2015～2020	5,102,000	0.0099	50,259	11,308	7,539	**9,424**	23,974	大阪府	**9,424**
2020～2025	5,098,000	0.0105	53,529	12,044	8,029	**10,037**	23,974	大阪府	**10,037**
2025～2030	5,043,000	0.0112	56,482	12,708	8,472	**10,590**	20,324	大阪府	**10,590**
2030～2035	4,955,000	0.0119	58,965	13,267	8,845	**11,056**	16,056	大阪府	**11,056**
2035～2040	4,842,000	0.0127	61,493	13,836	9,224	**11,530**	16,056	大阪府	**11,530**
2040～2045	4,705,000	0.0135	63,518	14,291	9,528	**11,910**	12,085	大阪府	**11,910**
（参考値）2045年	4,554,000	0.0144	65,578	14,755	9,837	12,296	**10,351**	森岡	**10,351**

41 佐賀県

(1) 葬儀および火葬の需要予測

葬儀施行単価は、「葬儀費用総額」における「中間値」は95万円。これを前提とした2015～20年の葬儀費用総額（92億1,700万円）に対し、「葬儀年間売上げ」は97億3,500万円と、やや上振れはする。しかし、大きな差異ではないことから、実際の施行単価はここで示した中間値程度の金額が実勢値であろうと判断される。将来も同様の傾向と思料されよう（**図表ⅠのC列とD列を参照**）。

佐賀県は、九州地方のなかでは人口・面積ともに最も少なく、また人口・面積ともに全都道府県中でも42番目である。県内の地域区分は佐賀藩と唐津藩に二分されていた歴史的経緯から、唐津市を中心とした北部（北西部）と、佐賀市を中心とした南部（南東部）に区分され、より細かく分ける場合、北部・東部・西部の３区分、あるいは５区に分けられる。こうした地域別特性もあわせて考慮されたい。

ここで示した葬儀施行単価あるいは総額は、佐賀県の“総額・総量”であり、本資料集を活用する方の関心は、これらのうち、各々の事業者における個別のニーズがいかに見込めるかであろう。この点においては、**図表Ⅰ**で1995～2015年についても示しており、これに各々の事業者・団体における1995～2015年の施行状況を投影することで、将来推計で示した値（数値）をベースに、各々の業務では「どのように」あるいは「どのぐらい」「どういった」推移をしていくのか、その把握を促す手がかりとなることを想定して提示した。

火葬場については、2018年現在でも34炉の「余力」があり、将来にかけてはやや減少するものの、大きく変化しない（2045年時には31炉）。前述したとおり、地域が分かれており、これに伴う偏在も思料する必要があるが、まずは将来においても対応可能であると考えられる（**図表ⅠのF**

図表Ⅰ　葬儀費用 ── 葬儀市場規模の推移および現行火葬炉数と使用頻度（回転数）の推移

A	B	C			D	E	F	G	H
年　代	死亡者数	葬儀費用総額（括弧内は各々の施行単価）（単位：百万円）			葬儀年間売上げ（単位：百万円）	年間対応可能数 火葬炉数 × １日当たりの回転数 × 年間稼動日数	実質火葬施行数（≒死亡者数）	余剰－不足火葬対応数	余剰－不足火葬炉数
		低位最頻（0.35）	中間値（0.95）	高位最頻（2.25）					
1995～2000	7,956	2,785	7,558	17,901	7,983	33,000	7,956	25,044	＋36
2000～2005	7,899	2,765	7,504	17,773	7,926	33,000	7,899	25,101	＋37
2005～2010	8,573	3,001	8,145	19,290	8,603	33,000	8,573	24,427	＋36
2010～2015	9,212	3,224	8,751	20,727	9,243	33,000	9,212	23,788	＋35
2015～2020	9,702	3,396	9,217	21,830	9,735	33,000	9,702	23,298	＋34
2020～2025	10,206	3,572	9,696	22,964	10,241	33,000	10,206	22,794	＋33
2025～2030	10,598	3,709	10,068	23,844	10,634	33,000	10,598	22,403	＋33
2030～2035	10,977	3,842	10,428	24,697	11,014	33,000	10,977	22,024	＋32
2035～2040	11,284	3,949	10,720	25,389	11,322	33,000	11,284	21,716	＋32
2040～2045	11,640	4,074	11,058	26,190	11,679	33,000	11,640	21,360	＋31
（参考値）2045年	11,886	4,160	11,291	26,743	11,926	33,000	11,886	21,114	＋31

列、G列、H列を参照)。

(2) 墳墓等の需要予測

「墳墓等に対するニーズ」は2015〜20年以降、人口、世帯数ともにに減少していることから、大阪府方式、すなわち死亡者数を前提とした推計値を、そのまま墳墓等に対するニーズとして見込むのはむずかしい(**図表ⅢのG列、I列を参照**」。

そこで世帯数、すなわち故人を墳墓等に収める人の存在を前提とした森岡方式で得られた値が注目される。その境界をここでは2025年以降とし

図表Ⅱ　墳墓等必要数の推移 —— 森岡方式に拠る

A	B	C	D	E	F	G
年代	世帯数	増加世帯数	世帯員数	死亡率	需要発現期間	単年度当たりの需要数
〜1970	195,000		4.19	0.0085	28.1	0
〜1975	209,000	14,000	3.91	0.0080	32.0	438
〜1980	232,000	23,000	3.66	0.0080	34.2	673
〜1985	242,000	10,000	3.57	0.0076	36.9	271
〜1990	250,000	8,000	3.43	0.0083	35.1	228
〜1995	263,000	13,000	3.22	0.0090	34.5	377
〜2000	278,000	15,000	3.08	0.0090	36.1	416
〜2005	286,000	8,000	3.03	0.0099	33.3	240
〜2010	294,000	8,000	2.80	0.0109	32.8	244
〜2015	301,000	7,000	2.72	0.0117	31.4	223
〜2020	292,000	− 9,000	2.66	0.0126	29.8	− 302
〜2025	286,000	− 6,000	2.61	0.0135	28.4	− 211
〜2030	279,000	− 7,000	2.58	0.0145	26.7	− 262
〜2035	270,000	− 9,000	2.55	0.0155	25.3	− 356
〜2040	259,000	− 11,000	2.52	0.0167	23.8	− 462
〜2045	247,000	− 12,000	2.49	0.0179	22.4	− 536

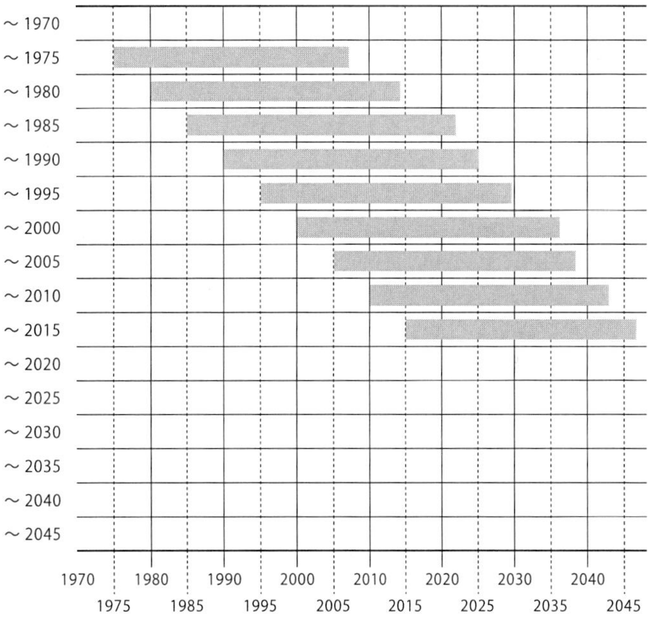

■佐賀県における年間必要墳墓数の推移

1985〜1990年……1,382 墳墓(= 438 + 673 + 271)
1990〜1995年……1,610 墳墓(= 438 + 673 + 271 + 228)
1995〜2000年……1,987 墳墓(= 438 + 673 + 271 + 228 + 377)
2000〜2005年……2,403 墳墓(= 438 + 673 + 271 + 228 + 377 + 416)
2005〜2010年……2,643 墳墓(= 438 + 673 + 271 + 228 + 377 + 416 + 240)
2010〜2015年……2,449 墳墓(= 673 + 271 + 228 + 377 + 416 + 240 + 244)
2015〜2020年……1999 墳墓(= 271 + 228 + 377 + 416 + 240 + 244 + 223)
2020〜2025年……1999 墳墓(= 271 + 228 + 377 + 416 + 240 + 244 + 223)
2025〜2030年……1728 墳墓(= 228 + 377 + 416 + 240 + 244 + 223)
2030〜2035年……1123 墳墓(= 416 + 240 + 244 + 223)
2035〜2040年……1123 墳墓(= 416 + 240 + 244 + 223)
2040〜2045年……467 墳墓(= 244 + 223)
(参考値) 2045年…223 墳墓

たが、大阪府、森岡双方の値を比較した場合、それより少し早い2015年頃、すなわち現時点ですでにそうした状況にあると見立てられると思料しても、一定の妥当性は認められよう（**図表Ⅱ**および**図表Ⅲ**の**G**列、**H**列、**I**列の2015～20年以降の年代を参照）。

現実的には、この総量としての墳墓等に対するニーズのうち、各々の墓園などにおける個別のニーズがいかに見込めるかだが、この点においては、表中で1995～2015年についても示しており、これに各々の墓園における1995～2015年の申込み状況と照らし合わせて、将来における墳墓等の申込みがどのように推移するのか、読み替えていただきたい。

近年では「お墓に対する意識の多様化」「さまざまなお墓の選択がなされている」と指摘されており、お墓業界の現場からも、これまでのような既存のお墓へのニーズが希薄になっているという声が挙がっているのも、また事実である。すなわち、ここで最終的に得られたのは、墳墓（お墓）のほか、樹木葬（墓）、合葬・合祀墓、散骨等を合算した「必要墳墓“等”の数」、いわば“総数”を求めたものである。

特に合葬・合祀墓、散骨等が認知されはじめるのは、世帯員数（**図表Ⅱ**の主に**D**列を参照）の２人世帯の世帯総数が過半数を超えた頃である。つまり、この２人世帯が高齢化するにつれ、合葬・合祀墓、散骨、樹木葬（墓）へのニーズに対して、より傾斜を強めていく、という１つのモデル像がみえてくる。いわば、「お墓」へのニーズが転換する分水嶺「値」であると思料され、佐賀県の場合、2045年以降のこととなる。

しかし、前述したように、すでに現時点において、採用需要数の転換（本章第４項⑩、24～25ページ）がなされつつあるという現状にあることから、需要動向の変化は、ある時期を境にして急激に生じるのではなく、長期的なスパンで起こると見立ざるを得ないと思料される。

図表Ⅲ　墳墓等必要数の推移 ── 大阪府方式に拠る推計と森岡方式との比較

A	B	C	D	E	F	G	H	I	J
年　代	人口	死亡率	死亡者数	傍系世帯数	取得希望世帯数	墳墓需要数（大阪府方式）	墳墓需要数（森岡方式）	採用する推計結果	墳墓需要数（大阪・森岡調整値）
1995～2000	884,000	0.0090	7,956	1,790	1,193	**1,492**	1,987	大阪府	**1,492**
2000～2005	877,000	0.0090	7,899	1,777	1,185	**1,481**	2,403	大阪府	**1,481**
2005～2010	866,000	0.0099	8,573	1,929	1,286	**1,608**	2,643	大阪府	**1,608**
2010～2015	850,000	0.0109	9,212	2,073	1,382	**1,728**	2,449	大阪府	**1,728**
2015～2020	833,000	0.0117	9,702	2,183	1,455	**1,819**	1,999	大阪府	**1,819**
2020～2025	810,000	0.0126	10,206	2,296	1,531	**1,914**	1,999	大阪府	**1,914**
2025～2030	785,000	0.0135	10,598	2,384	1,590	1,987	**1,728**	森岡	**1,728**
2030～2035	757,000	0.0145	10,977	2,470	1,646	2,058	**1,123**	森岡	**1,123**
2035～2040	728,000	0.0155	11,284	2,539	1,693	2,116	**1,123**	森岡	**1,123**
2040～2045	697,000	0.0167	11,640	2,619	1,746	2,183	**467**	森岡	**467**
（参考値）2045年	664,000	0.0179	11,886	2,674	1,783	2,229	**223**	森岡	**223**

42 長崎県

(1) 葬儀および火葬の需要予測

葬儀施行単価は、「葬儀費用総額」の「中間値」では95万円。これを前提とした2015～20年の葬儀費用総額は160億1,200万円である。これに対して、「葬儀年間売上げ」は217億9,300万円と、「高位最頻」の値（379億2,400万円）には至らないものの、大きく上振れする。実際の施行単価は、中間値と高位最頻値とを折衷する程度の金額が実勢値であろうと判断される。将来も同様の傾向と思料されよう（**図表Ⅰ**のC列とD列を参照）。

長崎県は、東に佐賀県と隣接するほかは周囲を海に囲まれている。対馬、壱岐、五島列島などの島嶼が971あり、その数は日本一である。地域区分では、長崎・県北・県央・島原・五島・壱岐・対馬の７つの地域に分けられる。この地形的特徴から、長崎県全域に83か所の港湾が点在しており、その数は国内の7.4％に及ぶ。こうした地理的な特性についてもあわせて考慮する必要がある。

ここで示した葬儀施行単価あるいは総額は、長崎県の“総額・総量”であり、本資料集を活用する方の関心は、これらのうち、各々の事業者における個別のニーズがいかに見込めるかであろう。この点においては、**図表Ⅰ**で1995～2015年についても示しており、これに各々の事業者・団体が1995～2015年の施行状況を投影することで、将来推計で示した値（数値）をベースに、各々の業務では「どのように」あるいは「どのぐらい」「どういった」推移をしていくのか、その把握を促す手がかりとなるよう想定して提示した。

火葬場については、2018年現在でも68炉の「余力」があり、これは将来にかけてやや減少するものの、大きく変化しない（2045年時で67炉）。前述したとおり、地域偏在、わけても島嶼地域・地区の存在も思料する必要があるが、まずは将来においても対応可能であると考える（**図表**

図表Ⅰ　葬儀費用 ―― 葬儀市場規模の推移および現行火葬炉数と使用頻度（回転数）の推移

A	B	C			D	E	F	G	H
年　代	死亡者数	葬儀費用総額（括弧内は各々の施行単価）（単位：百万円）			葬儀年間売上げ（単位：百万円）	年間対応可能数 火葬炉数 × 1日当たりの回転数 × 年間稼動日数	実質火葬施行数（≒死亡者数）	余剰－不足火葬対応数	余剰－不足火葬炉数
		低位最頻（0.35）	中間値（0.95）	高位最頻（2.25）					
1995～2000	13,596	4,759	12,916	30,591	17,579	63,938	13,596	50,342	＋73
2000～2005	13,519	4,732	12,843	30,418	17,480	63,938	13,519	50,419	＋73
2005～2010	14,938	5,228	14,191	33,610	19,314	63,938	14,938	49,000	＋71
2010～2015	16,303	5,706	15,488	36,682	21,079	63,938	16,303	47,635	＋69
2015～2020	16,855	5,899	16,012	37,924	21,793	63,938	16,855	47,083	＋68
2020～2025	17,437	6,103	16,565	39,234	22,546	63,938	17,437	46,500	＋68
2025～2030	17,738	6,208	16,851	39,910	22,934	63,938	17,738	46,200	＋67
2030～2035	17,880	6,258	16,986	40,230	23,118	63,938	17,880	46,058	＋67
2035～2040	18,096	6,334	17,192	40,717	23,398	63,938	18,096	45,841	＋67
2040～2045	18,129	6,345	17,222	40,790	23,440	63,938	18,129	45,809	＋67
（参考値）2045年	18,069	6,324	17,165	40,655	23,362	63,938	18,069	45,869	＋67

ⅠのF列、G列、H列を参照)。

(2) 墳墓等の需要予測

「墳墓等に対するニーズ」は2015～20年以降、人口、世帯数ともに減少していることから、大阪府方式、すなわち死亡者数を前提とした推計値を、そのまま墳墓等に対するニーズとして見込むのはむずかしい（**図表ⅢのG列、Ⅰ列を参照**)。

そこで世帯数、すなわち故人を墳墓等に収める人の存在を前提とした森岡方式で得られた値が注目される。その境界をここでは2025年以降とし

図表Ⅱ　墳墓等必要数の推移 ―― 森岡方式に拠る

A 年代	B 世帯数	C 増加世帯数	D 世帯員数	E 死亡率	F 需要発現期間	G 単年度当たりの需要数
～1970	391,000		3.88	0.0084	30.7	0
～1975	420,000	29,000	3.60	0.0076	36.5	795
～1980	469,000	49,000	3.32	0.0075	40.2	1,219
～1985	488,000	19,000	3.19	0.0075	41.8	455
～1990	502,000	14,000	3.03	0.0080	41.3	339
～1995	511,000	9,000	2.89	0.0088	39.3	229
～2000	543,000	32,000	2.71	0.0089	41.5	771
～2005	552,000	9,000	2.68	0.0101	36.9	244
～2010	557,000	5,000	2.47	0.0115	35.2	142
～2015	558,000	1,000	2.39	0.0123	34.0	29
～2020	542,000	− 16,000	2.33	0.0132	32.5	− 492
～2025	523,000	− 19,000	2.29	0.0141	31.0	− 613
～2030	501,000	− 22,000	2.27	0.0150	29.4	− 748
～2035	475,000	− 26,000	2.25	0.0161	27.6	− 942
～2040	445,000	− 30,000	2.23	0.0172	26.1	− 1,149
～2045	409,000	− 36,000	2.21	0.0184	24.6	− 1,463

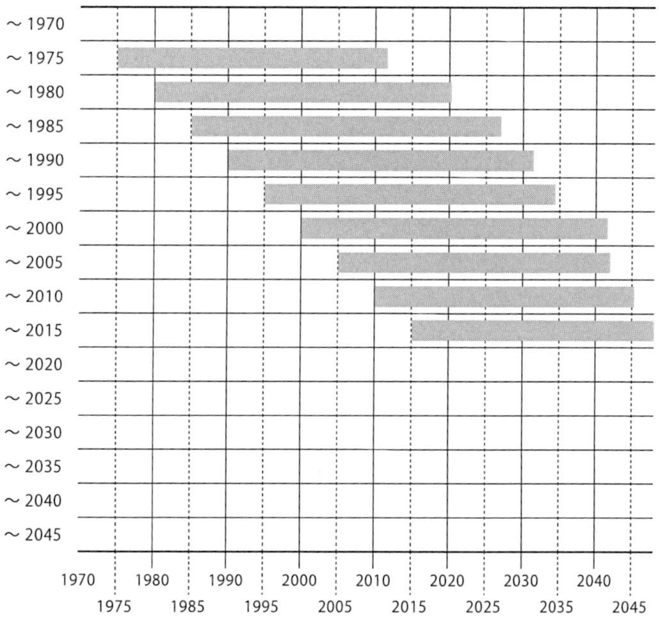

■長崎県における年間必要墳墓数の推移

1985～1990年……2,469 墳墓（＝795＋1,219＋455）
1990～1995年……2,808 墳墓（＝795＋1,219＋455＋339）
1995～2000年……3,037 墳墓（＝795＋1,219＋455＋339＋229）
2000～2005年……3,808 墳墓（＝795＋1,219＋455＋339＋229＋771）
2005～2010年……4,052 墳墓（＝795＋1,219＋455＋339＋229＋771＋244）
2010～2015年……4,194 墳墓（＝795＋1,219＋455＋339＋229＋771＋244＋142）
2015～2020年……3,428 墳墓（＝1,219＋455＋339＋229＋771＋244＋142＋29）
2020～2025年……3,428 墳墓（＝1,219＋455＋339＋229＋771＋244＋142＋29）
2025～2030年……2,209 墳墓（＝455＋339＋229＋771＋244＋142＋29）
2030～2035年……1,754 墳墓（＝339＋229＋771＋244＋142＋29）
2035～2040年……1,186 墳墓（＝771＋244＋142＋29）
2040～2045年……1,186 墳墓（＝771＋244＋142＋29）
(参考値) **2045年…171 墳墓**（＝142＋29）

たが、大阪府、森岡双方の値を比較した場合、それより早い2015年頃、すなわち現時点ですでにそうした見立てがなされ得よう（**図表Ⅱ**および**図表Ⅲ**の**G**列、**H**列、**I**列の2015〜20年以降の年代を参照）。

現実的には、この総量としての墳墓等に対するニーズのうち、各々の墓園などにおける個別のニーズがいかに見込めるかだが、この点においては、表中で1995〜2015年についても示しており、これに各々の墓園における1995〜2015年の申込み状況と照らし合わせて、将来における墳墓等の申込みがどのように推移するのか、読み替えていただきたい。

近年では「お墓に対する意識の多様化」「さまざまなお墓の選択がなされている」と指摘されており、お墓業界の現場からも、これまでのような既存のお墓へのニーズが希薄になっているという声が挙がっていることも、また事実である。すなわち、ここで最終的に得られたのは、墳墓（お墓）のほか、樹木葬（墓）、合葬・合祀墓、散骨等を合算した「必要墳墓"等"の数」、いわば"総数"を求めたものである。

特に合葬・合祀墓、散骨等が認知されはじめるのは、世帯員数（**図表Ⅱ**の主に**D**列を参照）の２人世帯が世帯総数の過半数を超えた頃である。つまり、この２人世帯が高齢化するにつれ、合葬・合祀墓、散骨、樹木葬（墓）へのニーズに対して、より傾斜を強めていく、という１つのモデル像がみえてくる。いわば、「お墓」へのニーズが転換する分水嶺「値」であると思料され、長崎県の場合、2010年以降からすでにそうした状況にあった。

前述したとおり、採用需要数の転換（本章第４項⑩、24〜25ページ）は2015年からのことであったので、すでにまさしく墓地等のニーズ、需要動向の変化が顕在化しつつある最中と思料することができるであろう。

図表Ⅲ　墳墓等必要数の推移 —— 大阪府方式に拠る推計と森岡方式との比較

A	B	C	D	E	F	G	H	I	J
年　代	人口	死亡率	死亡者数	傍系世帯数	取得希望世帯数	墳墓需要数（大阪府方式）	墳墓需要数（森岡方式）	採用する推計結果	墳墓需要数（大阪・森岡調整値）
1995～2000	1,545,000	0.0088	13,596	3,059	2,039	**2,549**	3,037	大阪府	**2,549**
2000～2005	1,517,000	0.0089	13,519	3,042	2,028	**2,535**	3,808	大阪府	**2,535**
2005～2010	1,479,000	0.0101	14,938	3,361	2,241	**2,801**	4,052	大阪府	**2,801**
2010～2015	1,427,000	0.0115	16,303	3,668	2,445	**3,057**	4,194	大阪府	**3,057**
2015～2020	1,377,000	0.0123	16,855	3,792	2,528	**3,160**	3,428	大阪府	**3,160**
2020～2025	1,321,000	0.0132	17,437	3,923	2,616	**3,270**	3,428	大阪府	**3,270**
2025～2030	1,258,000	0.0141	17,738	3,991	2,661	3,326	**2,209**	森岡	**2,209**
2030～2035	1,192,000	0.0150	17,880	4,023	2,682	3,353	**1,754**	森岡	**1,754**
2035～2040	1,124,000	0.0161	18,096	4,072	2,714	3,393	**1,186**	森岡	**1,186**
2040～2045	1,054,000	0.0172	18,129	4,079	2,719	3,399	**1,186**	森岡	**1,186**
（参考値）2045年	982,000	0.0184	18,069	4,065	2,710	3,388	**171**	森岡	**171**

43 熊本県

(1) 葬儀および火葬の需要予測

葬儀施行単価は、「葬儀費用総額」の「中間値」で95万円。これを前提とした2015～20年の「葬儀費用総額」(196億5,700万円）に対し、「葬儀年間売上げ」は183億9,200万円とほぼ等しい値である。したがって、実際の施行単価は中間値と同程度の金額が実勢値であろうと判断される。将来も同様の傾向と思料されよう（**図表Ⅰ**のC列とD列を参照)。

熊本県は九州本島の中央部に位置し、福岡、大分、宮崎、鹿児島の各県と境を接する。海上で有明海を隔て長崎県とも接する。東部の阿蘇地方に日本第２位の阿蘇カルデラをもつ阿蘇山や九州山地の山々が聳え、西部は熊本平野が有明海に、八代平野および芦北地方のリアス式海岸が不知火海に面する。その間に宇土半島が突き出し天草諸島に続いている。地域としては、熊本（内陸型気候)、阿蘇（山地型気候)、天草・芦北地方（海洋性気候)、球磨地方（人吉盆地を中心とした内陸気候と山地型の気候）に分けられる。

ここで示した葬儀施行単価あるいは総額は、熊本県の“総額・総量”であり、本資料集を活用する方の関心は、これらのうち、各々の事業者における個別のニーズがいかに見込めるかであろう。この点においては、**図表Ⅰ**で1995～2015年についても示しており、これに各々の事業者・団体が1995～2015年の施行状況を投影することで、将来推計で示した値（数値）をベースに、各々の業務では「どのように」あるいは「どのぐらい」「どういった」推移をしていくのか、その把握を促す手がかりとなるよう想定して提示した。

火葬場については、2018年現在でも65炉の「余力」があり、将来にかけてはやや減少するものの、大きく変化しない（2045年時には55ないし53炉)。前述したとおり、地域偏在も思料する

図表Ⅰ　葬儀費用 ―― 葬儀市場規模の推移および現行火葬炉数と使用頻度（回転数）の推移

A	B	C			D	E	F	G	H
年　代	死亡者数	葬儀費用総額（括弧内は各々の施行単価）（単位：百万円）			葬儀年間売上げ（単位：百万円）	年間対応可能数 火葬炉数 × 1日当たりの回転数 × 年間稼動日数	実質火葬施行数（≒死亡者数）	余剰－不足火葬対応数	余剰－不足火葬炉数
		低位最頻（0.35）	中間値（0.95）	高位最頻（2.25）					
1995～2000	15,438	5,403	14,666	34,736	13,722	65,313	15,438	49,875	＋73
2000～2005	15,973	5,591	15,174	35,939	14,198	65,313	15,973	49,340	＋72
2005～2010	18,052	6,318	17,149	40,616	16,045	65,313	18,052	47,261	＋69
2010～2015	19,217	6,726	18,256	43,238	17,081	65,313	19,217	46,096	＋67
2015～2020	20,692	7,242	19,657	46,557	18,392	65,313	20,692	44,621	＋65
2020～2025	22,123	7,743	21,017	49,778	19,664	65,313	22,123	43,189	＋63
2025～2030	23,505	8,227	22,330	52,886	20,892	65,313	23,505	41,808	＋61
2030～2035	24,867	8,704	23,624	55,951	22,103	65,313	24,867	40,445	＋59
2035～2040	26,178	9,162	24,869	58,901	23,268	65,313	26,178	39,134	＋57
2040～2045	27,518	9,631	26,142	61,916	24,460	65,313	27,518	37,794	＋55
（参考値）2045 年	28,696	10,044	27,261	64,566	25,506	65,313	28,696	36,617	＋53

必要があるが、まずは将来においても対応可能であると考える（**図表ⅠのF列、G列、H列を参照**）。

（2）墳墓等の需要予測

「墳墓等に対するニーズ」は2015〜20年以降、人口、世帯数ともに減少していることから、大阪府方式、すなわち死亡者数を前提とした推計値を、そのまま墳墓等に対するニーズとして見込むのはむずかしい（**図表ⅢのG列、I列を参照**）。

しかし、熊本県の場合、2030年に至るまでは、この大阪府方式で推計された値に一定の妥当性が

図表Ⅱ　墳墓等必要数の推移 —— 森岡方式に拠る

A	B	C	D	E	F	G
年代	世帯数	増加世帯数	世帯員数	死亡率	需要発現期間	単年度当たりの需要数
～1970	420,000		3.90	0.0088	29.1	0
～1975	459,000	39,000	3.60	0.0081	34.3	1,137
～1980	524,000	65,000	3.35	0.0076	39.3	1,654
～1985	552,000	28,000	3.25	0.0075	41.0	683
～1990	575,000	23,000	3.12	0.0079	40.6	567
～1995	597,000	22,000	2.98	0.0083	40.4	545
～2000	645,000	48,000	2.81	0.0086	41.4	1,159
～2005	664,000	19,000	2.77	0.0098	36.8	516
～2010	686,000	22,000	2.57	0.0106	36.7	599
～2015	703,000	17,000	2.50	0.0116	34.5	493
～2020	681,000	−22,000	2.45	0.0127	32.1	−685
～2025	667,000	−14,000	2.42	0.0139	29.7	−471
～2030	648,000	−19,000	2.39	0.0152	27.5	−691
～2035	626,000	−22,000	2.37	0.0166	25.4	−866
～2040	598,000	−28,000	2.35	0.0182	23.4	−1,197
～2045	565,000	−33,000	2.33	0.0199	21.6	−1,528

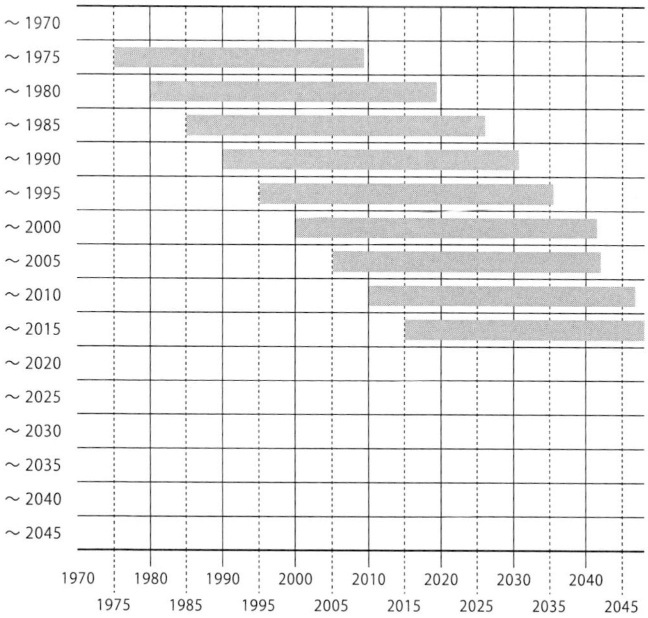

■熊本県における年間必要墳墓数の推移

1985～1990年……3,474 墳墓（＝1,137＋1,654＋683）
1990～1995年……4,041 墳墓（＝1,137＋1,654＋683＋567）
1995～2000年……4,586 墳墓（＝1,137＋1,654＋683＋567＋545）
2000～2005年……5,745 墳墓（＝1,137＋1,654＋683＋567＋545＋1,159）
2005～2010年……6,261 墳墓（＝1,137＋1,654＋683＋567＋545＋1,159＋516）
2010～2015年……5,723 墳墓（＝1,654＋683＋567＋545＋1,159＋516＋599）
2015～2020年……6,216 墳墓（＝1,654＋683＋567＋545＋1,159＋516＋599＋493）
2020～2025年……4,562 墳墓（＝683＋567＋545＋1,159＋516＋599＋493）
2025～2030年……4,562 墳墓（＝683＋567＋545＋1,159＋516＋599＋493）
2030～2035年……3,879 墳墓（＝567＋545＋1,159＋516＋599＋493）
2035～2040年……3,312 墳墓（＝545＋1,159＋516＋599＋493）
2040～2045年……2,767 墳墓（＝1,159＋516＋599＋493）
（参考値）2045年…1,092 墳墓（＝599＋493）

将来においても担保されることが確認される。ただし、森岡方式の値との比較では、2020年頃から、大阪府方式より森岡方式で得られた値を墳墓等に対するニーズとして見込むことができよう（**図表Ⅱ**および**図表Ⅲ**の**G**列、**H**列、**I**列の2020～25年の年代を参照）。

現実的には、この総量としての墳墓等に対するニーズのうち、各々の墓園などにおける個別のニーズがいかに見込めるかだが、この点においては、表中で1995～2015年についても示しており、これに各々の墓園における1995～2015年の申込み状況と照らし合わせて、将来における墳墓等の申込みがどのように推移するのか、読み替えていただきたい。

近年では「お墓に対する意識の多様化」「さまざまなお墓の選択がなされている」と指摘されており、お墓業界の現場からも、これまでのような既存のお墓へのニーズが希薄になっているという声が挙がっていることも、また事実である。すなわち、ここで最終的に得られたのは、墳墓（お墓）のほか、樹木葬（墓）、合葬・合祀墓、散骨等を合算した「必要墳墓“等”の数」、いわば“総数”を求めたものである。

特に合葬・合祀墓、散骨等が認知されはじめるのは、世帯員数（**図表Ⅱ**の主に**D**列を参照）の２人世帯が世帯総数の過半数を超えた頃である。つまり、この２人世帯が高齢化するにつれ、合葬・合祀墓、散骨、樹木葬（墓）へのニーズに対して、より傾斜を強めていく、という１つのモデル像がみえてくる。いわば、「お墓」へのニーズが転換する分水嶺「値」であると思料され、熊本県の場合、2015～20年以降のこととなる。

しかしながら、前述したように、採用需要数が転換（本章第４項⑩、24～25ページ）する2020年の近い将来において、墓地等のニーズ、需要動向の変化が、より顕在化していくことになろうと思料される。

図表Ⅲ　墳墓等必要数の推移 ―― 大阪府方式に拠る推計と森岡方式との比較

A	B	C	D	E	F	G	H	I	J
年　代	人口	死亡率	死亡者数	傍系世帯数	取得希望世帯数	墳墓需要数（大阪府方式）	墳墓需要数（森岡方式）	採用する推計結果	墳墓需要数（大阪・森岡調整値）
1995～2000	1,860,000	0.0083	15,438	3,474	2,316	**2,895**	4,586	大阪府	**2,895**
2000～2005	1,859,000	0.0086	15,973	3,594	2,396	**2,995**	5,745	大阪府	**2,995**
2005～2010	1,842,000	0.0098	18,052	4,062	2,708	**3,385**	6,261	大阪府	**3,385**
2010～2015	1,817,000	0.0106	19,217	4,324	2,883	**3,604**	5,723	大阪府	**3,604**
2015～2020	1,786,000	0.0116	20,692	4,656	3,104	**3,880**	6,216	大阪府	**3,880**
2020～2025	1,742,000	0.0127	22,123	4,978	3,319	**4,149**	4,562	大阪府	**4,149**
2025～2030	1,691,000	0.0139	23,505	5,289	3,526	**4,408**	4,562	大阪府	**4,408**
2030～2035	1,636,000	0.0152	24,867	5,595	3,730	4,663	**3,879**	森岡	**3,879**
2035～2040	1,577,000	0.0166	26,178	5,890	3,927	4,909	**3,312**	森岡	**3,312**
2040～2045	1,512,000	0.0182	27,518	6,192	4,128	5,160	**2,767**	森岡	**2,767**
（参考値）2045年	1,442,000	0.0199	28,696	6,457	4,304	5,381	**1,092**	森岡	**1,092**

44
大分県

(1) 葬儀および火葬の需要予測

葬儀施行単価は、「葬儀費用総額」の「中間値」では95万円。これを前提とした2015〜20年の葬儀費用総額は132億6,000万円であったのに対して、実態ともいえる「葬儀年間売上げ」は151億4,300万円と、やや上振れする。したがって、実際の施行単価は、中間値程度あるいはそれよりやや高めの100万〜110万円程度の金額が実勢値であろうと判断される。将来も同様の傾向と思料されよう（**図表Ⅰ**の**C**列と**D**列を参照）。

大分県は、その地勢は山地の占める割合が大きく、西部は九重連山、南部に祖母山・傾山が聳える。このうち、九重連山の中岳は九州本土の最高峰である。平野部は北部の中津平野、中部の大分平野、南部の佐伯平野など限られた地域に分布している。海岸部は、北部から西部で瀬戸内海（西部は周防灘と呼ばれる）に面する。

ここで示した葬儀施行単価あるいは総額は、大分県の"総額・総量"であり、本資料集を活用する方の関心は、これらのうち、各々の事業者における個別のニーズがいかに見込めるかであろう。この点においては、**図表Ⅰ**で1995〜2015年についても示しており、これに各々の事業者・団体が1995〜2015年の施行状況を投影することで、将来推計で示した値（数値）をベースに、各々の業務では「どのように」あるいは「どのぐらい」「どういった」推移をしていくのか、その把握を促す手がかりとなるよう想定して提示した。

火葬場については、2018年現在、59炉の「余力」があり、これは将来にかけてはやや減少するものの、大きく変化しない（2045年時には51ないし50炉）。前述したとおり、地域偏在も思料する必要があろうし、「仮に火葬炉の４分の１はメンテナンス中で稼動できない」という想定をして

図表Ⅰ　葬儀費用 ── 葬儀市場規模の推移および現行火葬炉数と使用頻度（回転数）の推移

A	B	C			D	E	F	G	H
年　代	死亡者数	葬儀費用総額（括弧内は各々の施行単価）（単位：百万円）			葬儀年間売上げ（単位：百万円）	年間対応可能数 火葬炉数 × 1日当たりの回転数 × 年間稼動日数	実質火葬施行数（≒死亡者数）	余剰－不足火葬対応数	余剰－不足火葬炉数
		低位最頻（0.35）	中間値（0.95）	高位最頻（2.25）					
1995～2000	10,956	3,835	10,408	24,651	11,886	54,313	10,956	43,357	＋63
2000～2005	11,289	3,951	10,725	25,400	12,247	54,313	11,289	43,024	＋63
2005～2010	12,221	4,277	11,610	27,497	13,259	54,313	12,221	42,092	＋61
2010～2015	12,988	4,546	12,339	29,223	14,091	54,313	12,988	41,325	＋60
2015～2020	13,958	4,885	13,260	31,406	15,143	54,313	13,958	40,355	＋59
2020～2025	15,155	5,304	14,398	34,100	16,442	54,313	15,155	39,157	＋57
2025～2030	16,226	5,679	15,415	36,509	17,604	54,313	16,226	38,086	＋55
2030～2035	17,330	6,066	16,464	38,993	18,802	54,313	17,330	36,982	＋54
2035～2040	18,345	6,421	17,428	41,276	19,902	54,313	18,345	35,968	＋52
2040～2045	19,319	6,762	18,353	43,467	20,959	54,313	19,319	34,994	＋51
（参考値）2045年	20,272	7,095	19,259	45,612	21,993	54,313	20,272	34,040	＋50

も、まずは将来においても対応可能であると考える（**図表ⅠのF列、G列、H列を参照**）。

（2）墳墓等の需要予測

墳墓等に対するニーズは2015〜20年以降、人口、世帯数ともに減少していることから、大阪府方式、すなわち死亡者数を前提とした推計値を、そのまま墳墓等に対するニーズとして見込むのはむずかしい（**図表ⅢのG列、Ⅰ列を参照**）。

図表Ⅱ　墳墓等必要数の推移 ―― 森岡方式に拠る

A 年代	B 世帯数	C 増加世帯数	D 世帯員数	E 死亡率	F 需要発現期間	G 単年度当たりの需要数
〜1970	298,000		3.73	0.0090	29.8	0
〜1975	334,000	36,000	3.43	0.0083	35.1	1,026
〜1980	378,000	44,000	3.19	0.0079	39.7	1,108
〜1985	395,000	17,000	3.10	0.0078	41.4	411
〜1990	409,000	14,000	2.96	0.0083	40.7	344
〜1995	419,000	10,000	2.83	0.0089	39.7	252
〜2000	452,000	33,000	2.64	0.0093	40.7	811
〜2005	465,000	13,000	2.60	0.0101	38.1	341
〜2010	480,000	15,000	2.41	0.0109	38.1	394
〜2015	485,000	5,000	2.35	0.0121	35.2	142
〜2020	475,000	− 10,000	2.31	0.0134	32.3	− 310
〜2025	463,000	− 12,000	2.28	0.0149	29.4	− 408
〜2030	449,000	− 14,000	2.26	0.0166	26.7	− 524
〜2035	431,000	− 18,000	2.24	0.0184	24.3	− 741
〜2040	409,000	− 22,000	2.22	0.0204	22.1	− 995
〜2045	383,000	− 26,000	2.20	0.0226	20.1	− 1,294

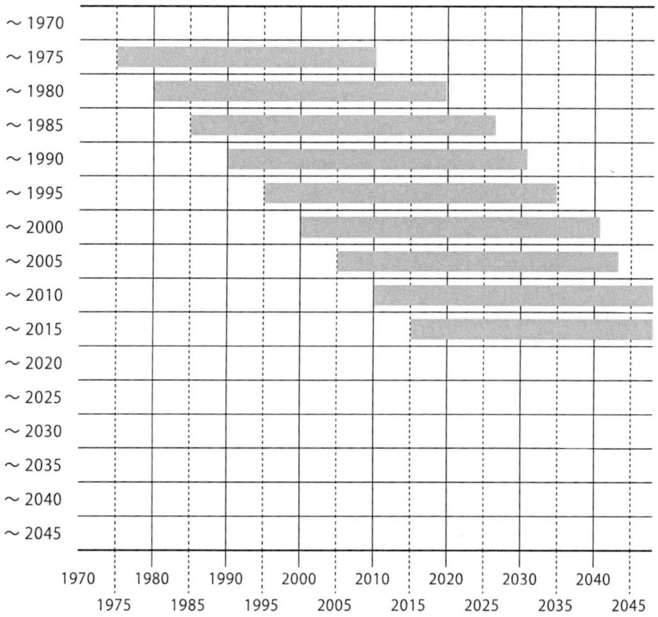

■大分県における年間必要墳墓数の推移

1985〜1990年……2,545墳墓（＝1,026＋1,108＋411）
1990〜1995年……2,889墳墓（＝1,026＋1,108＋411＋344）
1995〜2000年……3,141墳墓（＝1,026＋1,108＋411＋344＋252）
2000〜2005年……3,952墳墓（＝1,026＋1,108＋411＋344＋252＋811）
2005〜2010年……4,293墳墓（＝1,026＋1,108＋411＋344＋252＋811＋341）
2010〜2015年……4,687墳墓（＝1,026＋1,108＋411＋344＋252＋811＋341＋394）
2015〜2020年……3,803墳墓（＝1,108＋411＋344＋252＋811＋341＋394＋142）
2020〜2025年……2,695墳墓（＝411＋344＋252＋811＋341＋394＋142）
2025〜2030年……2,695墳墓（＝411＋344＋252＋811＋341＋394＋142）
2030〜2035年……2,274墳墓（＝344＋252＋811＋341＋394＋142）
2035〜2040年……1,688墳墓（＝811＋341＋394＋142）
2040〜2045年……1,688墳墓（＝811＋341＋394＋142）
（参考値）**2045年…536墳墓**（＝394＋142）

しかし、大分県の場合、2020年に至るまでは、この大阪府方式で推計された値に一定の妥当性が担保されることが将来においても確認されるが、それ以降は、大阪府方式より森岡方式の値を墳墓等に対するニーズとして見込むことができると思料される（**図表Ⅱ**および**図表Ⅲ**の**G**列、**H**列、**I**列の2020〜25年以降の年代を参照）。

現実的には、この総量としての墳墓等に対するニーズのうち、各々の墓園などにおける個別のニーズがいかに見込めるかだが、この点においては、表中で1995〜2015年についても示しており、これに各々の墓園における1995〜2015年の申込み状況と照らし合わせて、将来における墳墓等の申込みがどのように推移するのか、読み替えていただきたい。

近年では「お墓に対する意識の多様化」「さまざまなお墓の選択がなされている」と指摘されており、お墓業界の現場からも、これまでのような既存のお墓へのニーズが希薄になっているという声が挙がっていることも、また事実である。すなわち、ここで最終的に得られたのは、墳墓（お墓）のほか、樹木葬（墓）、合葬・合祀墓、散骨等を合算した「必要墳墓“等”の数」、いわば“総数”を求めたものである。

特に合葬・合祀墓、散骨等が認知されはじめるのは、世帯員数（**図表Ⅲ**の主に**D**列を参照）の２人世帯が世帯総数の過半数を超えた頃である。つまり、この２人世帯が高齢化するにつれ、合葬・合祀墓、散骨、樹木葬（墓）へのニーズに対して、より傾斜を強めていく、という１つのモデル像がみえてくる。いわば、「お墓」へのニーズが転換する分水嶺「値」であると思料され、大分県の場合、2010年以降のことであった。

しかし、前述したように、採用需要数が転換（本章第４項⑩、24〜25ページ）する2020年の近い将来において、墓地等のニーズ、需要動向に関する変化がより顕在化していくと思料される。

図表Ⅲ　墳墓等必要数の推移 —— 大阪府方式に拠る推計と森岡方式との比較

A	B	C	D	E	F	G	H	I	J
年　代	人口	死亡率	死亡者数	傍系世帯数	取得希望世帯数	墳墓需要数（大阪府方式）	墳墓需要数（森岡方式）	採用する推計結果	墳墓需要数（大阪・森岡調整値）
1995〜2000	1,231,000	0.0089	10,956	2,465	1,643	**2,054**	3,141	大阪府	**2,054**
2000〜2005	1,221,000	0.0093	11,289	2,540	1,693	**2,117**	3,952	大阪府	**2,117**
2005〜2010	1,210,000	0.0101	12,221	2,750	1,833	**2,292**	4,293	大阪府	**2,292**
2010〜2015	1,197,000	0.0109	12,988	2,922	1,948	**2,435**	4,687	大阪府	**2,435**
2015〜2020	1,166,000	0.0121	13,958	3,141	2,094	**2,618**	3,803	大阪府	**2,618**
2020〜2025	1,131,000	0.0134	15,155	3,410	2,273	2,842	**2,695**	森岡	**2,695**
2025〜2030	1,089,000	0.0149	16,226	3,651	2,434	3,043	**2,695**	森岡	**2,695**
2030〜2035	1,044,000	0.0166	17,330	3,899	2,600	3,250	**2,274**	森岡	**2,274**
2035〜2040	997,000	0.0184	18,345	4,128	2,752	3,440	**1,688**	森岡	**1,688**
2040〜2045	947,000	0.0204	19,319	4,347	2,898	3,623	**1,688**	森岡	**1,688**
（参考値）2045年	897,000	0.0226	20,272	4,561	3,041	3,801	**536**	森岡	**536**

45 宮崎県

(1) 葬儀および火葬の需要予測

葬儀施行単価は、「葬儀費用総額」の「中間値」では95万円。これを前提とした2015〜20年の葬儀費用総額（128億1,900万円）に対し、「葬儀年間売上げ」は188億8,600万円と、「高位最頻」の値（303億6,200万円）には至らないものの、大きく上振れする。実際の施行単価は、中間値と高位最頻値との間をやや下回る程度の金額で、130万〜150万円程度が実勢値であろうと判断される。将来も同様の傾向と思料される（**図表ⅠのC**列と**D**列を参照）。

宮崎県（旧・日向）は旧来、複数の藩（延岡・高鍋・飫肥《おび》・薩摩・佐土原藩）から成り立っていたため、住民の宮崎県を共同体とするといった意識は従来希薄であるとされている。現在、県政域は県北、県央、県西、県南の４地域に分けられ、９市６郡14町３村がある。

ここで示した葬儀施行単価あるいは総額は、宮崎県の“総額・総量”であり、本資料集を活用する方の関心は、これらのうち、各々の事業者における個別のニーズがいかに見込めるかであろう。この点においては、**図表Ⅰ**で1995〜2015年についても示しており、これに各々の事業者・団体が1995〜2015年の施行状況を投影することで、将来推計で示した値（数値）をベースに、各々の業務では「どのように」あるいは「どのぐらい」「どういった」推移をしていくのか、その把握を促す手がかりとなるよう想定して提示した。

火葬場については、2018年現在、34炉の「余力」があるが、将来は減少へと向かう（2045年時には24炉)。前述したとおり、地域偏在についても考慮する必要があると想定され、なおかつ、「火葬炉の４分の１はメンテナンス中で稼動できない」と仮定すると、将来の火葬対応について

図表Ⅰ　葬儀費用 ── 葬儀市場規模の推移および現行火葬炉数と使用頻度（回転数）の推移

A	B	C			D	E	F	G	H
年　代	死亡者数	葬儀費用総額（括弧内は各々の施行単価）（単位：百万円）			葬儀年間売上げ（単位：百万円）	年間対応可能数 火葬炉数 × 1日当たりの回転数 × 年間稼動日数	実質火葬施行数（≒死亡者数）	余剰ー不足火葬対応数	余剰ー不足火葬炉数
		低位最頻（0.35）	中間値（0.95）	高位最頻（2.25）					
1995～2000	9,878	3,457	9,384	22,226	13,826	37,125	9,878	27,247	＋40
2000～2005	9,906	3,467	9,411	22,289	13,864	37,125	9,906	27,219	＋40
2005～2010	11,184	3,914	10,625	25,164	15,653	37,125	11,184	25,941	＋38
2010～2015	12,334	4,317	11,717	27,752	17,262	37,125	12,334	24,791	＋36
2015～2020	13,494	4,723	12,819	30,362	18,886	37,125	13,494	23,631	＋34
2020～2025	14,831	5,191	14,090	33,370	20,758	37,125	14,831	22,294	＋32
2025～2030	16,061	5,621	15,258	36,137	22,479	37,125	16,061	21,064	＋31
2030～2035	17,293	6,053	16,428	38,909	24,203	37,125	17,293	19,832	＋29
2035～2040	18,467	6,464	17,544	41,551	25,846	37,125	18,467	18,658	＋27
2040～2045	19,733	6,906	18,746	44,398	27,617	37,125	19,733	17,393	＋25
（参考値）2045年	20,955	7,334	19,907	47,149	29,328	37,125	20,955	16,170	＋24

は、やや不安が残ると思料せざるを得ない（**図表Ⅰ**の**F**列、**G**列、**H**列を参照）。

(2) 墳墓等の需要予測

「墳墓等に対するニーズ」は2015〜20年以降、人口、世帯数ともに減少していることから、大阪府方式、すなわち死亡者数を前提とした推計値を、そのまま墳墓等に対するニーズとして見込むのはむずかしい（**図表Ⅲ**の**G**列、**I**列を参照）。

しかし、宮崎県の場合、2025年に至るまでは、この大阪府方式で推計された値が将来においても

図表Ⅱ　墳墓等必要数の推移 ―― 森岡方式に拠る

A 年代	B 世帯数	C 増加世帯数	D 世帯員数	E 死亡率	F 需要発現期間	G 単年度当たりの需要数
〜1970	277,000		3.65	0.0083	33.0	0
〜1975	311,000	34,000	3.37	0.0076	39.0	872
〜1980	358,000	47,000	3.16	0.0073	43.4	1,083
〜1985	375,000	17,000	3.07	0.0071	45.9	370
〜1990	391,000	16,000	2.93	0.0076	44.9	356
〜1995	400,000	9,000	2.81	0.0084	42.4	212
〜2000	437,000	37,000	2.61	0.0085	45.1	820
〜2005	449,000	12,000	2.57	0.0097	40.1	299
〜2010	459,000	10,000	2.40	0.0109	38.2	262
〜2015	461,000	2,000	2.33	0.0123	34.9	57
〜2020	454,000	− 7,000	2.29	0.0139	31.4	− 223
〜2025	442,000	− 12,000	2.26	0.0157	28.2	− 426
〜2030	427,000	− 15,000	2.24	0.0177	25.2	− 595
〜2035	408,000	− 19,000	2.23	0.0199	22.5	− 844
〜2040	386,000	− 22,000	2.22	0.0225	20.0	− 1,100
〜2045	360,000	− 26,000	2.21	0.0254	17.8	− 1,461

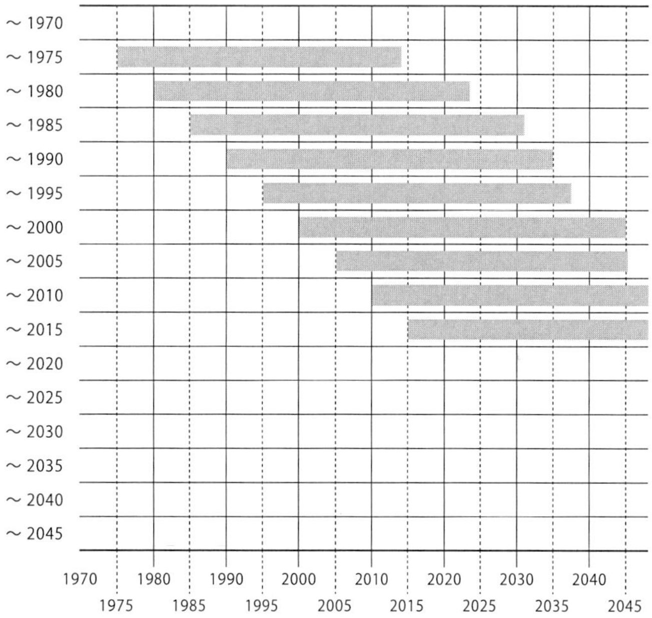

■宮崎県における年間必要墳墓数の推移

1985〜1990年……2,325 墳墓（＝872＋1,083＋370）
1990〜1995年……2,681 墳墓（＝872＋1,083＋370＋356）
1995〜2000年……2,893 墳墓（＝872＋1,083＋370＋356＋212）
2000〜2005年……3,713 墳墓（＝872＋1,083＋370＋356＋212＋820）
2005〜2010年……4,012 墳墓（＝872＋1,083＋370＋356＋212＋820＋299）
2010〜2015年……4,274 墳墓（＝872＋1,083＋370＋356＋212＋820＋299＋262）
2015〜2020年……3,459 墳墓（＝1,083＋370＋356＋212＋820＋299＋262＋57）
2020〜2025年……3,459 墳墓（＝1,083＋370＋356＋212＋820＋299＋262＋57）
2025〜2030年……2,376 墳墓（＝370＋356＋212＋820＋299＋262＋57）
2030〜2035年……2,376 墳墓（＝370＋356＋212＋820＋299＋262＋57）
2035〜2040年……1,650 墳墓（＝212＋820＋299＋262＋57）
2040〜2045年……1,438 墳墓（＝820＋299＋262＋57）
（参考値）**2045年…1,438 墳墓**（＝820＋299＋262＋57）

一定の妥当性が担保されることが確認される。ただし、森岡方式との比較では、2020年頃から大阪府方式に拠る値より森岡方式で得られた値を墳墓等に対するニーズとして見込むことができると思料される（**図表Ⅱ**および**図表Ⅲ**の**G**列、**H**列、**I**列の2020～25年の年代を参照）。

現実的には、この総量としての墳墓等に対するニーズのうち、各々の墓園などにおける個別のニーズがいかに見込めるかだが、この点においては、表中で1995～2015年についても示しており、これに各々の墓園における1995～2015年の申込み状況と照らし合わせて、将来における墳墓等の申込みがどのように推移するのか、読み替えていただきたい。

近年では「お墓に対する意識の多様化」「さまざまなお墓の選択がなされている」と指摘されており、お墓業界の現場からも、これまでのような既存のお墓へのニーズが希薄になっているという声が挙がっていることも、また事実である。すなわち、ここで最終的に得られたのは、墳墓（お墓）のほか、樹木葬（墓）、合葬・合祀墓、散骨等を合算した「必要墳墓“等”の数」、いわば“総数”を求めたものである。

特に合葬・合祀墓、散骨等が認知されはじめるのは、世帯員数（**図表Ⅱ**の主に**D**列を参照）の２人世帯の世帯総数が過半数を超えた頃である。つまり、この２人世帯が高齢化するにつれ、合葬・合祀墓、散骨、樹木葬（墓）へのニーズに対して、より傾斜を強めていく、という１つのモデル像がみえてくる、いわば、「お墓」へのニーズが転換する分水嶺「値」であると思料され、宮崎県の場合、2010年以降のことであった。

しかし、前述したように、採用需要数が転換（本章第４項⑩、24～25ページ）するのは2020年の近い将来においてであり、墓地「等」のニーズ、需要の動向に関する変化がより顕在化していくことになろうと思料される。

図表Ⅲ　墳墓等必要数の推移 ── 大阪府方式に拠る推計と森岡方式との比較

A	B	C	D	E	F	G	H	I	J
年　代	人口	死亡率	死亡者数	傍系世帯数	取得希望世帯数	墳墓需要数（大阪府方式）	墳墓需要数（森岡方式）	採用する推計結果	墳墓需要数（大阪・森岡調整値）
1995～2000	1,176,000	0.0084	9,878	2,223	1,482	**1,853**	2,893	大阪府	**1,853**
2000～2005	1,170,000	0.0085	9,906	2,229	1,486	**1,858**	3,713	大阪府	**1,858**
2005～2010	1,153,000	0.0097	11,184	2,516	1,678	**2,097**	4,012	大阪府	**2,097**
2010～2015	1,135,000	0.0109	12,334	2,775	1,850	**2,313**	4,274	大阪府	**2,313**
2015～2020	1,104,000	0.0123	13,494	3,036	2,024	**2,530**	3,459	大阪府	**2,530**
2020～2025	1,067,000	0.0139	14,831	3,337	2,225	**2,781**	3,459	大阪府	**2,781**
2025～2030	1,023,000	0.0157	16,061	3,614	2,409	3,012	**2,376**	森岡	**2,376**
2030～2035	977,000	0.0177	17,293	3,891	2,594	3,243	**2,376**	森岡	**2,376**
2035～2040	928,000	0.0199	18,467	4,155	2,770	3,463	**1,650**	森岡	**1,650**
2040～2045	877,000	0.0225	19,733	4,440	2,960	3,700	**1,438**	森岡	**1,438**
（参考値）2045年	825,000	0.0254	20,955	4,715	3,143	3,929	**1,438**	森岡	**1,438**

46 鹿児島県

(1) 葬儀および火葬の需要予測

葬儀施行単価は、「葬儀費用総額」の「中間値」は95万円。これを前提とした2015〜20年の葬儀費用総額（202億8,600万円）に対し、「葬儀年間売上げ」は223億6,200万円と、「高位最頻」の値（480億4,700万円）には至らず、やや上振れ程度といったところ。したがって、実際の施行単価は中間値よりもやや高め程度の金額が実勢値であろうと判断される。将来も同様の傾向と思料されよう（**図表Ⅰ**の**C**列と**D**列を参照）。

鹿児島県は、九州地方南部に位置する日本の都道府県。日本本土である九州は２つの半島（薩摩半島・大隅半島）を有し、その南側には離島（薩南諸島）が点在する。地域区分では九州（薩摩・大隅地方）と、離島と呼ばれる薩南諸島（種子島・屋久島地方と奄美地方）に分かれ、もともとは薩摩・大隅・多襧《たね》の３か国であった。現在の行政区分は鹿児島、南薩、北薩、姶良・伊佐、大隅、熊毛、大島地域の７つである。

ここで示した葬儀施行単価あるいは総額は、鹿児島県の“総額・総量”であり、本資料集を活用する方の関心は、これらのうち、各々の事業者における個別のニーズがいかに見込めるかであろう。

この点においては、**図表Ⅰ**で1995〜2015年についても示しており、これに各々の事業者・団体が1995〜2015年の施行状況を投影することで、将来推計で示した値（数値）をベースに、各々の業務において「どのように」あるいは「どのぐらい」「どういった」推移をしていくのか、その把握を促す手がかりとなることを想定して提示した。

火葬場は2018年現在、81炉の「余力」があり、将来やや減少するが、大きくは変化しない（2045年時には73〜74炉）。前述したとおり、地域偏在もあるが、まずは将来も対応可能と考える

図表Ⅰ　葬儀費用 ── 葬儀市場規模の推移および現行火葬炉数と使用頻度（回転数）の推移

A	B	C			D	E	F	G	H
年　代	死亡者数	葬儀費用総額（括弧内は各々の施行単価）（単位：百万円）			葬儀年間売上げ（単位：百万円）	年間対応可能数 火葬炉数 × 1日当たりの回転数 × 年間稼動日数	実質火葬施行数（≒死亡者数）	余剰－不足火葬対応数	余剰－不足火葬炉数
		低位最頻（0.35）	中間値（0.95）	高位最頻（2.25）					
1995～2000	17,222	6,028	16,361	38,750	18,035	77,000	17,222	59,778	＋87
2000～2005	16,993	5,948	16,143	38,234	17,795	77,000	16,993	60,007	＋87
2005～2010	19,108	6,688	18,152	42,992	20,010	77,000	19,108	57,892	＋84
2010～2015	20,294	7,103	19,279	45,662	21,252	77,000	20,294	56,706	＋82
2015～2020	21,354	7,474	20,286	48,047	22,362	77,000	21,354	55,646	＋81
2020～2025	22,479	7,868	21,355	50,577	23,540	77,000	22,479	54,521	＋79
2025～2030	23,421	8,197	22,249	52,696	24,526	77,000	23,421	53,580	＋78
2030～2035	24,285	8,500	23,071	54,642	25,432	77,000	24,285	52,715	＋77
2035～2040	25,197	8,819	23,937	56,693	26,386	77,000	25,197	51,803	＋75
2040～2045	25,937	9,078	24,640	58,358	27,161	77,000	25,937	51,063	＋74
（参考値）2045年	26,608	9,313	25,278	59,869	27,864	77,000	26,608	50,392	＋73

（**図表Ⅰ**のF列、G列、H列を参照）。

（2）墳墓等の需要予測

「墳墓等に対するニーズ」は2015～20年以降、人口、世帯数ともに減少していることから、大阪府方式、すなわち死亡者数を前提とした推計値を、そのまま墳墓等に対するニーズとして見込むのはむずかしい（**図表Ⅲ**のG列、I列を参照）。

しかし、鹿児島県の場合、2020年に至るまで

図表Ⅱ　墳墓等必要数の推移 ―― 森岡方式に拠る

A 年代	B 世帯数	C 増加世帯数	D 世帯員数	E 死亡率	F 需要発現期間	G 単年度当たりの需要数
～1970	498,000		3.37	0.0094	31.6	0
～1975	539,000	41,000	3.10	0.0089	36.2	1,133
～1980	606,000	67,000	2.88	0.0087	39.9	1,679
～1985	639,000	33,000	2.78	0.0085	42.3	780
～1990	657,000	18,000	2.67	0.0088	42.6	423
～1995	664,000	7,000	2.58	0.0096	40.4	173
～2000	714,000	50,000	2.43	0.0095	43.3	1,155
～2005	723,000	9,000	2.42	0.0109	37.9	237
～2010	727,000	4,000	2.27	0.0119	37.0	108
～2015	722,000	－5,000	2.20	0.0130	35.0	－143
～2020	707,000	－15,000	2.16	0.0142	32.6	－460
～2025	683,000	－24,000	2.15	0.0155	30.0	－800
～2030	655,000	－28,000	2.14	0.0169	27.7	－1,011
～2035	622,000	－33,000	2.14	0.0185	25.3	－1,304
～2040	584,000	－38,000	2.14	0.0202	23.1	－1,645
～2045	541,000	－43,000	2.14	0.0221	21.1	－2,038

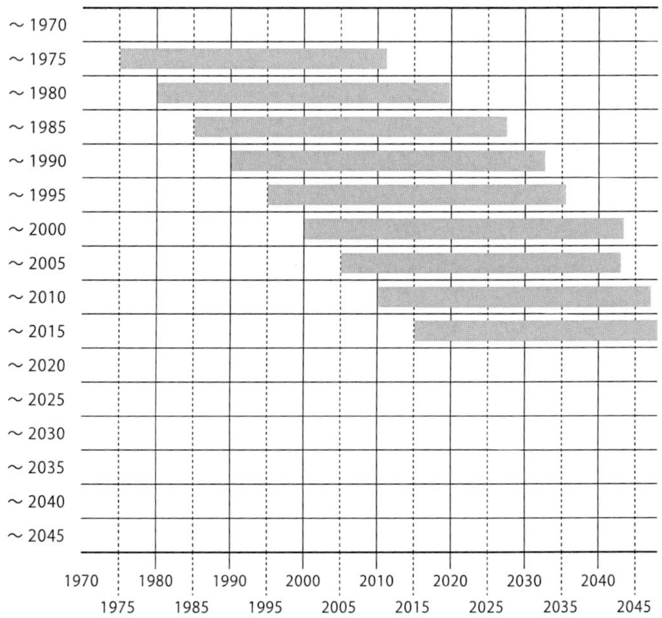

■鹿児島県における年間必要墳墓数の推移

1985～1990年……3,592墳墓（＝1,133＋1,679＋780）
1990～1995年……4,015墳墓（＝1,133＋1,679＋780＋423）
1995～2000年……4,188墳墓（＝1,133＋1,679＋780＋423＋173）
2000～2005年……5,343墳墓（＝1,133＋1,679＋780＋423＋173＋1,155）
2005～2010年……5,580墳墓（＝1,133＋1,679＋780＋423＋173＋1,155＋237）
2010～2015年……5,688墳墓（＝1,133＋1,679＋780＋423＋173＋1,155＋237＋108）
2015～2020年……4,555墳墓（＝1,679＋780＋423＋173＋1,155＋237＋108）
2020～2025年……2,876墳墓（＝780＋423＋173＋1,155＋237＋108）
2025～2030年……2,876墳墓（＝780＋423＋173＋1,155＋237＋108）
2030～2035年……2,096墳墓（＝423＋173＋1,155＋237＋108）
2035～2040年……1,673墳墓（＝173＋1,155＋237＋108）
2040～2045年……1,500墳墓（＝1,155＋237＋108）
（参考値）**2045年…108墳墓**

は、この大阪府方式で推計された値が将来においても一定の妥当性が担保されることが確認される。ただし、森岡方式の値との比較では、2015年頃から、大阪府方式より森岡方式で得られた値を墳墓等に対するニーズとして見込むことができると思料される（**図表Ⅱ**および**図表Ⅲ**の**G**列、**H**列、**I**列の2015～20年の年代を参照）。

現実的には、この総量としての墳墓等に対するニーズのうち、各々の墓園などにおける個別のニーズがいかに見込めるかだが、この点においては、表中で1995～2015年についても示しており、これに各々の墓園における1995～2015年の申込み状況と照らし合わせて、将来における墳墓等の申込みがどのように推移するのか、読み替えていただきたい。

近年では「お墓に対する意識の多様化」「さまざまなお墓の選択がなされている」と指摘されており、お墓業界の現場からも、これまでのような既存のお墓へのニーズが希薄になっているという声が挙がっていることも、また事実である。すなわち、ここで最終的に得られたのは、墳墓（お墓）のほか、樹木葬（墓）、合葬・合祀墓、散骨等を合算した「必要墳墓“等”の数」、いわば“総数”を求めたものである。

特に合葬・合祀墓、散骨等が認知されはじめるのは、世帯員数（**図表Ⅱ**の主に**D**列を参照）の２人世帯が世帯総数の過半数を超えた頃である。つまり、この２人世帯が高齢化するにつれ、合葬・合祀墓、散骨、樹木葬（墓）へのニーズに対して、より傾斜を強めていく、という１つのモデル像がみえてくる。いわば、「お墓」へのニーズが転換する分水嶺「値」であると思料され、鹿児島県の場合、2000年以降のことであった。

しかし、前述したように、採用需要数が転換（本章第４項⑩、24～25ページ）するのは2015年以降のことであったので、墓地等のニーズ需要動向はすでに顕在化している状況と思料される。

図表Ⅲ　墳墓等必要数の推移 ── 大阪府方式に拠る推計と森岡方式との比較

A	B	C	D	E	F	G	H	I	J
年　代	人口	死亡率	死亡者数	傍系世帯数	取得希望世帯数	墳墓需要数（大阪府方式）	墳墓需要数（森岡方式）	採用する推計結果	墳墓需要数（大阪・森岡調整値）
1995～2000	1,794,000	0.0096	17,222	3,875	2,583	**3,229**	4,188	大阪府	**3,229**
2000～2005	1,786,000	0.0095	16,993	3,823	2,549	**3,186**	5,343	大阪府	**3,186**
2005～2010	1,753,000	0.0109	19,108	4,299	2,866	**3,583**	5,580	大阪府	**3,583**
2010～2015	1,706,000	0.0119	20,294	4,566	3,044	**3,805**	5,688	大阪府	**3,805**
2015～2020	1,648,000	0.0130	21,354	4,805	3,203	**4,004**	4,555	大阪府	**4,004**
2020～2025	1,583,000	0.0142	22,479	5,058	3,372	4,215	**2,876**	森岡	**2,876**
2025～2030	1,511,000	0.0155	23,421	5,270	3,513	4,392	**2,876**	森岡	**2,876**
2030～2035	1,437,000	0.0169	24,285	5,464	3,643	4,554	**2,096**	森岡	**2,096**
2035～2040	1,362,000	0.0185	25,197	5,669	3,780	4,725	**1,673**	森岡	**1,673**
2040～2045	1,284,000	0.0202	25,937	5,836	3,891	4,864	**1,500**	森岡	**1,500**
（参考値）2045年	1,204,000	0.0221	26,608	5,987	3,991	4,989	**108**	森岡	**108**

47 沖縄県

(1) 葬儀および火葬の需要予測

葬儀施行単価は、「葬儀費用総額」の「中間値」では95万円。これを前提とした2015〜20年の葬儀費用総額（107億6,000万円）に対し、「葬儀年間売上げ」は61億4,000万円と、「低位最頻」の値（39億6,400万円）までは下らないものの、大きく下振れする。実際の施行単価は、中間値と低位最頻値との間あたりの金額が、実勢値であろうと判断される。将来も同様の傾向と思料されよう（**図表Ⅰ**の**C**列と**D**列を参照）。

沖縄県の面積は約2,281k㎡と香川県・大阪府・東京都に次いで小さく、また、人の居住する日本最南端の地域を含む県でもある。南西諸島の島々（沖縄・先島・大東諸島）から構成されており、東シナ海と太平洋に挟まれている。県民の約９割が沖縄本島に集中しており、行政上は沖縄本島とそれ以外の離島とに分けられる。

ここで示した葬儀施行単価あるいは総額は、沖縄県の“総額・総量”であり、本資料集を活用する方の関心は、これらのうち、各々の事業者における個別のニーズがいかに見込めるかであろう。この点においては、**図表Ⅰ**で1995〜2015年についても示しており、これに各々の事業者・団体が1995〜2015年の施行状況を投影することで、将来推計で示した値（数値）をベースに、各々の業務では「どのように」あるいは「どのぐらい」「どういった」推移をしていくのか、その把握を促す手がかりとなることを想定して提示した。

火葬場については、2018年現在でも40炉の「余力」があり、将来にかけてはやや減少するものの、大きく変化しない。まずは将来においても対応可能であると思われるが、前述したとおり、地域における偏在、取り分け、海により行政管区が隔てられているという地理的な課題について、

図表Ⅰ　葬儀費用 ―― 葬儀市場規模の推移および現行火葬炉数と使用頻度（回転数）の推移

A	B	C			D	E	F	G	H
年　代	死亡者数	葬儀費用総額（括弧内は各々の施行単価）（単位：百万円）			葬儀 年間売上げ（単位：百万円）	年間対応可能数 火葬炉数 × １日当たりの回転数 × 年間稼動日数	実質火葬 施行数（≒死亡者数）	余剰－不足 火葬対応数	余剰－不足 火葬炉数
		低位最頻（0.35）	中間値（0.95）	高位最頻（2.25）					
1995～2000	7,383	2,584	7,014	16,613	3,986	38,500	7,383	31,117	＋45
2000～2005	7,946	2,781	7,549	17,879	4,289	38,500	7,946	30,554	＋44
2005～2010	9,125	3,194	8,669	20,532	4,926	38,500	9,125	29,375	＋43
2010～2015	10,156	3,555	9,648	22,851	5,482	38,500	10,156	28,344	＋41
2015～2020	11,326	3,964	10,760	25,484	6,114	38,500	11,326	27,174	＋40
2020～2025	12,848	4,497	12,206	28,908	6,936	38,500	12,848	25,652	＋37
2025～2030	14,093	4,932	13,388	31,709	7,608	38,500	14,093	24,407	＋36
2030～2035	15,435	5,402	14,663	34,729	8,332	38,500	15,435	23,065	＋34
2035～2040	16,859	5,901	16,016	37,933	9,101	38,500	16,859	21,641	＋31
2040～2045	18,295	6,403	17,380	41,164	9,876	38,500	18,295	20,205	＋29
（参考値）2045年	19,849	6,947	18,857	44,661	10,715	38,500	19,849	18,651	＋27

これを十分に思料する必要があろう（**図表Ⅰ**の**F**列、**G**列、**H**列を参照）。

（2）墳墓等の需要予測

「墳墓等に対するニーズ」は2015〜20年以降、人口、世帯数ともに減少していることから、大阪府方式、すなわち死亡者数を前提とした推計値を、そのまま墳墓等に対するニーズとして見込むのはむずかしい（**図表Ⅲ**の**G**列、**I**列を参照）。

図表Ⅱ　墳墓等必要数の推移 —— 森岡方式に拠る

A	B	C	D	E	F	G
年代	世帯数	増加世帯数	世帯員数	死亡率	需要発現期間	単年度当たりの需要数
〜1970	242,000		4.32	0.0055	42.1	0
〜1975	255,000	13,000	4.01	0.0055	45.3	287
〜1980	297,000	42,000	3.68	0.0049	55.5	757
〜1985	334,000	37,000	3.48	0.0045	63.9	579
〜1990	363,000	29,000	3.28	0.0053	57.5	504
〜1995	395,000	32,000	3.11	0.0058	55.4	578
〜2000	440,000	45,000	2.91	0.0061	56.3	799
〜2005	487,000	47,000	2.80	0.0067	53.3	882
〜2010	519,000	32,000	2.63	0.0073	52.1	614
〜2015	559,000	40,000	2.51	0.0080	49.8	803
〜2020	569,000	10,000	2.43	0.0088	46.8	214
〜2025	581,000	12,000	2.37	0.0096	44.0	273
〜2030	587,000	6,000	2.33	0.0105	40.9	147
〜2035	587,000	0	2.30	0.0115	37.8	0
〜2040	587,000	0	2.27	0.0126	35.0	0
〜2045	587,000	0	2.24	0.0139	32.1	0

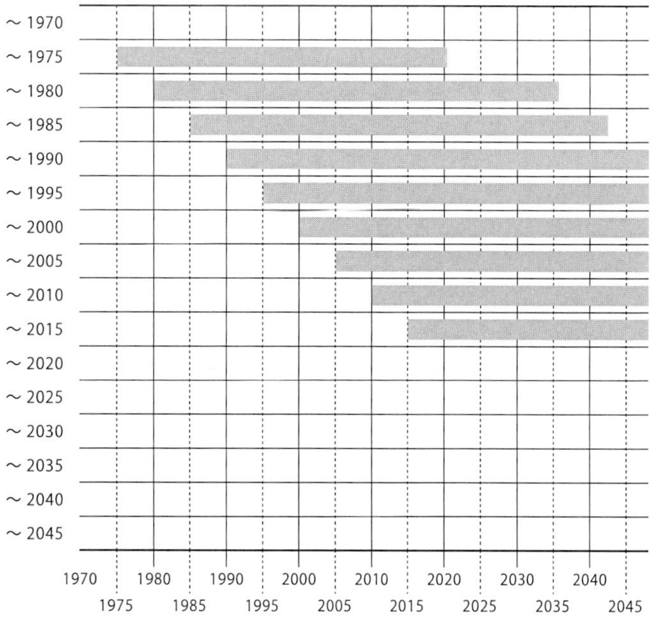

■沖縄県における年間必要墳墓数の推移

1985〜1990年……1,623墳墓（＝287＋757＋579）
1990〜1995年……2,127墳墓（＝287＋757＋579＋504）
1995〜2000年……2,705墳墓（＝287＋757＋579＋504＋578）
2000〜2005年……3,504墳墓（＝287＋757＋579＋504＋578＋799）
2005〜2010年……4,386墳墓（＝287＋757＋579＋504＋578＋799＋882）
2010〜2015年……5,000墳墓（＝287＋757＋579＋504＋578＋799＋882＋614）
2015〜2020年……5,803墳墓（＝287＋757＋579＋504＋578＋799＋882＋614＋803）
2020〜2025年……6,017墳墓（＝287＋757＋579＋504＋578＋799＋882＋614＋803＋214）
2025〜2030年……6,003墳墓（＝757＋579＋504＋578＋799＋882＋614＋803＋214＋273）
2030〜2035年……6,150墳墓（＝757＋579＋504＋578＋799＋882＋614＋803＋214＋273＋147）
2035〜2040年……6,150墳墓（＝757＋579＋504＋578＋799＋882＋614＋803＋214＋273＋147）
2040〜2045年……5,393墳墓（＝579＋504＋578＋799＋882＋614＋803＋214＋273＋147）
（参考値）**2045年…5,393墳墓**（＝579＋504＋578＋799＋882＋614＋803＋214＋273＋147）

しかし、沖縄県では将来にわたり（少なくとも2045年に至るまで)、この大阪府方式で推計された値は森岡方式の値との比較に拠っても、一定の妥当性が担保されていることが確認される（**図表Ⅱ**および**図表Ⅲ**の**G**列、**H**列、**I**列を参照)。

現実的には、この総量としての墳墓等に対するニーズのうち、各々の墓園などにおける個別のニーズがいかに見込めるかだが、この点においては、表中で1995～2015年についても示しており、これに各々の墓園における1995～2015年の申込み状況と照らし合わせて、将来における墳墓等の申込みがどのように推移するのか、読み替えていただきたい。

近年では「お墓に対する意識の多様化」「さまざまなお墓の選択がなされている」と指摘されており、お墓業界の現場からも、これまでのような既存のお墓へのニーズが希薄になっているという声が挙がっていることも、また事実である。すなわち、ここで最終的に得られたのは、墳墓（お墓）のほか、樹木葬（墓)、合葬・合祀墓、散骨等を合算した「必要墳墓“等”の数」、いわば“総数”を求めたものである。

特に合葬・合祀墓、散骨等が認知されはじめるのは、世帯員数（**図表Ⅰ**の主に**D**列を参照）の２人世帯が世帯総数の過半数を超えた頃である。つまり、この２人世帯が高齢化するにつれ、合葬・合祀墓、散骨、樹木葬（墓）へのニーズに対して、より傾斜を強めていく、という１つのモデル像がみえてくる。いわば、「お墓」へのニーズが転換する分水嶺「値」であると思料され、沖縄県の場合、2020年以降のこととなる。

しかし、前述したように、採用需要数の転換（本章第４項⑩、24～25ページ）は2045年まで認められないことから、墓地等のニーズの転換点、需要動向の変化は、長期的なスパンで生じると見立てざるを得ないと思料される。

図表Ⅲ　墳墓等必要数の推移 ── 大阪府方式に拠る推計と森岡方式との比較

A	B	C	D	E	F	G	H	I	J
年　代	人口	死亡率	死亡者数	傍系世帯数	取得希望世帯数	墳墓需要数（大阪府方式）	墳墓需要数（森岡方式）	採用する推計結果	墳墓需要数（大阪・森岡調整値）
1995～2000	1,273,000	0.0058	7,383	1,661	1,108	**1,385**	2,705	大阪府	**1,385**
2000～2005	1,318,000	0.0061	7,946	1,788	1,192	**1,490**	3,504	大阪府	**1,490**
2005～2010	1,362,000	0.0067	9,125	2,053	1,369	**1,711**	4,386	大阪府	**1,711**
2010～2015	1,393,000	0.0073	10,156	2,285	1,523	**1,904**	5,000	大阪府	**1,904**
2015～2020	1,434,000	0.0080	11,326	2,548	1,699	**2,124**	5,803	大阪府	**2,124**
2020～2025	1,460,000	0.0088	12,848	2,891	1,927	**2,409**	6,017	大阪府	**2,409**
2025～2030	1,468,000	0.0096	14,093	3,171	2,114	**2,643**	6,003	大阪府	**2,643**
2030～2035	1,470,000	0.0105	15,435	3,473	2,315	**2,894**	6,150	大阪府	**2,894**
2035～2040	1,466,000	0.0115	16,859	3,793	2,529	**3,161**	6,150	大阪府	**3,161**
2040～2045	1,452,000	0.0126	18,295	4,116	2,744	**3,430**	5,393	大阪府	**3,430**
（参考値）2045年	1,428,000	0.0139	19,849	4,466	2,977	**3,722**	5,393	大阪府	**3,722**

第3章

全国実動※火葬場一覧（都道府県別）

※1年間に1回以上火葬を行なっている火葬場のうち、開設年、（電話）連絡先が明らかなもの。
※※日本環境斎苑協会調べ

北海道　177か所　444炉

名称	所在地	竣工年	炉数
札幌市里塚斎場	札幌市清田区里塚 506	1984	30
札幌市山口斎場	札幌市手稲区手稲山口 308	2006	29
函館市斎場	函館市船見町 27-1	1992	6
函館市戸井斎場	函館市館町 169-1	1999	2
函館市椴法華斎場	函館市絵紙山町 27-2	2001	1
函館市南茅部斎場	函館市尾札部町 2457-1	1989	2
小樽市葬斎場	小樽市緑 5-2-1	1991	6
旭川聖苑	旭川市東旭川町倉沼 62-33	2000	13
室蘭市神代火葬場	室蘭市神代町 130-1	1968	6
昇雲台斎場	釧路郡釧路町鳥通東 8-12	2002	8
阿寒町斎場	釧路市阿寒町舌辛 33	1992	2
望洋苑斎場	釧路市音別町尺別 7-15	1976	1
帯広市帯広火葬場	帯広市川西町西 2 線 25-13	1988	5
やすらぎ苑	北見市上仁頃 130-1	1989	6
常呂町斎場	北見市常呂町常呂 583	1979	2
留辺蘂町葬斎場	北見市留辺蘂町旭公園 74-5	1985	2
夕張市葬斎苑	夕張市清水沢 1	1969	3
浄安殿	岩見沢市東町 1273-6	1997	5
網走市八坂火葬場	網走市字八坂 38-21	2010	4
やすらぎ聖苑	留萌市沖見町 6-32-2	2004	3
苫小牧市高丘霊葬場	苫小牧市字高丘 41-1	1997	7
稚内聖苑	稚内市サラキトマナイ 985-1	1982	3
美唄斎苑	美唄市光珠内町 3 区	2002	3
芦別市斎場	芦別市本町 1115-7	1990	3
江別市葬斎場	江別市対雁 100-4	1989	5
紋別葬苑	紋別市上渚滑町中渚滑 376-5	1977	3
天塩川清流苑	士別市川西町 3564	2003	3
名風聖苑	名寄市緑丘 188-2	1990	3
三笠市清住火葬場	三笠市清住町 244-1	1987	2
蒼香苑	根室市穂香 182-3、8	1996	3
千歳市葬斎場	千歳市根志越 1365 の甲	1998	5
滝の川斎苑	滝川市北滝の川 2026-2	1976	4
吉野斎苑	砂川市北吉野町 315	1995	4
北空知葬斎場	深川市一己町一己 2502-15	1973	3
富良野火葬場	富良野市北扇山 3、東 9 線	1979	3
登別市葬斎場	登別市富浦町 186-1	2004	3
恵庭市火葬場恵浄殿	恵庭市西島松 248-1	1994	4
伊達市火葬場	伊達市上館山町 63-10	1978	3
伊達市大滝火葬場	伊達市大滝区円山町 340-1	1982	1
北広島市葬斎場	北広島市仁別 405-79	1974	4
石狩斎場	石狩市親船町 1-42	1987	3
厚田斎場	石狩市厚田区厚田 1254-2	1999	1
浜益斎場	石狩市浜益区群別 1211-4	2008	1
北斗市火葬場	北斗市桜岱 206	1972	2
北斗市永遠の森火葬場	北斗市向野 391-1	2004	2
みどりヶ丘葬苑	石狩郡当別町字青山 1987	1976	2
高野斎苑	松前郡松前町高野 122	1982	2
安養苑	松前郡福島町字福島 625	2010	2
木古内町火葬場安行苑	上磯郡木古内町字大平 120	1980	2
ななえ斎苑	亀田郡七飯町字桜町 519-2	1998	2
鹿部町斎場鹿聖苑	茅部郡鹿部町字鹿部 298-3	1995	2
森町葬苑	茅部郡森町字霞台 30-2	1980	2
さわら斎場	茅部郡森町砂原西 4-185-140	1989	2
長万部町葬斎場	山越郡長万部町字富野 144	1976	2

名称	所在地	竣工年	炉数
八雲町斎場	二海郡八雲町大新 66-1	1987	2
八雲町熊石斎場	二海郡八雲町熊石根崎町 610-2	2007	1
南部檜山葬斎場	檜山郡江差町字五厘沢町 24	1978	3
上ノ国町葬斎場	檜山郡上ノ国町大崎 215-2	1994	2
奥尻町総合葬斎場	奥尻郡奥尻町字赤石 394	1985	2
今金町葬斎場やすらぎ苑	瀬棚郡今金町字八束 18-6	1983	2
大成火葬場	久遠郡せたな町大成区都 451	1973	1
狩場葬苑	久遠郡せたな町北檜山区徳島 554-2	1982	2
島牧村葬斎場	島牧郡島牧村字豊平 186-1	1982	1
寿都町葬斎場	寿都郡寿都町字湯別町下湯別 627	1980	2
黒松内町葬斎場	寿都郡黒松内町字チョポシナイ 43-8	1993	1
蘭越町斎場	磯谷郡蘭越町蘭越町 538	1988	2
ニセコ町火葬場	虻田郡ニセコ町字羊蹄 104-35	1986	1
留寿都火葬場	虻田郡留寿都村字留寿都 247	1964	1
喜茂別町火葬場	虻田郡喜茂別町字富士見台 29-1	1982	1
京極町火葬場	虻田郡京極町字川西 227	2009	1
倶知安斎場	虻田郡倶知安町字比羅夫 75-5	1996	3
共和町斎場	岩内郡共和町前田 231-4	2006	1
岩内町霊苑	岩内郡岩内町字敷島内 836	1995	2
とまり葬斎場	古宇郡泊村大字茅沼村 209-1	2017	1
神恵内村火葬場	古宇郡神恵内村大字神恵内村字大川 2051	2005	1
積丹町葬斎場	積丹郡積丹町大字日司町 510	1979	1
古平町営火葬場	古平郡古平町大字浜町 933-15	1974	1
仁木町火葬場	余市郡仁木町南町 9-10-3	1985	1
余市町営斎場	余市郡余市町梅川町 570	1974	3
赤井川村火葬場	余市郡赤井川村字赤井川 217-2	1992	1
奈井江町葬斎場	空知郡奈井江町字奈井江 1151-2	1985	2
篠津山火葬場	樺戸郡月形町字知来乙 1319-1	1972	1
沼田火葬場	雨竜郡沼田町字沼田 994	1954	1
幌加内町葬斎場「やすらぎ苑」	雨竜郡幌加内町字雨煙別 279-4	1984	1
大雪葬斎場	上川郡東神楽町東 1 線 12-3	1976	3
当麻町葬斎場	上川郡当麻町 6 条西 3-1609-17	1993	2
比布町火葬場	上川郡比布町北 6 線 7 号	1972	1
愛別町火葬場	上川郡愛別町北町 301-1	1981	1
上川町立火葬場	上川郡上川町東町 167-2	1995	2
上富良野町葬斎場	空知郡上富良野町西 2 線北 25 号	1974	2
西山火葬場	空知郡中富良野町丘町 5-2	2012	2
南富良野町斎場	空知郡南富良野町字幾寅 1256-1	1981	1
伏古斎苑	夕張郡長沼町フシコ 7790	2000	4
占冠村火葬場	勇払郡占冠村字双珠別	1970	1
和寒町葬斎場	上川郡和寒町字松岡 234	1987	1
剣淵町斎場	上川郡剣淵町旭町 1957	1991	1
下川町火葬場	上川郡下川町上名寄 371-5	1986	1
びふか葬苑	中川郡美深町字吉野 305	2001	2
音威子府村葬斎場	中川郡音威子府村字音威子府 202	1975	1
中川町火葬場	中川郡中川町字誉 60-4	1977	1
ましけ葬苑	増毛郡増毛町暑寒沢 481	1978	2
天売火葬場	苫前郡羽幌町大字天売字和浦 226	1972	1
焼尻火葬場	苫前郡羽幌町大字焼尻字西浦 54	1980	1
広域火葬場はまなす聖苑	苫前郡羽幌町字汐見 573	2012	2
遠別町火葬場	天塩郡遠別町字幸和 921-2	1962	2

名　称	所在地	竣工年	炉数
天塩町火葬場	天塩郡天塩町字川口 2866	1967	2
幌延町斎場	天塩郡幌延町字開進 374	1976	1
猿払村火葬場	宗谷郡猿払村鬼志別西町 250	1979	1
浜頓別町火葬場	枝幸郡浜頓別町字頓別 3046-3	2010	1
中頓別火葬場	枝幸郡中頓別町字豊泉 111-1	1972	1
やすらぎ聖苑	枝幸郡枝幸町字遠内 1211-5	2004	2
豊富火葬場	天塩郡豊富町字上サロベツ 1522	1993	1
礼文町葬斎場やすらぎ苑	礼文郡礼文町大字香深村字カフカイ 970-1	1987	2
利尻聖苑	利尻郡利尻町沓形字蘭泊 197	1990	2
鴛泊葬苑	利尻郡利尻富士町鴛泊字栄町 234	1979	1
鬼脇葬苑	利尻郡利尻富士町鬼脇字金崎 340	1994	1
望岳苑斎場	網走郡津別町字活汲 126	1994	3
オホーツク斎場	斜里郡斜里町字以久科北 589	1996	2
清里町葬斎場	斜里郡清里町字神威 1125	1988	2
小清水町葬斎場	斜里郡小清水町字泉 90-2	2002	2
訓子府町葬斎場 清陵苑	常呂郡訓子府町字穂波 48-10	1997	2
置戸町葬斎場	常呂郡置戸町字中里 271-1	1977	1
サロマ斎場	常呂郡佐呂間町字富丘 313-2	1991	2
六郷聖苑	紋別郡遠軽町生田原水穂 165-3	1995	3
白滝聖苑	紋別郡遠軽町白滝 139-6	1995	1
湧別町上湧別斎場	紋別郡湧別町上湧別屯田市街地 447	1983	2
湧別町湧別斎場	紋別郡湧別町東 145-1	1979	2
滝上町火葬場「芳昇苑」	紋別郡滝上町元町	2006	1
興部町火葬場	紋別郡興部町興部 1056-2	1982	2
西興部村葬斎場	紋別郡西興部村字西興部 421-2	1978	1
雄武斎場	紋別郡雄武町字雄武 1566-1	1991	2
大空町葬斎場	網走郡大空町東藻琴西倉 319-14	1993	2
豊浦町営火葬場	虻田郡豊浦町字東雲町 113-4	1972	1
壮瞥町火葬場	有珠郡壮瞥町滝之町 446-5	1969	1
白老葬苑	白老郡白老町字白老 820-1	1984	3
厚真葬苑	勇払郡厚真町字美里 1-5	1991	2
洞爺湖町虻田火葬場	虻田郡洞爺湖町清水 234-6	1975	2
早来斎場	勇払郡安平町早来北進 221-3	1983	2
追分斎場	勇払郡安平町追分青葉 1-165	1997	2
鵡川斎場	勇払郡むかわ町字汐見 487-14	1991	2
穂別斎場	勇払郡むかわ町穂別和泉 293	1990	2
日高町立門別葬斎場	沙流郡日高町門別本町 259-1	1976	2
日高町立日高火葬場	沙流郡日高町山手町 3-471-1	1964	1
平取町斎場	沙流郡平取町字荷負 130-8	1977	2
判官館霊葬場	新冠郡新冠町字高江 489-9	1975	2
浦河町葬斎場	浦河郡浦河町東町ちのみ 4-387-3	1980	2
様似町葬斎場	様似郡様似町栄町 147	1980	2
えりも町斎場	幌泉郡えりも町字新浜 183	1986	2
新ひだか町静内葬苑	日高郡新ひだか町静内花園 24	1983	3
新ひだか町三石葬斎場	日高郡新ひだか町三石旭町 178	1969	1
音更町営火葬場	河東郡音更町字音更西 4 線 52	2013	4
士幌町火葬場	河東郡士幌町字士幌 168-102	1997	2
上士幌町葬斎場	河東郡上士幌町字上士幌東 4 線 237	1980	2
鹿追町葬斎場	河東郡鹿追町笹川北 8 線 9	1985	2
新得町葬斎場	上川郡新得町西 1 線 28	1985	2
清水町葬斎場	上川郡清水町字羽帯南 1 線 102-2	1976	2

名　称	所在地	竣工年	炉数
芽室町斎場	河西郡芽室町上伏古 10 線 8	1976	2
中札内村火葬場	河西郡中札内村協和東 1 線 631-2	1988	1
更別村火葬場	河西郡更別村字更別 552-2	2001	1
南十勝複合事務組合大樹忠類火葬場	広尾郡大樹町字開進 188-5	1975	2
広尾町葬斎場	広尾郡広尾町字茂寄南 1 号 18-2	1981	2
幕別町葬斎場	中川郡幕別町字豊岡 3-62	1986	3
池田町葬斎場	中川郡池田町字清見 313-2	1979	2
豊頃町葬斎場	中川郡豊頃町字安骨 396	1979	2
本別火葬場	中川郡本別町錦町 89-5	1980	2
足寄火葬場	中川郡本別町字西仙美里 218-7	2009	2
陸別火葬場	足寄郡陸別町字陸別 82	2009	1
浦幌町葬斎場	十勝郡浦幌町字帯富 260-1	1977	2
厚岸町斎場	厚岸郡厚岸町サンヌシ 33	1988	2
浜中町斎場	厚岸郡浜中町茶内東 5 線 40	1985	2
しべちゃ斎場	川上郡標茶町標茶 936-54	2012	2
弟子屈町斎場	川上郡弟子屈町字鐺別 351-4	1999	2
鶴居村葬斎場	阿寒郡鶴居村雪裡原野北 14 線西 8-4	2001	1
白糠斎場	白糠郡白糠町岬 3-1-16	1987	2
別海斎場	野付郡別海町中西別 161-13	1999	2
白樺斎場	標津郡中標津町字俵橋 74	2015	3
羅臼町葬斎場	目梨郡羅臼町幌萠町 40	1983	2

青森県　37か所　89炉

青森市斎場	青森市大字新町野字菅谷 138-1	1972	7
青森市浪岡斎園	青森市浪岡大字杉沢字山元 434	1992	2
弘前市斎場	弘前市常盤坂 2-20-1	1983	6
八戸市斎場	八戸市大字十日市字蛯岩 4	1982	6
姥懐霊園	黒石市大字石名坂字姥懐 73-1	2003	3
五所川原市葬斎苑	五所川原市大字金山字千代鶴 27	1981	3
五所川原市金木斎場	五所川原市金木町芦野 200-101	1984	2
五所川原市市浦露草斎苑	五所川原市相内岩井 81-2	1999	1
十和田地域広域斎苑	十和田市大字三本木字野崎 24-53	2001	4
三沢市火葬場	三沢市三沢字上屋敷 51-1	1998	4
むつ市斎場	むつ市美里町 11-3	1978	2
むつ市川内斎場	むつ市川内町板子塚 59-34	1996	2
むつ市大畑斎場	むつ市大畑町正津川戦敷 1-186	1993	2
むつ市脇野沢斎場	むつ市脇野沢渡向 264-22	1991	1
つがる市斎場	つがる市木造下福原篠原 116-9	2007	3
つがる市車力斎場	つがる市牛潟町鷺野沢 29 番地 709	1986	1
平川市やすらぎ聖苑	平川市新屋町田川 204-1	2000	3
平川市碇ヶ関斎場	平川市碇ヶ関白沢 241	1985	1
つきのき聖苑	東津軽郡平内町大字小湊字小沢 43	2003	2
今別地区斎場	東津軽郡今別町大字浜名字ニツ石 7	2000	2
蟹田地区斎場	東津軽郡外ヶ浜町字蟹田姥ヶ沢 18	1978	2
鰺ヶ沢町斎場	西津軽郡鰺ヶ沢町舞戸町西阿部野 134-38	1995	2
ふかうら斎苑	西津軽郡深浦町大字深浦字尾上山 94-3	2012	2

名　称	所在地	竣工年	炉数
岩崎斎場　福寿苑	西津軽郡深浦町大字岩崎字寺沢 42-5	1987	1
藤崎町斎場	南津軽郡藤崎町大字藤崎字唐糸 27	1980	2
大鰐町斎場「鶯郷苑」	南津軽郡大鰐町大字大鰐字北山 44	1993	2
板柳町斎場	北津軽郡板柳町大字柏木字鴨泊 172-1	1990	2
鶴田町火葬場	北津軽郡鶴田町大字中野字花岡 149	1973	2
中泊町中里斎場	北津軽郡中泊町大字中里字亀山 254-25	1979	2
中泊町小泊斎場	北津軽郡中泊町大字小泊字砂山 1157-1	1992	1
野辺地地区斎場	上北郡野辺地町字有戸鳥井平 174-2	1991	3
公立中部上北斎場	上北郡七戸町字太田 103-1	1969	2
大間町斎場	下北郡大間町大字大間字内山 48-1	1995	2
東通村斎場	下北郡東通村砂子又字蛙谷地 10-9	1994	2
佐井村斎場　蓮精苑	下北郡佐井村大字佐井字黒岩 16-2	1994	1
三戸地区葬祭場	三戸郡三戸町大字川守田字大久保 58-1	1973	2
五戸町斎場	三戸郡五戸町大字大学沢 35-15	1989	2

岩手県　31か所　78炉

名　称	所在地	竣工年	炉数
盛岡市斎場やすらぎの丘	盛岡市三ッ割字寺山 46-4	2012	9
みやこ斎苑	宮古市千徳第 14 地割 71 番地 4	2007	4
宮古市川井火葬場	宮古市箱石第 2 地割 87-1	1979	1
常安寺火葬場	宮古市沢田 4-11	1971	2
おおふなと斎苑	大船渡市立根町猫足 83	1999	3
浄霊苑	大船渡市三陸町越喜来字甫嶺 61-2	1987	1
大迫斎場	花巻市大迫町大迫 10-29-2	1996	1
石鳥谷斎場	花巻市石鳥谷町好地 2-161-1	1990	2
東和斎場	花巻市東和町土沢 5-255	1988	1
しみず斎園	北上市北工業団地 5-36	1989	5
久慈地区斎場	久慈市夏井町鳥谷第 4 地割 23 番地 35	2013	3
遠野市斎場 永遠の丘	遠野市遠野町 22 地割 7	2011	3
釣山斎苑	一関市字釣山 30-1	1995	5
千厩斎苑	一関市千厩町千厩字東小田 334-2	1991	4
陸前高田斎苑	陸前高田市高田町字太田 87	1995	2
釜石斎場	釜石市大字平田第 3 地割 60-3	1997	3
斎場にのへ	二戸市下斗米字寺久保 113-1	2001	2
八幡平市斎場	八幡平市野駄 27-601	1982	2
胆江地区広域火葬場 さくらぎ苑	奥州市水沢区佐倉河字東鍛冶屋 44	2003	5
雫石町火葬場	岩手郡雫石町七ッ森 16-80	1982	3
葛巻町 くずまき斎苑	岩手郡葛巻町葛巻 15-21-3	1995	1
岩手・玉山斎場　浄霊苑	岩手郡岩手町大字五日市第 7 地割字 92-35	1982	2
紫波斎苑 かたくりの丘	紫波郡紫波町星山字杉田 34-6	2009	2
矢巾斎苑	紫波郡矢巾町大字白沢 6-175-12	1986	2
にしわが斎苑	和賀郡西和賀町沢内字鍵飯 14 地割 7-13	2015	1
大槌町火葬場	上閉伊郡大槌町安渡 1-7-33	1972	2
山田町斎場	下閉伊郡山田町織笠 15-59-1	1981	2
岩泉斎場	下閉伊郡岩泉町岩泉字天間 40-1	1994	2
軽米町火葬場	九戸郡軽米町大字軽米 6-52-3	1976	1
九戸村斎場	九戸郡九戸村大字伊保内 22-16-2	2010	1
一戸町火葬場	二戸郡一戸町岩舘字舘 37	1971	1

宮城県　27か所　89炉

名　称	所在地	竣工年	炉数
仙台市葛岡斎場	仙台市青葉区郷六字葛岡 10	2002	20
石巻市石巻斎場	石巻市南境字大衡山 43	1990	5
石巻市雄勝斎場	石巻市雄勝町雄勝字寺 79-1	1977	1
石巻市牡鹿斎場	石巻市鮎川浜寺前 2-5	1982	1
塩竈斎場	塩竈市袖野田町 25-1	1994	6
気仙沼市斎場	気仙沼市大峠山 1-27	1979	3
気仙沼市唐桑斎場	気仙沼市唐桑町只越 367-2	1992	1
気仙沼市本吉斎場	気仙沼市本吉町津谷松尾 119 番地	1989	1
白石斎苑	白石市鷹巣字石倉 9-1	1972	3
名取市斎場	名取市小塚原字新鍋島 159-2	1995	4
岩沼市営火葬場	岩沼市朝日 1-2-2	1962	2
登米市斎場	登米市迫町佐沼字沼向 62	2009	4
くりはら斎苑	栗原市築館字荒田沢 41	2001	4
東松島市火葬場	東松島市大塩字寺沢 34-2	1979	2
大崎広域古川斎場	大崎市古川小野字新田 45-1	1983	4
大崎広域松山斎場	大崎市松山千石字弁慶坂 26	1982	2
大崎広域玉造斎場	大崎市鳴子温泉字末沢 28-1	1995	2
七ヶ宿斎苑	刈田郡七ヶ宿町字横目山 37	1969	1
柴田斎苑	柴田郡村田町大字沼辺字粕沢 22	1967	3
川崎斎苑	柴田郡川崎町大字前川字竜雲寺 1	1967	1
あぶくま斎苑	伊具郡丸森町舘矢間松掛字上 63-1	1998	4
亘理葬祭場	亘理郡亘理町字龍円寺前 134	1975	3
黒川浄斎場	黒川郡大和町吉田字西風 105	1984	3
大崎広域加美斎場	加美郡加美町下多田川字熊野 3	1993	3
大崎広域涌谷斎場	遠田郡涌谷町涌谷字雉子林 25-4	1991	2
女川町火葬場	牡鹿郡女川町浦宿浜字石ノ田 112-4	1992	2
南さんりく斎苑	本吉郡南三陸町志津川字下保呂毛 14-1	2007	2

秋田県　25か所　65炉

名　称	所在地	竣工年	炉数
秋田市斎場	秋田市外旭川字山崎 537	2011	12
能代市斎場	能代市萩の台 10-7	1998	3
横手市東部斎場	横手市前郷字元判場 47 番地 1	2005	3
横手市南部斎場	横手市増田町増田字竹原道下 94	2001	3
横手市西部斎場	横手市雄物川町薄井字抱合 65	1989	2
大館市斎場	大館市字小柄沢山 1-1	1979	4
男鹿市斎場	男鹿市脇本田谷沢字要沢 74	1987	2
湯沢火葬場	湯沢市字沼樋 129	1983	3
鹿角斎場	鹿角市花輪字牛沢 1-19	1992	3
由利本荘市水林斎場	由利本荘市薬師堂字水林 210	2002	3
由利本庄市矢島斎場	由利本庄市矢島町坂之下字舟場川原 385-1	1999	1
由利本庄市由利斎場「安清苑」	由利本庄市前郷字家岸上堤 14	1987	1

名　称	所在地	竣工年	炉数
由利本庄市東由利斎場「やすらぎ苑」	由利本庄市東由利蔵字舘ノ内1-1	1990	1
湖東地区斎場	潟上市飯田川和田妹川字館山106-3	1995	2
中央斎場	大仙市大曲西根字仁応治 83-2	2015	3
北秋田市鷹巣斎場	北秋田市綴子字作坂 304-2	1993	2
清幸苑	北秋田市米内沢字長下 1-4	1993	2
にかほ市斎場「青松苑」	にかほ市両前寺字浜中 30-11	1991	2
にかほ市象潟斎場	にかほ市象潟町字一本木 14-1	2006	2
仙北市田沢湖斎場	仙北市田沢湖生保内字武蔵野 76	1961	1
北部斎場	仙北市角館町鳥木沢 133	1984	2
風華苑	山本郡藤里町矢坂字釜の沢岱 11	1995	2
清華苑	山本郡三種町鵜川字館の上 7-1	1993	2
五城目町斎場	南秋田郡五城目町字稲荷前 83-1	1990	2
南部斎場	仙北郡美郷町六郷字小安門 1-1	1983	2

山形県　26か所　68炉

山形市斎場	山形市寿町 8-24	1984	5
米沢市斎場	米沢市万世町片子字向川原5379-1	1971	4
鶴岡市鶴岡斎場	鶴岡市伊勢原町 12-81	1986	5
鶴岡市藤島斎場	鶴岡市古郡字道橋 246	1984	2
酒田市斎場	酒田市浜中字八間山 1897	1976	4
酒田市飛鳥斎場	酒田市飛島字中村甲 92-190	1966	1
酒田市八幡斎場	酒田市麓字緑沢 20-1	1990	1
新庄・最上さくらが丘斎苑	新庄市大字鳥越字南沢山神沢3779	1998	3
寒河江地区斎場	寒河江市大字柴橋字平野 3281-2	1996	4
上山市経塚斎場	上山市鶴脛町字苧畑 935-1	1981	2
長井市緑が丘斎場	長井市中伊佐沢 1255-22	1983	3
天童市斎場	天童市天童中 3-4-1	2001	4
斎場　白菊苑	尾花沢市大字尾花沢 1521-1	1996	4
南陽市斎場しらぎく	南陽市三間通 1144	2006	2
中山町斎場	東村山郡中山町大字小塩 434-1	2009	2
河北町ほか 2 市広域斎場妙光苑	西村山郡河北町大字岩木字原の内 1381-4	2008	4
金山町火葬場	最上郡金山町大字上台字向原1268	1995	1
真室川町斎場	最上郡真室川町大字新町字寺山794-2	1989	2
舟形町大蔵村共立うど山斎場	最上郡大蔵村大字清水字独活山5708-101	1990	2
戸沢村火葬場	最上郡戸沢村大字古口 466-16	1982	1
高畠町斎場	東置賜郡高畠町大字高畠 1193	1988	2
川西町斎場	東置賜郡川西町大字上小松5135-1	1988	2
小国町斎場	西置賜郡小国町大字小国小坂町712	2007	1
白鷹町斎場	西置賜郡白鷹町大字菖蒲 350-1	1999	2
庄内町火葬場	東田川郡庄内町余目字石沢 44-2	1983	3
遊佐町斎場	飽海郡遊佐町大字吉出字川原新田 3-2	1990	2

福島県　25か所　87炉

名　称	所在地	竣工年	炉数
福島市斎場	福島市渡利字仏根 50-1	1980	6
会津若松市斎場	会津若松市門田町大字黒岩字石高甲 807	1989	6
郡山市東山悠苑	郡山市田村町小川字石淵 130	1991	10
いわき市いわき清苑	いわき市平菅波字菅波入 186-1	2008	9
いわき市勿来火葬場	いわき市勿来町窪田御前崎163-45	2017	3
白河斎場	白河市字藤沢山 14	1991	4
須賀川地方保健環境組合斎場	須賀川市八幡山 239	1983	3
喜多方地方広域市町村圏組合斎場	喜多方市岩月町宮津字上ノ山7923-1	1973	3
相馬方部衛生組合一里壇斎苑	相馬市赤木字一里壇 271	1996	3
あだたら聖苑	二本松市永田 3-123	1999	5
田村市斎場	田村市船引町船引字卯田ヶ作267	2012	3
原町斎場	南相馬市原町区上北高平字東高松 30	1984	4
伊達市斎場	伊達市保原町大字金原田字沼頭64	1993	3
伊達市桑折町国見町火葬場協議会火葬場	伊達郡桑折町字台 1-1	1986	2
川俣町火葬場	伊達郡川俣町飯坂字芋ヶ作 2	1973	2
檜枝岐村火葬場	南会津郡檜枝岐村字滝沢 1096-2	2004	1
西部斎苑	南会津郡南会津町南郷大字山口字下荒町 2172-65	1979	2
東部聖苑	南会津郡南会津町田島字東下原21	1987	2
いなわしろ聖苑	耶麻郡猪苗代町大字八幡字若宮301	1998	2
会津西部斎苑	河沼郡会津坂下町大字宇内字中子山 4003-4	1990	3
やぶき霊香苑	西白河郡矢吹町井戸尻 277-6	1991	3
東白斎苑	東白川郡棚倉町大字棚倉字崖ノ上 90	1995	3
いしかわ清苑	石川郡石川町大字沢井字川井224-16	2009	3
小野町火葬場「おの悠苑」	田村郡小野町小野新町字馬番21-1	2002	2
聖香苑	（※現在、帰還困難区域内にあるため利用できない）	2007	4

茨城県　31カ所　125炉

水戸市斎場	水戸市堀町 2106-2	1977	8
日立市金沢火葬場	日立市金沢町 2-18-6	1981	2
日立市中央斎場	日立市諏訪町 1029	1984	5
日立市鞍掛山斎場	日立市滑川町 3163-9	2007	2
土浦市営斎場	土浦市田中 2-16-33	1980	5
古河市斎場	古河市三杉町 2-1-1	1973	3
石岡地方斎場	石岡市染谷 1749	2014	6
龍ケ崎市営斎場	龍ケ崎市 7091	1982	4
ヘキサホール・きぬ	下妻市下栗 250	1996	4
常総市営斎場	常総市豊岡町乙 3140-1	1984	2
常陸太田市営斎場	常陸太田市新宿町 1603	1989	4
高萩十王斎場	高萩市大字安良川 1332-1	1987	3
北茨城市葬祭場	北茨城市磯原町上相田 8	1985	3
笠間広域斎場 やすらぎの森	笠間市笠間 4669	2001	5
やすらぎ苑	取手市市之代 310	1992	5

名　称	所在地	竣工年	炉数
うしくあみ斎場	牛久市久野町 2867	1999	6
つくばメモリアルホール	つくば市玉取 1766	1999	6
常陸海浜広域斎場	ひたちなか市新光町 97	1985	6
鹿嶋斎苑	鹿嶋市棚木 209	1996	3
おおみや広域聖苑	常陸大宮市東野 545	2000	3
那珂聖苑	那珂市堤 1020-1	2001	3
きぬ聖苑	筑西市下川島 655-1	1993	6
坂東市営斎場	坂東市馬立 1179	1988	2
聖苑香澄	稲敷市須賀津 1872-6	1999	4
かみす聖苑	神栖市南浜 1-9	1996	5
はさき火葬場	神栖市波崎 9598	2016	3
霞ヶ浦聖苑	行方市手賀 4339-39	1995	5
茨城町斎場いばらき聖苑	東茨城郡茨城町網掛 1167	1997	3
大洗町斎場	東茨城郡大洗町磯浜町 5786	1980	2
大子町斎場	久慈郡大子町大字川山 931	1998	2
さしま斎場	猿島郡境町長井戸 1746	2002	5

栃木県　13か所　66炉

名　称	所在地	竣工年	炉数
宇都宮市悠久の丘	宇都宮市上欠町 719-1	2009	16
足利市斎場	足利市新山町 12-3	1997	5
栃木市斎場	栃木市平井町 338	1979	5
佐野斎場	佐野市韮川町 578-1	1989	4
葛生火葬場	佐野市あくと町 3330	1982	3
鹿沼市斎場	鹿沼市富岡 100-1	1982	4
日光聖苑	日光市瀬尾 1749-2	2000	6
小山聖苑	小山市外城 717-1	1988	6
芳賀地区広域行政事務組合斎場	真岡市熊倉町 4961	1978	4
大田原市火葬場	大田原市若草 1-1475-4	1988	3
しおや聖苑	矢板市乙畑 186-3	1995	4
那須聖苑	那須郡那須町大字高久甲 1254-1	1994	3
南那須地区斎場	那須郡那珂川町片平 1205	2005	3

群馬県　19か所　77炉

名　称	所在地	竣工年	炉数
前橋市斎場	前橋市天川大島町 1-31-1	2010	12
高崎市斎場	高崎市寺尾町 1239	1978	12
はるなくらぶち聖苑	高崎市上室田 4707-1	2000	2
桐生市斎場	桐生市広沢町 5-4746-5	1982	7
伊勢崎市いせさき聖苑	伊勢崎市波志江町 3553	1988	6
伊勢崎市さかい聖苑	伊勢崎市境美原 18	1999	2
太田市斎場	太田市浜町 66-52	1983	6
利根沼田広域斎場ぬまた聖苑	沼田市上沼須町 502	1989	3
館林市斎場	館林市苗木町 2487	1984	4
渋川広域斎場しらゆり聖苑	渋川市白井 300	2000	5
藤岡市偕同苑	藤岡市藤岡字北ノ原 770	1996	3
かぶら聖苑	富岡市上黒岩 318	2000	3
安中市すみれヶ丘聖苑	安中市中野谷 3637-3	1978	3
甘楽西部環境衛生施設組合火葬場	甘楽郡下仁田町大字下仁田 775-2	1970	1
吾妻郡東部火葬場なかのじょう聖苑	吾妻郡中之条町大字西中之条字宮沢 1501-1	1994	2
吾妻郡西部火葬場	吾妻郡草津町大字草津 641-38	1981	1

名　称	所在地	竣工年	炉数
みなかみ町水上火葬場	利根郡みなかみ町湯原 990-2	1967	1
みなかみ町新治火葬場	利根郡みなかみ町須川 101-1	1984	1
大泉町外二町斎場	邑楽郡大泉町上小泉 347-1	1980	3

埼玉県　22か所　157炉

名　称	所在地	竣工年	炉数
大宮聖苑	さいたま市見沼区染谷 2-350-1	2004	10
浦和斎場	さいたま市桜区大字下大久保 1523-1	1980	10
めぐりの森	川口市大字新井宿 430 番地の 1	2018	10
川越市斎場	川越市小仙波 786-1	2017	12
熊谷市立火葬場	熊谷市円光 2-9-40	1997	6
行田市斎場	行田市佐間 1751	1979	4
秩父斎場	秩父市大宮 5361-2	1973	4
所沢市斎場	所沢市北原町 1282	1987	8
広域飯能斎場	飯能市大字飯能 948 番地の 3	1981	6
メモリアルトネ	加須市川口 4-3-5	1991	8
東松山斎場	東松山市松山町 2-8-32	1982	6
埼葛斎場組合斎場	春日部市大字内牧 1431	2007	8
羽生市斎場	羽生市東 3-42-2	1977	3
県央みずほ斎場	鴻巣市境 1143	1998	8
深丘園	深谷市山河 397-1	2010	6
上尾伊奈斎場つつじ苑	上尾市大字瓦葺 150	2003	6
聖典株式会社　谷塚斎場	草加市瀬崎町 1839	1987	9
越谷市斎場	越谷市大字増林 3989-1	2005	14
入間東部広域斎場しののめの里	富士見市大字下南畑 70-1	2008	6
三郷市斎場	三郷市茂田井 15	1978	4
広域静苑組合　越生斎場	入間郡越生町鹿下 338-6	1985	4
児玉郡市広域市町村圏組合立斎場こだま聖苑	児玉郡美里町大字木部 537-4	1982	5

千葉県　28か所　149炉

名　称	所在地	竣工年	炉数
千葉市斎場	千葉市緑区平山町 1762-2	2005	16
銚子市斎場	銚子市西小川 4732	1990	3
市川市斎場	市川市大野町 4-2610-1	1980	10
馬込斎場	船橋市馬込町 1102-1	1980	15
木更津市火葬場	木更津市大久保 840-3	1967	3
松戸市斎場	松戸市串崎新田 63-1	1974	10
野田市斎場	野田市目吹 7-1	1991	3
野田市関宿斎場	野田市中戸 496	1964	2
八富成田斎場	成田市吉倉 124-11	1992	6
さくら斎場	佐倉市大蛇町 790-4	1996	8
山武郡市広域斎場	東金市堀上 1357	1987	6
みたま苑　旭	旭市二 -5936-5	1996	3
ウイングホール柏斎場	柏市布施 281-1	1995	9
かつうら聖苑	勝浦市松部 116-1	2005	2
いちはら聖苑	市原市今富 1088-8	1999	8
長狭地区火葬場	鴨川市東町 1850-17	1984	2
上総聖苑	君津市久留里市場 978-1	1992	2
富津聖苑	富津市前久保 375	1992	4
浦安市斎場	浦安市千鳥 15-3	2005	4
印西斎場	印西市平岡 1538	2007	4
安房聖苑	南房総市山名 345	2012	6
山桑メモリアルホール	匝瑳市山桑 730	2002	4

名　称	所在地	竣工年	炉数
香取市おみがわ聖苑	香取市小見川 1797-1	2004	2
大原聖苑	いすみ市大原 4891-1	1989	2
北総斎場	香取郡神崎町神崎神宿 1009-2	1982	5
一宮聖苑	長生郡一宮町一宮 7459-4	1985	3
長南聖苑	長生郡長南町報恩寺 579	1998	5
大多喜斎場無相苑	夷隅郡大多喜町田丁 238	1987	2

東京都　26か所　185炉

東京博善株式会社 落合斎場	新宿区上落合 3-34-12	2000	10
東京博善株式会社 桐ヶ谷斎場	品川区西五反田 5-32-20	1998	12
臨海斎場	大田区東海 1-3-1	2004	10
東京博善株式会社 代々幡斎場	渋谷区西原 2-42-1	1996	10
東京博善株式会社 堀ノ内斎場	杉並区梅里 1-2-27	1992	8
東京博善株式会社 町屋斎場	荒川区町屋 1-23-4	1994	12
株式会社戸田葬祭場	板橋区舟渡 4-15-1	1984	15
東京博善株式会社 四ツ木斎場	葛飾区白鳥 2-9-1	2016	12
東京都瑞江葬儀所	江戸川区春江町 3-26-1	1975	20
八王子市斎場	八王子市山田町 1681-2	1990	8
立川聖苑	立川市羽衣町 3-20-18	1999	7
青梅市火葬場	青梅市長淵 5-743	2007	4
府中の森市民聖苑	府中市浅間町 1-3-5	1996	6
多磨葬祭場	府中市多磨町 2-1-1	1978	14
南多摩斎場	町田市上小山田町 2147	1996	12
日野市営火葬場	日野市多摩平 3-28-8	1964	3
瑞穂斎場	西多摩郡瑞穂町富士山栗原新田 244	2002	8
ひので斎場	西多摩郡日の出町平井 3092	2001	3
大島町火葬場	大島町元町字黒ママ 352-3	2001	2
新島村火葬場	新島村字檜山	2005	1
式根島火葬場	新島村式根島 856-3	2010	1
神津島村火葬場	神津島村字金長	2001	1
三宅島火葬場	三宅村阿古 548-10	1992	2
八丈町火葬場	八丈町三根 3481-1	2008	2
小笠原村父島火葬場	小笠原村父島字洲崎	2007	1
小笠原村母島火葬場	小笠原村母島字評議平	1978	1

神奈川県　20か所　160炉

横浜市久保山斎場	横浜市西区元久保町 3-1	1995	12
横浜市南部斎場	横浜市金沢区みず木町 1	1991	10
横浜市戸塚斎場	横浜市戸塚区鳥が丘 10-5	1980	6
横浜市北部斎場	横浜市緑区長津田町 5125-1	2002	16
西寺尾火葬場	横浜市神奈川区松見町 2-418	1938	10
かわさき北部斎苑	川崎市高津区下作延 6-18-1	1977	16
かわさき南部斎苑	川崎市川崎区夜光 3-2-7	2004	12
相模原市営斎場	相模原市南区古淵 5-26-1	1992	11
横須賀市立中央斎場	横須賀市坂本町 6-18	1993	10
平塚市聖苑	平塚市田村 9-25-2	1994	6
藤沢聖苑	藤沢市大鋸 1225	1991	8
小田原市斎場	小田原市久野 3664-8	1991	6
茅ヶ崎市斎場	茅ヶ崎市芹沢 1700	1993	5
株式会社誠行社斎場	逗子市小坪 7-1216-1	1994	4
三浦市火葬場	三浦市三崎町六合 1019	1934	3
秦野斎場	秦野市曽屋 1006	1976	5
厚木市斎場	厚木市下古沢 548	2012	6
大和斎場	大和市西鶴間 8-10-8	1982	8
真鶴聖苑	足柄下郡真鶴町真鶴 1916-1	2000	3
愛川町営斎場「愛川聖苑」	愛甲郡愛川町棚沢 941-1	1997	3

新潟県　37か所　131炉

新潟市亀田斎場	新潟市江南区元町 5-3-4	1993	3
新潟市新津斎場	新潟市秋葉区古田ノ内大野開 33-4	1980	4
新潟市白根斎場	新潟市南区鍋潟 638-1	2006	4
新潟市青山斎場	新潟市西区青山 1436-1209	1995	12
新潟市巻斎場	新潟市西蒲区和納 5770	1968	5
長岡市斎場	長岡市鉢伏町 1815	2007	7
長岡市小国斎場	長岡市小国町法坂 576-1	1979	1
長岡市与板無憂苑斎場	長岡市与板町本与板字塩ノ入 2669-1	1974	3
長岡市寺泊斎場	長岡市寺泊吉 20	1964	2
長岡市栃尾斎場	長岡市金沢 1039	2017	3
長岡市川口斎場	長岡市川口和南津 2402-3	1994	1
三条市槻の森斎苑	三条市月岡 3722	2009	5
柏崎市斎場	柏崎市大字安田 4184	1998	6
広域葬斎センター願文院	新発田市古楯 495	1979	5
小千谷市西山斎場	小千谷市時水 581	1985	4
十日町市斎場	十日町市大字南鐙坂 1842-9	2001	3
見附市斎場	見附市本町 3-671-2	1983	4
村上火葬場無相院	村上市大字日下字小豆ヶ沢 90	1982	3
荒川火葬場普照園	村上市坂町字宮ノ腰 2137	1975	2
山北火葬場	村上市府屋 1436-1	1989	2
燕・弥彦総合事務組合斎場	燕市吉田吉栄 755	2014	6
糸魚川市斎場	糸魚川市一の宮 770	2012	4
能生火葬場	糸魚川市大字能生鶉石 74	1978	2
経塚斎場	妙高市大字小出雲 2805	1983	4
五泉市斎場	五泉市赤海 2887-14	2001	4
上越斎場	上越市大字居多 776	1985	4
頸北斎場	上越市柿崎区柿崎 10496-1	1992	3
阿賀北葬斎場	阿賀野市下条字千刈 73 番地	2013	5
青山斎場	佐渡市吾潟 225-2	2003	2
相川斎場	佐渡市相川鹿伏 68-1	1988	1
永安館	佐渡市真野新町 568-1	2015	2
魚沼市斎場	魚沼市池平 396-1	2015	3
魚沼市入広瀬火葬場	魚沼市穴沢 1610 番地 4	2007	1
南魚沼市斎場	南魚沼市思川 576-1	2010	4
来迎苑	南蒲原郡田上町川船河 1303	1980	3
阿賀町斎場	東蒲原郡阿賀町鹿瀬 10802	2010	2
津南斎場	中魚沼郡津南町大字下船渡戊 1847-1	2000	2

富山県　16か所　76炉

富山霊園富山市斎場	富山市西番 135	1966	11
富山市北部斎場	富山市岩瀬池田町 71	1971	5

名　称	所在地	竣工年	炉数
富山市大沢野斎場	富山市坂本 3038-1	1986	3
富山市婦負斎場	富山市八尾町三田 77	1978	4
高岡斎場	高岡市グリーンパーク 1	2009	10
新川広域圏事務組合 西部斎場	魚津市大字北鬼江村字峠 1-86	1984	5
氷見市斎場	氷見市北八代東原 118	1998	7
滑川市火葬場	滑川市下島 639	2011	3
砺波市斎場	砺波市徳万五十浜 52-1	1974	5
小矢部市斎場	小矢部市田川字城ヶ嶺 15	1994	3
南砺市上平斎場	南砺市真木字砂原 220-3	1977	2
南砺市福野斎場「紫苑」	南砺市柴田屋 830	1995	3
南砺市福光斎場	南砺市小坂 152-1	2009	3
射水市斎場	射水市寺塚原 904	1966	5
上市町斎場	中新川郡上市町東種字東郷津 23-1	1993	3
新川広域圏事務組合 東部斎場	下新川郡朝日町三枚橋 235	1976	4

石川県　13か所　54炉

金沢市東斎場	金沢市鳴和台 360	1992	8
金沢市南斎場	金沢市西泉 6-64	1995	6
ななか斎場	七尾市白馬町ハ部 4-1	1991	4
小松加賀斎場　さざなみ	小松市日末町メ 16-1	2011	8
やすらぎの杜	輪島市三井町新保レ字 4-1	2014	3
珠洲市営斎場	珠洲市蛸島町テの 79	1994	2
羽咋斎場	羽咋市千里浜町ヲ 1	1963	2
白山郷斎場	白山市瀬木野町 258	1981	4
白山市松任斎場	白山市徳丸町 8	1986	4
手取郷斎場	能美市浜町タ 158-26	2000	4
河北斎場	河北郡内灘町西荒屋ヘ 71-1	1997	4
志賀斎場	羽咋郡志賀町字末吉寅 109	1967	2
能登三郷斎場 ながさかパーク	鳳珠郡能登町字藤ノ瀬二字 30-1	2000	3

福井県　14か所　54炉

福井市聖苑	福井市安田町 11-1	1999	10
敦賀斎苑	敦賀市金山 3-1-1	1996	6
若狭霊場	小浜市青井 17-1-1	1990	3
大野市営葬斎場	大野市牛ヶ原 16-7	1971	4
勝山市和みの杜	勝山市昭和町 2-9-1	2001	3
鯖江広域衛生施設組合 鯖江葬斎場	鯖江市三尾野出作町 1-1	1970	5
越前市斎場	越前市春日野 105-11	1971	5
坂井市赤坂聖苑	坂井市丸岡町赤坂 3-10	1998	5
代官山斎苑	坂井市三国町池上 87-17	2006	4
池田町葬祭場	今立郡池田町藪田 46-2	1977	2
今庄斎場	南条郡南越前町今庄 20-4	2004	1
美浜斎苑	三方郡美浜町和田 27-19-2	1991	2
高浜斎苑	大飯郡高浜町宮崎 29-11	1986	2
若狭町斎場	三方上中郡若狭町北前川 64-4-61	2009	2

山梨県　13か所　43炉

名　称	所在地	竣工年	炉数
甲府市斎場	甲府市古府中町 5079-6	1984	6
東八聖苑	甲府市右左口町 3016-1	1999	4
都留市火葬場 ゆうきゅうの丘つる	都留市下谷 2523	2007	2
東山梨行政事務組合 東山聖苑	山梨市小原西 562	2003	5
大月市火葬場	大月市大月町花咲 1569	1961	2
韮崎市営火葬場	韮崎市富士見ヶ丘 1-4-35	1942	2
ふじかわ聖苑	南アルプス市東南湖横川 2165	2004	6
北の杜聖苑	北杜市高根町下黒澤 378-6	2005	2
甲斐市やすらぎ聖苑	甲斐市大垈 2321-2	2003	3
上野原市葬斎場	上野原市上野原 3360	1980	2
峡南衛生組合斎場	南巨摩郡身延町下田原 2548	1982	3
南部アルカディア聖苑	南巨摩郡南部町大和 1633-1	2006	2
富士五湖聖苑	南都留郡富士河口湖町船津 6663-1	1999	4

長野県　26か所　81炉

大峰斎場	長野市大字長野 1612-1	2014	5
松代斎場	長野市松代町東寺尾 3333-1	2015	5
犀峡斎場	長野市信州新町新町 1292-2	1988	1
松本市営葬祭センター	松本市蟻ヶ崎 4-10-1	1997	5
大星斎場	上田市上田 2548-2	1972	4
依田窪斎場	上田市上丸子 57-1	1997	2
湖北火葬場「湖風苑」	岡谷市長地片間町 1-5-28	2009	4
飯田市斎苑	飯田市今宮町 4-5481-1	1991	3
松川苑	須坂市大字日滝字丹波塚 4476	2006	3
伊那市営火葬場	伊那市山寺 3014-2	1981	3
長谷火葬場「精香斎苑」	伊那市長谷市野瀬 2517-3	1986	1
伊南行政組合　伊南聖苑	駒ヶ根市赤穂 14679-1	1999	3
北信斎場　たびだちの森	中野市大字豊津 3854-1	2016	3
北アルプス広域葬祭場	大町市大字大町 8293-1	2002	3
みゆき野斎苑	飯山市大字飯山 6027	1994	2
静香苑	茅野市宮川 647-1	1981	6
塩尻市斎場	塩尻市塩尻町 1212	1979	3
佐久平斎場	佐久市長土呂 875-1	2016	7
広域豊科葬祭センター	安曇野市豊科田沢 7881-1	2000	5
下伊那北部火葬場 「五陵の森」	下伊那郡高森町吉田 2770-1	2015	2
阿南斎場	下伊那郡阿南町東条 372	1978	1
西部衛生斎場	下伊那郡阿智村智里 496-5	1975	1
木曽葬斎センター緑聖苑	木曽郡上松町大字新茶屋 2048	1994	3
池田松川葬祭センター	北安曇郡池田町大字池田 3399-2	1986	2
葛尾組合葬祭施設 葛尾苑	埴科郡坂城町大字中之条 1850	2003	3
小川村火葬場	上水内郡小川村大字高府 10231-1	1983	1

岐阜県　44か所　146炉

岐阜市斎苑	岐阜市上加納山 4717-4	1992	15
黙山火葬場	岐阜市松山町 13	1984	2
大垣市鶴見斎場	大垣市鶴見町 581	1977	7
大垣市勝山斎場	大垣市赤坂町 745-1	1990	3
大垣市かみいしづ斎場	大垣市上石津町前ヶ瀬 684	1994	2
高山市営火葬場	高山市西洞町 131	1953	3
高山市営久々野火葬場	高山市久々野町無数河 4185	1995	2
高山市営荘川火葬場	高山市荘川町新渕 704	1972	1
華立やすらぎの杜	多治見市大藪町 249	2016	6

名　称	所在地	竣工年	炉数
関市上之保火葬場	関市上之保 15287	1967	1
関市総合斎苑わかくさ	関市西本郷通 5-1-11	2005	6
岐北斎苑	関市武芸川町宇多院 875-1	1998	3
中津川斎場	中津川市中津川 883-114	1975	4
坂下火葬場	中津川市坂下 94-9	1961	1
付知火葬場	中津川市付知町 6733-2	1989	1
美濃市火葬場やすらぎの丘	美濃市乙女坂 1718	1970	3
可茂聖苑	美濃加茂市西町 7-13	1973	7
瑞浪市斎場	瑞浪市山田町 166-1	1983	3
羽島市営斎場	羽島市竹鼻町 1049-1	2002	5
えな斎苑	恵那市東野 2201-158	2005	3
土岐市斎苑美しが峰	土岐市肥田町浅野 1100-1	1994	5
瞑想の森 市営斎場	各務原市那加扇平 2-5	2006	6
瑞穂市火葬場	瑞穂市別府 2620-1	1998	4
光明苑	飛騨市古川町宮城 511	2003	2
松ヶ丘公園斎場	飛騨市神岡町麻生野 718-3	1970	2
八幡斎苑さつき	郡上市八幡町初納 686-25	2007	3
大和斎場	郡上市大和町万場 3189-3	1995	2
郡上市北部斎場	郡上市白鳥町大島 1689-205	2017	3
高鷲斎場	郡上市高鷲町大鷲 1566-18	2006	2
下呂市浄郷苑	下呂市三原 427	1989	3
下呂市小坂斎場	下呂市小坂町大島 2125	1964	2
海津市斎苑天昇苑	海津市平田町高田 373	1988	3
海津市南濃斎苑	海津市南濃町駒野奥条入会地 1-2	1977	4
笠松町営火葬場	羽島郡笠松町緑町 42	1970	4
養老町斎苑「清華苑」	養老郡養老町高田 2930-1	1995	3
垂井町斎場	不破郡垂井町府中 1071-1	1993	3
関ケ原斎苑	不破郡関ケ原町山中 603-1	1992	2
神戸町斎苑「やすらぎ苑」	安八郡神戸町瀬古 967	1996	2
安八町・輪之内町斎苑やすらぎ苑	安八郡安八町大森 675	2008	2
坂内火葬場	揖斐郡揖斐川町坂内広瀬上ヶ瀬 126-1	2003	1
揖斐広域斎場	揖斐郡大野町大字松山小字松山 470	2005	4
池田町斎苑	揖斐郡池田町般若畑 618-2	1982	3
白川斎場	加茂郡白川町坂ノ東 4903-3	1996	2
白川村斎場	大野郡白川村大字野谷字ドイドイ 55-2	1982	1

静岡県　36か所　139炉

静岡市静岡斎場	静岡市葵区慈悲尾 472-1	2001	12
静岡市静岡斎場井川分場	静岡市葵区井川 1243-3	1954	1
静岡市清水斎場	静岡市清水区北矢部 1481	2017	8
静岡市庵原斎場	静岡市清水区蒲原 4999-1	1986	3
浜松市浜松斎場	浜松市中区中沢町 47-1	2002	14
浜松市雄踏斎場	浜松市西区雄踏町宇布見 6098-3	1995	3
浜松市三ヶ日斎場	浜松市北区三ヶ日町宇志 815-1	1987	3
浜松市浜北斎場	浜松市浜北区宮口 4831-170	2005	4
浜松市天竜斎場	浜松市天竜区二俣町阿蔵 553-19	1974	3
浜松市春野斎場	浜松市天竜区春野町宮川 1740	1972	2
浜松市佐久間・水窪斎場	浜松市天竜区佐久間町中部 604	1985	1
沼津市斎場	沼津市中瀬町 14-1	1989	5
熱海市火葬場	熱海市熱海字姫ノ尾 1802-1	2002	3
みしま聖苑	三島市字賀茂之洞 4703-7	1997	4

名　称	所在地	竣工年	炉数
富士宮聖苑	富士宮市山宮 3678-13	1982	5
伊東市斎場	伊東市川奈 1259-3	1990	4
島田市斎場	島田市伊太 2800-1	1991	3
島田市金谷斎場	島田市金谷 1820-5	1996	2
富士市斎場	富士市大淵 2588-1	1986	6
磐田市聖苑	磐田市塩新田 582-8	1975	5
志太広域事務組合斎場	焼津市浜当目 1159-1	1987	7
御殿場市・小山町広域行政組合斎場	御殿場市萩原 992-98	1980	3
中遠聖苑	袋井市浅名 2134-151	1994	4
伊豆斎場	下田市 6-37-32	1978	3
裾野市斎場	裾野市今里 343-1	1975	2
湖西市営火葬場	湖西市入出 1537	1968	3
湖西市新居斎場やすらぎ苑	湖西市新居町中之郷 1138-1	2002	3
伊豆聖苑	伊豆市日向 986-2	2008	3
東遠地区聖苑	菊川市西方 347-1	2013	6
伊豆の国市長岡斎場	伊豆の国市長岡 1407-4	1983	2
南遠地区聖苑	牧之原市菅ヶ谷 1048-2	1981	3
謝恩閣	牧之原市勝間 1506-19	1981	3
西伊豆町斎場	賀茂郡西伊豆町一色 1959-2	1962	2
長泉町火葬場	駿東郡長泉町中土狩 822-4	1967	2
中川根斎場	榛原郡川根本町上長尾 683	1984	1
本川根斎場	榛原郡川根本町上岸 1202	1988	1

愛知県　35か所　264炉

舟入斎苑	名古屋市港区南陽町大字西福田字井箱 13	1988	2
名古屋市立第二斎場	名古屋市港区東茶屋 3-123	2015	30
名古屋市立八事斎場	名古屋市天白区天白町八事字裏山 69	1971	46
豊橋市斎場	豊橋市飯村町字北池上 52	1976	10
岡崎市斎場	岡崎市才栗町字佐世保田 1-3	1976	10
一宮市一宮斎場	一宮市奥町字六丁山 24	2011	13
一宮市尾西斎場	一宮市籠屋 3-4-23	1998	5
瀬戸市斎苑	瀬戸市春雨町 38	1996	8
半田斎場	半田市鵜ノ池町 19	1996	8
豊川市斎場会館 永遠の森	豊川市御津町豊沢引釣 80-1	2007	8
津島市斎場	津島市元寺町 2-59	1954	3
衣浦斎園	碧南市大坪町 3-35	1983	6
刈谷市青山斎園	刈谷市青山町 3-56-2	1980	6
豊田市古瀬間聖苑	豊田市古瀬間町小田 820	1989	13
安城市総合斎苑	安城市赤松町乙菊 22-1	1999	6
西尾市斎場やすらぎ苑	西尾市吉良町宮迫樫木 15	1978	7
セレモニーホールとぼね	蒲郡市竹谷町玉ノ木 57	2016	6
尾張北部聖苑	犬山市大字善師野字奥雑木洞 1-1	1989	10
常滑市営火葬場	常滑市字高坂 23-35	1978	3
尾張東部聖苑	小牧市大字大草 2003-1	1980	15
稲沢市祖父江斎場	稲沢市祖父江町拾町野猿尾北 1033	1975	6
しんしろ斎苑	新城市庭野字玉の木 2-25	1995	4
知北斎場	大府市桜木町 5-113	1982	8
知多斎場	知多市大興寺字刀池 56	1977	5
知立市逢妻浄苑	知立市逢妻町道瀬山 65	1952	3
田原斎場	田原市田原町衣笠 1-19	2004	4
渥美斎苑	田原市福江町清荒子 1-1	1981	2

名　称	所在地	竣工年	炉数
愛西市総合斎苑	愛西市西保町寄之内 2-1	2011	4
弥富市火葬場	弥富市鍋田八穂 422-1	1975	3
本町斎苑	海部郡蟹江町大字蟹江本町字ムノ割 78-1	1955	1
飛島聖苑	海部郡飛島村大字渚 8-123	1995	2
知多南部衛生組合火葬場	知多郡美浜町大字河和字道土 282-1	1961	2
設楽町清崎斎苑	北設楽郡設楽町清崎字野々瀬 1-63	1982	2
設楽町津具斎苑	北設楽郡設楽町津具字裏山 1-14	1972	1
東栄町斎苑	北設楽郡東栄町大字西薗目字耳岩 27	1992	2

三重県　44か所　115炉

名　称	所在地	竣工年	炉数
いつくしみの杜	津市半田 3247-2	2015	12
多気火葬場	津市美杉町下多気 2740-1	1985	1
下之川火葬場	津市美杉町下之川 387-6	1986	1
伊勢地火葬場	津市美杉町石名原 2680	1992	1
八知火葬場	津市美杉町八知 7616-2	2002	1
竹原火葬場	津市美杉町八手俣 86-1	1995	1
太郎生火葬場	津市美杉町太郎生 2500-2	1997	1
四日市市北大谷斎場	四日市市大字松本字北大谷 1986-1	1992	11
松阪市篠田山斎場	松阪市久保町 1912-3	1982	5
松阪市嬉野斎場（ヒプノス嬉野）	松阪市嬉野島田町 1561-2	1997	2
松阪市三雲火葬場	松阪市曽原町 1373	1980	1
松阪市飯南火葬場「さくら坂飯南」	松阪市飯南町粥見 1589	2006	2
上久米地区火葬場	松阪市久米町 342	1979	1
南舞出火葬場	松阪市舞出町 416	1997	1
飯高中央火葬場	松阪市飯高町宮本 1316-2	1981	1
宮前斎場	松阪市飯高町作滝 303	1982	1
田引火葬場	松阪市飯高町田引 117	1980	1
広尾火葬場	松阪市飯高町粟野 594	1982	1
波瀬斎場	松阪市飯高町加波 588	1987	1
桑名市斎場 おりづるの森	桑名市新西方七丁目 16 番地	2010	8
鈴鹿市斎苑	鈴鹿市地子町 750	1984	6
名張市斎場	名張市滝之原 4538-2	2004	4
尾鷲市斎場	尾鷲市坂場西町 25-18	1987	3
亀山市斎場	亀山市野村 2-1-110	2009	4
鳥羽市堅神火葬場	鳥羽市堅神町 53	1987	2
鳥羽市神島火葬場	鳥羽市神島町 579	1985	1
熊野市火葬場	熊野市金山町 2222	1984	2
いなべ市北勢斎場	いなべ市北勢町阿下喜 1678	1991	2
志摩市営斎場浜島やすらぎ苑	志摩市浜島町浜島 1118-1	1992	2
志摩市斎場悠久苑	志摩市磯部町三ケ所 119-4	2014	4
伊賀市斎苑	伊賀市西明寺 3216-1	1990	3
木曽岬町営火葬場	桑名郡木曽岬町大字源緑輪中 502	1990	1
東員町斎苑	員弁郡東員町鳥取 1883-20	1978	2
菰野町斎場	三重郡菰野町大字潤田 1616-27	1989	3
勢和斎場	多気郡多気町丹生 4971	1992	1
やすらぎ苑	多気郡大台町上真手 657	2004	2
伊勢広域環境組合斎場	度会郡玉城町世古 395-5	1986	7
大宮斎場	度会郡大紀町阿曽 2175-5	1988	1
錦火葬場	度会郡大紀町錦 699-9	1988	1
荷坂やすらぎ苑	度会郡大紀町大内山 1451-5	1998	3
南伊勢町南勢火葬場	度会郡南伊勢町飯満 411	2017	2
南伊勢町田曽浦火葬場	度会郡南伊勢町田曽浦 4423	1971	1
南伊勢町南島火葬場	度会郡南伊勢町河内甲 1009-1	1983	2
浄聖苑	北牟婁郡紀北町海山区船津 881-11	2001	2

滋賀県　14か所　57炉

名　称	所在地	竣工年	炉数
大津聖苑	大津市膳所上別保町 761	1995	7
志賀聖苑	大津市木戸 1494-1	1993	4
湖北広域行政事務センター こもれび苑	長浜市下山田 630	1979	5
湖北広域行政事務センター 木之本斎苑	長浜市木之本町木之本 100	2004	2
湖北広域行政事務センター 余呉斎苑	長浜市余呉町中之郷 1777	1999	2
近江八幡市立さざなみ浄苑	近江八幡市船木町 37	2005	4
草津市営火葬場	草津市東草津 4-3-27	1980	3
野洲川斎苑	守山市川田町 2230-3	2002	4
甲賀斎苑	甲賀市甲南町葛木 715	2001	4
湖南市浄苑	湖南市岩根 136-133	2015	4
高島市斎場	高島市今津町今津 2211	1998	3
布引斎苑	東近江市瓜生津町 2011-13	1981	7
愛知郡広域斎場	愛知郡愛荘町愛知川長野 960	1987	2
紫雲苑	犬上郡多賀町敏満寺 10-63	2015	6

京都府　12か所　64炉

名　称	所在地	竣工年	炉数
京都市中央斎場	京都市山科区上花山旭山町 19-3	1981	24
福知山市斎場	福知山市長田野町 2-1-2	1996	5
舞鶴市斎場	舞鶴市字余部上 729	1989	5
綾部市斎場	綾部市田野町田野山 1-15	1995	4
宇治市斎場	宇治市宇治金井戸 7-2	1984	8
宮津市火葬場	宮津市字万年小字道心ヶ谷 34	1959	2
亀岡市営火葬場	亀岡市下矢田町五反田 34-1	2001	3
京丹後市火葬場	京丹後市峰山町赤坂小字麦ヶ谷 2-1	2015	4
南丹市美山上平屋火葬場	南丹市美山町上平屋中津谷 8-1	1973	1
船井郡衛生管理組合火葬場	南丹市園部町上木崎町坪の内 45-2 外	1970	4
伊根町火葬場	与謝郡伊根町字亀島小字奥ヶ谷 579	2001	1
与謝野町立阿蘇霊照苑	与謝郡与謝野町字岩滝小字板列 1029	1975	3

大阪府　46か所　288炉

名　称	所在地	竣工年	炉数
大阪市立小林斎場	大阪市大正区小林東 3-12-8	1992	10
大阪市立佃斎場	大阪市西淀川区佃 6-4-18	1969	4
大阪津守斎場	大阪市西成区南津守 2-4-53	1985	3
大阪市立鶴見斎場	大阪市鶴見区鶴見 1-6-128	2006	8
大阪市立瓜破斎場	大阪市平野区瓜破東 4-4-146	1996	30
大阪市立北斎場	大阪市北区長柄西 1-7-13	2001	20
堺市立斎場	堺市堺区田出井町 4-1	1999	17
家原寺火葬場	堺市西区家原寺町 2-3-5	1943	3

名称	所在地	竣工年	炉数
丈六共有火葬場	堺市西区鳳南町 3-241	1935	2
岸和田市立斎場	岸和田市流木町 1092-1	1971	10
豊中市立火葬場	豊中市新千里南町 2-6-3	1956	8
池田市立桃園火葬場	池田市桃園 2-2-5	1944	5
吹田市立やすらぎ苑	吹田市吹東町 17-1	2008	8
泉大津市営火葬場 ゆうしお	泉大津市汐見町 104-7	2011	4
高槻市立葬祭センター	高槻市安満御所の町 4-1	2005	12
貝塚市立斎場	貝塚市橋本 967-1	1982	5
枚方市立やすらぎの杜	枚方市車塚 1-1-30	2008	8
茨木市立斎場	茨木市大住町 18-16	1988	9
八尾市立斎場	八尾市南植松町 3-50-3	2002	10
泉佐野市営壇波羅浄園 付設火葬場	泉佐野市松風台 1-1932	2012	4
富田林斎場	富田林市大字佐備 2594-15	1994	7
寝屋川市立寝屋川斎場	寝屋川市池の瀬町 5-2	1986	6
河内長野市営斎場金剛霊殿	河内長野市天野町 1304-3	2016	4
和泉市立いずみ霊園	和泉市小野町甲 15-3	2003	9
箕面市立聖苑	箕面市半町 4-6-32	2001	7
柏原市斎場	柏原市大字雁多尾畑 6339	1988	4
摂津市斎場	摂津市南別府町 2-1	1979	3
高石斎場	高石市千代田 2-13-21	1973	4
藤井寺市営火葬場	藤井寺市小山 2-13-7	1952	4
長瀬斎場	東大阪市長瀬 2-6-3	1931	6
小阪斎場	東大阪市宝持 4-11-2	1947	5
楠根斎場	東大阪市長田西 1-2-18	1951	3
岩田斎場	東大阪市岩田町 5-14-1	1988	3
額田斎場	東大阪市南荘町 7-26	1993	3
今米斎場	東大阪市今米 1-8-23	1970	2
荒本斎場	東大阪市菱屋東 3-5-17	1981	2
樽井火葬場	泉南市樽井 3-17-5	1972	2
西信達火葬場	泉南市岡田区 1-33	1956	3
飯盛斎場	四條畷市大字下田原 448	1993	10
大阪狭山市立斎場	大阪狭山市東野中 1-1540	1985	4
阪南市立火葬場	阪南市下出 409	1960	4
能勢町営斎場	豊能郡能勢町宿野 439-11	2016	2
忠岡町立忠岡斎場	泉北郡忠岡町忠岡南 2-17-33	1990	3
熊取町営斎場	泉南郡熊取町大字久保 2983-1	1976	3
田尻町火葬場	泉南郡田尻町吉見 522	1995	2
淡輪火葬場	泉南郡岬町淡輪 5653-1	1999	3

兵庫県　48か所　257炉

名称	所在地	竣工年	炉数
神戸市立甲南斎場	神戸市東灘区本山町田中字南小路 423	1928	10
神戸市立鵯越斎場	神戸市北区山田町下谷上字中一里山 14-1	1974	30
神戸市立西神斎場	神戸市西区神出町南字美濃谷 600	1993	11
清水谷斎場	姫路市夢前町宮置 2-60	1966	3
こうふく苑	姫路市香寺町土師 333	1983	3
あじさい苑	姫路市安富町安志 726	1990	3
名古山斎場	姫路市名古山町 14-1	1993	15
坊勢地区火葬場	姫路市家島町坊勢 699-2	1995	1
真浦区斎場	姫路市家島町真浦字矢内谷 1952	2003	2
尼崎市立弥生ヶ丘斎場	尼崎市弥生ヶ丘町 1-1	2003	10
あかし斎場旅立ちの丘	明石市和坂 1-1-12	2013	15
西宮市満池谷火葬場	西宮市奥畑 7-115	1991	11
洲本市火葬場	洲本市小路谷 1063-1	1980	4
五色台聖苑火葬場	洲本市五色町鳥飼浦 2696	2002	4
芦屋市聖苑	芦屋市三条町 39-32	2005	3
伊丹市営斎場	伊丹市船原 2-4-20	1991	6
相生市ささゆり苑	相生市相生字成 557	1996	3
豊岡市立豊岡斎場	豊岡市高屋字大奥 467	1985	6
加古川市斎場	加古川市上荘町白沢 259-27	1986	8
赤穂市斎場	赤穂市南野中 759-2	1988	4
西脇多可広域斎場 やすらぎ苑	西脇市寺内 519	2004	4
宝塚市営火葬場	宝塚市川面字長尾山 15-423	1969	8
三木市立みきやま斎場	三木市福井字三木山 2465-3	2008	5
高砂市立斎場	高砂市西畑 4-15-22	1984	5
川西市斎場	川西市柳谷字鷹尾山柿木谷 10-1	1983	6
小野加東斎場「湧水苑」	小野市万勝寺町 435-88	2000	5
三田市聖苑	三田市下槻瀬字小豆畑 748-1	1987	5
加西市斎場	加西市鴨谷字少婦谷 307-6	1987	3
篠山市営斎場	篠山市栗柄 1155	2002	4
静霊苑	養父市八鹿町朝倉 100	2011	4
丹波市氷上斎場	丹波市氷上町絹山 25-1	1997	3
丹波市柏原斎場つつじ苑	丹波市柏原町下小倉 2088-20	1999	4
南あわじ市火葬場	南あわじ市賀集八幡南 593-30	1966	4
南あわじ市沼島火葬場	南あわじ市沼島 414	1981	1
朝来市斎場セレモニーホールやすらぎ	朝来市山東町大月 23-2	2002	4
淡路市営津名火葬場	淡路市生穂 2910	1972	2
淡路市営岩屋火葬場	淡路市岩屋 3139-4	2000	2
淡路市営室津火葬場	淡路市室津 229	1975	2
淡路市営東浦火葬場	淡路市久留麻 1289	1978	2
しらぎく苑	宍粟市一宮町杉田 503-3	2009	3
つつじ苑	宍粟市千種町千草 793-6	2001	2
播磨高原斎場こぶし苑	たつの市新宮町光都 3-37-1	1994	5
猪名川霊照苑	川辺郡猪名川町木津字奥山 47-3	1979	3
稲美斎場ひじり苑	加古郡稲美町中一色 285-2	1991	4
市川斎場	神崎郡市川町屋形 1068-5	1992	3
揖龍火葬場 筑紫の丘斎場	揖保郡太子町佐用岡 732	2003	6
香美町香住斎場	美方郡香美町香住区下浜 1510	1978	3
美方郡広域事務組合 広域美方苑	美方郡新温泉町竹田 956-2	1982	3

奈良県　32か所　96炉

名称	所在地	竣工年	炉数
奈良市営東山霊苑火葬場	奈良市白毫寺 973	1982	8
大和高田市営斎場	大和高田市材木町 11-11	1993	4
大和郡山市清浄会館	大和郡山市九条町 1051	1984	4
天理市聖苑	天理市豊田町 918-1	2006	5
橿原市営斎場	橿原市南山町 777	1987	6
桜井市火葬場	桜井市外山 625	1972	4
五條市斎場	五條市五條 4-10-1	2007	4
御所市火葬場	御所市 203	1964	3
生駒市営火葬場	生駒市東菜畑 1-90	1972	5
香芝市営火葬場	香芝市下田東 5-690	1969	5
葛城市火葬場	葛城市寺口 1628	1987	3
宇陀市営榛原斎場	宇陀市榛原山辺三 2903-2	1980	3
宇陀市営不帰堂火葬場	宇陀市大宇陀区大東 34-1	1988	2

名　称	所在地	竣工年	炉数
野菊の里斎場	生駒郡平群町櫟原 382	2005	3
三郷町営竜の子斎場	生駒郡三郷町立野南 2-25-1	1995	3
斑鳩町営火葬場	生駒郡斑鳩町法隆寺北 1-12-30	1997	3
川西町下永火葬場	磯城郡川西町下永 1286	1973	1
川西町梅戸火葬場	磯城郡川西町梅戸 98	1973	1
上但馬共同火葬場	磯城郡三宅町上但馬 147-1	1993	1
松本・西竹田共同墓地火葬場	磯城郡田原本町松本 18-2	1973	1
極楽寺火葬場	磯城郡田原本町千代 181	2004	2
教安寺火葬場	磯城郡田原本町平田 23	2002	2
薬王寺火葬場	磯城郡田原本町薬王寺 140	2000	1
ふきあげ斎場	宇陀郡御杖村菅野 1788-309	1983	2
高取町営火葬場 昇華苑	高市郡高取町清水谷 2654	1998	2
静香苑	北葛城郡王寺町畠田 1-153-1	2006	5
広陵町営斎場	北葛城郡河合町大字佐味田 2151	1984	3
大淀町営斎場	吉野郡大淀町下渕 525-1	1983	3
下市町紫水苑	吉野郡下市町新住 1010	1959	2
天川村栃尾火葬場	吉野郡天川村栃尾 512	2010	1
上下北山衛生一部事務組合火葬場	吉野郡上北山村大字白川 1340	1988	1
吉野斎場	吉野郡吉野町大字河原屋 767	1979	3

和歌山県　27か所　93炉

名　称	所在地	竣工年	炉数
和歌山市斎場	和歌山市南出島 100-1	1985	13
下津斎場	海南市南赤坂 11 番地	1980	2
高野口斎場	橋本市高野口町名倉 1380	1998	6
御坊市斎場	御坊市島 1073-1	1989	3
田辺市斎場	田辺市上の山 1-11-25	1994	5
清浄苑	新宮市新宮 8002-96	1991	3
那賀斎場	紀の川市北涌 71	1999	2
岩出市火葬場	岩出市根来風吹国有林第 67 林班い小班内	1970	4
五色台広域施設組合五色台聖苑	海草郡紀美野町国木原 577-4	2015	10
かつらぎ斎場	伊都郡かつらぎ町大字妙寺 1471-17	1980	3
高野町斎場	伊都郡高野町高野山 19-4	1994	2
湯浅斎場	有田郡湯浅町湯浅 2355-20	1978	3
有田川町清水斎場	有田郡有田川町清水 1038-8	2002	2
有田聖苑事務組合	有田郡有田川町吉見 385-1	1990	5
美浜町斎場	日高郡美浜町和田 1138-1	1999	3
日高町斎場	日高郡日高町比井続 1439-1	2002	3
由良斎場	日高郡由良町江ノ駒 250-1	2008	2
印南町斎場	日高郡印南町大字印南 2570	1987	2
みなべ町斎場	日高郡みなべ町東本庄 1197-1	1966	3
川辺斎場	日高郡日高川町和佐 1864-1	1988	2
中津美山斎場	日高郡日高川町姉子 243-1	1995	2
白浜町斎場	西牟婁郡白浜町保呂 667-4	1995	5
日置川斎場	西牟婁郡白浜町日置 2020-28	1994	2
那智勝浦町斎場	東牟婁郡那智勝浦町大字天満 1991-2	1983	2
古座川町斎場	東牟婁郡古座川町鶴川 350-3	2009	2
串本火葬場	東牟婁郡串本町串本 518	1978	1
古座火葬場	東牟婁郡串本町西向 1004-2	1976	1

鳥取県　6か所　25炉

名　称	所在地	竣工年	炉数
因幡霊場	鳥取市八坂 392-7	1998	7
鳥取県西部広域行政管理組合営桜の苑	米子市長砂町 1066	1991	7
鳥取中部 ふるさと斎場	倉吉市円谷町 346-1	2013	4
智頭町営火葬場	八頭郡智頭町大字市瀬 1638-9	1965	2
琴浦町営斎場	東伯郡琴浦町大字梅田 289-36	1994	2
玉井斎場	島根県松江市美保関町福浦 130	1995	3

島根県　27か所　56炉

名　称	所在地	竣工年	炉数
松江市斎場	松江市大庭 1740-4	1988	6
浜田市火葬場	浜田市港町 30-1	1985	3
浜田市旭火葬場	浜田市旭町今市 492-1	1972	1
浜田市弥栄火葬場	浜田市弥栄町木都賀イ 2497-1	1996	1
浜田市三隅火葬場	浜田市三隅町西河内 1956	1997	2
出雲斎場	出雲市平成町 1599-5	1994	4
湖西斎場	出雲市国富町 1612-1	2004	3
益田市斎場松聖苑	益田市土井町口 2629-15	1998	4
大田市葬斎場	大田市鳥井町鳥井 1781-2	1987	2
温泉津葬斎場	大田市温泉津町福光イ 160-2	1992	1
仁摩葬斎場	大田市仁摩町仁万 322	1987	1
安来市斎場独松山霊苑	安来市飯生町 445	1982	3
江津斎場	江津市和木町 538	2010	2
清光苑	江津市桜江町川戸 719-2	1993	1
三刀屋斎場	雲南市三刀屋町伊萱 10-1	1996	3
仁多斎場	仁多郡奥出雲町三成 1619-1	1997	2
飯南町火葬場	飯石郡飯南町下赤名 2775-5	1990	1
美郷町・川本町斎場眺江苑	邑智郡美郷町吾郷 502	1995	2
美郷町大和斎場	邑智郡美郷町都賀行 323-1	1990	1
邑南町斎場　紫光苑	邑智郡邑南町鱒渕 3019-2	1993	2
邑南町斎場　水晶苑	邑智郡邑南町矢上 9519-3	1994	1
邑南町斎場　やすらぎ苑	邑智郡邑南町阿須那 2713-3	1995	1
浄苑しらさぎ	鹿足郡津和野町大字直地 1214	1999	2
吉賀町斎場「清流苑」	鹿足郡吉賀町朝倉 1437-60	2000	2
海士町斎場	隠岐郡海士町大字海士 5708-4	1998	1
西ノ島町斎場	隠岐郡西ノ島町大字浦郷 963	1979	1
島後斎場　愁霊苑	隠岐郡隠岐の島町栄町 975-5	2002	3

岡山県　28か所　113炉

名　称	所在地	竣工年	炉数
岡山市東山斎場	岡山市中区門田本町 2-4-1	1969	20
岡山市西大寺斎場	岡山市東区富崎 474	1981	3
倉敷市中央斎場	倉敷市稲田町福田 434-1	1987	14
倉敷市玉島斎場	倉敷市玉島長尾 4110	1988	4
倉敷市児島斎場	倉敷市児島小川 4-8-82	1987	4
倉敷市真備斎場	倉敷市真備町箭田 2361	1982	2
津山市総合斎場	津山市小田中 1115	1991	7
津山市加茂町斎場	津山市加茂町宇野 2200-1	1986	2
玉野市斎場	玉野市槌ヶ原 3094-7	2010	5
井笠広域斎場	笠岡市走出 3057-45	1987	7

名　称	所在地	竣工年	炉数
総社市営斎場	総社市小寺 741-1	1986	5
高梁市斎場	高梁市段町 745-1	1991	4
新見市営斎場「明月苑」	新見市新見 1785-1	1994	3
備前斎場	備前市伊部 1218	1988	3
日生斎場	備前市日生町日生 1814-4	1987	2
瀬戸内市営火葬場	瀬戸内市牛窓町鹿忍 6164	1979	2
真庭火葬場	真庭市三阪 1161-1	2017	4
真庭北部火葬場	真庭市蒜山下長田 24-1	1968	2
美作市美作火葬場	美作市三倉田 38-1	1970	2
レインボーホール	美作市江見 790	2002	2
美作市大原斎場	美作市川上 2048-6	1986	2
和気北部衛生施設組合営火葬場	和気郡和気町吉田 806	1986	3
早島町斎場	都窪郡早島町矢尾 1221-1	1992	2
真庭美新火葬場	真庭郡新庄村 1944-1	1958	1
勝央町営斎場	勝田郡勝央町植月中字長尾山 820-2	1987	2
美咲町営火葬場	久米郡美咲町原田 1992-1	1977	2
棚原斎場	久米郡美咲町吉ヶ原 103-2	1987	2
吉備中央町斎場	加賀郡吉備中央町下加茂 1220	1972	2

広島県　57か所　169炉

広島市永安館	広島市東区矢賀町官有無番地	1995	12
広島市西風館	広島市安佐南区伴西 2-7-1	2011	10
広島市可部火葬場	広島市安佐北区可部町下町屋字高松山	1963	2
広島市湯来火葬場	広島市佐伯区湯来町和田 140-6	1977	2
五日市火葬場	広島市佐伯区五日市町保井田字稗田 350-134	2002	4
呉市斎場	呉市焼山町字鍋土 723-24	2006	10
呉市蒲刈火葬場	呉市蒲刈町田戸 41-1	2005	1
呉市東部火葬場	呉市安浦町大字安登字寒風 1018-1	2010	3
呉市極楽苑	呉市豊浜町大字豊島字外の浦 2004-4	1984	2
呉市斎島火葬場	呉市豊浜町大字斎島字小浦 1485	1986	1
呉市豊火葬場	呉市豊町大長字南北小長 4318-3	1990	2
竹原市斎場	竹原市小梨町 10179-2	1989	3
忠海永楽院	竹原市忠海東町 4 - 8 -40	1959	1
三原市斎場	三原市八坂町 229	1974	5
三原市本郷斎場	三原市本郷町船木 1595	1988	2
尾道市斎場	尾道市長者原 2-76-11	1984	6
尾道市御調斎場	尾道市御調町高尾 9-2	1983	2
尾道市向島斎場	尾道市向島町 11098-126	1985	2
尾道市因島斎場	尾道市因島重井町 4650	1985	3
尾道市瀬戸田斎場	尾道市瀬戸田町林 3486-2	1988	2
尾道市百島火葬場	尾道市百島町 1035-1	1994	1
福山市中央斎場	福山市奈良津町 1-17-1	1984	12
福山市西部斎場	福山市金江町藁江字茶臼山 604-2	1999	4
福山市走島斎場	福山市走島町道閑 34-2	1987	1
福山市内海斎場	福山市内海町イ 1697-1	2000	2

名　称	所在地	竣工年	炉数
福山市沼隈斎場	福山市沼隈町大字常石 134-1	1984	2
福山市神辺斎場	福山市神辺町字上御領 2906	2011	2
府中・新市斎場 やすらぎ苑	府中市広谷町 563-7	2000	4
上下斎場　翁苑	府中市上下町上下 253-2	2004	2
三次市斎場 悠久の森	三次市大田幸町字金神 985	2012	5
三次市君田斎場やすらぎ苑	三次市君田町西入君字鷹住 25-3	1998	1
三次市甲奴斎場紅梅苑	三次市甲奴町梶田字細田 65-2	2002	1
庄原市斎場	庄原市一木町 338-2	1975	2
庄原市西城斎苑	庄原市西城町八鳥 599-9	1986	2
庄原市東城斎場「平安の森」	庄原市東城町川鳥 58-17	1996	2
庄原市口和斎場	庄原市口和町永田 640-5	1989	1
庄原市高野斎場	庄原市高野町新市 1060-3	1996	1
庄原市比和斎場	庄原市比和町比和 332	1999	1
庄原市総領斎場「やすらか苑」	庄原市総領町稲草 15-1	2002	2
大竹市斎場	大竹市小方町小方 68-4	1986	3
ひがしひろしま聖苑	東広島市八本松町宗吉 56	1992	7
黒瀬斎場	東広島市黒瀬町津江 575-3	2003	2
豊浄苑	東広島市豊栄町清武 2665	2001	1
河内斎場	東広島市河内町小田 1512	1987	2
安芸津斎場	東広島市安芸津町風早 29-11	1986	2
廿日市市火葬場霊峯苑	廿日市市宮内 3993	2000	4
廿日市市火葬場西浄苑	廿日市市吉和 453-2	1977	1
安芸高田市葬斎場 あじさい聖苑	安芸高田市吉田町多治比 2914-2	2013	3
江田島市葬斎センター	江田島市大柿町飛渡瀬 4518-2	1996	5
千風苑	山県郡安芸太田町上居 670-4	2008	2
浄寿苑	山県郡北広島町細見 145-1	1976	1
慈光苑	山県郡北広島町壬生 606	2008	2
光寿苑	山県郡北広島町戸谷 731-1	1975	1
大崎上島町火葬場大峰苑	豊田郡大崎上島町中野 2894-1	2011	2
やすらぎ苑	世羅郡世羅町寺町 138-17	1990	3
西和苑	世羅郡世羅町小国 1086-2	1973	2
斎場やすらぎ苑	神石郡神石高原町油木 151-1	1998	3

山口県　42か所　120炉

大谷斎場	下関市藤ヶ谷町 4-1	1991	12
蓋井島火葬場	下関市大字蓋井島字川の上 26	1996	1
六連島火葬場	下関市大字六連島字台 273-2	2000	1
豊田火葬場	下関市豊田町大字八道 316	2011	1
豊浦斎場	下関市豊浦町大字小串字外無田 117	1984	2
豊北斎場	下関市豊北町大字滝部字石峠 2241-1	1996	2
宇部市火葬場	宇部市大字川上字上白石 1010	1965	7
山口市仁保斎場	山口市仁保下郷 35-1	1990	5
山口市嘉川斎場浄明苑	山口市大字嘉川 5500	1981	4
山口市徳地斎場	山口市徳地野谷 32-5	2005	2
山口市阿東火葬場	山口市阿東地福下 2112	1993	1
萩やすらぎ苑斎場	萩市大字椿東 6210-1	1998	4
見島火葬場	萩市見島 1016-8	1967	1
田万川火葬場	萩市大字上田万 2036-1	1993	2
須佐火葬場	萩市大字須佐 898-6	2001	2
防府市斎場悠久苑	防府市大字高井 1224-1	2003	7
御屋敷山斎場	下松市大字西豊井 154-2	1971	10

名　称	所在地	竣工年	炉数
岩国市岩国斎場	岩国市川西 4-10-55	1983	5
岩国市ゆうらく苑	岩国市由宇町 1980-2	1995	2
岩国市玖珂斎場	岩国市玖珂町 2193-3	2005	2
岩国市周東斎場	岩国市周東町上須通 203	1987	2
岩国市錦町斎場	岩国市錦町中ノ瀬 520-1	1998	2
岩国市美川斎場	岩国市美川町小川 1358-2	1995	2
岩国市美和斎場	岩国市美和町渋前 1234	1977	2
長門市長門斎場	長門市深川湯本 161-1	1992	3
長門市三隅斎場	長門市三隅中 2159	1992	2
長門市日置斎場	長門市日置中 758-132	1984	1
長門市油谷斎場	長門市油谷河原 746-25	1993	2
柳井市斎苑	柳井市新庄 689-1	1998	3
柳井市大畠斎場	柳井市遠崎 1106-1	1996	1
美祢市斎場「ゆうすげ苑」	美祢市大嶺町東分 3055-1	2006	3
美祢市船窪山斎場	美祢市美東町大字大田 1265	1973	2
新南陽斎場	周南市大字米光 2185	1993	3
鹿野斎場	周南市大字鹿野上 3456	1996	1
山陽小野田市小野田斎場	山陽小野田市大字小野田 7140	1980	3
山陽小野田市山陽斎場	山陽小野田市厚狭 26-5	1980	3
大島斎場	大島郡周防大島町大字西三蒲 245	2007	2
橘斎場	大島郡周防大島町大字土居 200-5	1994	2
和木町斎場	玖珂郡和木町大字瀬田字道海 151-1	1984	2
上関町室津斎場	熊毛郡上関町大字室津字立畠 583-1	1995	2
上関町祝島火葬場	熊毛郡上関町大字祝島字宮崎 1442	1996	1
田布施・平生合同斎苑	熊毛郡田布施町楠 1	2004	3

徳島県　17か所　53炉

名　称	所在地	竣工年	炉数
徳島市立葬斎場	徳島市川内町鈴江西 92	1981	10
徳島行道株式会社	徳島市不動西町 2 丁目	1970	4
鳴門市火葬場	徳島県鳴門市撫養町木津 21	2007	4
小松島市葬斎場	小松島市田野字赤石北 90-2	2017	3
阿南市葬斎場	阿南市富岡町西池田 51-3	1982	5
吉野川市斎場	吉野川市鴨島町知恵島 2137-1	1998	3
阿北火葬場管理組合やすらぎ苑	阿波市市場町香美西原 15-1	1992	4
美馬市葬斎場	美馬市脇町字西赤谷 2678-2	1955	3
池田火葬場	三好市池田町字ヤマダ 520	2008	3
祖谷火葬場	三好市東祖谷釣井 490-3	1997	2
牟岐斎場	海部郡牟岐町大字中村字大戸 80-5	1980	1
日和佐斎場	海部郡美波町日和佐浦 444-3	1981	2
由岐斎場	海部郡美波町木岐 1000-1	1981	1
宍喰斎場	海部郡海陽町久保字板取 243-144	1983	1
那佐斎場	海部郡海陽町鞆浦那佐 41-7	1986	1
美馬西部共立火葬場せせらぎの風	美馬郡つるぎ町貞光字せせらぎ1	1971	3
三好東部火葬場	三好郡東みよし町西庄字未石 63-1	1989	3

香川県　26か所　86炉

名　称	所在地	竣工年	炉数
高松市斎場公園	高松市福岡町 4-35-41	1992	11
高松市牟礼斎場	高松市牟礼町原 2260-2	1978	3
高松市庵治斎場	高松市庵治町 1391-1	1996	2
高松市やすらぎ苑	高松市香川町川内原 2200	1995	5
丸亀市桜谷聖苑	丸亀市綾歌町岡田上 686-2	1999	7
坂出市営田尾火葬場	坂出市常盤町 2-1-1	1976	5
善通寺市斎場	善通寺市与北町 2694-1	1979	4
観音寺市燧望苑	観音寺市大野原町丸井 1183	2009	6
観音寺市伊吹火葬場	観音寺市伊吹町 1269	1992	1
さぬき市斎場	さぬき市大川町冨田中 539-2	1998	4
東かがわ市白鳥斎苑	東かがわ市西山 192-14	1999	3
東かがわ市大内斎場	東かがわ市町田 287-1	2012	2
三豊市高瀬火葬場	三豊市高瀬町上勝間 2518-2	2000	3
三豊市南部火葬場やすらぎ苑	三豊市山本町神田乙 601-1	1978	2
土庄町斎場	小豆郡土庄町見目乙 213	1984	2
土庄町豊島斎場	小豆郡土庄町豊島家浦 3696	1989	1
池田斎場	小豆郡小豆島町池田 3830	1988	2
内海斎苑	小豆郡小豆島町安田甲 1471	1999	2
吉田斎場	小豆郡小豆島町吉田乙 29-8	1986	1
しずかの里	木田郡三木町大字井戸 993	1999	5
直島町営火葬場	香川郡直島町 4758	1984	2
うたづ斎苑火葬場	綾歌郡宇多津町 567	2000	2
綾川斎苑やすらぎの丘	綾歌郡綾川町山田下 952-2	2010	3
琴平町斎場	仲多度郡琴平町字川西 1264-1	1992	2
多度津町火葬場	仲多度郡多度津町本通 3-4-1	1960	3
まんのう町斎場	仲多度郡まんのう町吉野 4202-6	1995	3

愛媛県　42か所　117炉

名　称	所在地	竣工年	炉数
松山市斎場	松山市食場町甲 2	1993	12
松山市北条斎場貴船苑	松山市安岡乙 11-2	1990	3
松山市中島斎場	松山市中島大浦 25-1	2013	2
北山火葬場	松山市桜ケ丘 4232	1968	4
燧風苑	今治市山方町 1 丁目乙 45	2004	6
ふじさき苑	今治市吉海町仁江 3217	1993	2
伯方斎場	今治市伯方町木浦乙 1003-2	1995	2
大翔苑	今治市大三島町宮浦 1609	2002	2
岡村火葬場	今治市関前岡村甲 1013-3	1960	1
小大下火葬場	今治市関前小大下乙 1385	1967	1
大下火葬場	今治市関前大下甲 779	1970	1
静愁苑	宇和島市寄松甲 1438	1992	5
吉田斎場	宇和島市吉田町東小路乙 5	1978	2
やすらぎ聖苑	八幡浜市若山 9 番耕地 49-1	2009	4
新居浜市斎場	新居浜市磯浦町 19-1	1984	8
新居浜市大島火葬場	新居浜市大島甲 1254	1955	1
別子山火葬場	新居浜市別子山乙 540-1	1992	1
西条市やすらぎ苑	西条市玉之江 992	1982	6
大洲市肱陵苑	大洲市西大洲甲 2085-1	2000	4
大洲市長浜火葬場	大洲市長浜町沖浦丙 1413-2	1964	2
大洲市肱川静浄苑	大洲市肱川町山鳥坂 567	1998	2
大洲市河辺静霊苑	大洲市河辺町植松 1943	1997	1
聖浄苑	伊予市大平甲 1968-1	1983	5

名　称	所在地	竣工年	炉数
川之江斎苑	四国中央市上分町 970-1	1995	4
伊予三島斎場	四国中央市中之庄町字浜之前 1670-1	1989	4
土居斎苑	四国中央市土居町土居 2208	2005	2
西予市宇和光浄苑	西予市宇和町皆田 1573	1991	2
西予市野村浄香苑	西予市野村町野村 8-313	1985	2
西予市城川帰楽苑	西予市城川町魚成 4791	1993	2
西予市三瓶清流苑	西予市三瓶町津布理字黒田 1470-1	1999	2
桜花苑	東温市河之内乙 826 甲 10	1995	2
上島町弓削斎場	越智郡上島町弓削大谷 105-1	1993	2
魚島火葬場	越智郡上島町松ノ浦	1985	1
生名火葬場やすらぎ苑	越智郡上島町生名 4495-3	2003	1
岩城火葬場天翔苑	越智郡上島町岩城 3707-1	1999	1
久万斎場	上浮穴郡久万高原町久万 1618	1980	2
藤華苑	喜多郡内子町寺村 2478-7	1998	2
伊方斎場	西宇和郡伊方町川永田字宿名とふ乙 104-2	1990	2
佐田岬斎場	西宇和郡伊方町神崎ヲヨボシ 2183-4	2010	2
日吉斎場	北宇和郡鬼北町下鍵山 548	1981	1
広見斎場	北宇和郡鬼北町大字出目 3369-2	1983	3
御荘霊苑	南宇和郡愛南町御荘平城 2613	2004	3

高知県　14か所　43炉

名　称	所在地	竣工年	炉数
高知市斎場	高知市幸崎 75	1989	10
室戸市斎場	室戸市室津 108	2015	2
安芸市火葬場 杜の聖苑	安芸市伊尾木 4035- イ	2016	2
須崎斎場　やすらぎの丘	須崎市池ノ内字船戸 970-3	2000	4
宿毛市斎場	宿毛市山奈町芳奈 3352	1992	2
土佐清水市斎場	土佐清水市浦尻字大駄馬山 423-170	1999	2
香南斎場やすらぎ苑	香南市赤岡町 2018-1	1992	6
東洋町斎場	安芸郡東洋町大字野根丙 2601-3	1992	1
中芸広域火葬場	安芸郡奈半利町乙 4579-4	2008	2
嶺北斎場	土佐郡土佐町境 560	1991	3
中土佐町斎場	高岡郡中土佐町久礼 7111-24	1985	2
四万十町斎場	高岡郡四万十町天ノ川 158-3	1987	2
高吾苑	高岡郡佐川町丙 2789-2	1978	2
幡多中央斎場	幡多郡黒潮町出口西道ノ下 2771-2	1995	3

福岡県　40か所　208炉

名　称	所在地	竣工年	炉数
北九州市立東部斎場	北九州市門司区大字猿喰 1342-8	1980	15
北九州市立西部斎場	北九州市八幡西区本城 5-6-1	1984	15
刻の森　福岡市葬祭場	福岡市南区桧原 6-1-1	2005	25
福岡市玄界島火葬場	福岡市西区大字玄海島字中西 744-2	1996	1
大牟田市葬斎場	大牟田市黄金町 2-210-2	1984	6
久留米市斎場	久留米市高良内町 4030-1	1986	10
直方市火葬場（天翔館）	直方市大字上新入 2430-14	1999	4
飯塚市斎場	飯塚市大字大日寺 736	1992	6
筑穂園	飯塚市長尾 654	1977	3
田川地区斎場	田川市大字伊加利 2191-14	1978	6
八女市上陽斎場	八女市上陽町北川内 3628	1997	1
八女市黒木斎場	八女市黒木町今 1621-1	1972	2
八女市矢部斎場	八女市矢部村北矢部 5267-5	1986	1
八女市星野斎場	八女市星野村 5447-1	1996	1
八女西部斎場東原園	八女市大字今福 1350-1	1979	6
大川市斎場	大川市大字中古賀 1095-1	1979	3
行橋市営火葬場やすらぎ苑	行橋市大字上稗田 1200-1	1995	4
豊前市斎場	豊前市大字大西 1135-5	1993	3
河北苑	小郡市大保 514-1	1993	5
筑慈苑	筑紫野市大字山家 3745-1	1996	12
浄楽苑宗像斎場	宗像市大井 1548	1994	6
宗像市大島火葬場	宗像市大島 2984-3	1984	1
北筑昇華苑	古賀市青柳字砥石ヶ浦 145-1	1981	16
浄光苑	うきは市浮羽町小塩 5381-4	2015	3
宮若市火葬場「桜華苑」	宮若市原田 331	2011	3
嘉麻市嘉麻斎場	嘉麻市牛隈 1702-2	2017	4
甘木火葬場（梅香苑）	朝倉市堤 4-6	1984	4
杷木火葬場（香華園）	朝倉市杷木志波 746-5	1986	3
瀬高葬斎場	みやま市瀬高町下庄 579	1984	3
有明広域葬斎場　有峰苑	みやま市山川町大字立山 1463-3	1980	4
糸島市斎場	糸島市二丈石崎 400	2001	5
華石苑	筑紫郡那珂川町大字上梶原 529-43	1994	3
新宮町相島火葬場	糟屋郡新宮町大字相島 1245-1	1991	1
鞍手町営葬斎場	鞍手郡鞍手町大字中山 3397	1991	3
やすらぎ苑	三潴郡大木町大字上八院 1654	1998	2
苅田町火葬場かんだ苑	京都郡苅田町南原 1127	2010	3
みやこ町葬斎場「やすらぎ苑」	京都郡みやこ町犀川木井馬場 1515-3	1995	3
築上東部火葬場	築上郡上毛町大字宇野 1236-5	1979	2
築上町火葬場（清浄園）	築上郡築上町大字築城 1798	2009	3
天生園	遠賀郡遠賀町大字上別府 1996	2014	7

佐賀県　15か所　48炉

名　称	所在地	竣工年	炉数
つくし斎場	佐賀市金立町大字金立 1197-465	1980	7
川副葬祭公園	佐賀市川副町犬井道 5722	1977	2
東与賀火葬場	佐賀市東与賀町田中 172-3	1987	1
大平山斎苑	唐津市神田 965-180	1999	4
浜玉斎場「さくら苑」	唐津市浜玉町渕上 740-1	1996	2
相知厳木斎場	唐津市相知町町切 353-2	1994	2
肥前斎場	唐津市肥前町新木場丙 1409-45	1988	3
呼子町霊葬場	唐津市呼子町呼子 1413-4	1987	2
鳥栖市斎場	鳥栖市河内町横井 2415-1	1990	4
天山斎場	多久市東多久町大字別府 2949-743	2000	4
やすらぎ斎苑	伊万里市大坪町乙 482	2004	5
杵藤葬斎公園	武雄市北方町大字大渡 3815-141	1975	5
基山町葬祭公園	三養基郡基山町大字園部 4493	1978	2
しらさぎ苑	三養基郡みやき町大字寄人 910-1	1995	3
太良町営火葬「安穏の里」	藤津郡太良町大字多良 3309	2011	2

長崎県　32か所　93炉

名　称	所在地	竣工年	炉数
長崎市もみじ谷葬祭場	長崎市淵町 26-6	1978	11

名　称	所在地	竣工年	炉数
佐世保市東部芳世苑	佐世保市下の原町 591	1992	4
佐世保市西部芳世苑	佐世保市大潟町 392-2	2008	7
佐世保市宇久やすらぎ苑	佐世保市宇久町平 1-1	1999	2
しまばら斎場	島原市上の原 3-6188-2	2005	3
旅立ちの里小ヶ倉斎苑	諫早市小ヶ倉町 636-21	1993	6
鹿ノ塔斎場	諫早市高来町黒新田名 275-2	1993	2
大村市斎場	大村市徳泉川内町 535-17	1986	4
平戸斎場	平戸市深川町 677-13	1986	3
生月町人形石斎場	平戸市生月町山田免 2624-2	1970	1
大島村火葬場やすらぎ苑	平戸市大島村前平 3633-1	2003	1
松浦斎苑	松浦市志佐町栢木免 778	1997	4
福島斎苑	松浦市福島町原免 680-2	1991	2
対馬市斎場「つつじの苑」	対馬市美津島町根諸 444	2002	4
対馬市斎場「霊光苑」	対馬市豊玉町仁位 2061-2	1993	2
対馬市斎場「峰浄苑」	対馬市峰町佐賀 698-12	2001	2
対馬市斎場「浄華苑」	対馬市上県町佐須奈乙 1578-2	2009	2
壱岐市立壱岐葬斎場	壱岐市郷ノ浦町大浦触 1020	1987	3
やすらぎ苑	五島市増田町 615-34	1996	3
浄富苑	五島市富江町狩立 672	2004	2
奈留葬斎場	五島市奈留町浦郷 388-1	1988	2
西海斎場	西海市西海町黒口郷 2433-1	2001	3
丸尾斎苑	雲仙市小浜町北木指 2309-27	1974	2
瑞穂斎苑	雲仙市瑞穂町西郷己 415	1991	3
南島原市南有馬やすらぎ苑	南島原市南有馬町丁 1305-2	1990	3
南島原市布津桜苑	南島原市布津町丙 4620-91	1997	2
川棚斎場	東彼杵郡川棚町白石郷 490	1988	3
小値賀町葬斎場	北松浦郡小値賀町笛吹郷 885	1991	2
新上五島町若松火葬場	南松浦郡新上五島町間伏郷 24-2	1990	1
新上五島町上五島火葬場	南松浦郡新上五島町青方郷 1738-8	1996	2
新上五島町新魚目火葬場	南松浦郡新上五島町小串郷 4-1	2004	1
新上五島町奈良尾火葬場	南松浦郡新上五島町奈良尾郷 908-99	1983	1

熊本県　30か所　95炉

名　称	所在地	竣工年	炉数
熊本市斎場	熊本市東区戸島町 796	1999	15
熊本市植木火葬場	熊本市北区植木町滴水 628-1	1981	1
八代市斎場	八代市松崎町 370-1	1975	4
八代生活環境事務組合斎場	八代市東陽町南 2811	1995	3
人吉葬斎場	人吉市鬼木町 1785	1984	4
荒尾市斎場	荒尾市万田字中尾 303	1990	3
玉名斎場	玉名市青野字河原谷 1862-1	1990	4
山鹿市薄尾斎場	山鹿市鍋田 1239-1	1996	4
菊池火葬場	菊池市木柑子 1318	1988	3
上天草市斎場	上天草市大矢野町登立 3495-3	1983	3
宇城広域連合龍燈苑	宇城市不知火町小曽部 1895-1	2011	4
阿蘇中部斎場	阿蘇市一の宮町宮地 4556-18	1994	3
天草市営天草本渡斎場	天草市本町下河内 442-2	2003	4
天草市営牛深火葬場	天草市牛深町 513-3	1966	2
天草市営御所浦火葬場	天草市御所浦町牧島 17	2000	1
天草市営天草火葬場合掌殿	天草市天草町高浜南 1008-1	1995	1
宇城広域連合寂静の里	下益城郡美里町堅志田 366	1995	3
せきすい斎苑	玉名郡南関町大字下坂下 1914-1	1983	3
長洲斎苑	玉名郡長洲町長洲 769-1	1989	2
和水町斎場	玉名郡和水町板楠 1450	1983	2
大津火葬場	菊池郡大津町大字大津 110	1985	3
阿蘇北部斎場やすらぎの森	阿蘇郡南小国町中原 1589-2	2000	2
南阿蘇霊照苑	阿蘇郡南阿蘇村中松 3441-1	2003	2
妙見苑	上益城郡御船町辺田見 1605	1977	2
益城斎場	上益城郡益城町大字福原 5740	1994	3
清和天昇苑	上益城郡山都町小峰 1902-7	1995	3
水俣芦北広域火葬場ななうら苑	葦北郡津奈木町大字千代 700	1998	4
免田葬斎場 天翔苑	球磨郡あさぎり町免田東 2402-1	2000	3
水上葬祭場　菩提苑	球磨郡水上村大字岩野 2859	1979	2
苓北町営斎場	天草郡苓北町富岡 3939	1991	2

大分県　24か所　79炉

名　称	所在地	竣工年	炉数
大分市葬斎場	大分市大字竹中 562-1	1987	16
佐賀関火葬場	大分市大字佐賀関 2865	1983	2
中津市風の丘葬斎場	中津市大字相原 3032-16	1996	5
本耶馬渓町火葬場	中津市本耶馬渓町跡田 146-2	1996	1
清浄苑	中津市耶馬渓町大字大野 246-1	2002	1
常光苑	中津市山国町平小野 594	1989	1
日田市葬斎場	日田市神来町 190	1983	4
佐伯市火葬場「紫翠苑」	佐伯市字中野 2881	1995	4
佐伯市弥生火葬場「弥照園」	佐伯市弥生大字上小倉 1412-2	1991	1
佐伯市宇目火葬場「豊楽苑」	佐伯市宇目大字千束 39-1	1977	1
佐伯市蒲江火葬場「花明苑」	佐伯市蒲江大字蒲江浦 1260-3	1993	2
保戸島葬斎場	津久見市大字保戸島 754-97	1996	1
臼津葬斎場	津久見市大字上青江字蔵谷 1574-2	2014	4
竹田市葬斎場浄光園	竹田市大字君ヶ園 2418-2	1983	4
豊後高田市火葬場悠久の杜	豊後高田市中真玉 4427-1	2011	3
宇佐市葬斎場やすらぎの里	宇佐市安心院町田ノ口 346	2007	4
豊後大野市葬斎場三重葬斎場	豊後大野市三重町菅生 431-56	2015	3
豊後大野市葬斎場大野葬斎場	豊後大野市大野町大字屋原 1227-2	2015	2
由布市営庄内火葬場雲浄苑	由布市庄内町中 284	1993	2
由布市営湯布院火葬場望岳苑	由布市湯布院町川上 3403-2	1995	2
国東市葬斎場	国東市国東町中田 3016-61	1992	3
姫島村火葬場	東国東郡姫島村 265-1	2002	1
秋草葬斎場	速見郡日出町大字平道字秋草 291-1	1978	9
玖珠葬斎場	玖珠郡九重町大字粟野字河原田 147-1	1985	3

宮崎県　11か所　54炉

名　称	所在地	竣工年	炉数
宮崎市葬祭センター	宮崎市大字郡司分乙 2356	1995	12
都城市斎場	都城市下長飯町 5453	1990	8
延岡市斎場 いのちの杜	延岡市熊野江町 2985	2012	7
日南市葬祭場	日南市梅ヶ浜 3-1-1	1991	3
西諸広域葬祭センター	小林市大字東方字城ヶ迫 1046-3	1984	5
日向地区斎場東郷霊苑	日向市東郷町大字山陰丙 619	2005	5
串間市葬斎場	串間市大字南方 1027-44	1993	2

名　称	所在地	竣工年	炉数
西都児湯斎場「再生の杜」	西都市大字南方 6545-1	2015	5
東諸葬祭場	東諸県郡国富町大字向高 1680	1997	3
西米良村営火葬場	児湯郡西米良村大字村所 235-41	1995	1
西臼杵斎場 やすらぎの杜	西臼杵郡高千穂町大字三田井 2178-5	2014	3

鹿児島県　35か所　112炉

北部斎場	鹿児島市小山田町 6075	1988	12
南部斎場	鹿児島市上福元町 6945-1	1992	8
きもつき苑	鹿屋市下高隈町 5999-3	2008	7
枕崎共同斎場	枕崎市若葉町 286	1991	3
阿久根市葬斎場 佛石の里	阿久根市西目 691-1	1996	3
出水市慈光苑	出水市武本 2800	1987	3
出水市高尾野斎場	出水市高尾野町大久保 4966-9	1991	1
出水市じょうらく苑	出水市野田町上名 6499-20	1989	1
指宿火葬場　天翔の里	指宿市十二町 5471-2	2002	3
山川火葬場	指宿市山川福元 5340	2002	2
西之表斎苑	西之表市西之表 9645-1	1985	2
垂水市火葬場	垂水市本城 3933-1	2005	2
薩摩川内市川内葬斎場 やすらぎ苑	薩摩川内市国分寺町 6669-30	2009	5
薩摩川内市上甑島葬斎場	薩摩川内市里町里 2477	1982	2
薩摩川内市下甑葬斎場	薩摩川内市下甑町青瀬 278	1978	1
薩摩川内市鹿島葬斎場	薩摩川内市鹿島町藺牟田 3322	1990	1
曽於市斎苑	曽於市末吉町岩崎 4390-5	1989	4
霧島市国分斎場	霧島市国分名波町 16-19	1990	6
西薩火葬場	いちき串木野市下名 2430	1974	4
南さつま火葬場白亀苑	南さつま市加世田白亀 1458-3	2009	4
紫雲園	志布志市志布志町帖 7614-5	1979	3
奄美市斎場	奄美市名瀬有屋 1594-1	1985	3
南九州市頴娃浄楽苑	南九州市頴娃町御領 5000	1989	3
川辺火葬場	南九州市川辺町平山 1997-5	1976	2
ひしかり苑	伊佐市菱刈重留 444	1979	4
あいら斎場　悠久の杜	姶良市鍋倉 378	2017	4
さつま町やすらぎ苑	薩摩郡さつま町船木 5001-3	1993	3
不知火苑	出水郡長島町鷹巣 1298-2	2011	2
中南広域斎苑	熊毛郡中種子町野間 15195-2	1987	2
屋久島火葬場	熊毛郡屋久島町安房 2745-110	2011	2
瀬戸内町火葬場	大島郡瀬戸内町古仁屋芦瀬原 1337	2016	2
喜界町斎場	大島郡喜界町大字湾字間寺 766	1980	1
与論町火葬場 昇龍苑	大島郡与論町大字立長 3173-1	2003	2
徳之島愛ランド 広域連合火葬場	大島郡徳之島町亀津 5681	1989	3
沖永良部火葬場	大島郡和泊町古里 831-3	1990	2

沖縄県　21か所　54炉

名　称	所在地	竣工年	炉数
石垣市火葬場やすらぎの杜 いしがき斎場	石垣市字大川 1523-1	2016	3
いなんせ斎苑	浦添市伊奈武瀬 1-7-5	2002	8
名護市葬斎場	名護市字大西 4-20-16	1980	3
沖縄葬祭場	沖縄市字倉敷 111-5	1975	5
南斎場	豊見城市字豊見城 925	2014	6
財団法人具志川火葬場	うるま市具志川 1508	1971	4
宮古島市斎苑	宮古島市平良字東仲宗根添 3408	2011	2
白鳥苑	宮古島市伊良部字佐和田 908-3	1981	1
国頭村葬斎場 緑聖苑	国頭郡国頭村辺土名 464	2000	2
大宜味村火葬場	国頭郡大宜味村喜如嘉 232-2	1999	1
今帰仁村営火葬場	国頭郡今帰仁村字仲宗根 807	1976	2
本部町葬斎場	国頭郡本部町字渡久地 922	1979	2
恩納村斎場	国頭郡恩納村字恩納 7071-67	2010	2
金武火葬場	国頭郡金武町字金武 6166-2	1981	2
伊江村立聖苑	国頭郡伊江村字東江上 3461-1	1996	2
よみたん斎苑	中頭郡読谷村字親志 410-2	2016	3
南大東村火葬場	島尻郡南大東村字池之沢 144	1981	1
長楽苑	島尻郡北大東村字南 243-31	1984	1
伊平屋村火葬場	島尻郡伊平屋村字田名 3256-50	1989	1
伊是名村火葬場	島尻郡伊是名村字勢理客 4565-185	1984	1
久米島火葬場	島尻郡久米島町阿嘉長田原 297-135	1979	2

［参考］

都道府県	火葬場数	火葬炉数
北海道	177	444
青森県	37	89
岩手県	31	78
宮城県	27	89
秋田県	25	65
山形県	26	68
福島県	25	87
茨城県	31	125
栃木県	13	66
群馬県	19	77
埼玉県	22	157
千葉県	28	149
東京都	26	185
神奈川県	20	160
新潟県	37	131
富山県	16	76
石川県	13	54
福井県	14	54
山梨県	13	43
長野県	26	81
岐阜県	44	146
静岡県	36	139
愛知県	35	264
三重県	44	115
滋賀県	14	57
京都府	12	64
大阪府	46	288
兵庫県	48	257
奈良県	32	96
和歌山県	27	93
鳥取県	6	25
島根県	27	56
岡山県	28	113
広島県	57	169
山口県	42	120
徳島県	17	53
香川県	26	86
愛媛県	42	117
高知県	14	43
福岡県	40	208
佐賀県	15	48
長崎県	32	93
熊本県	30	95
大分県	24	79
宮崎県	11	54
鹿児島県	35	112
沖縄県	21	54
全　国	1,431	5,322

■ **執筆者プロフィール**

横田 睦（よこた むつみ） 公益社団法人全日本墓園協会 主任研究員

1965年東京生まれ。東京工業大学大学院工学部博士課程修了。工学博士。在学中から墓地、火葬場、葬儀場の施設運営について研究を続け、現在、公益社団法人全日本墓園協会（墓地関連）の主任研究員、および特定非営利活動法人日本環境斎苑協会（火葬場関連）の常務理事を務める。千葉県浦安市、横浜市、相模原市など地方公共団体の墓地委員会に参画する傍ら、業界誌・機関誌等への多数の寄稿にも応じるなど、わが国の墓園・火葬場研究の第一人者として活躍している。
主な著書に、「Q&A 墓園·斎場 管理·運営の実務」（代表執筆者、新日本法規出版）、「お墓博士のお墓と葬儀のお金の話」（光文社）、「お骨のゆくえ――火葬大国ニッポンの技術」（平凡社）など多数。

■資料提供

特定非営利活動法人日本環境斎苑協会（第3章）

月刊フューネラルビジネス
FUNERAL BUSINESS

［葬儀］［火葬場（炉）］［墳墓］
市場規模・需要量マーケティングデータ集

発行	2019年5月31日
定価	75,000円＋税
発行人	河崎清志
編集人	吉岡真一
編集スタッフ	小見喜保／小野崎隆信／千葉穂乃実
発行所	綜合ユニコム株式会社 〒104-0031 東京都中央区京橋2-10-2 ぬ利彦ビル南館 TEL.03-3563-0025（代表） FAX.03-3564-2560 https://www.sogo-unicom.co.jp/
表紙	矢部知春
組版	株式会社りびんぐ社
印刷	株式会社イニュニック

ISBN978-4-88150-702-5 C3030 ¥75000E